84

~~139~~

88

PSYCHOLOGIE TRANSPERSONNELLE

Du même auteur chez le
même éditeur

Royaumes de l'inconscient humain.

Les Nouvelles Dimensions de la conscience.

La Rencontre de l'homme avec la mort (en collaboration avec Joan Halifax).

Stanislav GROF

PSYCHOLOGIE TRANSPERSONNELLE

Traduit et adapté de l'américain par
Paul Couturiau et Christel Rollinat

L'Esprit et la matière

ÉDITIONS DU ROCHER
Jean-Paul Bertrand

Titre original : *Journeys beyond the brain*

ISBN 2 268 02330 3

Remerciements

Cet ouvrage est le fruit d'une quête intensive et systématique qui porte sur près de trois décennies. A tout moment, les dimensions professionnelles et personnelles étaient à ce point imbriquées qu'elles ont fini par se fondre en un amalgame inextricable. Ce fut un voyage de transformation personnelle et de découverte de soi, en même temps qu'un processus d'exploration scientifique de territoires vierges de la psyché humaine.

J'ai reçu, au fil des ans, aide, encouragement et inspiration de bien des individus qui ont tenu une place importante dans ma vie — d'aucuns furent des maîtres, d'autres des amis, des confrères, quelques-uns furent l'un et l'autre. Il m'est impossible de les citer tous nommément. Certaines contributions furent toutefois telles que je tiens à leur rendre un hommage tout particulier.

Angeles Arrien, anthropologue, spécialiste de la mystique basque ; elle fut pour moi un exemple vivant de la fusion harmonieuse des aspects masculins et féminins de la psyché et de l'intégration de la mystique à la vie quotidienne.

Anne et Jim Armstrong, grâce à qui j'ai découvert la valeur d'un don psychique pur et le potentiel évolutionnaire des crises transpersonnelles. L'enthousiasme, la passion et le courage qu'ils mettent à explorer la psyché humaine et l'inconnu sont un exemple unique d'une aventure partagée dans la conscience.

Gregory Bateson, avec qui j'ai eu le privilège de passer nombre d'heures de discussions personnelles et intellectuelles intenses et enrichissantes au cours des deux années et demie qui précédèrent son décès, alors que nous poursuivions nos travaux au *Esalen Institute* en Californie. Ce fut l'un de mes grands maîtres et de mes amis les plus chers. Sa critique incisive de la pensée scientifique mécaniste et sa synthèse brillante de la cybernétique, des théories de la communication et des systèmes, de la psychiatrie et de l'anthropologie exercèrent une influence profonde sur ma pensée.

Joseph Campbell, penseur brillant, maître et ami, m'enseigna des leçons inestimables quant à l'importance prodigieuse de la mythologie pour la psychiatrie et pour notre vie quotidienne. Son influence sur ma vie personnelle fut également appréciable.

Fritjof Capra, son œuvre a joué un rôle capital dans mon évolution intellectuelle et dans ma quête scientifique. La lecture de son *Tao de la Physique* m'a confirmé dans mon espoir de voir un jour les observations extraordinaires de l'étude moderne de la conscience intégrées dans une nouvelle vision du monde globale et scientifique. Notre amitié et notre collaboration intense au moment où il écrivait *le Temps du changement* m'aidèrent considérablement dans la rédaction de cet ouvrage.

Michael et Sandra Harner, amis intimes, m'ont apporté soutien et encouragement, ainsi qu'une occasion de partager des observations et des informations peu conventionnelles. Michael, qui réussit à être tout à la fois un académicien respectable et un « chaman blanc » accompli, fut pour moi un modèle et un exemple.

Swami Muktananda Paramahansa, ce maître spirituel regretté, fondateur de l'école de *Siddha Yoga,* avec qui j'eus la chance d'entretenir de multiples contacts aux fils des ans. C'est grâce à lui que j'ai observé et ressenti l'influence puissante d'une tradition mystique vitale sur les êtres humains.

Ralph Metzner, cet ami cher et ce chercheur brillant, combine d'une manière unique une érudition solide, un esprit entreprenant et une âme aventureuse.

Rupert Sheldrake, qui a réussi à formuler avec une clarté et une pertinence rares les limites de la pensée mécaniste dans les sciences naturelles. Son œuvre m'a considérablement aidé à me libérer de la camisole du système de croyances dans lequel m'avait emprisonné ma formation scientifique.

Anthony Sutich et *Abraham Maslow,* les fondateurs principaux de la psychologie humaniste et transpersonnelle, furent pour moi des sources constantes d'inspiration ; ils donnèrent une forme concrète à certains de mes rêves et à certains de mes espoirs concernant l'avenir de la psychologie. Ce fut une expérience inoubliable que de vivre avec eux la naissance du mouvement transpersonnel.

Arthur Young, sa théorie des processus est l'un des concepts les plus excitants que j'aie rencontrés au cours de ma vie intellectuelle. Plus je l'étudiais, plus il me paraissait évident qu'il tenait là un métaparadigme scientifique de demain.

La découverte des principes holonomiques m'ouvrit un champ nouveau de spéculations théoriques et d'applications pratiques. Mes remerciements s'adressent ici plus particulièrement à *David Bohm,* à *Karl Pribram* et à *Hugo Zucarelli.*

Mon travail clinique avec les substances psychédéliques est à l'origine de mon intérêt pour l'étude de la conscience et de la plupart des données discutées dans ce livre. Tout cela aurait donc été impossible sans les découvertes capitales de *Albert Hoffman.* Je tiens à exprimer ici ma profonde gratitude pour l'influence profonde que son travail exerça sur ma vie professionnelle et personnelle.

L'atmosphère stimulante du *Esalen Institute* et la beauté fascinante de la côte de Big Sur m'ont fourni un cadre idéal pour la rédaction de ce livre. Mes remerciements s'adressent en outre à mes amis d'Esalen : *Dick* et *Chris Price, Michael* et *Dulce Murphy,* et *Rick* et *Heather Tarnas* qui m'ont accordé leur soutien au fil des ans. C'est à Rick que je dois d'avoir découvert les relations existant entre les processus astronomiques et la dynamique archétype. *Kathleen O'Saughnessy* qui a réalisé la frappe définitive du manuscrit a droit à toute ma gratitude.

Mes remerciements les plus vifs vont enfin aux membres de ma famille — ma mère *Maria,* mon frère *Paul* et ma femme *Christina* — qui ont supporté avec patience les bouleversements intellectuels, psychologiques, philosophiques et spirituels inhérents à ma quête. Christina, en particulier, s'est avérée mon amie la plus proche et ma collaboratrice la plus enthousiaste depuis qu'elle partage ma vie professionnelle et personnelle. C'est ensemble que nous avons développé et pratiqué la technique de thérapie holotropique décrite dans cet ouvrage. Son parcours personnel m'a enseigné des leçons d'une richesse telle que seule la vie peut en procurer. C'est ensemble enfin que nous avons fondé à Big Sur le *Spiritual Emergency Network.*

INTRODUCTION

Ce livre est le résultat de près de trois années d'étude systématique des états non-ordinaires de conscience induits par des substances psychédéliques et par diverses méthodes non-pharmacologiques. Ce document reflète mes efforts pour organiser et intégrer d'une manière globale une masse d'observations qui a défié pendant plusieurs années mon système de croyance scientifique. Cette avalanche de données perturbantes m'a contraint à ajuster régulièrement mes cadres conceptuels.

Je ne m'attends pas à ce que le lecteur adhère sans réticence aux idées présentées dans ce livre, sauf s'il a lui-même vécu de telles expériences, auquel cas j'espère qu'il sera heureux d'y trouver une confirmation des multiples problèmes auxquels il a été confronté. Les rapports d'autres chercheurs n'ont cessé de m'encourager dans ma démarche ; j'y trouvais la preuve que ma quête n'était pas solitaire comme je le redoutais parfois.

J'espère par ailleurs que cet ouvrage captivera les lecteurs ayant une grande ouverture d'esprit et qu'il les aidera à conduire leurs propres recherches — que leur intention soit d'affirmer ou d'infirmer mes positions.

Les données exposées dans ce livre présentent également un intérêt pour les chercheurs qui étudient des problèmes semblables dans le cadre d'autres disciplines. Citons les anthropologues, les thanatologues, les thérapeutes, les psychiatres, les parapsychologues, les physiciens, etc.

Nombre des problèmes abordés dans ce livre sont d'une telle importance fondamentale qu'ils présentent un intérêt particulier tant pour le grand public que pour les érudits. Les questions essentielles sont celles ayant trait à la nouvelle représentation de la réalité et de la nature humaine, à la vision scientifique du monde qui intègre les dimensions mystiques de l'existence, à la compréhension alternative des problèmes émotionnels et psychosomatiques y compris certains états psychotiques, à une nouvelle stratégie pour la thérapie et l'exploration de soi et aux réflexions sur la crise actuelle.

Durant les premières années de ma recherche psychédélique, j'ai appris une leçon importante lorsque je parlais librement à mes amis et confrères de mes observations passionnantes. Mon honnêteté provoquait l'incrédulité et la suspicion. Elle constituait donc un risque sérieux pour ma réputation professionnelle.

Je n'ai rencontré, durant les dix années de ma recherche sur le L.S.D. en Tchécoslovaquie, qu'une poignée d'amis et de confrères ayant une curiosité d'esprit suffisante pour accepter l'ensemble du spectre des nouvelles découvertes et pour étudier leurs implications scientifiques et philosophiques.

Le cercle des personnes intéressées s'accrut rapidement lorsque j'arrivai aux Etats-Unis et que je commençai à donner des conférences concernant ma recherche en Europe. Ce fut pour moi une découverte passionnante et encourageante après des années d'isolement professionnel.

Je me joignis, vers la fin des années soixante, à un petit groupe de professionnels parmi lesquels je mentionnerai : Abraham Maslow, Anthony Sutich, James Fadiman, etc. Nous étions convaincus que le moment était venu de lancer un mouvement en psychologie qui se concentrerait sur l'étude de la conscience et sur la reconnaissance de l'importance des dimensions spirituelles de la psyché. Après plusieurs rencontres visant à préciser les nouveaux concepts, nous avons baptisé cette orientation « psychologie transpersonnelle ». Nous lancions peu de temps après le *Journal of Transpersonal Psychology* et nous créions l'*Association for Transpersonal Psychology.*

La psychologie transpersonnelle présentait une certaine cohésion interne et se suffisait en quelque sorte à elle-même, mais elle n'en était pas moins coupée du courant principal de la science. Elle était, à l'instar de ma propre vision du monde et de mon système personnel de croyance, vulnérable aux accusations, donc incompatible avec le bon sens et la pensée scientifique en vigueur.

Cette situation évolua rapidement durant les dix premières années d'existence de l'*Association for Transpersonal Psycho-*

logy. La perspective transpersonnelle transcendait les limites étroites de la psychiatrie, de la psychologie et de la psychothérapie. Des découvertes révolutionnaires d'autres disciplines (la physique quantique-relativiste, la théorie des systèmes et de la communication, l'étude des structures dissipatives, la recherche sur le cerveau, la parapsychologie, l'holographie, et la pensée holonomique) confirmèrent nos constatations. Les liens se resserrèrent récemment grâce aux nouvelles formulations en biologie, en embryologie et en génétique. L'étude du comportement et le développement de la technologie holophonique apportèrent également une large contribution.

Les pionniers de ces nouveaux modes de pensée participèrent au fil des ans aux programmes éducatifs empiriques de quatre semaines que ma femme, Christina, et moi-même conduisons à l'Institut d'Esalen, à Big Sur. Ces rencontres m'ont permis d'avoir des échanges informels et formels avec Frank Barr, Gregory Bateson, Joseph Campbell, Fritjof Capra, Duane Elgin, David Finkelstein, Elmer et Alyce Green, Michael Harner, Stanley Krippner, Rupert Sheldrake, Saul-Paul Siraq, Russel Targ, Charles Tart, Arthur Young et bien d'autres, ainsi qu'avec les précurseurs de la psychologie transpersonnelle : John Perry, June Singer, Richard Tarnas, Frances Vaughan, Roger Walsh et Ken Wilber.

Ces séminaires furent la source principale d'inspiration pour l'*International Transpersonal Association* (ITA) que j'ai fondée en 1978, avec Michael Murphy et Richard Price. L'ITA insiste sur l'importance des échanges internationaux et pluridisciplinaires. J'ai organisé d'importantes rencontres internationales à Boston, Melbourne et Bombay lorsque j'étais président de cette association. Ces rencontres annuelles ont accueilli des conférenciers de grande valeur et un vaste public se caractérisant par sa grande ouverture d'esprit. Elles ont contribué à cristalliser les formulations théoriques et à consolider le mouvement transpersonnel.

La nouvelle pensée en science et les développements individuels fascinants n'ont pas encore été intégrés en un paradigme scientifique cohérent et global susceptible de remplacer le modèle mécaniste de l'univers. De nouvelles pièces s'ajoutent pourtant à ce puzzle à une vitesse étonnante. Il importe pour l'avenir de la science — voire de notre planète — que ces implications soient acceptées par la communauté scientifique. C'est la raison pour laquelle j'ai choisi de ne pas livrer au lecteur ce matériau sous une forme simplifiée et vulgarisée. J'ai présenté les données de mon étude de la conscience dans le cadre des découvertes révolutionnaires d'autres disciplines qui furent importantes pour mon évolution personnelle et professionnelle.

L'une des plus profondes influences sur ma pensée fut la découverte des principes holonomiques, tels que présentés dans les œuvres de Gottfried Wilhelm Leibniz, de Jean-Baptiste Fourier, de Dennis Gabor, de David Bohm, de Karl Pribram et de Hugo Zucarelli. J'y reconnus les alternatives révolutionnaires au concept mécaniste de l'esprit contenu dans le cerveau proposées par la pensée holonomique.

Stanislav Grof, M.D.
Big Sur, Californie,
Octobre 1983.

1. LA NATURE DE LA REALITE : A L'AUBE D'UN NOUVEAU PARADIGME

1.1. *Les défis conceptuels de l'étude moderne de la conscience.*

Des générations de chercheurs se sont engagées, tout au long de l'histoire de la science moderne, avec enthousiasme et détermination dans les divers secteurs de recherche proposés par le paradigme newtonien-cartésien, négligeant volontiers les concepts et les observations qui auraient remis en question les postulats philosophiques fondamentaux partagés par l'ensemble de la communauté scientifique. La plupart des scientifiques ont été si soigneusement conditionnés par leur éducation ou si impressionnés et si grisés par leurs succès pragmatiques qu'ils suivaient leur modèle à la lettre, en le considérant comme une description précise et exhaustive de la réalité. D'innombrables observations de divers secteurs furent donc systématiquement ignorées, supprimées, voire tournées en dérision en raison de leur incompatibilité avec le mode de pensée mécaniste et réductionniste, qui devint pour beaucoup synonyme d'approche scientifique.

Les succès de ce comportement furent, pendant une longue période, si frappants qu'ils obscurcirent les échecs pratiques et théoriques. Il devint de plus en plus difficile de maintenir cette position dans l'atmosphère de crise marquée qui accompagne les progrès scientifiques rapides. Il est évident que les vieux modèles scientifiques n'apporteront jamais de réponses satisfaisantes aux problèmes humains auxquels nous nous trouvons confrontés sur un plan individuel, social, international et global. Nombre de savants éminents ont laissé entendre de diverses manières que la vision mécaniste du monde avait contribué à la crise actuelle et qu'elle l'avait peut-être même engendrée.

Un paradigme est plus qu'un modèle théorique utile pour la science. Sa philosophie modèle le monde par l'influence directe qu'elle exerce sur les individus et sur la société. La science newtonienne-cartésienne a créé une image très négative des êtres humains, les présentant comme des machines biologiques mues par des impulsions instinctives de nature bestiale. Elle ignore purement et simplement les valeurs supérieures, telles que la conscience spirituelle, les sentiments d'amour, les besoins esthétiques ou le sens de la justice. Celles-ci sont considérées comme des dérivés des instincts fondamentaux ou comme des compromis étrangers à la nature humaine. Cette vision assimile l'individualisme, l'égoïsme, la compétitivité et le principe de la « survie du plus fort » à des tendances naturelles et saines. La science matérialiste, aveuglée par sa vision du monde considéré comme un conglomérat d'unités séparées interagissant de manière mécanique, s'est avérée incapable de reconnaître la valeur et l'importance de la coopération, de la synergie et des soucis écologiques.

Ses prodigieux succès techniques, qui permettent de résoudre la majorité des problèmes matériels accablant l'humanité, se sont finalement retournés contre elle. Ils ont engendré un monde dans lequel les plus grands triomphes de la science — l'énergie nucléaire, la technologie spatiale, la cybernétique, les lasers, les ordinateurs et les autres gadgets électroniques ainsi que les miracles de la chimie moderne et de la bactériologie — se sont transformés en un danger mortel et en un cauchemar de tous les instants. Nous avons ainsi hérité d'un monde divisé sur les plans politique et idéologique, menacé par les crises économiques, par la pollution industrielle et par le spectre de la guerre nucléaire. Au vu de cette situation, les individus sont de plus en plus nombreux qui s'interrogent quant à l'utilité des progrès technologiques de pointe qui ne sont contrôlés ni par des êtres mûrs ni par une espèce suffisamment évoluée pour maîtriser de manière constructive les outils qu'elle a créés.

La situation économique, socio-politique et écologique du monde se détériorant, de plus en plus d'individus semblent délaisser la stratégie de manipulation et de contrôle unilatéraux du monde matériel pour rechercher en eux les réponses aux problèmes. On note un intérêt certain pour l'évolution de la conscience considérée comme une alternative à la destruction globale. Celui-ci se manifeste par une popularité croissante de la méditation ou d'autres pratiques spirituelles antiques et orientales, des psychothérapies empiriques ainsi que de la recherche clinique ou expérimentale sur la conscience. Ces activités ont remis en évidence le fait que les paradigmes traditionnels sont inaptes à expliquer et à intégrer un nombre important d'observations provenant de divers secteurs et d'autant de sources « contestataires ».

Ces données sont dans leur ensemble d'une importance critique ; elles révèlent la nécessité impérieuse d'une révision radicale de nos concepts fondamentaux de la nature humaine et de celle de la réalité. De nombreux scientifiques et professionnels de la santé mentale ayant l'esprit ouvert ont pris conscience du fait qu'il existe un fossé insondable entre la psychologie et la psychiatrie contemporaines et les grandes traditions spirituelles antiques ou orientales. Citons parmi celles-ci les diverses formes de yoga, le shivaïsme du Cachemire, le Vajrayana tibétain, le taoïsme, le bouddhisme Zen, le soufisme, la kabbale ou l'alchimie. La richesse de connaissance profonde de la psyché et de la conscience humaine accumulée par ces systèmes depuis des siècles, voire des millénaires, n'a été ni appréciée à sa juste valeur ni étudiée ni intégrée par la science occidentale.

Des anthropologues, conduisant des recherches sur le terrain parmi des cultures non-occidentales, ont rapporté depuis des décennies toute une série de phénomènes pour lesquels les cadres conceptuels traditionnels n'offrent que des explications superficielles et peu convaincantes, voire aucune explication. De nombreuses observations extraordinaires liées à des cultures spécifiques ont été décrites dans des études bien documentées ; elles ont cependant été souvent rejetées ou interprétées en termes de croyances primitives, de superstitions ou de psychopathologie individuelle ou collective. Mentionnons à cet égard les expériences et les pratiques chamaniques, les états de transe, les rituels aborigènes, les pratiques spirituelles de guérison ou le développement de diverses capacités paranormales par des individus ou des groupes sociaux. Cette situation est plus complexe qu'il n'y paraît à première vue. Des contacts informels et confidentiels avec des anthropologues m'on convaincu que nombre d'entre eux ont choisi délibérément de taire certains aspects de leurs expériences sur le terrain par crainte de se voir tournés en dérision ou d'être rejetés par leurs collègues newtoniens-cartésiens et de sacrifier leur respectabilité professionnelle.

Les cultures exotiques ne sont pas les seules à faire ressortir les insuffisances et les failles de l'ancien paradigme. La recherche clinique et expérimentale occidentale a soulevé des défis aussi sérieux. Les expériences recourant à l'hypnose, à l'isolation ou à la surcharge sensorielle, au contrôle volontaire des états internes, au biofeedback et à l'acupuncture ont éclairé d'un jour nouveau nombre de pratiques antiques et orientales, mais elles ont engendré plus de problèmes qu'elles n'ont apporté de réponses satisfaisantes. La recherche psychédélique a clarifié d'une certaine manière de nombreuses données historiques et anthropologiques jusqu'alors troublantes concernant le chamanisme, les cultes de mystère, les rites de passage, les cérémonies de guérison et les phénomènes paranormaux résultant de l'emploi de plantes sacrées. Elle a simultanément conforté la connaissance aborigène et orientale antique de la conscience et a miné certaines conceptions philosophiques fondamentales de la science mécaniste. L'expérimentation à l'aide de drogues psychédéliques a ébranlé la compréhension conventionnelle de la psychothérapie, les modèles traditionnels de la psyché, la représentation de la nature humaine ainsi que des convictions essentielles quant à la nature de la réalité.

Les observations de la recherche psychédélique ne se limitent pas à l'emploi de substances psychotoniques ; les mêmes expériences ont été induites dans le cadre des psychothérapies modernes et du travail sur le corps ne recourant pas aux drogues, telles que l'analyse jungienne, la psychosynthèse, diverses approches reichiennes, la pratique Gestalt, des formes modifiées de thérapies primales, l'imagerie guidée avec musique, le Rolfing, diverses techniques de re-naissance, la régression vers des vies passées et l'interview en scientologie. La technique d'intégration holonomique développée par ma femme, Christina, et moi-même est une approche ne recourant pas aux drogues qui associe la respiration contrôlée, la musique évocatrice, et le travail sur le corps. Elle permet d'induire un large spectre d'expériences qui coïncide pratiquement avec le spectre des expériences psychédéliques.

La recherche parapsychologique est une autre source importante d'informations ébranlant les paradigmes établis de la science mécaniste. Il est de plus en plus difficile d'ignorer et de nier les données *a priori* de nombreuses expériences conduites avec soin et valables sur le plan de la méthodologie, uniquement parce qu'elles sont incompatibles avec le système traditionnel de croyance. Des scientifiques respectables et jouissant d'une solide réputation tels que J.B. Rhine, Gardner Murphy, Jules Eisenbud, Stanley Krippner, Charles Tart, Elmer et Alyce Green, Arthur Hastings, Russel Targ et Harold Puthoff, ont accumulé des preuves de l'existence de la télépathie, de la clairvoyance, de la projection astrale, de la vision à distance, du diagnostic et de la guérison psychiques ou de la psycho-cinèse ; celles-ci pourraient fournir des indications importantes pour une compréhension nouvelle de la réalité. On remarque avec intérêt que nombre de physiciens modernes, familiers de la physique quantique-relativiste, montrent en général un intérêt de plus en plus grand pour les phénomènes paranormaux, contrairement à la majorité des psychiatres et des psychologues traditionnels. Il convient également de mentionner à cet égard les données fascinantes provenant du champ de la thanatologie, qui suggèrent que des individus décédés sur le plan clinique perçoivent souvent avec précision les événements se déroulant à leur proximité et ce d'une position qui ne leur serait pas accessible dans un état conscient.

Je ne discuterai pas tous les points évoqués ci-dessus de manière synoptique et complète ; je me concentrerai plutôt dans les paragraphes suivants sur les observations de la recherche psychédélique, et en particulier de la recherche LSD. J'ai adopté cette démarche pour diverses raisons. La plupart des chercheurs étudiant les effets des substances psychédéliques en sont arrivés à à la conclusion que ces drogues peuvent être considérées comme des amplificateurs ou des catalyseurs des processus mentaux. Il ne semble pas qu'elles induisent des états spécifiques à la drogue utilisée, mais plutôt qu'elles activent des matrices ou des potentiels pré-existant dans l'esprit humain. L'individu, qui les ingère, n'expérimente pas une « psychose toxique » sans rapport avec la manière dont fonctionne son esprit dans des circonstances normales ; il s'engage plutôt dans un fantastique voyage intérieur au royaume de son inconscient. Ces drogues révèlent donc et permettent d'observer de manière directe un éventail large de phénomènes autrement occultés qui représentent les capacités intrinsèques de l'esprit humain et jouent un rôle important dans la dynamique mentale normale.

Le spectre psychédélique, couvrant l'ensemble des expériences humaines possibles, regroupe tous les phénomènes se manifestant dans les contextes ne recourant pas à la drogue, mentionnés précédemment. L'effet catalyseur des substances psychédéliques permet en outre d'induire des états inhabituels de conscience d'une intensité et d'une clarté extraordinaires dans des conditions contrôlées et avec une grande constance. Ce fait représente un avantage considérable pour le chercheur en faisant des phénomènes psychédéliques un outil précieux pour l'étude systématique.

La raison la plus importante et la plus évidente, qui m'a poussé à limiter cette discussion au champ de la recherche psychédélique, est l'intérêt scientifique que je porte depuis longtemps à ce secteur. J'ai conduit plusieurs milliers de séances avec le LSD et avec d'autres substances similaires. Je possède donc une connaissance des phénomènes induits par la drogue qui me fait défaut pour ce qui est des autres types d'expériences mentionnés. Mon intérêt et ma connaissance des drogues psychédéliques remontent à 1954. J'ai conduit depuis lors plus de 3 000 séances avec LSD et j'ai eu accès à plus de 2 000 rapports de séances conduites par des confrères en Tchécoslovaquie et aux Etats-Unis. Les sujets de ces expériences étaient des volontaires « normaux », divers types de patients relevant de la psychiatrie et des individus souffrant d'un cancer terminal. Les sujets volontaires rassemblaient des psychiatres et des psychologues, des scientifiques de diverses disciplines, des artistes, des philosophes, des théologiens, des étudiants et des infirmières travaillant dans des services psychiatriques. Les patients présentant des désordres émotionnels appartenaient à plusieurs catégories diagnostiques : il y avait des individus souffrant de diverses formes de dépression, des psycho-névrotiques, des alcooliques, des drogués, des déviants sexuels, des personnes atteintes de désordres psychosomatiques, des psychotiques indéterminés, et des schizophrènes. Les deux approches majeures utilisées dans ce travail — thérapies psycholytique et psychédélique — ont été décrites en détail dans un autre de mes ouvrages *.

Mon travail clinique m'a convaincu que la nature de l'expérience LSD et les multiples observations faites dans le cadre de la thérapie psychédélique ne pouvaient être expliquées en fonction de l'approche mécaniste newtonienne-cartésienne de l'univers, et plus spécifiquement, en fonction des modèles neurophysiologiques du cerveau en vigueur. J'en suis arrivé, après des années d'efforts et de confusion conceptuels, à la conclusion que les données de la recherche LSD mettaient en évidence le besoin urgent d'une révision radicale des paradigmes de la psychologie, de la psychiatrie, de la médecine et en définitive de la science en général. Il ne subsiste guère de doute dans mon esprit que notre compréhension actuelle de l'univers, de la nature de la réalité et en particulier des êtres humains, est superficielle, erronée et incomplète **.

Je m'efforcerai de décrire brièvement les observations les plus importantes de la psychothérapie avec LSD que je considère comme autant de défis sérieux à la théorie psychiatrique contemporaine, aux convictions médicales actuelles et au modèle mécaniste de l'univers se fondant sur les œuvres de Isaac Newton

---

X * Stanislav Grof, *Royaumes de l'inconscient humain*, éditions du Rocher, 1983.

** R.D. Laing a récemment exprimé une conclusion similaire dans son ouvrage excellent, *La Politique de l'Expérience*, Stock, 1969.

et de René Descartes. Certaines de ces observations sont liées à des caractéristiques spécifiques des états psychédéliques, d'autres au contenu des expériences et d'autres encore à quelques relations extraordinaires qui existent entre elles et la structure de la réalité externe. Je tiens à insister sur le fait que la discussion suivante ne s'applique pas uniquement aux états psychédéliques mais encore à toute une série d'états non-ordinaires de conscience se manifestant spontanément ou à l'aide de techniques ne recourant pas aux drogues. Tous les points abordés sont donc valables de manière générale pour la compréhension de l'esprit humain, qu'il soit sain ou non.

Je débuterai cette discussion par une brève description des *caractéristiques des états non-ordinaires de conscience.* Des séquences spectaculaires de diverses sortes peuvent être expérimentées avec une vérité, une réalité et une intensité sensorielles qui égalent ou surpassent la perception ordinaire du monde matériel. Les aspects optiques de ces séquences prédominent chez la majorité des personnes, pourtant des expériences très réalistes se manifestent parfois dans tous les autres secteurs sensoriels. Des sons isolés puissants, des voix humaines et des cris d'animaux, des séquences musicales complètes, une douleur physique et d'autres sensations somatiques intenses ainsi que des goûts et des odeurs distincts dominent parfois l'expérience ou y jouent un rôle important. L'idéation peut être influencée de manière profonde et l'intellect peut engendrer des interprétations de la réalité très différentes de celles qui caractérisent l'individu dans son état normal de conscience. La description des éléments empiriques essentiels des états inhabituels de conscience ne serait pas complète si on omettait de mentionner toute une série d'émotions puissantes qui en sont les composants classiques.

Nombre d'expériences psychédéliques semblent posséder une qualité semblable à celles de la vie quotidienne — les séquences se déroulant dans l'espace tridimensionnel et respectant le continuum du temps linéaire. On n'en a pas moins facilement accès à des dimensions supplémentaires et à des alternatives empiriques. L'état psychédélique possède une qualité « multi-niveaux » et multidimensionnelle et les séquences newtoniennes-cartésiennes, quand elles se produisent, paraissent sélectionnées arbitrairement dans un continuum complexe de possibilités infinies. Elles présentent simultanément toutes les caractéristiques que nous associons à la perception du monde matériel de la « réalité objective ».

Les sujets LSD parlent souvent d'« images », celles-ci n'ont toutefois pas la qualité de photographies. Elles sont en mouvement constant et véhiculent une action et une scène. L'expression « film intérieur », qui apparaît si souvent dans les rapports de séances, ne décrit pas non plus leur nature de manière correcte. La dimension tridimensionnelle des scènes est simulée au cinéma par le mouvement de la caméra. La perception de l'espace doit être lue dans une présentation bidimensionnelle et dépend, en définitive, de l'interprétation du spectateur. Les visions psychédéliques sont, en revanche, tridimensionnelles et possèdent toutes les qualités de la perception quotidienne, ou tout au moins, ce peut être le cas dans certains types d'expériences LSD. Elles occupent un espace spécifique et il est possible de les observer selon des directions et des angles différents avec une véritable parallaxe. Il est possible de « varier la focale » et d'établir la « mise au point » sur l'un ou l'autre niveau ou plan du continuum empirique, de percevoir ou de reconstruire des textures fines, de voir à travers les composants transparents des objets aperçus tels qu'une cellule, un embryon, des fragments d'une plante ou une pierre précieuse. Ce déplacement intentionnel de la mise au point est un simple mécanisme consistant à brouiller ou à clarifier les images. Elles peuvent être clarifiées en surmontant les distorsions provoquées par la peur, les défenses et les résistances ou en laissant le contenu évoluer le long du continuum du temps linéaire.

Une caractéristique importante de l'expérience psychédélique est qu'elle transcende l'espace et le temps. Elle néglige le continuum linéaire entre le microcosme et le macrocosme qui paraît absolument inévitable dans l'état de conscience quotidien. Les objets représentés recouvrent l'ensemble de la gamme des dimensions : des atomes, des molécules et des cellules uniques jusqu'aux gigantesques corps célestes, aux systèmes solaires et aux galaxies. Les phénomènes de la « zone de moyennes dimensions » perceptibles directement par nos sens apparaissent sur le même continuum empirique que ceux nécessitant une technologie complexe, telle que des microscopes et des télescopes, pour être accessibles aux sens humains. La distinction entre microcosme et macrocosme est arbitraire du point de vue empirique ; ils peuvent coexister dans la même expérience et sont aisément interchangeables.

Un sujet LSD a parfois la conviction d'être une cellule, un fœtus et une galaxie ; ces trois états sont dans certains cas simultanés ; dans d'autres, ils se manifestent de manière alternative par un simple changement de mise au point. La linéarité des séquences temporelles est également transcendée dans les états inhabituels de conscience. Des scènes appartenant à différents contextes historiques se déroulent parfois en même temps et semblent être liées de manière significative par leurs caractéristiques empiriques. Ainsi, une expérience traumatisante de l'enfance, une séquence pénible de la naissance biologique et ce qui semble être le souvenir d'un événement tragique d'une incarnation passée se manifestent simultanément en tant que partie d'un modèle empirique complexe. L'individu a toujours le choix de se concentrer plus particulièrement sur l'une de ces scènes, de les vivre toutes en même temps ou de les percevoir de manière alternative, tout en découvrant les relations significatives existant entre elles. Le fait de la distance temporelle linéaire, qui domine l'expérience quotidienne, est ignoré et des événements appartenant à divers contextes historiques sont rassemblés lorsqu'ils véhiculent la même émotion forte ou une sensation physique intense de même type.

Les expériences psychédéliques offrent de multiples alternatives empiriques au temps linéaire et à l'espace tridimensionnel de Newton, qui caractérisent notre existence quotidienne. Des événements du passé récent ou lointain et du futur peuvent être vécus dans les états non-ordinaires de conscience avec la vérité et la complexité qui sont réservées dans l'état ordinaire de conscience au seul moment présent. Il existe des modes d'expériences psychédéliques dans lesquels le temps paraît ralentir ou accélérer, reculer ou être transcendé jusqu'à cesser d'exister. Il est perçu comme étant circulaire, circulaire et linéaire simultanément, se déroulant selon une trajectoire en spirale, ou comme présentant certains modèles spécifiques de déviation et de déformation. Le temps est souvent transcendé en tant que dimension et acquiert des caractéristiques spatiales ; le passé, le présent et l'avenir sont essentiellement juxtaposés et coexistent dans l'instant présent. Les sujets LSD expérimentent parfois diverses formes de voyages dans le temps, traversent des nœuds dans le temps, régressent dans le passé historique ou sortent purement et simplement de la dimension temporelle pour y rentrer en un autre point de l'histoire.

La perception de l'espace est soumise aux mêmes modifications : des états inhabituels de l'esprit démontrent l'étroitesse et la limitation de l'espace restreint à trois coordonnées. Les sujets LSD racontent souvent qu'ils ont eu le sentiment que l'espace et l'univers étaient courbes et compris l'un dans l'autre ou qu'ils ont perçu des mondes ayant quatre ou cinq dimensions voire plus. D'autres ont l'impression de se situer en un point de la conscience dépourvu de dimension. Rien n'interdit de considérer l'espace comme une construction et une projection arbitraires de l'esprit qui n'a pas la moindre existence objective. Des univers d'ordres divers s'interpénétrant peuvent, en certaines circonstances, être perçus dans une coexistence holographique. D'aucuns expérimentent, dans le cas des voyages dans le temps par exemple, un transfert linéaire vers un autre lieu produit par un voyage mental dans l'espace, par un transport direct et immédiat à travers un nœud de l'espace ; d'autres sortent purement et simplement de la dimension spatiale pour y rentrer en un autre lieu.

Une autre caractéristique importante des états psychédéliques est la transcendance de la distinction nette entre la matière, l'énergie et la conscience. Les visions intérieures sont parfois si réalistes qu'elles simulent avec succès les phénomènes du monde matériel, et inversement ce qui apparaît dans la vie quotidienne comme « matière » solide et tangible se désintègre parfois en des modèles d'énergie, en une danse de vibrations cosmiques ou en un jeu de conscience. Le monde des individus et des objets séparés est remplacé par une masse indifférenciée de modèles d'énergie ou de conscience dans lesquels les types et les niveaux de limites paraissent futiles et arbitraires. Ceux qui considéraient à l'origine que la matière était le fondement de l'existence et que l'esprit était un de ses dérivés, découvrent tout d'abord que la conscience est un principe indépendant dans le sens du dualisme psychophysique et l'acceptent en définitive comme étant la seule réalité. Dans les états d'esprit les plus universels et les plus globaux, la dichotomie entre existence et non-existence est elle-même transcendée ; la forme et le vide paraissent équivalents et interchangeables.

Un aspect très intéressant et très important des états psychédéliques est la manifestation d'expériences complexes ayant un contenu condensé ou composé. Certaines des expériences peuvent, au cours de la psychothérapie LSD, être décryptées comme des formations symboliques combinant de manière créative des éléments de diverses origines reliés sur le plan émotionnel et thématique *.

Il existe un parallèle évident entre ces structures dynamiques et les images de rêves telles que les analysait Sigmund Freud. D'autres expériences composées paraissent plus homogènes ; plutôt que de refléter plusieurs thèmes et niveaux de signification différents — y compris ceux de nature contradictoire — de tels phénomènes représentent une pluralité de leur contenu sous une forme unifiée produite par une somme d'éléments variés. Appartiennent à cette catégorie : les expériences d'unité duale avec une autre personne, avec la conscience d'un groupe d'individus ou

* La vision de Charlotte exposée dans mon ouvrage *Royaumes de l'inconscient humain* (*op. cit.*) illustre parfaitement ce type d'expérience.

avec celle de toute la population d'un pays (l'Inde, la Russie tzariste, l'Allemagne nazie) ou encore avec celle de toute l'humanité. D'autres exemples importants méritant d'être mentionnés dans ce contexte sont les expériences archétypes de la Grande ou Terrible Mère, de l'Homme ou de la Femme, du Père, de l'Amant, de l'Homme Cosmique, ou de la totalité de la vie considérée comme un phénomène cosmique.

Cette tendance à créer des images composées ne se manifeste pas seulement dans le contenu intérieur de l'expérience psychédélique. Elle est aussi responsable d'un autre phénomène courant et important : la transformation illusoire des personnes présentes durant les séances psychédéliques, ou celle de l'environnement, par le matériau inconscient émergent chez un sujet LSD qui garde les yeux ouverts. Les expériences qui en résultent représentent des amalgames complexes combinant la perception du monde extérieur aux éléments projetés ayant leur origine dans l'inconscient. Ainsi, un thérapeute sera perçu simultanément selon son identité réelle et comme un parent, un bourreau, une entité archétype ou un personnage d'une incarnation précédente. La salle de traitement devient de manière illusoire la chambre d'enfant, l'utérus au moment de la naissance, une prison, une cellule de condamné à mort, un bordel, une hutte aborigène, etc., tout en conservant sur un autre plan son identité originale.

La dernière caractéristique extraordinaire des états inhabituels de conscience, qui mérite d'être mentionnée dans ce contexte, est la transcendance de la différence entre l'ego et les éléments du monde extérieur ou, de manière plus générale, entre la partie et le tout. Il est possible, au cours d'une séance LSD, d'être intimement convaincu qu'on est quelqu'un ou quelque « chose » d'autre, avec ou sans perte de l'identité originale. L'expérience de soi en tant que partie infiniment petite et séparée du reste de l'univers ne paraît pas incompatible avec la sensation d'être simultanément n'importe quelle autre partie de l'univers ou encore d'être tout ce qui existe. Les sujets LSD expérimentent de manière simultanée ou alternative différentes identités. A un extrême, on rencontre l'identification à une créature biologique séparée, limitée et étrangère habitant un corps matériel ou étant ce corps. L'individu est différent, dans cet état, du reste du monde et représente une fraction infime et en définitive négligeable du tout. On trouve, à l'autre extrême, l'identification empirique totale à la conscience indifférenciée de l'Esprit Universel ou du Vide et donc à l'ensemble du réseau cosmique et à la totalité de l'existence. Cette dernière expérience possède la qualité paradoxale d'être sans contenu et pourtant contenant tout ; rien n'existe en elle sous une forme concrète, mais toute l'existence y est simultanément représentée ou présente sous une forme potentielle ou germinale.

Les observations liées au *contenu des expériences non-ordinaires* constituent un défi encore plus critique au paradigme newtonien-cartésien que leurs caractéristiques formelles décrites ci-dessus. Tout thérapeute LSD, ayant une ouverture d'esprit suffisante et ayant conduit de nombreuses séances psychédéliques, se trouve confronté à une avalanche de données inexplicables dans les cadres scientifiques existants. L'explication fait défaut la plupart du temps en raison d'un manque d'information quant aux liens causals, mais elle est théoriquement inimaginable si l'on maintient les postulats de la science mécaniste.

Mon travail sur le LSD m'a fait comprendre que je ne pouvais continuer à fermer les yeux sur une masse considérable de données surprenantes parce qu'elles étaient incompatibles avec les conceptions fondamentales de la science contemporaine. Il y a longtemps également que j'ai cessé de me réconforter en me disant qu'il existait sans doute quelque explication raisonnable même si je n'étais pas capable de la découvrir, fût-ce dans mes fantasmes les plus fous. Je me suis donc ouvert à l'éventualité que notre vision scientifique du monde était peut-être superficielle, impropre et imprécise comme nombre de celles qui la précédèrent dans l'histoire. J'ai donc commencé à enregistrer soigneusement toutes les observations stupéfiantes et controversables, sans plus les juger et sans plus tenter de les expliquer. Dès que je fus à même de me libérer de ma dépendance à l'égard des anciens modèles pour devenir un simple observateur participant au processus, j'ai progressivement pris conscience du fait qu'il existe des modèles importants tant dans les philosophies antiques ou orientales que dans la science occidentale moderne qui offrent des alternatives conceptuelles encourageantes et prometteuses.

J'ai décrit en détail, dans un autre ouvrage, les observations les plus importantes résultant de la recherche LSD qui représentent un défi critique à la vision mécaniste du monde. Je me contenterai donc, dans ce chapitre, de décrire brièvement les découvertes les plus significatives *.

J'ai découvert, en analysant le contenu des phénomènes LSD, qu'il était utile de distinguer quatre types d'expériences psychédéliques. Le plus superficiel — en termes de disponibilité pour un individu moyen — regroupe les expériences *abstraites* ou

* Le lecteur intéressé trouvera une description détaillée de divers types d'expériences psychédéliques illustrées à l'aide de cas cliniques dans mon livre *Royaumes de l'inconscient humain* (*op. cit.*).

esthétiques. Celles-ci ne possèdent pas de contenu symbolique spécifique lié à la personnalité du sujet ; elles sont explicables en termes d'anatomie et de physiologie des organes sensoriels, tels que présentés dans les textes médicaux traditionnels. Je n'ai pas découvert à ce niveau la moindre information défiant une interprétation strictement newtonienne-cartésienne.

Le type ou niveau suivant d'expérience psychédélique est le niveau *psychodynamique, biographique.* Il implique tant une reviviscence complexe de souvenirs relatifs à diverses périodes de la vie de l'individu ayant eu un impact émotionnel sur son inconscient que des expériences symboliques susceptibles d'être interprétées comme des variations ou des recombinaisons d'éléments biographiques de manière assez semblable aux images de rêves décrites par la psychanalyse. Le cadre théorique freudien est très utile pour traiter les phénomènes se manifestant à ce niveau ; la majorité de ces expériences ne défient toujours pas le modèle newtonien-cartésien. Ceci n'a rien de surprenant puisque Freud, lui-même, utilisa les principes de la mécanique newtonienne lorsqu'il formula le cadre conceptuel de la psychanalyse.

On constate avec surprise qu'en certaines occasions des souvenirs des premiers jours ou des premières semaines de la vie peuvent être revécus avec une précision photographique quant aux détails. Des souvenirs de traumas physiques graves tels que des accidents, des blessures, des épisodes de noyade, des interventions chirurgicales et des maladies semblent également être plus importants que les souvenirs de traumas psychologiques sur lesquels insistent tellement la psychologie et la psychiatrie contemporaines. Ceci suggère leur influence sur le développement de divers désordres émotionnels et psychosomatiques. Cette remarque s'applique également aux souvenirs d'expériences associées à des interventions chirurgicales ayant été pratiquées sous anesthésie générale. Aussi nouvelles et surprenantes que certaines de ces découvertes paraissent aux yeux du médecin et du psychiatre, elles ne suffisent pas à justifier le besoin d'un changement majeur de paradigme.

Des problèmes conceptuels plus sérieux sont associés au troisième type d'expérience psychédélique que je qualifie de *périnatal* *.

Les observations cliniques de la psychothérapie LSD suggèrent que l'inconscient humain renferme des matrices dont l'acti-

---

* Le terme *périnatal* est un mot composé gréco-latin ; le préfixe *péri* signifie littéralement « autour » et *natalis* « ce qui est relatif à la naissance ». Ce terme s'applique donc aux événements qui précèdent immédiatement la naissance, qui l'accompagnent ou qui la suivent.

vation conduit à la reviviscence de la naissance biologique et à une confrontation profonde avec la mort. Le processus de mort et de re-naissance, qui en résulte, est associé à une ouverture de régions spirituelles spécifiques de l'esprit humain qui sont indépendantes du contexte racial, culturel et éducatif de l'individu. Ce type d'expérience psychédélique pose deux problèmes théoriques importants.

Les sujets LSD revivent dans ce contexte des éléments de leur naissance biologique dans toute leur complexité et donnent parfois des détails surprenants vérifiables objectivement. J'ai été à même de confirmer l'exactitude de nombreux rapports et dans bien des cas les individus impliqués ignoraient tout des circonstances de leur naissance. Ils se souvenaient cependant de détails spécifiques et d'anomalies concernant leur position fœtale, l'évolution du travail, la nature des interventions obstétriques et les particularités des soins postnatals. Voici quelques exemples des détails évoqués dans ces circonstances : présentation par le siège, placenta prævia, cordon ombilical enroulé autour du cou, application d'huile de ricin au cours de l'accouchement, utilisation de forceps, manœuvres manuelles diverses, types d'anesthésie, et procédures de réanimation.

Les souvenirs de ces événements semblent inclure les tissus et les cellules de l'organisme. Le problème de reviviscence du trauma de la naissance est parfois associé à la recréation psychosomatique de tous les symptômes physiologiques appropriés, tels que : accélération du pouls, sensations de suffocation accompagnées de modifications spectaculaires de la couleur de la peau, hypersécrétion de salive ou d'expectoration, tension musculaire excessive accompagnée de décharges d'énergie, positions et mouvements spécifiques et apparition de contusions et de taches de naissance. Voilà autant d'indications suggérant que la reviviscence de la naissance au cours des séances LSD s'accompagnerait de modifications biochimiques dans l'organisme représentant une réplique de la situation au moment de l'accouchement : saturation faible de l'oxygène du sang, indicateurs biochimiques de stress et caractéristiques spécifiques du métabolisme des hydrates de carbone. Cette reviviscence complexe de la situation de la naissance, qui s'étend aux processus subcellulaires et aux réactions biochimiques, représente un défi sérieux aux modèles scientifiques conventionnels.

Il est d'autres aspects du processus mort/re-naissance qui sont encore plus difficiles à expliquer. Le symbolisme qui accompagne les expériences de mort et de re-naissance appartient à diverses traditions et ceci même si auparavant le sujet ignorait tout des thèmes mythologiques correspondants. Je me réfère ici non seulement au symbolisme bien connu du processus de mort/re-naissance propre à la tradition judéo-chrétienne — humiliation du Christ, mort sur la croix et résurrection — mais encore à des détails de la légende d'Isis et d'Osiris, aux mythes de Dionysos, d'Adonis, d'Attis, d'Orphée, de Mithra ou du dieu nordique Balder ainsi qu'à leurs contreparties méso-américaines méconnues. La richesse de l'information révélée par certains sujets LSD au cours de ce processus est remarquable.

Le défi le plus critique et le plus sérieux au modèle mécaniste de l'univers newtonien-cartésien provient de la dernière catégorie de phénomènes psychédéliques, un spectre d'expériences complet pour lequel j'ai créé le terme *transpersonnel*. Le dénominateur commun de ce groupe riche et ramifié d'expériences inhabituelles est le sentiment qu'éprouve l'individu d'avoir une conscience dépassant les limites de l'ego et transcendant les limites du temps et de l'espace.

De nombreuses expériences appartenant à cette catégorie peuvent être interprétées comme des régressions dans le temps et des explorations de son passé biologique, culturel ou spirituel. Il est fréquent d'expérimenter au cours de séances psychédéliques des épisodes concrets et réalistes de vie fœtale et embryonnaire. De nombreux sujets rapportent des séquences animées se déroulant sur le plan cellulaire de la conscience qui semblent refléter leur existence en tant que spermatozoïde ou qu'ovule au moment de la conception. Il arrive que la régression remonte plus loin encore. L'individu a alors le sentiment de revivre des épisodes de la vie de ses ancêtres biologiques, voire de plonger dans la masse des souvenirs collectifs et raciaux. Les sujets LSD rapportent parfois des expériences au cours desquelles ils s'identifient à divers animaux de la lignée évolutive ou au cours desquelles ils éprouvent le sentiment de revivre des souvenirs de leur existence lors d'une incarnation précédente.

D'autres phénomènes transpersonnels impliquent une transcendance des barrières spatiales plutôt que temporelles. Notons parmi ceux-ci les expériences d'identification à une autre personne, à un groupe de personnes ou à toute l'humanité. Les limites d'une expérience spécifiquement humaine sont parfois transcendées ; l'individu s'identifie alors à la conscience d'un animal, à celle d'un végétal ou à celle de la matière inorganique. Expérimenter la conscience de l'ensemble de la création, la conscience planétaire ou celle de l'univers matériel est également possible.

Les individus qui sont confrontés à de telles expériences transpersonnelles ont fréquemment accès à une information précise — voire ésotérique — sur les aspects correspondants de l'univers matériel. Cette information dépasse la culture générale et la connaissance spécifique du sujet. Ainsi, les rapports des sujets LSD ayant vécu des épisodes d'existence embryonnaire, la conception et des éléments de conscience cellulaire, tissulaire et organique, abondent en précisions sur le plan médical d'aspects anatomiques, physiologiques et biochimiques du processus concerné. Des expériences ancestrales, des éléments de l'inconscient collectif et racial au sens jungien, et des « souvenirs d'incarnations passées » s'accompagnent souvent de détails remarquables quant aux événements historiques, à l'habillement, à l'architecture, aux armes, à l'art ou aux pratiques religieuses des civilisations concernées. Les sujets LSD qui revivent des souvenirs phylogéniques ou des expériences d'identification animale les jugent non seulement authentiques et convaincantes, mais encore font montre d'intuitions extraordinaires concernant la psychologie animale, l'éthologie, les habitudes des espèces, les cycles reproducteurs complets et les danses amoureuses de diverses espèces.

De nombreux sujets LSD ont affirmé, indépendamment, qu'ils avaient découvert que la conscience n'est pas un produit du système nerveux central et qu'elle n'est donc pas limitée aux êtres humains et aux vertébrés supérieurs. Ils l'ont perçue comme étant une caractéristique primaire de l'existence qui ne peut être réduite à — ou dérivée de — quoi que ce soit d'autre. Les individus, ayant rapporté des épisodes d'identification à des végétaux en retirent parfois des connaissances remarquables des processus de germination, de photosynthèse, de pollinisation, ou d'échange d'eau et de sels minéraux au niveau des racines. On enregistre souvent un sentiment d'identification à la conscience de matières ou de processus inorganiques tels que l'or, le granit, l'eau, le feu, la foudre, les tornades, les activités volcaniques ou même les atomes et les molécules. Ces expériences, comme les phénomènes mentionnés précédemment, sont vécues avec une précision stupéfiante.

Un autre groupe important d'expériences transpersonnelles fait intervenir la télépathie, le diagnostic psychique, la clairvoyance, la clairaudience, la prémonition, la psychométrie, les expériences hors-du-corps, les « voyages dans l'espace » et d'autres phénomènes paranormaux. Certains se caractérisent par la transcendance des limites temporelles ordinaires, d'autres par la transcendance des barrières spatiales, ou encore par une combinaison des deux. De nombreux autres types de phénomènes transpersonnels impliquant souvent l'accès à une information nouvelle par l'intermédiaire de canaux extrasensoriels, la frontière nette entre psychologie et parapsychologie tend à disparaître ou à devenir arbitraire dès qu'on reconnaît et qu'on admet l'existence du domaine transpersonnel.

Cette existence viole certains des concepts et des principes les plus fondamentaux de la science mécaniste. Ces expériences impliquent des notions aussi absurdes en apparence que la nature relative et arbitraire de toutes les frontières physiques, des connexions non-locales dans l'univers, de la communication par des moyens et par des canaux inconnus, de la mémoire sans substrat matériel, de la non-linéarité du temps ou de la conscience associée à toutes les formes vivantes (y compris aux organismes et aux végétaux unicellulaires) et même à la matière inorganique.

Des événements du microcosme et du macrocosme — domaines inaccessibles directement aux sens humains — interviennent dans maintes expériences transpersonnelles. Il en va de même de périodes antérieures à l'origine du système solaire, de la Terre, des organismes vivants, du système nerveux et de l'homo sapiens. Ces expériences suggèrent que d'une manière encore inexpliquée chacun de nous contient l'information à propos de tout l'univers ; qu'il a un accès empirique potentiel à chacune de ses parties, et qu'il *est* en un sens le réseau cosmique dans son ensemble, tout autant qu'il n'en est qu'une partie infinitésimale, une entité biologique séparée et insignifiante.

Le contenu des expériences que nous avons discutées à ce stade met en cause des éléments du monde phénoménal. Il défie l'idée que l'univers est composé d'objets matériels existant de manière objective et séparée les uns des autres, mais il ne dépasse pas ce que le monde occidental considère comme étant la « réalité objective » telle que nous la percevons durant les états ordinaires de conscience. Tout un chacun accepte l'idée selon laquelle nous sommes issus d'une ligne complexe d'ancêtres humains et animaux, que nous faisons partie d'un héritage racial et culturel spécifique et que nous avons suivi un développement biologique compliqué allant de la fusion de deux cellules germinales à un organisme métazoaire hautement différencié. Nos expériences quotidiennes indiquent que nous vivons dans un monde où sont présents un nombre infini d'éléments — humains, animaux, végétaux et matière inorganique. Nous acceptons ces faits sur la base de la perception sensorielle, de validations consensuelles, d'évidences empiriques ou de recherches scientifiques. Ce n'est pas le contenu des expériences transpersonnelles, impliquant la régression * ou la transcendance des limites spa-

* Les expériences occasionnelles de progression historique, de « flashs » prémonitoires ou de visions clairvoyantes complexes du futur soulèvent un problème particulier dans ce contexte.

tiales, qui est surprenant mais la possibilité d'avoir une expérience directe de — et une identification consciente à — divers aspects du monde phénoménal au-delà de nous-mêmes.

Nous les considérerions comme étant entièrement séparées de nous et empiriquement inaccessibles, dans des circonstances normales. Nous sommes étonnés de découvrir la conscience là où nous ne l'attendions pas : chez les animaux inférieurs, chez les végétaux et dans la matière inorganique. Ce n'est toujours pas, dans les cas de perception extrasensorielle classique, le contenu des expériences qui est surprenant, mais la manière d'acquérir une certaine information sur d'autres personnes ou de percevoir une situation qui, selon le sens commun et les paradigmes scientifiques existant, est hors de notre portée.

Le défi théorique des observations évoquées ci-dessus — aussi formidable soit-il — est renforcé par le fait que durant les séances psychédéliques, les expériences transpersonnelles reflétant le monde matériel se manifestent sur le même continuum que d'autres dont le contenu n'est pas en accord avec la vision du monde qui prédomine dans la civilisation occidentale et avec lesquelles elles sont pourtant intimement liées. Mentionnons dans ce contexte les archétypes jungiens, le monde des divinités, des démons, des demi-dieux,, des super-héros et des séquences mythologiques légendaires et fériques complexes. Ces informations s'accompagnent souvent d'une connaissance intime du folklore, du symbolisme religieux et des structures mythiques de diverses cultures avec lesquelles le sujet n'était pas familier ou auxquelles il ne s'intéressait pas avant la séance LSD. Les expériences les plus généralisées et les plus universelles font intervenir l'identification à l'Esprit Universel et au Vide supra-cosmique et méta-cosmique.

Le fait que les expériences transpersonnelles donnent accès à une information précise sur certains aspects de l'Univers précédemment inconnus du sujet justifie à lui seul une révision fondamentale de nos concepts relatifs à la nature de la réalité et à la relation entre conscience et matière. La découverte des archétypes ou des entités mythologiques ayant une existence propre et n'appartenant pas au monde matériel constitue un défi. Le nouveau paradigme devra donc expliquer ou tout au moins prendre en considération maintes observations tout aussi fascinantes.

De nombreuses expériences transpersonnelles semblent être inextricablement liées au tissu d'événements du monde matériel. De telles interconnexions dynamiques entre les expériences internes et le monde phénoménal suggèrent que le réseau impliqué dans le processus psychédélique transcende d'une certaine manière les limites physiques de l'individu. Une discussion et une analyse détaillée de ce phénomène captivant fera l'objet d'un prochain ouvrage, ce travail nécessitant de présenter des cas réels. Je me contenterai ici de décrire brièvement ses caractéristiques générales et de l'illustrer par quelques exemples spécifiques.

L'émergence de l'inconscient du sujet de certains thèmes transpersonnels au cours du processus psychédélique s'accompagne souvent d'une incidence improbable d'événements extérieurs semblant être liés au thème intérieur. On note à ce moment une accumulation frappante de coïncidences pour le moins étranges dans la vie de l'individu ; celui-ci vit en quelque sorte pendant une certaine période dans un univers gouverné par la synchronicité au sens jungien du terme, plutôt que par une simple causalité linéaire. J'ai constaté à plusieurs reprises que divers événements et circonstances dangereux s'accumulaient dans la vie du sujet qui approchait l'expérience de mort de l'ego au cours des séances LSD. Ils disparaissaient en revanche de manière mystérieuse lorsque ce processus était terminé. Il semble que ces individus doivent affronter l'expérience d'annihilation, pour l'une ou l'autre raison, mais qu'ils aient le choix de le faire de manière symbolique dans le monde intérieur ou de manière directe dans la réalité.

Le thème essentiel d'un archétype jungien émergeant de l'inconscient d'un sujet durant une thérapie LSD est parfois vécu par l'individu. Ainsi, au moment où le sujet se trouve confronté aux problèmes liés à l'Animus, à l'Anima ou à la Terrible Mère, les représentations des archétypes tendent à se manifester dans la vie quotidienne du sujet. Des éléments de l'inconscient collectif ou racial ou des thèmes mythologiques liés à une culture spécifique dominent parfois les séances LSD d'une personne ; un afflux remarquable d'éléments liés à cette région géographique ou à cette tradition s'impose alors dans la vie quotidienne du sujet : rencontre fortuite de membres de ce groupe ethnique, lettres inattendues du pays concerné, invitations à le visiter, cadeaux, livres ou accumulation de ces thèmes dans les films ou dans les programmes de télévision.

Une observation de même ordre concerne les expériences d'incarnations passées. Certains sujets LSD expérimentent parfois des séquences vives et complexes liées à des cultures et à des périodes historiques autres qui présentent tous les caractères des souvenirs et qui sont en général interprétées par les individus eux-mêmes comme étant des reviviscences d'épisodes d'incarnations passées. Les sujets identifient au fil de ces expériences certaines personnes de leur vie actuelle à des protagonistes importants de leur karma. Les tensions, les problèmes et les conflits interpersonnels avec ces personnes sont souvent reconnus ou interprétés à cette occasion comme résultant de modèles karmiques destructeurs. La reviviscence et la résolution des souvenirs d'incarnations passées s'accompagnent d'un sentiment de soulagement profond, de libération des « liens karmiques » oppressifs, et de sentiments enthousiastes de bien-être et d'épanouissement.

L'examen minutieux de la dynamique de la constellation interpersonnelle, présentée comme une conséquence de la résolution du karma, donne souvent des résultats étonnants. Les sentiments, les attitudes et le comportement des individus identifiés par le sujet LSD comme étant des protagonistes dans les épisodes d'incarnations passées tendent à se modifier d'une manière spécifique en accord absolu avec les événements de la séance psychédélique. Il importe d'insister sur le fait que ces changements se produisent de manière indépendante et qu'ils sont inexplicables en fonction d'une compréhension de causalité linéaire conventionnelle. Ces personnes se trouvant parfois à des centaines, voire à des milliers de kilomètres, lors de l'expérience LSD. Ces changements adviennent même s'il n'existe aucune communication physique entre les protagonistes. Leurs sentiments et leurs attitudes sont influencés de manière indépendante par des facteurs n'ayant aucun rapport avec l'expérience du sujet LSD, pourtant des modifications spécifiques survenant chez toutes les personnes impliquées semblent suivre un modèle commun et se produire exactement au même moment ou à quelques minutes près.

Des cas semblables de synchronicités extraordinaires accompagnent souvent d'autres types de phénomènes transpersonnels. De telles observations ne sont pas spécifiques aux états psychédéliques et peuvent être constatées dans le cadre d'une analyse jungienne ou de diverses formes de psychothérapies empiriques, au cours de pratiques méditatives ou lors de manifestations spontanées d'éléments transpersonnels au niveau conscient succédant à des circonstances de la vie quotidienne.

Nous avons décrit les observations les plus importantes de la recherche psychédélique, celles qui défient le bon sens et le paradigme scientifique existant. Etudier à présent les *changements dans la vision du monde* des individus ayant vécu personnellement des expériences sur les plans périnatals et transpersonnels présente donc un intérêt certain.

Les sujets LSD n'ont à assumer aucun défi conceptuel majeur aussi longtemps qu'ils sont confrontés à des phénomènes purement biographiques. Cette exploration d'un passé traumatisant leur fait comprendre que certains aspects ou secteurs de leur vie ont été inauthentiques, qu'ils représentaient des répétitions aveugles de modèles impropres établis au cours de leur prime enfance. La reviviscence de traumatismes spécifiques sous-jacents à ces modèles a un effet libérateur et permet d'appréhender des relations et des situations auparavant insatisfaisantes et d'y réagir de façon plus sereine. Citons à titre d'exemples : une attitude autoritaire due à une expérience traumatisante et à des parents dominateurs, l'introduction de sentiments de rivalité entre frères et sœurs dans les relations avec les proches, ou des déviations sexuelles dues à des modèles d'interaction ancrés dans la relation avec le parent de sexe opposé.

Les sujets LSD se trouvant confrontés au niveau périnatal à l'expérience de naissance et de mort prennent également conscience du fait que la déformation et l'inauthenticité de leur vie ne se limitent pas à des secteurs spécifiques. Leur représentation complète de la réalité, leur attitude générale face à l'existence leur paraissant soudain fausses. De nombreux comportements antérieurs, qui étaient acceptés et qui paraissaient naturels, sont désormais perçus comme étant irrationnels ou absurdes. Ces sentiments résultent de la peur de la mort et des séquelles du traumatisme irrésolu de la naissance. En de telles circonstances, un mode de vie désordonné, des ambitions démesurées, des tendances compétitives, un besoin de s'affirmer et l'incapacité de se distraire apparaissent comme autant de cauchemars inutiles dont il est désormais facile de s'éveiller. Ceux qui vivent le processus de mort/re-naissance entrent en contact avec des sources spirituelles intrinsèques et comprennent que la vision mécaniste et matérialiste du monde résulte de la peur de la naissance et de la mort.

L'aptitude à profiter de la vie s'accroît de manière considérable après la mort de l'ego. Le passé et le futur paraissent relativement moins importants que le moment présent et l'engouement pour le processus de la vie remplace le besoin d'atteindre certains objectifs. L'individu considère l'univers en termes de modèles d'énergie plutôt que de matière solide et les frontières qui le séparent du reste du monde lui paraissent moins absolues, plus mouvantes. Le monde phénoménal est toujours considéré comme étant objectivement réel, mais la spiritualité apparaît désormais comme étant une force importante de l'univers. Le temps demeure linéaire, l'espace euclidien et le principe de causalité n'est pas remis en question ; les racines de multiples problèmes sont dorénavant liées au processus de la naissance plutôt qu'aux événements de la prime enfance.

Les changements les plus profonds et les plus fondamentaux

concernant la nature de la réalité se manifestent en fonction des divers types d'expériences transpersonnelles. Les limites de la causalité linéaire s'élargissent *ad infinitum* lorsque le processus LSD s'étend aux niveaux transpersonnels. Ce n'est plus seulement la naissance biologique mais ce sont les divers aspects et les différentes phases du développement embryonnaire, et même les circonstances de la conception et de l'implantation qui constituent des sources possibles d'influences importantes sur la vie psychologique de l'individu. Les éléments de souvenirs ancestraux, raciaux et phylogéniques, d'intelligence consciente de la molécule d'ADN et de la métaphysique du code génétique, de la dynamique des structures archétypes et le phénomène de la réincarnation en accord avec la loi karmique doivent à présent être intégrés dans la pensée du sujet pour expliquer l'expansion spectaculaire de son monde empirique.

Si on adhère à l'ancien modèle médical selon lequel la mémoire a besoin d'un substrat matériel, le noyau d'une cellule — le spermatozoïde ou l'ovule — devrait contenir non seulement l'information discutée dans les manuels de médecine (anatomie, physiologie, biochimie de l'organisme, facteurs constitutionnels, dispositions héréditaires aux maladies et caractéristiques parentales) mais encore les souvenirs complexes des vies de nos ancêtres humains et animaux ainsi que des données détaillées sur toutes les cultures du monde. Les expériences LSD impliquant en outre la conscience des végétaux et celle de la matière inorganique aux niveaux moléculaire, atomique, et subatomique, ainsi que celle des événements cosmogoniques et géologiques, on pourrait supposer que l'ensemble de l'univers est en quelque sorte encodé dans le spermatozoïde et dans l'ovule.

Les alternatives mystiques à la vision mécaniste du monde apparaissent, à ce stade, plus appropriées et plus pertinentes.

Diverses expériences transpersonnelles minent en outre la croyance en la nature obligatoire du temps linéaire et de l'espace tridimensionnel en offrant de multiples alternatives empiriques. La matière tend à se désintégrer non seulement en des modèles d'énergie mais encore en un vide cosmique. La forme et le vide deviennent des concepts relatifs et interchangeables. La confrontation de l'individu à un riche échantillon d'expériences transpersonnelles fait que la vision newtonienne-cartésienne du monde devient indéfendable en tant que concept philosophique sérieux ; elle est désormais considérée comme un système utile sur le plan pragmatique mais simpliste, superficiel et arbitraire en ce qui concerne l'organisation de l'existence humaine.

L'intelligence philosophique de l'existence devient plus complexe et plus sophistiquée bien qu'on continue, pour des raisons pratiques, à penser que la matière est solide, l'espace tridimensionnel, le temps continu et la causalité linéaire. Cette compréhension nouvelle évoque celle des grandes traditions mystiques. L'univers est perçu comme une toile infinie d'aventures « vécues » au niveau de la conscience et les dichotomies entre l'« expérimenteur » et l'« expérimenté », la forme et le vide, le temps et l'infini, le déterminisme et le libre arbitre ou encore entre l'existence et la non-existence sont transcendées.

1.2. *L'approche holonomique : principes nouveaux et perspectives nouvelles.*

Des développements importants enregistrés au cours des trois dernières décennies dans les domaines des mathématiques, de la technologie du laser, de l'holographie, de la physique quantique-relativiste et de la recherche sur le cerveau ont conduit à la découverte de principes nouveaux aux implications d'une grande portée pour l'étude moderne de la conscience et pour la science en général. Ces principes ont été qualifiés de *holonomiques, holographiques* ou *hologrammiques* parce qu'ils offrent des alternatives fascinantes à la compréhension conventionnelle de la relation entre le tout et ses parties. Il est possible de démontrer leur nature unique dans le cadre du processus d'emmagasinement, de recherche et de combinaison d'information à l'aide de la technique de l'holographie optique.

Il est prématuré de parler de la « théorie holonomique de l'univers et du cerveau » en dépit du fait que d'aucuns s'y sont déjà aventurés. Nous nous trouvons confrontés à l'heure actuelle à une mosaïque de données et de théories importantes et fascinantes dans divers secteurs qui n'ont pas encore été intégrées en un cadre conceptuel cohérent. L'approche holonomique, qui s'intéresse à l'interférence de modèles vibratoires plus qu'aux interactions mécaniques et à l'information plus qu'à la substance, est un outil très prometteur compte tenu de la perception scientifique moderne de la nature vibratoire de l'univers. Les nouvelles intuitions sont liées à des problèmes fondamentaux tels que les principes d'arrangement et d'organisation de la réalité et du système nerveux central, la distribution de l'information dans le cosmos et dans le cerveau, la nature de la mémoire, des mécanismes de perception et la relation entre le tout et ses parties.

L'approche holonomique de l'univers a des antécédents historiques dans les philosophies de l'Inde et de la Chine antiques et dans la monadologie du grand philosophe et mathématicien allemand Gottfried Wilhelm Leibniz. La transcendance de la distinction conventionnelle entre le tout et ses parties, qui constitue l'une des principales contributions des modèles holonomiques, est une caractéristique essentielle de divers systèmes de philosophie séculaire.

La représentation poétique du collier du dieu védique Indra est une superbe illustration de ce principe. Il est écrit dans le *Avatamsaka Sutra* : « Au paradis d'Indra, il y a, dit-on, un réseau de perles, agencées de sorte que si vous en regardez une, vous voyez toutes les autres se refléter en elle ». De la même manière, chaque objet du monde n'est pas seulement lui-même, il implique tous les autres objets et il *est* en réalité tous les autres objets. Sir Charles Eliot qui cita ce passage ajouta : « Dans chaque particule de poussière, il y a une quantité innombrable de Bouddha ».

On trouve une représentation similaire dans la tradition chinoise antique de l'école de bouddhisme Hwa Yen *, une vision holistique de l'univers qui englobe l'une des plus profondes intuitions que l'esprit humain a jamais atteinte.

L'Impératrice Wu, qui fut incapable de percer la complexité de la littérature Hwa Yen, demanda à Fa Tsang, l'un des fondateurs de l'école, de lui donner un exemple pratique et simple de l'interdépendance cosmique. Fa Tsang suspendit tout d'abord une bougie allumée au plafond d'une pièce dont les murs étaient entièrement recouverts de miroirs pour démontrer la relation du Un au multiple. Il plaça ensuite un petit cristal au centre de la pièce et, montrant comment tout ce qui l'entourait se reflétait en lui, il illustra comment l'infiniment petit contient dans la Réalité ultime l'infiniment grand, et l'infiniment grand, l'infiniment petit. Ceci fait, Fa Tsang se plaignit parce que ce modèle statique était incapable de refléter le mouvement perpétuel et multidimensionnel de l'univers et l'interpénétration mutuelle et sans entrave du Temps et de l'Eternité, ainsi que du passé, du présent et du futur.

L'approche holonomique du monde est présentée de la manière la plus sophistiquée et la plus élaborée dans la tradition Jain. Selon la cosmologie Jain, le monde phénoménal consiste en un système infiniment complexe d'unités de conscience illusoires, ou

---

* Les sages de la tradition Hwa Yen (le Kegon japonais et l'Avatamsaka sanskrit) considèrent le tout englobant tous les univers comme un organisme vivant unique de processus de devenir et de non-devenir interdépendants et interpénétrants. Le Hwa Yen exprime cette situation par les formules : UN EN TOUT ; TOUT EN UN ; UN EN UN ; TOUT EN TOUT.

jivas, prisonnières de la matière à différentes phases du cycle cosmique. Ce système associe la conscience et le concept de jiva aux formes humaines et animales ainsi qu'aux végétaux, aux objets ou à la matière inorganique. Les monades de la philosophie de Leibniz présentent de nombreuses caractéristiques des jivas jainistes. L'intégralité de la connaissance concernant l'univers entier peut être déduite de l'information liée à une seule monade. Il est intéressant de mentionner à cet égard que Leibniz fut en outre à l'origine de la technique mathématique qui permit le développement de l'holographie.

La technique de l'holographie peut être utilisée comme une métaphore puissante pour la nouvelle approche et comme une illustration spectaculaire de ses principes. En conséquence, il semble logique de commencer notre discussion par la description de ses aspects technologiques fondamentaux. L'hologramme est une image tri-dimensionnelle sans lentille, capable de recréer des représentations réalistes d'objets matériels. Les principes mathématiques de cette technique révolutionnaire furent élaborés par le scientifique britannique Dennis Gabor vers la fin des années quarante ; lequel reçut le prix Nobel pour son invention. Les hologrammes et l'holographie sont incompréhensibles en termes d'optique géométrique dans laquelle la lumière est considérée comme formée de particules abstraites ou photons. La méthode holographique dépend du principe de superposition et des modèles d'interférence de la lumière ; elle impose que la lumière soit comprise comme étant un phénomène ondulatoire. Les principes de l'optique géométrique représentent une approximation adéquate pour une série d'instruments optiques, y compris les télescopes, les microscopes et les appareils photographiques. Ceux-ci utilisent la lumière reflétée par les objets et les intensités de lumière mais excluent la phase. L'optique mécanique ne permet pas d'enregistrer les modèles d'interférence de la lumière. Or, ceci constitue précisément l'essence de l'holographie qui se fonde sur l'interférence de la lumière monochromatique pure et de la lumière cohérente (lumière dont le déphasage ne varie pas dans le temps et dont les variations sont synchrones). Dans la technique proprement dite de l'holographie, le rayon laser est divisé et amené à interagir avec l'objet photographié ; le modèle d'interférence qui en résulte est ensuite enregistré sur une plaque photographique. L'illumination ultérieure de cette plaque par un laser permet de recréer une image tri-dimensionnelle de l'objet original.

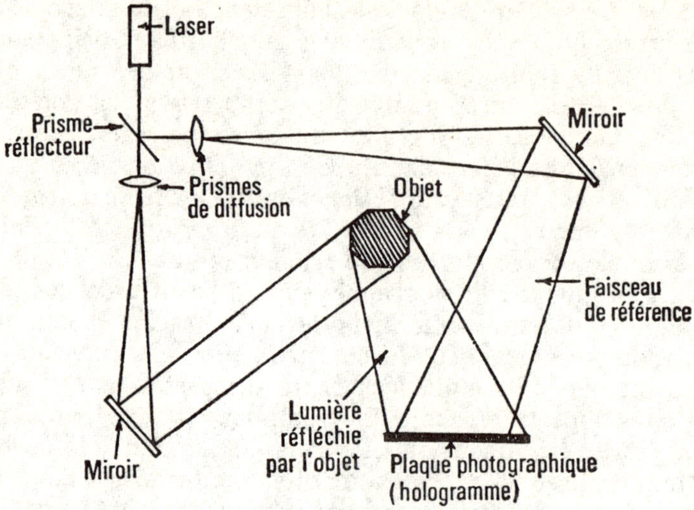

La technique de l'holographie : La lumière du laser arrive sur la plaque photo par deux voies différentes. Une partie du rayon passe par le miroir puis par l'objet avant d'atteindre la plaque (rayon actif). L'autre partie est constituée par le faisceau de référence. Le modèle d'interférence qui en résulte est gravé sur l'émulsion du film. L'exposition ultérieure de ce modèle d'interférence à une source de lumière cohérente recrée une image tridimensionnelle de l'objet.

Les représentations holographiques possèdent de nombreuses caractéristiques qui font d'elles les meilleurs modèles existant des phénomènes psychédéliques et d'autres expériences vécues durant les états inhabituels de conscience. Elles permettent de démontrer nombre de propriétés formelles des visions LSD, ainsi que divers aspects importants de leur contenu. Les images reconstruites sont dotées d'un réalisme puissant qui approche, voire égale, celui de la perception quotidienne du monde matériel. Les représentations holographiques ne se contentent pas, comme le cinéma, de simuler l'aspect tri-dimensionnel. Elles représentent des caractéristiques spatiales pures, y compris une véritable parallaxe.

Elles offrent la possibilité de se concentrer au choix sur différents plans et permettent de percevoir des structures intérieures à travers un milieu transparent. Il est possible en modifiant la mise au point de choisir la profondeur de perception et de brouiller ou de clarifier diverses parties du champ. Ainsi, les techniques modernes utilisant des films à grain microscopique permettent de produire l'hologramme d'une feuille et d'étudier sa structure cellulaire à l'aide d'un microscope en modifiant la mise au point.

L'incroyable capacité de stockage d'information est une propriété essentielle : plusieurs centaines de photographies peuvent être gravées sur la plaque qui ne retiendrait qu'une image en photographie conventionnelle. L'holographie permet de prendre une photo de deux personnes ou d'un groupe de personnes par expositions séquentielles. On peut en utilisant un seul film, conserver le même angle à chaque exposition ou le modifier légèrement. L'exposition à une source de lumière du film développé présentera, dans le premier cas, une image composée d'un couple ou du groupe impliqué (par exemple tous les membres d'un institut ou tous les élèves d'une classe). Cette photo représentera donc simultanément tous les membres, mais aucun d'eux spécifiquement. Ces représentations composées constituent un modèle parfait d'un certain type d'expériences transpersonnelles, telles que les représentations archétypes de l'Homme Cosmique, de la Femme, de la Mère, du Père, de l'Amant, du Fourbe, du Fou ou du Martyr, ou des visions ethniques et professionnelles généralisées telles qu'illustrées par le Juif ou par le Scientifique.

Un mécanisme similaire est impliqué dans certaines transformations illusoires de personnes ou d'éléments de l'environnement communément observées dans les séances psychédéliques. Ainsi, l'assistant est parfois perçu simultanément sous sa forme réelle et comme le père, la mère, un exécuteur, un juge, un démon, tous les hommes ou toutes les femmes. La salle de traitement oscille entre son apparence quotidienne et celle d'un harem, d'un château de l'époque Renaissance, d'un donjon médiéval, ou d'une paillote sur une île du Pacifique.

Lorsqu'on prend des photographies holographiques suivant des angles différents, les images individuelles peuvent être observées séquentiellement et séparément à partir de la même émulsion en repliquant les conditions originales de l'exposition. Ceci illustre un autre aspect des expériences visionnaires, à savoir le fait que d'innombrables images tendent à se dérouler en une séquence rapide de la même région du champ expérimental.

Les images holographiques individuelles peuvent être perçues comme séparées mais elles font partie intégrante d'une matrice indifférenciée plus vaste de modèles d'interférence de lumière dont elles sont originaires. Ce fait constitue un modèle excellent pour d'autres types d'expériences transpersonnelles. Il est possible de prendre des photographies holographiques de telle sorte que les images individuelles occupent différents espaces, par exemple lors de l'exposition simultanée d'un couple ou d'un groupe de personnes. L'hologramme reconstruit les montre, en ce cas, comme deux individus séparés ou comme un groupe d'individus. Quiconque est familier des principes de l'holographie pense qu'ils peuvent être également considérés comme un champ de lumière indifférencié qui crée au moyen de modèles spécifiques d'interférence l'illusion d'objets séparés. La relativité de la séparation versus l'unité ou de la partie versus le tout est d'une importance capitale pour les expériences mystiques et psychédéliques. Imaginer un outil conceptuel et éducatif plus idéal que l'holographie pour illustrer cet aspect incompréhensible et paradoxal des états non-ordinaires de conscience est difficile.

L'espace, mais également le temps, peuvent être condensés et figés dans certaines formes de matrices holographiques ; les propriétés d'un hologramme jettent donc un éclairage intéressant sur diverses particularités de la perception spatiale et temporelle intervenant au cours des séances psychédéliques. Le fait qu'il soit possible, en utilisant les principes holographiques, de recréer une progression ondulatoire longtemps après que sa source originale ait cessé d'exister, permet une nouvelle compréhension de diverses expériences historiques survenant au cours d'une psychothérapie LSD, des techniques empiriques d'auto-exploration et de la pratique méditative.

Les caractéristiques les plus intéressantes des hologrammes sont celles liées à la « mémoire » et à la distribution de l'information. Un hologramme diffus a une mémoire dispersée ; n'importe quelle partie de cet hologramme contient l'information concernant la gestalt complète si elle est suffisamment vaste pour contenir l'ensemble du modèle de diffraction. La taille décroissante de la partie de l'hologramme utilisée pour recréer l'image sera associée à une certaine perte du pouvoir de résolution ou à une augmentation de la perturbation de l'information, mais les caractéristiques générales du tout seront préservées. La technique holographique permet en outre de synthétiser de nouvelles images d'objets non-existants en combinant diverses impulsions individuelles. Ce mécanisme expliquerait les nombreuses combinaisons et les variations symboliques du matériau inconscient observées au cours des séances psychédéliques ou dans les rêves.

Les caractéristiques du stockage et celles de la distribution d'information dans les systèmes holographiques offrent de nouveaux moyens intéressants d'interpréter certains aspects importants des expériences psychédéliques ou des phénomènes observés au cours d'une psychanalyse freudienne. Elles expliqueraient que chaque gestalt psychologique individuelle, telle qu'une vision, un fantasme, un symptôme psychosomatique ou une forme de pensée, contient une quantité énorme d'information quant à la personnalité du sujet. Ainsi, les associations libres et le travail analytique réalisé sur chaque détail de l'expérience révèlent parfois une masse surprenante de données sur le sujet. Cette caractéristique des systèmes holographiques autorise une autre observation : une certaine gestalt apparaît parfois sous divers artifices symboliques avant d'émerger au niveau conscient dépouillée de toute déformation.

Le phénomène de la mémoire distribuée est de la plus haute importance pour la compréhension du fait que des sujets LSD ont accès dans certains états d'esprit particuliers à l'information concernant presque chaque aspect de l'univers. L'approche holographique permet d'imaginer comment chaque cellule cérébrale contient l'information véhiculée par le cerveau ou comment chaque cellule simple du corps contient l'information génétique concernant l'ensemble de l'organisme.

Il est permis d'imaginer que toute l'information concernant l'univers puisse être dégagée de la même manière de chacune de ses parties. La démonstration de la manière selon laquelle il est possible de transcender effectivement la différence apparemment irréconciliable entre la partie et le tout est sans doute la contribution la plus importante du modèle holographique à la théorie de l'étude moderne de la conscience.

Dans un modèle de l'univers qui insiste sur la substance et la quantité, une partie est différente du tout d'une manière évidente et absolue. Dans un modèle qui dépeint l'univers comme un système vibratoire et qui met l'accent sur l'information plutôt que sur la substance, cette distinction est hors de propos. On illustre ce changement radical qui intervient lorsque l'accent se déplace de la substance à l'information en se référant au corps humain. Chaque cellule somatique n'est qu'une partie insignifiante de l'organisme, elle contient pourtant dans le code génétique toute l'information le concernant.

Les parallèles évoqués ci-dessus entre l'holographie et les expériences psychédéliques sont remarquables, en particulier si on considère que cette technologie n'en est qu'à ses tout débuts ; il est difficile de prévoir l'importance qu'auront ces développements à l'avenir. Les problèmes liés au cinéma et à la télévision holographiques tri-dimensionnels sont considérables, pourtant leur réalisation est certainement dans les possibilités de la technologie moderne. La reconnaissance du caractère, du modèle et du symbole et la capacité d'effectuer une traduction d'un langage symbolique à un autre constituent une autre application fascinante de l'holographie mais ces développements n'en sont qu'à leur phase primaire.

L'hologramme est un outil conceptuel unique qui est extrêmement utile pour la compréhension de la notion de globalité. Il produit toutefois un enregistrement statique d'un mouvement de champs électromagnétiques complexes ; ce qui obscurcit certaines propriétés et possibilités importantes du domaine holographique. En réalité, le mouvement des ondes lumineuses (et d'autres types de phénomènes vibratoires) est présent partout et englobe en principe l'ensemble de l'univers, de l'espace et du temps. Ces champs obéissent à des lois quantiques-mécaniques, impliquant les propriétés de discontinuité et de non-localité. Ainsi, la totalité de l'ordre explicite et de l'ordre implicite dépasse les constatations de l'observateur scientifique.

Des découvertes révolutionnaires récentes du chercheur italo-argentin Hugo Zucarelli étendent le modèle holographique au monde des phénomènes acoustiques. Zucarelli fut très tôt fasciné par les problèmes associés à la capacité de divers organismes à localiser des sons dans la perception auditive. Grâce à une étude et à une analyse minutieuses des mécanismes par lesquels différentes espèces dans la lignée évolutive parviennent à une identification précise des sources d'un son, il conclut que le modèle d'ouïe existant ne permet pas d'expliquer les caractéristiques importantes de la perception acoustique humaine. Le fait que les humains situent la source de bruits sans aucun mouvement de la tête et sans un positionnement particulier des lobes des oreilles suggère que la comparaison de l'impulsion acoustique dans l'oreille droite et gauche n'est pas le mécanisme responsable des capacités humaines dans ce domaine. En outre, des individus sourds d'une oreille parviennent toujours à localiser les sons. Il est nécessaire, pour expliquer toutes les caractéristiques de l'audition spatiale, de postuler que la perception acoustique humaine utilise des principes holographiques. Force est donc de supposer que l'oreille humaine est un émetteur aussi bien qu'un récepteur.

Zucarelli développa la technologie du son holophonique en repliquant ce mécanisme tout en enregistrant des sons. Les enregistrements holophoniques ont une étonnante capacité de reproduire la réalité acoustique avec toutes ses caractéristiques spatiales à un point tel que sans un contrôle visuel constant, il est virtuellement impossible de distinguer la perception des phénomènes enregistrés des événements réels du monde tri-dimensionnel. En outre, l'écoute d'enregistrements holophoniques d'événements qui stimulent les autres sens tend à produire une synesthésie : les perceptions correspondantes dans les autres régions sensorielles.

Ainsi, le son d'une paire de ciseaux s'ouvrant et se fermant à proximité du cuir chevelu d'un individu lui donnera le sentiment réel qu'on lui coupe les cheveux ; le bruit d'un sèche-cheveux produira la sensation d'un courant d'air chaud soufflant dans la chevelure ; écouter une personne qui craque une allumette s'accompagnera d'une odeur distincte de soufre brûlé ; et la voix d'une femme sussurant dans l'oreille provoquera le sentiment d'une respiration.

Le son holophonique présente des implications théoriques et pratiques profondes pour de nombreux secteurs de la vie humaine ; il implique une révolution de la compréhension de la physiologie et de la pathologie de l'ouïe et des applications sans précédent en psychiatrie, en psychologie et en psychothérapie, dans les médias, les spectacles, l'art, la religion, la philosophie, etc.

Les effets extraordinaires de la technologie holophonique éclairent d'un jour nouveau l'importance attribuée au son dans diverses philosophies spirituelles. Le rôle crucial du son cosmique OM dans le processus de création de l'univers discuté dans les systèmes de pensée indiens antiques, la relation profonde entre diverses vibrations acoustiques et les chakras individuels du yoga tantrique et de la Kundalini, les propriétés magiques et mystiques attribuées aux sons de l'alphabet hébreu et égyptien, et l'utilisation du son en tant que technique sacrée dans le chamanisme et les cérémonies de guérison aborigènes, en tant aussi que moyen de favoriser des expériences d'autres réalités ne sont que quelques exemples du rôle prodigieux du son dans l'histoire des religions. La découverte du son holophonique est donc une contribution importante au nouveau paradigme qui se dessine. Elle jette un pont entre la science moderne et la sagesse antique.

Aussi excitantes que soient les possibilités de l'holographie et de l'holophonie, mieux vaut se garder au stade actuel de les appliquer sans discrimination et trop littéralement à l'étude de la conscience.

Les hologrammes et les enregistrements holophoniques se contentent de reproduire des aspects importants d'événements du monde matériel. Le spectre des expériences transpersonnelles inclut, lui, de nombreux phénomènes qui sont des créations actives de la psyché, plutôt que de simples répliques d'objets et d'événements existants. Les expériences des états non-ordinaires de conscience incluent en outre certaines caractéristiques que la technique holonomique est incapable à l'heure actuelle de modeler, bien que certaines d'entre elles se manifestent sous la forme de synesthésies induites par le son holophonique. Citons parmi celles-ci l'expérience des changements de température, la douleur physique, les sensations tactiles, les perceptions olfactives et gustatives, diverses émotions, etc.

Dans le cas de l'holographie optique, les images holographiques, le champ de lumière qui les crée et le film qui est leur matrice existent sur le même plan de réalité et ils peuvent tous être perçus ou décelés dans un état ordinaire de conscience. De même, tous les éléments d'un système holophonique sont accessibles à nos sens et à nos instruments dans le même mode de conscience.

David Bohm, éminent physicien théoricien, ancien collaborateur d'Albert Einstein et auteur de textes fondamentaux sur la théorie de la relativité et sur la mécanique quantique, a formulé un modèle révolutionnaire de l'univers qui étend les principes holonomiques à des domaines qui ne sont pas soumis de nos jours à l'observation directe et à l'investigation scientifique. Bohm a ressuscité, dans un effort pour résoudre les paradoxes de la physique moderne, la théorie des variables cachées, longtemps désapprouvée par d'éminents physiciens dont Heisenberg et von Neumann. La vision de la réalité qui en résulte modifie radicalement les hypothèses philosophiques les plus fondamentales de la science occidentale.

Il a décrit la nature de la réalité en général et de la conscience en particulier comme un tout continu et cohérent engagé dans un processus interminable de changement — l'*holomouvement*. Le monde est en flux constant et les structures stables ne sont rien de plus que des abstractions. Tout objet, entité, ou événement descriptible est considéré dans ce contexte comme un produit d'une totalité indéfinissable et inconnaissable.

Les phénomènes que nous percevons au moyen de nos sens et à l'aide d'instruments scientifiques — l'univers étudié par la science mécaniste — ne représente qu'un fragment de la réalité, l'*ordre explicite, déployé*. C'est une forme spéciale contenue dans et émergente d'une totalité plus générale d'existence, l'*ordre implicite, replié,* qui est sa source et sa matrice. Dans l'ordre implicite, l'espace et le temps ne sont plus les facteurs dominants qui déterminent les relations de dépendance ou d'indépendance d'éléments différents. Divers aspects de l'existence sont reliés de manière significative au tout et remplissent des fonctions spécifiques dans un dessein déterminé. La représentation de l'univers ressemble donc à celle d'un organisme vivant dont les organes, les tissus et les cellules n'ont de sens que par rapport au tout.

La théorie de Bohm a des implications révolutionnaires non seulement pour comprendre la réalité physique mais encore le phénomène de la vie et de la conscience ainsi que la fonction de la science et de la connaissance en général. La vie ne peut être comprise en termes de matière inanimée, pas plus qu'elle ne peut en être dérivée. Il est en fait impossible d'établir une distinction nette et absolue entre les deux. La vie et la matière inorganique ont un champ commun dans l'holomouvement qui est leur source primaire et universelle. La matière inorganique doit être considérée comme étant une sous-totalité relativement autonome dans laquelle la vie est « implicite » mais pas manifeste.

Bohm suggère également que la matière et la conscience sont inexplicables l'une par rapport à l'autre et irréductibles à l'un ou à l'autre concept. Ce sont des abstractions de l'ordre implicite qui est leur champ commun et représente donc une unité indissociable. La connaissance de la réalité en général et de la science en particulier sont de la même manière des abstractions du flux total unique. Ils font partie intégrante de l'holomouvement plutôt que d'être des reflets de la réalité et de ses descriptions indépendantes. La pensée a deux aspects importants : lorsqu'elle fonctionne par elle-même, elle est mécanique et dérive de la mémoire son ordre en général impropre et hors de propos. Elle répond parfois directement à l'intelligence qui est un élément libre, indépendant et inconditionné, trouvant son origine dans l'holomouvement. La perception et la connaissance sont des activités créatives comparables au processus artistique et non pas des reflets objectifs de la réalité existant indépendamment. La véritable réalité est incommensurable et l'intuition réelle appréhende l'incommensurable comme étant l'essence même de l'existence.

La fragmentation conceptuelle du monde tend à créer une grave dissonance et comporte des conséquences dangereuses. Elle participe non seulement à diviser ce qui est indivisible, mais encore à unir ce qui ne peut l'être et à créer des structures artificielles — groupes nationaux, économiques, politiques et religieux. Etre confus à l'égard de ce qui est différent et de ce qui ne l'est pas, c'est être confus à propos de toute chose. Le résultat inévitable est une crise émotionnelle, économique, politique et écologique.

Bohm fit remarquer que la fragmentation conceptuelle est renforcée par la structure de notre langage qui accentue les divisions en fonction de : sujet, verbe, objet. Il posa donc les fondements d'un langage nouveau : le *rhéomode*. Celui-ci ne vise pas à la discussion des faits observés en termes d'« objets » existant séparément et d'une nature essentiellement statique, mais décrit le monde dans un état de flux tel un processus dynamique.

Selon Bohm, la situation actuelle de la science occidentale est intimement liée à l'utilisation des lentilles optiques. Leur invention permit d'étendre les explorations scientifiques bien au-delà de l'ordre classique pour accéder aux domaines des objets trop petits, trop grands, trop éloignés ou se déplaçant trop rapidement pour être perçus par une vision non assistée. L'utilisation de l'optique a renforcé la conscience des diverses parties de l'objet et de leurs interrelations. Ce qui a accentué d'autant la tendance à penser en termes d'analyse et de synthèse.

L'une des contributions les plus importantes de l'holographie est qu'elle favorise une certaine intuition perceptuelle immédiate de la globalité indivisée. Les lois naturelles modernes devraient se référer essentiellement, comme le suggèrent les hologrammes, à cette globalité indivisée dans laquelle toute chose implique toute autre chose plutôt qu'à l'analyse partielle suggérée par l'utilisation des lentilles.

David Bohm est sans conteste le physicien qui a inclut le plus explicitement possible la conscience dans ses spéculations théoriques. Fritjof Capra considère que la théorie de l'holomouvement et la philosophie « bootstrap » sont les approches les plus imaginatives et les plus profondes sur le plan philosophique de la réalité. Il insiste sur les similitudes existant entre elles, et avance l'hypothèse qu'elles se fondront à l'avenir en une théorie complète des phénomènes physiques. Toutes deux partagent la même vision de l'univers, réseau dynamique de relations ; toutes deux mettent en évidence le rôle de l'ordre ; toutes deux recourent à des matrices pour représenter le changement et la transformation et toutes deux utilisent la topologie pour décrire les catégories d'ordre.

Il est difficile d'imaginer une réconciliation entre les idées de David Bohm sur la conscience, la pensée et la perception d'une part et les approches mécanistes traditionnelles de la neurophysiologie et de la psychologie d'autre part. Certains développements révolutionnaires récents réalisés par la recherche sur le cerveau ont toutefois considérablement modifié la situation. Le neurochirurgien Karl Pribram a développé un modèle original et imaginatif du cerveau qui postule que certains aspects importants du fonctionnement cérébral se fondent sur des principes holographiques. Le modèle de l'univers de Bohm et celui du cerveau de Pribram n'ont pas été intégrés en un paradigme cohérent. Constater que ces deux théories mettent l'accent sur l'holographie est pourtant encourageant.

Pribram, qui a assis sa réputation de chercheur éminent du cerveau sur plusieurs décennies de travail expérimental dans le secteur de la neurophysiologie et de l'électrophysiologie, ramène le début de son modèle holographique aux investigations de son maître, Karl Lashley. Lashley a découvert, au cours de ses multiples expériences sur les rats étudiant le problème de la localisation des fonctions psychologiques et physiologiques dans diverses régions du cerveau, que la mémoire était située dans chaque partie du cortex et que son intensité dépendait du nombre total de cellules corticales intactes. Il a exprimé, dans son ouvrage *Brain Mechanisms et Intelligence*, l'opinion que l'excitation de neurones cérébraux résulte en des modèles d'interférence stables qui sont distribués dans l'ensemble du cortex et qui représentent le fondement de toute l'information des systèmes perceptuels et de la mémoire. Pribram a été intrigué par les caractéristiques fascinantes des hologrammes optiques. Il a compris qu'un modèle, qui se fondait sur les principes holographiques, réussirait à expliquer nombre des propriétés apparemment mystérieuses du cerveau.

Il en conclut que le processus holographique serait un outil extraordinaire pour la neurophysiologie et la psychologie. Il a formulé dans son livre *Languages of the Brain* et dans une série d'articles les principes fondamentaux de ce que nous nommons aujourd'hui le modèle holographique du cerveau. Selon cette recherche, les hologrammes qui tinrent le plus leurs promesses furent ceux qui étaient exprimables sous la forme des transformations dites de Fourier. Le théorème de Fourier affirme que tout modèle, aussi complexe soit-il, peut être décomposé en un ensemble d'ondes sinusoïdales régulières. En appliquant la transformation identique, on inverse ensuite les modèles ondulatoires qui restituent l'image originale.

L'hypothèse holographique ne contredit pas celle de la localisation spécifique des fonctions dans divers systèmes du cerveau. Leur localisation dépend dans une large mesure des connexions entre le cerveau et les structures périphériques ; celles-ci déterminent *ce qui* est encodé. L'hypothèse holographique traite du problème des relations intérieures au sein de chaque système, qui détermine *comment* les événements sont encodés. Il existe une autre approche intéressante du problème de la localisation ; elle se fonde sur la suggestion de Dennis Gabor voulant que le domaine de Fourier puisse être segmenté en des unités informationnelles, nommées *logons*, par l'opération d'une « fenêtre » qui limite la largeur des bandes. La transformation intervient soit au niveau holographique, soit au niveau spatio-temporel en fonction de l'agencement de cette « fenêtre ». Cette hypothèse jette un éclairage intéressant sur l'énigme voulant que les fonctions du cerveau soient à la fois localisées et distribuées.

L'hypothèse de Pribram constitue une alternative aux deux modèles de fonctionnement du cerveau qui faisaient autorité jusqu'à très récemment : la théorie du champ et la théorie de la correspondance de caractère. Ces deux théories sont isomorphes, elles postulent que la représentation dans le système nerveux central reflète les caractéristiques fondamentales du stimulus. Selon la première, la stimulation sensorielle engendre des champs de courant direct ayant la même forme que le stimulus. La seconde suggère qu'une cellule particulière ou qu'un assemblage de cellules répond uniquement à un certain caractère du stimulus sensoriel. Il y a identité linéaire entre la représentation du cerveau et l'expérience phénoménale dans l'hypothèse holographique, tout comme il y a correspondance linéaire entre la structure de l'hologramme et l'image produite lorsque le film est correctement frappé par le faisceau laser.

L'hypothèse holographique ne vise ni à expliquer la physiologie du cerveau dans son entier ni la totalité des problèmes psychologiques. Qu'elle offre de nouvelles possibilités pour la recherche future est d'ores et déjà évident. Des données empiriques convaincantes et des descriptions mathématiques précises ont été avancées en ce qui concerne les systèmes visuels, auditifs et psychosomatiques.

Pribram est parvenu à rattacher son hypothèse holographique à certains aspects importants de la neuro-anatomie du cerveau. Il a mis en évidence, outre le transfert standard des impulsions neuronales entre le système nerveux central et les effecteurs, des potentiels à ondes lentes se produisant entre les synapses même en l'absence d'impulsions nerveuses. Celles-ci trouvent leur origine dans les cellules aux très riches ramifications dendritiques et aux axones courts, voire dépourvues d'axone. Les potentiels lents sont progressifs et ondulent continuellement aux jonctions neuronales alors que les impulsions neuronales opèrent d'une manière binaire « on-off ». Pribram pense que ce « traitement parallèle » est d'une importance critique pour le fonctionnement holographique du cerveau. L'interaction des deux systèmes évoqués ci-dessus résulte en des phénomènes ondulatoires qui respectent les principes holographiques.

Les potentiels à ondes lentes sont subtils et sensibles à toute une série d'influences. Ceci fournit un fondement intéressant aux spéculations concernant les interactions entre la conscience et les mécanismes cérébraux, ainsi qu'à la théorisation des effets psychologiques des drogues psychotoniques et de diverses techniques altérant l'esprit sans recourir aux drogues.

Les théories de David Bohm et de Karl Pribram ne sont pas encore unifiées et intégrées en un paradigme cohérent. Quoi qu'il en soit si une telle synthèse était jamais réalisée, le cadre conceptuel qui en résulterait ne fournirait pas d'explication à tous les phénomènes observés dans le cadre de l'étude moderne de la conscience. Pribram et Bohm s'intéressent à des problèmes liés à la psychologie, à la philosophie et à la religion ; leurs données scientifiques proviennent cependant essentiellement du secteur de la physique et de la biologie, alors que nombre d'états psychédéliques et transcendantaux traitent des domaines nonmatériels de la réalité. La perspective holonomique permet toutefois de consacrer une attention scientifique sérieuse à maints phénomènes transpersonnels pour lesquels les paradigmes en vigueur n'offrent que des alternatives ridicules. Tant que l'on s'efforce de relier les nouvelles données de l'étude de la conscience aux découvertes d'autres disciplines scientifiques, plutôt que d'ignorer la science classique comme le font certains défenseurs de la philosophie traditionnelle, les nouveaux cadres conceptuels offrent des opportunités et des perspectives stimulantes.

Ma préférence dans le domaine de l'étude de la conscience va à la création de modèles se fondant essentiellement sur les observations de disciplines étudiant l'expérience humaine : la psychologie, l'anthropologie, la parapsychologie, la thanatologie, la philosophie traditionnelle, etc. Leur formulation peut s'inspirer de — et être influencée par — des développements compatibles et bien fondés d'autres disciplines.

L'intégration parfaite n'ayant pas été réalisée dans différents secteurs de la physique décrivant des phénomènes du même niveau de réalité, il serait absurde d'espérer une synthèse conceptuelle parfaite entre des systèmes décrivant des niveaux hiérarchiques différents. Il est néanmoins concevable qu'on puisse découvrir certains principes universels qui seront applicables à différents domaines, mais ils revêtiront une forme spécifique pour chacun d'eux. Mentionnons à cet égard les exemples importants que sont l'« ordre à travers la fluctuation » de Prigogine et la théorie des catastrophes de René Thom. Nous pouvons maintenant discuter — en conservant ces réserves à l'esprit — de la relation entre diverses observations de l'étude de la conscience et l'approche holonomique de l'univers et du cerveau.

Le concept de Bohm des ordres explicite et implicite et l'idée que certains aspects de la réalité ne sont pas accessibles à l'expérience et à l'étude dans des circonstances ordinaires sont d'une importance capitale pour la compréhension des états inhabituels de conscience. Des individus qui expérimentent divers états nonordinaires de conscience, y compris d'éminents scientifiques de diverses disciplines, affirment souvent avoir pénétré des domaines cachés de la réalité qui leur paraissaient être authentiques, et d'une certaine manière, implicites et supra-ordonnés à la réalité quotidienne. Le contenu de cette « réalité » devrait inclure, entre autres, des éléments de l'inconscient collectif, des événements historiques, des phénomènes archétypes et mythologiques et la dynamique d'incarnations passées.

De nombreux psychiatres et psychologues traditionnels ont interprété par le passé les manifestations des archétypes jungiens comme étant des produits imaginaires de l'esprit humain extraits des — ou construits par les — perceptions sensorielles réelles d'autres individus, animaux, objets et événements du monde matériel. Le conflit entre la psychologie jungienne et la science mécaniste classique concernant les archétypes est une réplique moderne des disputes concernant les idées platoniciennes qui opposèrent pendant des siècles les nominalistes et les réalistes. Les nominalistes prétendaient que les idées platoniciennes n'étaient rien de plus que des « noms » extraits de phénomènes du monde matériel, alors que pour les réalistes celles-ci avaient une existence indépendante propre à un autre niveau de réalité. Les archétypes pourraient être compris, dans une version élargie de la théorie holonomique comme étant des phénomènes *sui generis*, des principes cosmiques liés dans la structure de l'ordre implicite.

Certaines formes de visions archétypes trouvent un excellent cadre dans l'holographie. Ce fait suggère l'éventualité d'un lien profond entre la dynamique archétype et l'opération des principes holonomiques. Ceci vaut en particulier pour les formations archétypes qui représentent des rôles biologiques, psychologiques et sociaux généralisés tels que les images de la Grande ou Terrible Mère et du Père, de l'Enfant, du Martyr, de l'Homme Cosmique, du Fourbe, du Tyran, de l'Animus, de l'Anima ou de l'Ombre. Le monde empirique des archétypes teintés par une culture, tels que divers démons et divinités, demi-dieux, héros et thèmes mythologiques concrets pourraient être considérés comme des phénomènes de l'ordre explicite. Il convient, dans de nombreux cas, de considérer les phénomènes archétypes comme des principes d'agencements supra-ordonnés à — et précédant — la réalité matérielle, plutôt que comme ses dérivés.

Les phénomènes transpersonnels susceptibles d'être reliés avec la plus grande facilité à la théorie holonomique sont ceux qui impliquent des éléments de la « réalité objective » : identification à d'autres personnes, animaux, végétaux et réalité inorganique du passé, du présent et du futur. Voici quelques-unes des caractéristiques essentielles de la compréhension holonomique du monde : la relativité des limites, la transcendance de la dichotomie aristotélicienne entre la partie et le tout, et toute l'information englobée dans, et distribuée à travers, l'ensemble du système. Celles-ci offrent un modèle explicatif d'une puissance extraordinaire. Le fait que l'homme et le temps font partie intégrante du domaine holographique serait alors parfaitement compatible avec l'observation selon laquelle de telles expériences transpersonnelles ne sont pas soumises aux limites spatiotemporelles habituelles.

Les expériences quotidiennes du monde matériel, conciliables avec le modèle newtonien-cartésien de l'univers, seraient considérées comme le produit d'une concentration sélective et stabilisée sur l'aspect explicite et déployé de la réalité. Les états transcendentaux de nature indifférenciée, universelle et globale — tels que l'identification empirique à l'Absolu et au Vide — seraient en revanche interprétés comme une expérience directe de l'ordre impliqué ou de l'holomouvement dans sa totalité. Ce concept devrait inclure tous les niveaux décrits par la philosophie séculaire, et pas uniquement ceux qui paraissent immédiatement nécessaires à la description des phénomènes des niveaux physiques ou biologiques.

D'autres types d'expériences transpersonnelles — telles que la sacralisation de la vie quotidienne, la manifestation d'un archétype dans la réalité quotidienne, le fait de ressentir son partenaire comme une manifestation de l'Animus, de l'Anima ou du Divin — pourraient être considérées comme des formes transitoires, des éléments combinés des ordres explicite et implicite. Tous les exemples repris ci-dessus partagent un dénominateur commun, qui est un réquisit nécessaire à ce type de pensée : il faut supposer que la conscience a en principe accès à toutes les formes des ordres explicite et implicite.

L'approche holonomique offre par ailleurs certaines possibilités nouvelles et prometteuses en ce qui concerne certains phénomènes paranormaux extrêmes régulièrement rapportés dans la littérature paranormale, mais jugés absurdes par la science mécaniste. La psycho-cinèse, la matérialisation et la dématérialisation, la lévitation et d'autres faits surnaturels ou « siddhis » qui démontrent le pouvoir de l'esprit sur la matière mériteraient une réévaluation scientifique dans ce contexte. Si les hypothèses fondamentales de la théorie holonomique concernant l'ordre explicite et implicite reflètent la réalité avec un degré de précision suffisant, il est concevable que certains états inhabituels de conscience favorisent une expérience directe et — et une intervention dans — l'ordre implicite. Il serait donc possible de modifier des événements du monde phénoménal en influençant leur matrice. Ce type d'intervention serait inconcevable pour la science mécaniste parce qu'elle ignorerait les chaînes reconnues de la causalité linéaire et n'impliquerait pas un transfert d'énergie dans l'ordre explicite de réalité tel que nous le connaissons.

Nul ne peut nier que nous approchons du moment où se produira un changement de paradigme. A l'heure actuelle, il existe une riche mosaïque de nouveaux concepts théoriques qui présentent certaines caractéristiques proches et qui s'écartent radicalement des modèles mécanistes. La synthèse de l'intégration des nouveaux développements de la science sera une tâche difficile et complexe et il est permis de se demander si elle appartient à l'ordre du possible. Quoi qu'il en soit, un tel paradigme cohérent, capable d'harmoniser et de synthétiser la diversité des données de la physique quantique-relativiste, de la théorie des systèmes, de l'étude de la conscience et de la neurophysiologie, ainsi que des philosophies antiques et orientales, du chamanisme, des rituels aborigènes et des pratiques de guérison, devra impliquer les dichotomies complémentaires à trois niveaux différents : celui du cosmos, celui de l'individu et celui du cerveau. L'univers aurait ses aspects phénoménaux, explicites ou déployés et ses aspects transcendentaux, implicites ou repliés. La complémentarité correspondante au niveau de l'être humain serait l'image de la machine biologique newtonienne-cartésienne et celle d'un champ de conscience illimité. Une dichotomie similaire serait alors reflétée dans les aspects duals du cerveau humain, combinant le fonctionnement digital comparable à celui de l'ordinateur et le traitement parallèle gouverné par les principes holonomiques. L'approche holonomique renferme dès à présent des possibilités inespérées dans le domaine controversé de l'étude moderne de la conscience.

2. DIMENSIONS DE LA PSYCHE HUMAINE : CARTOGRAPHIE DE L'ESPACE INTERIEUR

L'une des contributions les plus importantes de l'étude moderne de la conscience à la nouvelle vision du monde a été une représentation inédite de la psyché humaine. Le modèle traditionnel de la psychiatrie et de la psychanalyse est personnaliste et biographique, alors que l'étude moderne de la conscience a ajouté de nouveaux niveaux, de nouveaux domaines et de nouvelles dimensions et qu'elle a montré que la psyché était étendue à l'ensemble de l'univers et de l'existence. Une présentation exhaustive de ce modèle dépasserait le cadre de ce livre ; elle a fait l'objet d'une publication précédente. Je me contenterai donc d'esquisser ses caractéristiques principales en insistant plus particulièrement sur sa relation avec le paradigme émergent en science.

Il n'existe pas de limites, de démarcations nettes dans le domaine de la conscience, il est néanmoins utile de distinguer pour des raisons didactiques, quatre niveaux ou secteurs de la psyché humaine et des expériences correspondantes : 1. la barrière sensorielle ; 2. l'inconscient individuel ; 3. le niveau de la naissance et de la mort ; et 4. le domaine transpersonnel. Les expériences liées à chacune de ces catégories sont facilement accessibles à la plupart des personnes.

Elles peuvent être observées dans les séances avec drogues psychédéliques et dans diverses approches modernes de la psychothérapie empirique. Les techniques d'altération de l'esprit en laboratoire, telles que le biofeedback, la privation de sommeil, l'isolement ou la surcharge sensoriels, et divers outils kinesthésiques produisent également de tels phénomènes. Il existe un vaste spectre de pratiques spirituelles antiques et orientales conçues pour faciliter leur émergence. Ces expériences surviennent également lors de manifestations spontanées d'états non-ordinaires de conscience. Le spectre empirique lié à ces quatre niveaux a déjà été décrit par des historiens et par des anthropologues.

2.1. *La barrière sensorielle et l'inconscient individuel.*

Les techniques, qui permettent de pénétrer empiriquement dans les domaines de l'inconscient, tendent à activer en premier lieu les organes sensoriels. Ainsi, l'exploration profonde de soi commence pour nombre d'individus par une succession d'expériences sensorielles. Celles-ci sont d'une nature plus ou moins abstraite et ne comportent pas de signification symbolique personnelle ; d'aucunes sont esthétiquement agréables, mais ne favorisent pas une meilleure compréhension de soi.

Des modifications sont susceptibles de se produire dans n'importe quel secteur sensoriel, bien que les phénomènes optiques soient les plus fréquents. Le champ visuel derrière des paupières closes devient riche en couleurs et animé ; l'individu aperçoit diverses formes géométriques ou architecturales : des modèles kaléidoscopiques dynamiques, des configurations évoquant des mandalas, des arabesques, des nefs de cathédrales gothiques, des plafonds de mosquées et des motifs évoquant de merveilleuses enluminures médiévales ou des tapis orientaux. Ces visions adviennent lors de n'importe quelle exploration de soi en profondeur ; elles sont toutefois plus spectaculaires après l'ingestion de substances psychédéliques. Les modifications au niveau acoustique se traduisent par des sons de cloches, par des chants de grillons, par des bourdonnements, par des carillons ou encore par des bruits continus de haute fréquence. Ceux-ci s'accompagnent d'une série de perceptions tactiles inhabituelles dans diverses parties du corps. Des modifications gustatives et olfactives interviennent parfois à ce stade, mais elles sont peu fréquentes.

Ces expériences sensorielles n'ont guère d'importance dans le cadre du processus d'exploration et de compréhension de soi. Elles constituent une barrière qu'il est nécessaire de franchir pour entreprendre le voyage dans la psyché inconsciente. Certains de leurs aspects sont explicables par rapport aux caractéristiques anatomiques et physiologiques des organes sensoriels.

Ainsi, les visions géométriques reflètent l'architecture interne de la rétine et d'autres parties du système optique.

L'inconscient individuel est ensuite le domaine empirique le plus facilement accessible. Il n'est pas nécessaire de consacrer beaucoup de temps à sa description, bien que les phénomènes appartenant à cette catégorie soient d'une importance consisérable tant sur le plan théorique que sur le plan pratique. La majorité des approches psychothérapeutiques traditionnelles se limite en effet à ce niveau de la psyché. Il existe une littérature abondante — quoique très contradictoire — sur les nuances de la psychodynamique du niveau biographique. Les expériences appartenant à cette catégorie sont liées à des événements et à des circonstances biographiques significatives de la vie de l'individu, depuis la naissance jusqu'au moment présent. Tout événement de la vie de l'individu qui implique un conflit irrésolu, un souvenir traumatisant refoulé ou une gestalt psychologique incomplète, peut émerger de l'inconscient et devenir le contenu de l'expérience.

Pour que ceci se produise un seul réquisit est nécessaire : le problème doit être d'une importance émotionnelle suffisante. Il s'agit d'un avantage considérable de la psychothérapie empirique par rapport aux approches verbales habituelles. Les techniques qui activent directement l'inconscient renforcent de manière sélective le matériau émotionnel et facilitent son émergence. Une sorte de radar intérieur sonde le système et détecte les contenus possédant la charge émotionnelle la plus forte. Le thérapeute n'a donc pas à trier le matériau important du superficiel ; il n'a pas non plus à prendre des décisions qui seraient forcément faussées par son cadre conceptuel et par maints autres facteurs.

La phénoménologie qui émerge du travail empirique est en grande partie en accord avec les concepts de la psychanalyse classique. Il existe toutefois des différences essentielles. Le matériau biographique n'est pas remémoré ou reconstruit dans la psychothérapie empirique profonde : il peut être véritablement revécu. Cette reviviscence intervient au cours d'une régression complète vers la phase de développement au cours de laquelle l'événement s'est déroulé.

Les souvenirs et les éléments biographiques n'émergent pas séparément mais forment des constellations dynamiques distinctes. J'ai créé à cet égard l'expression *systèmes COEX* ou *systèmes d'expériences condensées*. Un système COEX est une constellation spécifique de souvenirs (et de fantasmes) appartenant à différentes périodes de la vie de l'individu. La dynamique est telle, que des souvenirs ayant un thème fondamental semblable ou impliquant des éléments similaires ou encore possédant une charge émotionnelle voisine y sont stockés. J'ai d'abord découvert que les systèmes COEX étaient des principes régissant la dynamique de l'inconscient individuel et que leur connaissance était essentielle à la compréhension du processus interne à ce niveau. Il apparut toutefois que les systèmes d'expériences condensées représentaient un principe général opérant à tous les niveaux de la psyché et n'étant pas limités au domaine biographique.

La majorité des systèmes COEX sont liés de manière dynamique à des facettes spécifiques du processus de naissance. Les thèmes périnatals et leurs éléments présentent alors des associations avec le matériau empirique correspondant du domaine transpersonnel. Il n'est pas rare qu'une constellation comprenne du matériau concernant diverses périodes biographiques, la naissance biologique ou certains secteurs du domaine transpersonnel, tels que les souvenirs d'incarnations passées, ceux d'identification animale et ceux de séquences mythologiques. La similitude empirique de ces thèmes de différents niveaux de la psyché est plus importante dans ce contexte que les critères conventionnels de la vision newtonienne-cartésienne du monde, tels que le fait que des années ou des siècles séparent les événements impliqués, qu'il semble exister une différence énorme entre l'expérience humaine et l'expérience animale, ou que des éléments de la « réalité objective » soient combinés à d'autres de nature archétype et mythologique.

La psychologie, la psychiatrie et la psychothérapie traditionnelles se concentrent exclusivement sur les traumas psychologiques. Les traumas physiques sont réputés sans influence sur le développement psychologique de l'individu et ne participent pas à la génèse de la psychopathologie. Cette habitude contraste avec les observations du travail empirique dans lequel les souvenirs des traumas physiques possèdent, semble-t-il, une importance capitale. La reviviscence de maladies ayant mis la vie en danger, de blessures, d'interventions chirurgicales, ou de situations dans lesquelles l'intégrité physique du sujet a été menacée (p.e. noyade) sont extrêmement courantes ; leur signification dépasse celle des psychotraumatismes classiques. Les émotions résiduelles et les sensations physiques remplissent un rôle significatif dans le développement de diverses formes de psychopathologie, rôle encore inconnu de la science académique.

Ainsi, lorsqu'un enfant est atteint d'une maladie grave qui met sa vie en péril, telle que la diphtérie, l'expérience de menace de mort et d'inconfort physique extrême n'est pas considérée comme un trauma d'une importance durable. La psychologie conventionnelle se concentrerait sur le fait que l'enfant, étant séparé de sa mère au moment de l'hospitalisation, a subi une privation affective. Le travail empirique met en évidence le fait que les traumas physiques impliquant une menace à la vie laissent une trace indélébile dans le système et contribuent au développement de désordres émotionnels et psychosomatiques tels que des dépressions, des états d'anxiété et des phobies, des tendances sado-masochistes, des problèmes sexuels, des migraines, des maux de tête ou de l'asthme.

L'expérience d'un traumatisme physique grave représente une transition naturelle entre le niveau biographique et le domaine suivant qui concerne le dualisme de la naissance et de la mort. Ce phénomène implique des événements de la vie de l'individu, il est donc biographique par nature. Le fait qu'il rapproche la personne de la mort implique un inconfort et une douleur extrêmes et le relie toutefois au traumatisme de la naissance. Pour des raisons évidentes, les souvenirs de maladies et de traumas impliquant des troubles respiratoires sont très importants dans ce contexte.

2.2. *Rencontre avec la mort et avec la re-naissance : dynamique des matrices périnatales.*

La douleur émotionnelle et la douleur physique atteignent parfois une intensité extraordinaire lorsque le processus d'auto-exploration empirique s'approfondit. Elles sont parfois si extrêmes que l'individu a le sentiment d'avoir transcendé les limites de la souffrance individuelle et d'expérimenter la souffrance de groupes d'individus, celle de toute l'humanité, voire celle de toute la vie.

Les expériences s'accompagnent généralement de manifestations physiologiques spectaculaires telles que divers degrés de suffocation, une accélération du pouls et des palpitations cardiaques, des nausées et des vomissements, des modifications de la couleur de la peau, des variations de la température du corps, des apparitions spontanées d'éruptions cutanées ou de contusions, des crispations, des tremblements, des convulsions, etc.

Sur le plan biographique, seul l'individu ayant véritablement approché la mort connaîtra cet élément durant son exploration de soi ; la mort est omniprésente à ce niveau de l'inconscient. L'individu dont l'intégrité physique n'a jamais été menacée est susceptible de pénétrer directement ce niveau empirique. Chez les autres, la reviviscence de traumatismes graves, d'interventions chirurgicales ou de blessures s'approfondissent habituellement pour culminer en une expérience du type décrit ci-dessus.

La confrontation empirique avec la mort à ce niveau tend à

MATRICES PERINATALES FONDAMENTALES

MPF I	MPF II	MPF III	MPF IV
SYNDROMES PSYCHOPATHOLOGIQUES CORRESPONDANTS			
psychoses schizophrènes (symptomatologie paranoïaque, sentiments d'unité mystique, rencontre avec des forces métaphysiques mauvaises, expériences karmiques) ; hypocondrie (fondée sur des sensations physiques étranges) ; hallucinations hystériques et confusion entre fantasmes et réalité.	psychoses schizophrènes (éléments de tortures diaboliques, expérience d'un monde en « carton pâte » dépourvu de réalité), dépressions « endogènes » inhibées graves ; sentiments irrationnels d'infériorité et de culpabilité ; hypocondrie (fondée sur des sensations physiques douloureuses) ; alcoolisme et intoxication.	psychoses schizophrènes (éléments sadomasochistes et scatologiques, auto-mutilation, comportement sexuel anormal) ; dépression agitée, déviations sexuelles (sadomasochisme, homosexualité masculine, ingestion d'urine et d'excréments) ; compulsion obsessionnelle ; asthme psychogénique, tics et bégaiements ; conversion et hystérie anxieuse ; frigidité et impuissance ; neurasthénie ; névroses traumatiques ; névroses organiques ; migraines ; énurésie et encoprésie ; psoriasis et ulcère peptique.	psychoses schizophrènes (expériences mort/re-naissance, illusions messianiques, éléments de destruction et de recréation du monde, salut et rédemption, identification au Christ) ; symptomatologie maniaque ; homosexualité féminine ; exhibitionnisme.
ACTIVITES CORRESPONDANTES DANS LES ZONES FREUDIENNES EROGENES			
satisfaction libidinale au niveau des zones érogènes ; sentiments libidinaux durant des mouvements de balancement ou des bains ; approximation partielle de cet état après une satisfaction orale, anale, urétrale ou génitale et après un accouchement.	frustration orale (soif, faim, stimuli douloureux) ; rétention d'excréments et/ou d'urine ; frustration sexuelle ; expériences de froid, de souffrances et d'autres sensations déplaisantes.	mastication et déglutition de nourriture ; agression et destruction orale d'un objet ; processus d'excrétion de matière fécale et d'urine ; agression anale et urétrale ; orgasme sexuel ; agression phallique ; accouchement ; érotisme stato-acoustique (ballottement, gymnastique, plongée et parachutisme).	épanchement de la faim et de la soif ; plaisir de sucer ; sentiments libidinaux après un orgasme sexuel, un accouchement et après avoir déféqué et uriné.
SOUVENIRS CORRESPONDANTS DE LA VIE POSTNATALE			
circonstances de la vie ultérieure où des besoins importants ont été satisfaits tels que des moments heureux de la prime enfance et de l'enfance (bons soins maternels, jeux avec d'autres enfants, périodes harmonieuses au sein de la famille, etc.) ; amours heureux ; voyages ou vacances dans des sites naturels merveilleux ; découverte de créations artistiques d'une haute valeur esthétique ; baignades dans l'océan et dans des lacs cristallins, etc.	situations mettant en danger la survie et l'intégrité du corps (expériences de guerre, accidents, blessures, opérations, noyades, suffocation, emprisonnements, interrogatoires illégaux et lavages de cerveau, sévices physiques, etc.) ; traumatisme psychologique grave (manque d'affection, rejet, situations menaçantes, atmosphère familiale oppressante, humiliation, etc.).	luttes, combats et activités aventureuses (participation active à des combats et à des révolutions, expériences liées au service militaire, vols aériens mouvementés, conduite automobile dangereuse, boxe) ; souvenirs particulièrement sensuels (carnavals, parcs d'attractions, nightclubs, orgies sexuelles, etc.) ; souvenirs d'avoir assisté étant enfant à des activités sexuelles entre adultes ; viol ; pour les femmes, accouchement(s) passé(s).	situations dangereuses dont on s'est sorti sain et sauf (fin d'une guerre ou d'une révolution, survie à un accident ou à une intervention chirurgicale) ; le fait d'avoir surmonté des obstacles sérieux grâce à un effort ardu ; épisodes de tension et de lutte s'étant soldés par une réussite éclatante ; scènes naturelles (le début du printemps, la fin d'une tempête, un lever de soleil, etc.).

PHENOMENOLOGIE AU COURS DES SEANCES LSD

vie intra-utérine paisible : souvenirs réalistes d'expériences intra-utérines agréables ; forme d'extase « océanique » ; expérience d'unité cosmique ; vision du Paradis ; *désordres de la vie intra-utérine* : souvenirs réalistes d'expériences intra-utérines désagréables (crise fœtale, maladie et crise émotionnelle de la mère, situation gémellaire, tentatives d'avortement), fusion cosmique ; idéation paranoïaque ; sensations physiques déplaisantes (malaises, frissons et spasmes, goûts déplaisants, dégoût, sentiment d'être empoisonné) ; association avec diverses expériences transpersonnelles (éléments archétypes, souvenirs phylogéniques et raciaux, rencontre avec des forces métaphysiques, expériences d'incarnations passées, etc.).

souffrance physique et psychologique intense ; situations insupportables et inéluctables qui « n'en finiront jamais » ; sentiments d'emprisonnement (sans issue) ; sentiments pénibles d'infériorité et de culpabilité ; vision apocalyptique du monde (horreurs de la guerre et des camps de concentration, terreur de l'Inquisition, épidémies dangereuses, maladies, vieillissement et mort, etc.) ; insignifiance et absurdité de l'existence humaine ; « monde de carton pâte » ou atmosphère de superficialité ; couleurs sombres sinistres et symptômes physiques déplaisants (sentiments d'oppression et de compression, détresse cardiaque, frissons, transpiration et difficultés respiratoires).

intensification de la souffrance à des dimensions cosmiques ; « frontière » entre la douleur et le plaisir ; forme d'extase « volcanique » ; couleurs brillantes ; explosions et feux d'artifice ; orgies sadomasochistes ; meurtres et sacrifices sanglants, engagement actif dans des combats féroces ; atmosphère d'aventures sauvages et d'explorations dangereuses ; sentiments d'orgies sexuelles intenses et scènes de harems et de carnavals ; expériences de mort/re-naissance ; religions faisant intervenir des sacrifices sanglants (Aztèques, souffrance et mort du Christ sur la croix, Dionysos, etc.) ; manifestations physiques intenses (pressions et douleurs, suffocation, tension musculaire, tremblements et crispations, nausées et vomissements, rougissements et frissons, détresse cardiaque, problème de contrôle des sphincters, sifflement dans les oreilles).

décompression énorme, expansion spatiale, visions de salles gigantesques ; lumière radieuse et couleurs merveilleuses (ciel bleu, or, arc-en-ciel, plumes de paons) ; sentiments de re-naissance et de rédemption ; appréciation d'un mode de vie simple ; intensification de l'activité sensorielle ; sentiments de fraternité ; occasionnellement activités maniaques et folie des grandeurs ; transition vers des éléments de la MPF I ; sentiments agréables pouvant être interrompus par des *crises ombilicales* : douleur aiguë dans le nombril, difficulté respiratoire, peur de la mort et de la castration, changement dans l'organisme mais pas de pressions externes.

PHASES DE L'ACCOUCHEMENT

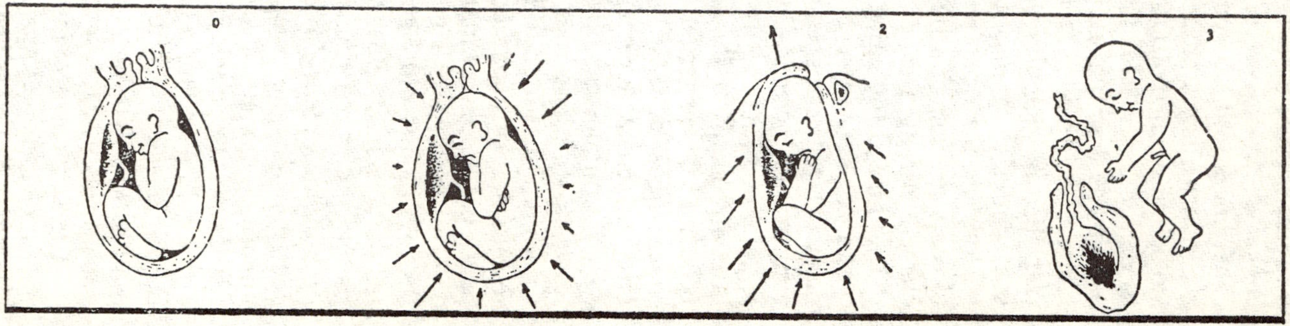

être intimement associée à une série de phénomènes liés au processus de la naissance. Les individus impliqués dans de telles expériences ont le sentiment de lutter pour naître ou pour accoucher ; ils ressentent, de plus, nombre des modifications physiologiques concomittantes à la naissance. Les sujets ont souvent la conviction d'être des fœtus et ils revivent parfois certains aspects de leur naissance biologique avec une précision étonnante et vérifiable. L'élément de mort est représenté par une identification simultanée ou alternative à des personnes âgées, souffrantes et agonisantes. L'ensemble du spectre se manifestant à ce niveau n'est pas réductible à la reviviscence de la naissance biologique, pourtant le trauma de la naissance représente un élément essentiel de ce processus. C'est la raison pour laquelle j'ai nommé ce domaine : inconscient périnatal.

La relation entre la naissance biologique et les expériences de mort/re-naissance est très profonde et spécifique. Cette constatation permet d'utiliser les phases de l'accouchement biologique pour construire un modèle conceptuel destiné à faciliter la compréhension de la dynamique de l'inconscient au niveau périnatal. Ces expériences se manifestent sous forme de groupes thématiques dont les caractéristiques fondamentales peuvent être rattachées à certains aspects anatomiques, physiologiques et biochimiques des phases consécutives de la naissance auxquelles elles sont associées. Ces observations engendrent des hypothèses uniques quant à l'architecture dynamique de diverses formes de psychopathologie et présentent des possibilités thérapeutiques révolutionnaires.

Le processus périnatal transcende la biologie, en dépit de ses relations étroites avec la naissance, et comporte d'importantes dimensions philosophiques et spirituelles. Il ne devrait donc pas être interprété d'une manière concrète et réductionniste. Pour un individu immergé dans la dynamique de ce niveau de l'inconscient en tant que sujet ou en tant que chercheur, la naissance apparaît comme un processus expliquant tout. Il importe de ne pas perdre de vue que ce modèle est très utile mais que son applicabilité se limite aux phénomènes d'un niveau spécifique de l'inconscient. Cette démarche doit être remplacée par une approche différente lorsque le processus d'exploration de soi pénètre les niveaux transpersonnels.

Des séquences empiriques de nature périnatale possèdent un potentiel thérapeutique distinct et permettent de surmonter des émotions et des sensations physiques pénibles. Elles résultent également en une transformation profonde de la personnalité. Une rencontre empirique profonde avec la mort et avec la naissance est de plus associée à une pénible crise existentielle au cours de laquelle l'individu remet en question la signification de l'existence, sa propre échelle de valeur et son mode de vie. Cette crise ne sera résolue qu'en retrouvant les dimensions spirituelles intrinsèques de la psyché et les éléments de l'inconscient collectif. Le niveau périnatal de l'inconscient se situe donc à un croisement important entre l'inconscient individuel et collectif ou entre la psychologie traditionnelle et le mysticisme, ou entre ce dernier et la psychologie transpersonnelle.

La phénoménologie des expériences de mort et de re-naissance reflétant le niveau périnatal de l'inconscient est très riche et très complexe. Les expériences se manifestent selon quatre modèles ou constellations empiriques. Cette observation a permis de postuler l'existence de matrices dynamiques hypothétiques gouvernant les processus liés au niveau périnatal que j'ai nommées *Matrices Périnatales Fondamentales (MPF)*.

Les MPF possèdent un contenu émotionnel et psychosomatique propre, mais elles fonctionnent en outre comme des principes organisateurs pour le matériau d'autres plans de l'inconscient. Au niveau biographique, des éléments de systèmes COEX importants relatifs à des abus ou à des violences physiques, à des menaces, à des séparations, à des douleurs ou à des épisodes de suffocation sont étroitement liés à certains aspects spécifiques des MPF. Des éléments transpersonnels, tels que des visions archétypes de la Grande Mère ou de la Terrible Déesse Mère, de l'Enfer, du Purgatoire, du Paradis, des scènes mythologiques ou historiques, des épisodes d'identification à des animaux et des expériences d'incarnations passées, participent au déroulement de la phase périnatale. Elles entretiennent des relations spécifiques avec différents aspects des activités des zones érogènes freudiennes — les zones orale, anale, urétrale et phallique.

Je m'efforcerai de donner un bref aperçu du fondement biologique des MPF individuelles, de leurs caractéristiques empiriques, de leur fonctionnement en tant que principes organisateurs pour d'autres types d'expériences, et de leur rapport avec des activités de diverses zones érogènes (cf. le schéma synoptique pages 56-57).

Première Matrice Périnatale (MPF I)

Cette matrice est liée à l'état original de l'existence intra-utérine, durant laquelle l'enfant et la mère vivent en symbiose. A moins que des stimuli nocifs n'interfèrent, les conditions sont idéales pour l'enfant. Ceci n'est bien évidemment pas toujours le cas, les conditions optimales peuvent connaître maintes altérations, en particulier en fin de grossesse.

Les souvenirs intra-utérins positifs ou négatifs sont parfois revécus sous leur forme biologique concrète. En outre, certains sujets expérimentent parfois un spectre entier d'images et de thèmes qui sont associés à la Matrice I suivant les lois de la logique empirique profonde. L'état intra-utérin paisible accompagne dans certains cas d'autres expériences qui partagent avec lui l'absence de limites et d'obstacles, telles que la conscience de l'océan, celle d'une forme de vie aquatique (baleine, poisson, méduse, anémone de mer ou varech), ou encore celle de l'espace interstellaire. Des images de la nature sous son meilleur aspect (la Mère Nature), belle, sécurisante, nourricière, représentent aussi des éléments concomitants de l'état fœtal positif. Des visions archétypes de l'inconscient collectif impliquent dans ce contexte des paradis de différentes cultures. Des séquences d'unité cosmique ou d'union mystique font partie intégrante de l'expérience de la Matrice I.

Les désordres de la vie intra-utérine sont associés à des images et à des séquences de périls sous-marins, de cours d'eau pollués, de contamination ou d'inhospitalité de la nature ainsi qu'à des visions de démons insidieux. Une distorsion psychotique aux connotations paranoïdes remplace la dissolution mystique des limites.

Les aspects positifs de la MPF I sont étroitement liés aux souvenirs d'union symbiotique avec la mère, aux systèmes COEX positifs, et aux souvenirs de situations associées à la paix de l'esprit, à la satisfaction, à la relaxation et à la beauté naturelle. De tels rapports sélectifs existent aussi par rapport à diverses formes d'expériences transpersonnelles positives. Des aspects négatifs de la MPF I tendent en revanche à être associés à certains systèmes COEX et aux éléments transpersonnels négatifs correspondants.

Par rapport aux zones érogènes freudiennes, les aspects positifs de la MPF I coïncident avec l'état biologique et psychologique dans lequel ces zones ne connaissent pas de tension et dans lequel toutes les pulsions sont satisfaites. Les aspects négatifs de la MPF I semblent avoir des liens spécifiques avec la nausée et la dysfonction intestinale associée à la dyspepsie.

Deuxième Matrice Périnatale (MPF II)

Ce modèle empirique est lié à la première phase de l'accouchement. Les conditions de la vie intra-utérine, proches de l'idéal vont cesser. Le monde du fœtus est perturbé ; d'abord de manière insidieuse par des sécrétions hormonales, puis de façon mécanique par des contractions utérines périodiques. Durant cette phase — la dilatation — les contractions musculaires pressent et poussent le fœtus mais le col de l'utérus étant fermé, le passage n'est pas libre.

Cette situation biologique peut être revécue d'une manière concrète et réaliste. L'élément symbolique associé à la première phase de l'accouchement est l'expérience de *fusion cosmique*. L'angoisse est intense mais son origine n'est pas identifiable. L'individu a tendance à interpréter son environnement immédiat, voire le monde entier, en termes paranoïaques. L'intensification de cette expérience provoque parfois la vision d'un tourbillon gigantesque et irrésistible, un maelström cosmique aspirant le sujet et son monde vers son épicentre. Une variante empirique de cette fusion dangereuse fait intervenir des monstres terrifiants désireux d'avaler le patient : des dragons géants, des pythons, des pieuvres, des baleines ou des araignées. Une forme moins dramatique de la même expérience est le thème d'une descente aux enfers et l'errance dans des grottes ou dans un labyrinthe. Le thème mythologique correspondant évoque le début du voyage du héros ; des thèmes religieux analogues sont la Chute des Anges et le Paradis Perdu.

Certaines de ces représentations paraissent étranges à un esprit analytique ; elles révèlent toutefois une logique empirique profonde. Ainsi le tourbillon symbolise un danger grave pour un organisme flottant librement dans un environnement aqueux qui lui impose un mouvement continu. De même, la situation de l'individu « avalé » transforme la liberté en un emprisonnement menaçant pour la vie, comparable à la situation d'un fœtus emprisonné dans un système utérin clos. Une pieuvre entrave, enserre et menace des organismes flottant librement dans un milieu océanique et une araignée saisit, emprisonne et menace des insectes qui bénéficiaient auparavant d'une liberté de vol dans un monde dépourvu de contraintes.

La contrepartie symbolique de la première phase clinique de l'accouchement est l'expérience du *sans issue* ou de l'*enfer*. L'individu a le sentiment d'être pris au piège dans un monde cauchemardesque ; il expérimente la claustrophobie et subit d'incroyables tortures psychologiques et physiques. Il perd le sens du temps linéaire, il est incapable d'envisager le moment où prendra fin son tourment et il ne voit aucun moyen d'y échapper. La situation est absolument insupportable ; elle paraît interminable et désespérée. Pour certains cette expérience résulte en une identification empirique à des prisonniers dans des donjons ou dans des camps de concentration, à des internés dans un asile d'aliénés, à des pécheurs en enfer, ou à des personnages archétypes symbolisant la damnation éternelle tels que le Juif Errant

Ahasvérus, le Hollandais Volant, Sisyphe, Tantale et Prométhée.

Le sujet confronté à une telle crise existentielle est incapable de discerner le moindre aspect positif dans le monde et dans son existence. Des sentiments angoissants de solitude métaphysique, de désespoir, d'impuissance, d'infériorité, de désarroi et de culpabilité sont des composants classiques de cette matrice.

En tant que matrice de mémoire, la MPF II représente la base pour l'enregistrement de toutes les situations déplaisantes de la vie dans lesquelles une force destructrice irrésistible s'impose au sujet passif et désemparé.

En ce qui concerne les zones érogènes freudiennes, il semble que cette matrice soit liée à une tension déplaisante en chacune d'elles. Sur le plan oral = soif, faim, nausée et stimuli désagréables ; au niveaux anal et urétral = rétention des excréments et de l'urine. Les sensations correspondantes au niveau génital sont : une frustration et une tension sexuelles excessives, ainsi que des douleurs rappelant celles ressenties par une femme accouchant au cours de la première phase du travail.

Troisième Matrice Périnatale (MPF III)

Cette matrice est liée à la seconde phase clinique de l'accouchement. Les contractions utérines se poursuivent, mais le col de l'utérus est à présent dilaté et la progression à travers la filière pelvi-génitale est possible. Le fœtus mène une lutte acharnée pour sa survie ; il ressent de fortes pressions mécaniques et éprouve souvent une suffocation intense. Au moment de l'expulsion, le fœtus peut connaître un contact immédiat avec des matières biologiques comme du sang, des mucosités, du liquide amniotique, de l'urine et même des excréments.

Du point de vue empirique, cette matrice périnatale est assez complexe. Outre une reviviscence réaliste de divers aspects de la lutte dans le col de l'utérus, elle implique divers phénomènes intervenant à différents niveaux et pouvant être organisés selon une séquence relativement typique. La MPF III présente quatre aspects distincts, à savoir : titanesque, sadomasochiste, sexuel et scatologique. Il importe de préciser qu'en dépit de cette diversité phénoménologique le thème sous-jacent des expériences est un *combat mort/re-naissance.*

L'aspect titanesque est explicable eu égard à l'énorme concentration d'énergie des forces impliquées dans cette phase de la naissance. La tête fragile de l'enfant est coincée dans l'ouverture pelvienne étroite par la puissance des contractions utérines. Le sujet confronté à cet aspect de la MPF III expérimente des courants d'énergie puissants s'accumulant jusqu'à provoquer des décharges explosives. Des thèmes symboliques caractéristiques de ce contexte sont des éléments déchaînés de la nature (volcans, orages électromagnétiques, séismes ou tornades), de violentes scènes de guerre ou de révolution, des désastres dus à la technologie moderne (réactions thermonucléaires, bombes atomiques et missiles). Des expériences d'aventures dangereuses — scènes de chasse ou de combat avec des animaux sauvages, explorations excitantes et conquêtes de terres nouvelles — constituent une forme mitigée de ce modèle empirique. Les thèmes archétypes correspondants sont : les représentations du Purgatoire, du Jugement dernier, des faits extraordinaires de superhéros et des combats mythologiques aux proportions cosmiques impliquant des démons et des anges, ou des dieux ou des titans.

L'élément sadomasochiste de cette matrice traduit l'« agressivité » du système reproducteur de la femme envers le fœtus et la fureur de ce dernier en réponse à la suffocation, à la douleur et à l'angoisse. Les thèmes fréquents dans ce contexte sont : les sacrifices sanglants, les auto-sacrifices, la torture, l'exécution, le meurtre, les pratiques sadomasochistes et le viol.

La logique empirique de l'élément sexuel est moins évidente. On peut l'expliquer par le fait bien connu qu'une suffocation et qu'une souffrance inhumaine engendrent en général une forme de stimulation sexuelle tout aussi étrange qu'intense. Les expériences de ce niveau se caractérisent par l'intensité subjugante des pulsions sexuelles, leurs qualités mécaniques et indiscriminées et par leur nature pornographique ou déviante. Les expériences appartenant à cette catégorie combinent la sexualité et la mort, le danger, les matériaux biologiques, l'agressivité, les pulsions auto-destructrices, la douleur physique et la spiritualité (à l'annonce de la MPF IV).

L'élément démoniaque de cette phase du processus de mort/re-naissance pose parfois problèmes tant au thérapeute qu'au client qui éprouvent alors une certaine réticence à affronter la qualité inquiétante du matériel révélé. Les thèmes les plus couramment observés sont : des éléments du Sabbat des Sorcières (la Nuit de Walpurgis), des orgies sataniques ou des rituels de Messes Noires. La MPF III se caractérise par l'omniprésence de la mort, par des perversions sexuelles, par la peur, par l'agressivité, par des tendances scatologiques et par un symbolisme spirituel inverti.

L'aspect scatologique de la MPF III correspond à la phase finale du conflit et précède de manière immédiate l'expérience de la naissance. Sa caractéristique essentielle est une rencontre intime avec diverses matières biologiques. Les expériences dépassent toutefois tout ce que le nouveau-né a réellement vécu. Certains ont l'impression de se vautrer dans des excréments, de se noyer dans des fosses septiques, de ramper dans des détritus, d'ingérer des matières fécales, de boire du sang ou de l'urine.

La rencontre avec un feu est vécue soit sous sa forme ordinaire : identification à des victimes d'immolation ; soit sous la forme archétype : un feu purificateur (pyrocatharsis) paraît détruire la corruption du sujet et le préparer à sa renaissance spirituelle. La correspondance biologique de telles expériences pourrait être liée à la culmination de la surexcitation du nouveau-né avec l'excitation indiscriminée de neurones périphériques. Il est intéressant de noter que la contrepartie empirique existe chez la femme qui accouche ; celle-ci rapporte souvent que durant cette phase de l'accouchement son vagin « s'enflamme ». Précisons à ce propos que dans le processus de combustion, les formes solides sont converties en énergie ; l'expérience du feu accompagne celle de la mort de l'égo à l'issue de laquelle l'individu s'identifie philosophiquement à des modèles d'énergie plutôt qu'à la matière organique.

Le symbolisme religieux et mythologique de cette matrice est en principe rattaché aux religions pratiquant et glorifiant les sacrifices et les rituels sanglants. Les scènes impliquent souvent des rituels de sacrifices pré-colombiens, des visions de crucifixion ou d'identification au Christ ou encore d'adoration de la terrible déesse Kali, de Coatlicue ou de Rangda. Les scènes sataniques ont déjà été mentionnées. Un autre groupe d'images est lié aux rituels religieux et aux cérémonies combinant la sexualité et les danses primitives, telles que les adorations phalliques, les rites de fertilité, ou diverses cérémonies tribales aborigènes. Un des symboles classiques de la transition entre la MPF III et la MPF IV fait intervenir le légendaire Phœnix, qui meurt dans le feu et renaît de ses cendres pour s'élever vers le soleil.

Plusieurs caractéristiques importantes différencient ce modèle empirique de la constellation du « sans issue », décrite précédemment. Ici, la situation ne paraît pas désespérée et le sujet n'est pas impuissant. Il est actif et il éprouve le sentiment que sa souffrance a une direction et une raison d'être. Cette situation se rapprocherait plus, en termes religieux, du concept du purgatoire que de celui de l'enfer. Le sujet ne joue en outre pas exclusivement le rôle de la victime passive. Il est simultanément observateur et acteur si bien qu'il est difficile de préciser s'il est victime ou bourreau. La situation du « sans issue » implique une souffrance pure alors que l'expérience du conflit mort/re-naissance se situe à la frontière de l'angoisse et de l'extase ; elle représente la fusion des deux sentiments. Il semble approprié de parler dans ce contexte d'« extase volcanique » plutôt que d'« extase océanique », spécifique de l'union cosmique.

En tant que matrice de mémoire, les caractéristiques empiriques spécifiques relient la MPF III aux systèmes COEX formés de souvenirs d'expériences sensuelles et sexuelles intenses et précaires, de luttes et de combats, d'aventures excitantes mais dangereuses, de viols et d'orgies sexuelles, ou encore de situations impliquant le contact avec des matières biologiques. De telles connexions existent aussi avec des expériences transpersonnelles de même nature.

En ce qui concerne les zones érogènes freudiennes, la MPF III semble être liée aux activités favorisant une relaxation et un soulagement soudains après une période de tension prolongée. Au niveau oral, mentionnons : le fait de mastiquer et d'avaler de la nourriture (mais aussi le soulagement d'un malaise gastrique par vomissement) ; aux niveaux anal et urétral : l'évacuation des excréments et de l'urine après un temps de rétention prolongé. Au niveau génital, cette matrice présente des parallèles frappants avec la première phase de l'orgasme sexuel, ainsi qu'avec le processus d'accouchement.

Quatrième Matrice Périnatale (MPF IV)

Cette matrice périnatale est liée à la phase ultime de l'accouchement, l'expulsion de l'enfant. Les expériences angoissantes culminent, la progression à travers la filière pelvi-génitale touche à sa fin et l'intensification ultime de la tension et de la souffrance est suivie d'un soulagement et d'une relaxation soudains. L'enfant naît et après une période prolongée de ténèbres est confronté pour la première fois à l'intensité lumineuse du jour (ou de la salle d'accouchement). Le cordon ombilical est sectionné. La séparation physique de l'enfant d'avec la mère est achevée et l'existence du nouveau-né en tant qu'individu autonome commence.

Certaines des expériences appartenant à cette matrice semblent représenter une reviviscence réaliste et concrète des circonstances de la naissance biologique, ainsi que celle d'interventions obstétricales précises. Cet aspect de la MPF IV est beaucoup plus riche que les éléments revécus dans le cadre des autres matrices. Il est en outre facile de vérifier la validité des informations. Les récits font souvent référence aux odeurs des anesthésiques employés, aux sons des instruments chirurgicaux, aux mécanismes de la naissance et à des détails de l'expérience et des soins post-natals.

Sur un plan symbolique et spirituel, la manifestation de la MPF IV constitue l'expérience de *mort/re-naissance*. Elle marque le terme et la résolution de ce conflit. Il est paradoxal de noter que l'individu, qui se trouve sur le point de vivre une libération ineffable, éprouve le sentiment de l'imminence d'une catastrophe aux proportions gigantesques. L'appréhension qui en résulte explique le fait que le sujet ne désire pas continuer l'expérience. La transition entre la MPF III et la MPF IV est accompagnée d'un sentiment d'annihilation à tous les niveaux. L'individu connaît un anéantissement biologique final, un échec émotionnel, une débâcle intellectuelle et une humiliation morale, sa conception du monde s'effondre et il vit la destruction instantanée de son système antérieur de référence : on parle alors de « mort de l'ego » *.

Après que le sujet a « touché le fond cosmique » de l'annihilation totale, il est assailli par des visions de lumières froides et aveuglantes, blanches ou dorées, d'une radiance et d'une beauté surnaturelles. Cette expérience est parfois associée à une présentation étonnante d'entités archétypes divines, à des spectres d'arc-en-ciel ou à des dessins complexes de paons. Des visions du renouveau printanier ou de l'accalmie après une tempête se manifestent aussi dans ce contexte. L'atmosphère générale est à la libération, à la rédemption et au salut. L'individu se sent débarrassé de son fardeau d'agressivité et de culpabilité. Il est submergé par un flux d'émotions positives à son égard, à celui d'autrui et de l'existence en général. Il lui semble que ce monde baigne dans la beauté, l'allégresse et la sécurité **.

Le symbolisme religieux et mythologique de la quatrième matrice périnatale est riche et varié et se fonde, lui aussi, sur différentes traditions culturelles. L'expérience de la mort de l'ego est souvent associée à des images de déités terrifiantes et destructrices : Moloch, Shiva, Huitzilopochtli, Kali ou Coatlicue ou à une identification au Christ, à Osiris, à Adonis, à Dionysos ou à d'autres êtres mythiques ayant été sacrifiés. L'épiphanie divine implique dans certains cas une image entièrement abstraite de Dieu, perçu comme une source lumineuse ou comme des

* Le sujet peut se trouver confronté plusieurs fois à l'expérience de la mort et de la re-naissance de l'ego. L'inconscient la présente à plusieurs reprises à l'occasion d'une auto-exploration systématique en profondeur, en lui conférant plus ou moins d'intensité et en insistant sur l'un ou l'autre point, jusqu'à ce que le processus touche à sa fin.

** Cette description atteste d'une naissance idéale normale, c'est-à-dire exempte de complication. Un accouchement prolongé et pénible, le recours aux forceps, une anesthésie générale et d'autres complications introduiraient des déformations empiriques spécifiques dans cette matrice.

représentations plus ou moins personnifiées de différentes religions. Egalement fréquentes sont les expériences de rencontre ou d'union avec les grandes Déesses Mères telles que la Vierge Marie, Isis, Lakshmi, Parvati, Héra ou Cybèle.

En tant que matrice de mémoire, la MPF IV enregistre toutes les situations au cours desquelles le sujet a échappé à un danger quelconque. Les sujets revivent donc des souvenirs liés à des épisodes suivant de près la fin d'une guerre ou d'une révolution, la survie à des accidents, à des interventions chirurgicales, à des maladies graves.

En ce qui concerne les zones érogènes freudiennes, cette matrice correspond, quel que soit le stade de développement libidinal, à la satisfaction résultant d'une activité libérant ou réduisant une tension. Au niveau oral, satisfaction de la soif et de la faim (ou fin d'une nausée grave avec vomissements). Au niveau anal : satisfaction suivant la défécation ; et au niveau urétral : soulagement dû à l'évacuation de l'urine. Au niveau génital, relaxation succédant à un orgasme, plaisir associé à un accouchement.

2.3. *Domaines des expériences transpersonnelles.*

Les expériences transpersonnelles présentent certaines caractéristiques étranges qui ébranlent les postulats les plus fondamentaux de la science matérialiste et de la vision mécaniste du monde. Il est impossible de les interpréter comme des phénomènes intrapsychiques au sens conventionnel du terme, bien qu'elles se manifestent au cours de l'auto-exploration individuelle en profondeur. Elles forment d'une part un continuum empirique d'expériences biographiques et périnatales ; d'autre part, elles puisent souvent à des sources d'information qui dépassent les limites habituelles de l'identité de l'individu, et ce sans le support des organes sensoriels. Elles impliquent l'identification totale avec la conscience d'autres êtres humains et avec celle de membres d'autres espèces, l'expérience de domaines microscopiques ou astronomiques inaccessibles aux sens, ainsi que celles de l'histoire ou de la préhistoire, de l'avenir, de lieux lointains, ou d'autres dimensions d'existence.

Le niveau analytique de souvenir est de nature biographique. Les expériences périnatales représentent une intersection ou une frontière entre les niveaux personnel et transpersonnel : leur relation avec la naissance et avec la mort, avec le commencement et le terme de l'existence individuelle en atteste. Les phénomènes transpersonnels révèlent des connexions entre l'individu et le cosmos qui dépassent le cadre actuel de notre compréhension. Voici le seul commentaire que nous puissions faire à cet égard : que quelque part dans le processus du développement périnatal, il semble se produire un étrange transfert qualitatif évoquant la bande de Mœbius au cours duquel l'exploration en profondeur de l'inconscient individuel se transforme en un processus d'aventures empiriques dans l'univers impliquant ce qui peut être au mieux décrit comme étant l'esprit « super-conscient ».

Dans cette catégorie d'expériences — riches et diversifiées — on rencontre une constante : tous les individus ont la certitude que leur niveau de conscience s'est élevé au-delà des limites habituelles de l'ego ou qu'il a transcendé celles du temps et de l'espace. Chacun a conscience habituellement d'exister dans les limites de son corps physique et la perception de l'environnement est fonction de la sensibilité extéroceptive. Toute perception, qu'elle soit proprioceptive ou extéroceptive, se situe dans les limites habituelles de l'espace/temps. Dans des circonstances « normales », l'individu réagit vivement à une situation donnée et à son environnement immédiat ; il se *souvient* d'événements passés et anticipe le futur.

L'une ou l'autre des limites précitées semble transcendée dans les expériences transpersonnelles. Nombre d'entre elles peuvent être interprétées comme des régressions dans le temps afin d'explorer son propre passé biologique et spirituel. Il n'est pas rare, au cours de telles séances, de vivre des épisodes concrets et réalistes : résurgences de souvenirs fœtals ou embryonnaires. De nombreux sujets font état de séquences vécues sur le plan de la conscience cellulaire, confirmant ainsi leur existence en tant que spermatozoïde ou ovule lors de la conception. Le phénomène de régression remonte parfois encore plus loin et l'individu visionne des souvenirs concernant ses ancêtres. Ceux-ci portent quelquefois sur l'inconscient racial et collectif.

Plus rares sont les sujets qui s'identifient à des animaux préhistoriques ou qui mentionnent leur existence lors d'incarnations précédentes.

D'autres phénomènes transpersonnels impliquent le dépassement des limites de l'espace plutôt que de celles du temps. L'expérience de l'identification à une ou plusieurs autres consciences (unité duale), voire à l'humanité entière s'insère dans cette structure. Telle personne transcendera les limites de la condition humaine pour appréhender la conscience d'un animal, celle d'un végétal, ou même celle de la matière inorganique. Dans des cas extrêmes, certains expérimentent la conscience de toute la création, de toute la planète, ou de l'ensemble de l'univers matériel.

La révélation de la réalité de l'univers cellulaire est également une particularité liée à la transcendance des limites spatiales habituelles. Les différents phénomènes Psi, tels que les expériences hors du corps, la télépathie, les prémonitions, la clairvoyance, la clairaudience, et les voyages dans le temps et dans l'espace impliquent également cette transcendance espace/temps.

Dans bien des expériences transpersonnelles, l'expansion de la conscience va au-delà du monde phénoménal ou du continuum espace/temps tels que nous les percevons habituellement. Les rencontres supranormales avec des esprits de défunts ou des entités spirituelles sont fréquentes. Les sujets soumis au LSD rapportent des visions de formes archétypes, de déités et de démons individuels ou même de scènes mythologiques complexes. Ils acquièrent momentanément la compréhension intuitive des symboles universels. Citons à titre exemplatif, l'expérience du flux de l'énergie *chi* telle qu'elle est décrite dans la médecine et la philosophie chinoises, l'éveil de la Kundalini et l'activation de différents chakras. Dans sa forme paroxystique, la conscience individuelle englobe la totalité de l'existence et s'identifie à l'esprit universel. L'ultime expérience est sans doute celle du Vide Supracosmique et Métacosmique, néant primordial et mystérieux qui est conscient de lui et renferme toute l'existence dans sa forme germinale.

La cartographie de l'inconscient décrite ci-dessus est d'une importance critique pour toute approche sérieuse de phénomènes tels que les états psychédéliques, le chamanisme, la religion, le mysticisme, les rites de passage, la mythologie, la parapsychologie et la schizophrénie. Il ne s'agit pas seulement d'une question d'intérêt académique puisqu'elle a des implications profondes et révolutionnaires pour la compréhension de la psychopathologie et qu'elle offre de nouvelles possibilités thérapeutiques auxquelles la psychiatrie traditionnelle n'aurait jamais osé rêver.

2.4. *Le spectre de la conscience.*

La cartographie de l'espace intérieur éclaire d'un jour nouveau la confusion régnant dans le monde de la psychothérapie en profondeur et les conflits opposant les diverses écoles. Elle ne ressemble à aucune des approches existantes ; il est possible toutefois de décrire ses différents niveaux de manière satisfaisante en les rapprochant de certains systèmes psychologiques modernes ou de diverses philosophies séculaires. Mes recherches m'ont permis de constater qu'un patient « moyen » soumis à une thérapie psycholitique passait d'un stade freudien à un stade rankien-reichien-existentiel, puis à un stade jungien. Il apparut très rapidement qu'il n'existait aucun système psychothérapeutique occidental capable de décrire certains phénomènes se produisant durant les phases avancées de la thérapie ou à certains niveaux de l'expérience psychédélique. Il était alors indispensable de se référer aux philosophies antiques ou orientales. Le spectre complet de la conscience humaine ne peut être décrit à l'aide d'un système psychologique unique ; chaque niveau important de l'évolution de la conscience nécessite un cadre explicatif différent.

Cette idée fut développée par Ken Wilber dans ses ouvrages *Spectrum of Consciousness, The Atman Project,* et *Up from Eden.* Un modèle de conscience intervient dans le concept de la psychologie spectrale de Wilber qui intègre les intuitions des principales écoles occidentales de psychologie et les principes fondamentaux de ce qu'on nomme la « psychologie séculaire ». Selon Wilber, l'erreur des diverses écoles psychologiques et psychothérapeutiques est de vouloir étendre leur approche à l'ensemble du spectre alors qu'elle n'est valable que pour un niveau particulier. Chacune des approches est donc plus ou moins « correcte » lorsqu'elle s'applique à son propre niveau et « déplacée » lorsqu'elle se concentre sur d'autres bandes du spectre.

La notion-clé du modèle du spectre de la conscience de Wilber est l'intuition de la philosophie séculaire voulant que la personnalité humaine soit une manifestation à plusieurs niveaux d'une conscience unique, l'Esprit Universel. Chaque niveau du spectre de conscience, qui constitue la nature pluridimensionnelle d'un être humain, se caractérise par un sens spécifique d'identité individuelle, allant de l'identité suprême de la conscience cosmique jusqu'à l'identification limitée à la conscience de soi, en passant par les diverses gradations ou bandes du spectre.

Wilber reconnaît l'existence de cinq bandes de conscience principales. La première est celle de l'Esprit Universel, la réalité absolue de l'univers illimité et éternel. La philosophie traditionnelle veut que la conscience humaine soit en défintive identique à cette entité, connue sous le nom de Brahman, Tao, Dharmakaya, Allah ou Dieu. Ce niveau représente le seul véritable état de conscience : tous les autres ne sont qu'illusions. La seconde est celle des *bandes transpersonnelles,* ou « corps causal ». L'identité empirique n'est pas restreinte aux limites de l'organisme individuel mais elle n'englobe toutefois pas la totalité de l'existence. C'est le domaine des manifestations archétypes et des phénomènes paranormaux. Vient ensuite le *niveau existentiel* ou « corps subtil », caractérisé par l'identification à l'organisme psychophysique total existant dans les limites spatio-temporelles. C'est le premier niveau où est parfaitement définie la ligne séparant l'être et autrui, l'organisme et l'environnement. Une sous-catégorie de ce niveau comprend les *bandes biosociales* qui regroupent les valeurs et les prémisses culturelles, les influences familiales, les critères éthiques ou les normes légales. Au *niveau de l'ego,* l'identification implique la représentation mentale de l'organisme — l'image de soi ou Ego — plutôt que celle de l'organisme psychophysique proprement dit. Le *niveau de l'Ombre* représente la réduction ultime de l'identité où l'expérience consciente se limite uniquement à certaines parties de l'Ego, une image de soi appauvrie et imprécise, ou persona. Dans ce contexte, les éléments psychologiques trop douloureux ou considérés comme « mauvais » et inacceptables sont rejetés et forment le contenu de l'Ombre.

Ken Wilber a raffiné et précisé son modèle, depuis la publication de *The Spectrum of Consciousness* ; il l'a en outre appliqué avec succès au développement de la conscience individuelle et à l'histoire humaine. Dans *The Atman Project,* il expose une vision transpersonnelle à la fois de l'ontologie et de la cosmologie, dans laquelle il intègre de manière créative de nombreuses écoles de psychologie occidentale et des systèmes de philosophie séculaire. Cette vision globale couvre l'évolution de la conscience depuis le monde matériel et l'individu jusqu'au concept de Atman-Brahman, elle suit également le processus inverse allant de l'absolu aux mondes manifestes. Le processus d'évolution de la conscience implique alors l'arc extérieur, ou le mouvement de la subconscience vers la conscience de soi, et l'arc intérieur, ou la progression de la conscience de soi vers la super-conscience. Les idées de Wilber à cet égard et le concept du Projet Atman sont d'une importance telle pour notre propos qu'ils méritent une attention particulière.

La description que Wilber donne de l'arc extérieur de l'évolution de la conscience commence avec la *phase pléromatique,* l'état de conscience du nouveau-né qui ignore la différence entre l'être et le monde matériel. Vient ensuite la *phase uroborique,* étroitement liée aux fonctions alimentaires ; elle implique la première distinction primitive et incomplète entre le sujet et le monde matériel. Elle coïncide avec la période orale primaire du développement libidinal. La *phase typhonique* se caractérise par la première différenciation complète, qui crée le moi organique ou moi corporel, dominée par le principe du plaisir. Cette période regroupe les phases anale et phallique du développement libidinal. L'acquisition du langage, des fonctions mentales et conceptuelles marque la *phase de participation verbale.* Ce processus se poursuit par la *phase mentale de l'ego* associée au développement de la pensée linéaire, abstraite et conceptuelle et à l'identification à un concept de moi. L'arc extérieur et le développement personnel ordinaire culmine dans la *phase du centaure* ; il s'agit d'une intégration d'ordre supérieur de l'ego, du corps, de la persona et de l'ombre.

Le niveau du centaure est le niveau de conscience le plus élevé reconnu et admis par la science mécaniste occidentale. Les psychiatres et les psychologues occidentaux nient l'existence d'états supérieurs ou les qualifient de pathologiques. Les individus intéressés par la connaissance d'état de conscience supérieurs devaient, par le passé, se tourner vers les grands sages et vers les écoles mystiques de l'Orient et de l'Occident. La psychologie transpersonnelle a entrepris, au cours des dernières décennies, la tâche complexe consistant à intégrer la sagesse de la philosophie et de la psychologie traditionnelles et les cadres conceptuels de la science occidentale. L'œuvre de Ken Wilber constitue à cet égard une pierre de touche majeure.

Le modèle de l'évolution de la conscience de Wilber ne se termine pas avec le centaure. Il considère cette phase comme étant une forme transitoire vers les domaines transpersonnels de l'être qui sont aussi éloignés de l'*esprit-ego* que celui-ci l'est du typhon. Le premier domaine de l'arc intérieur de l'évolution de la conscience est le *niveau subtil inférieur* qui inclut le domaine psycho-astral. La conscience, se différenciant encore plus de l'esprit et du corps, est capable à ce niveau de transcender les capacités ordinaires du corps-esprit brut. Les expériences hors du corps, les phénomènes occultes, les auras, le voyage astral, la prémonition, la télépathie, la clairvoyance, la psychocinèse, etc. s'y manifestent. Le *niveau subtil supérieur* est celui de l'intuition religieuse pure, des visions symboliques, de la perception de lumières et de sons divins, de présences supérieures et de formes archétypes.

Au-delà du niveau subtil, se situe le *domaine causal.* Son niveau inférieur regroupe la conscience divine suprême, la source des formes archétypes. Au niveau supérieur, toutes les formes sont radicalement transcendées et se fondent dans la radiance infinie de la Conscience informe. *Au niveau de l'unité ultime*, la conscience s'éveille totalement à sa condition générale, qui est aussi la Similitude de toute l'existence — brute, subtile et causale. A ce stade, l'ensemble du processus du monde se manifeste, à chaque instant, comme son être propre, en dehors duquel et avant lequel rien n'existe. Les formes sont identiques au Vide et l'ordinaire et l'extraordinaire ne font qu'un. Tel est l'état ultime vers lequel tend toute évolution cosmique.

Dans le modèle de Wilber, la cosmologie implique un processus inverse. Wilber suit exclusivement le texte du Livre des Morts Tibétain ou Bardo Thödol, qui décrit les mouvements à travers les états intermédiaires, ou bardos, au moment de la mort.

L'une des contributions les plus originales de l'œuvre de Wilber est qu'elle permet de dégager des principes et des mécanismes essentiellement identiques — ou similaires — de la diversité confuse des nombreuses phases d'évolution et d'involution de la conscience. Ses concepts deviendront sans aucun doute des éléments classiques de la psychologie transpersonnelle.

Wilber a synthétisé avec succès des données apparemment disparates provenant de diverses disciplines. Sa connaissance de la littérature est véritablement encyclopédique, son esprit analytique est systématique et incisif et la clarté de sa logique est remarquable. Il est par conséquent surprenant qu'il n'ait pas pris en considération une masse importante de données émanant de sources antiques et modernes qui attribuent une importance psychologique aux expériences prénatales et au traumatisme de la naissance. Selon moi, la connaissance de la dynamique périnatale est essentielle à toute approche sérieuse de problèmes tels que la religion, le mysticisme, les rites de passage, le chamanisme ou la psychose.

La complexité du développement embryonnaire et des phases consécutives de la naissance biologique est négligée dans ce système sophistiqué, et par ailleurs très élaboré.

Il existe une autre différence qui concerne le phénomène de la mort. Ken Wilber assimile le fait de mourir à l'abandon de l'identification exclusive à une structure de conscience particulière qui permet de la transcender et de passer au niveau suivant. Aucune distinction n'est donc faite entre le fait de mourir au niveau de l'évolution et l'expérience associée à la mort biologique. Cette approche est en opposition flagrante avec les observations de la thérapie psychédélique et d'autres formes d'autoexploration empirique, où les souvenirs d'événements menaçant la vie, y compris la naissance biologique, représentent une catégorie d'une importance toute particulière.

Ce matériau suggère qu'il est indispensable d'établir une distinction entre le processus de transition d'une phase de l'évolution à une autre, le traumatisme de la naissance et d'autres événements mettant en danger la survie de l'organisme. Ces expériences sont d'un type logique et se situent dans une métaposition par rapport aux processus que Wilber classe sous la description de Thanatos. Elles mettent en danger l'existence de l'organisme en tant qu'entité individuelle, et ceci quel que soit son niveau de développement. Ainsi, un péril peut se manifester au cours de l'existence embryonnaire, à n'importe quel stade du processus de naissance, à n'importe quel moment, quel que soit le niveau d'évolution de la conscience. Une menace à la survie survenant au cours de l'existence prénatale, ou durant le processus de la naissance favorise la création d'un sentiment de séparation et d'isolation, plutôt qu'elle ne l'entrave ainsi que le suggère Wilber *.

La compréhension de la nature humaine est condamnée à demeurer incomplète et insatisfaisante tant qu'on n'appréciera pas à sa juste valeur l'importance capitale de la naissance et de la mort. L'intégration de ces éléments conférerait au modèle de Wilber une plus grande cohérence et un plus grand pouvoir pragmatique. Tant que cette absence durera, son modèle ne permettra pas d'expliquer les données cliniques importantes et sa description des implications thérapeutiques demeurera la partie la moins convaincante de son œuvre pour les cliniciens habitués à traiter des problèmes psychopathologiques.

Le dernier point que j'aimerais soulever dans ce contexte est l'accent que Wilber met sur la linéarité et sur la différence radicale entre les pré-phénomènes et les trans-phénomènes. Je suis en accord avec lui sur le principe, mais la rigueur de ses positions me dérange. La psyché ayant une nature pluridimensionnelle et holographique, à chaque fois qu'on applique un modèle linéaire à sa description, il n'en résulte que déformations et imprécisions.

Mes observations suggèrent que lorsque l'évolution de la conscience passe du niveau centaurique aux domaines subtils et au-delà, elle ne suit pas une trajectoire linéaire, mais elle s'enroule en quelque sorte sur elle-même. L'individu régresse vers des phases de développement antérieures, mais il les évalue avec la maturité d'un adulte. Il prend conscience de certains aspects et de certaines qualités de ces phases qui étaient implicites, mais non reconnues au moment où il les affrontait dans le cadre de l'évolution linéaire. Ainsi la distinction entre pré- et trans- a un caractère paradoxal ; ces deux notions ne sont pas absolument différentes l'une de l'autre, mais elles ne sont pas non plus absolument identiques. En ce qui concerne l'application de cette compréhension à la psychopathologie, la distinction entre un état évolutionnaire et un état pathologique réside vraisemblablement plus dans le contexte et dans la manière de l'aborder que dans la nature intrinsèque des expériences impliquées.

---

* Il n'existe pas de dichotomie entre le sujet et l'objet dans l'état d'union symbiotique avec l'organisme maternel. Les perturbations de l'état intra-utérin ou la douleur et la détresse associées à la naissance créent la première distinction entre le « moi qui souffre » et « l'autre qui fait souffrir ».

3. L'UNIVERS DE LA PSYCHOTHERAPIE : VERS UNE INTEGRATION DES APPROCHES

Les observations tirées de la recherche psychédélique et d'autres formes d'auto-exploration empiriques ont permis d'introduire un élément de clarté et de simplification dans les labyrinthes désespérants des systèmes de psychothérapie conflictuels et compétitifs. Un aperçu, fût-il superficiel, de la psychologie occidentale révèle des désaccords et des controverses fondamentales en ce qui concerne la dynamique essentielle de l'esprit humain, la nature des désordres émotionnels et les techniques psychothérapeutiques. Ceci est vrai non seulement pour les écoles qui sont les produits d'approches philosophiques *a priori* incompatibles, tel que le behaviorisme et la psychanalyse, mais aussi pour les orientations d'individus partis des mêmes prémisses ou de prémisses voisines. La meilleure illustration de ce point nous est fournie par la comparaison des théories de la psychanalyse classique formulées par Sigmund Freud et les systèmes conceptuels d'Alfred Adler, de Wilhelm Reich, d'Otto Rank et de Carl Gustav Jung, qui étaient au départ ses admirateurs et ses disciples *.

Cette situation se complique encore lorsque nous prenons en

---

* Nombre des idées discutées dans ce chapitre ont servi de base à un article écrit pour Fritjof Capra à l'époque où nous étudiions les relations existant entre la psychologie et la physique moderne. Ceci explique un certain recoupement conceptuel avec deux chapitres de son ouvrage *le Temps du Changement* (paru aux Editions du Rocher, 1983).

considération les systèmes psychologiques développés par les principales traditions spirituelles d'Orient et d'Occident. Il existe un gouffre entre la plupart des écoles de psychothérapie occidentales et les théories raffinées et sophistiquées se fondant sur des siècles d'une étude en profondeur de la conscience.

Mon propos est de discuter à présent les hypothèses des concepts des principales écoles de psychothérapie en me fondant sur les observations du travail empirique, avec et sans recours aux drogues. J'exposerai, après une brève description de chacun de ces systèmes, leurs principaux problèmes théoriques et pratiques, les secteurs de désaccord avec les autres écoles, et les révisions et les reformulations nécessaires à leur intégration dans une théorie complète de la psychothérapie.

3.1. *Sigmund Freud et la psychanalyse classique.*

La découverte des principes fondamentaux de la psychologie des profondeurs est l'œuvre d'un homme, le psychiatre autrichien Sigmund Freud. Il inventa la méthode de la libre association ; il démontra l'existence d'un esprit inconscient dont il décrivit la dynamique ; il formula les mécanismes essentiels impliqués dans l'étiologie des psychonévroses et de maints autres désordres émotionnels ; il découvrit la sexualité infantile ; il décrivit les techniques d'interprétation des rêves ; il exposa le principe du phénomène de transfert et il développa les principes essentiels de l'intervention psychothérapeutique. Freud a exploré seul les territoires de l'esprit auparavant ignorés de la science occidentale. C'est la raison pour laquelle ses concepts se modifièrent au fur et à mesure qu'il se trouvait confronté à de nouveaux problèmes.

Un élément demeura toutefois constant au fil de tous ces changements : le désir profond de Freud d'établir la psychologie en tant que discipline scientifique. Il entreprit son travail pénétré de la conviction qu'une démarche scientifique introduirait en définitive ordre et clarté dans le chaos apparent des processus mentaux et les expliquerait en termes de fonctions cérébrales.

Il prit conscience du fait que la tâche consistant à traduire les phénomènes mentaux en processus physiologiques était insurmontable et il recourut à des techniques d'interprétation psychologique, mais il ne perdit jamais de vue son but ultime. Il était toujours ouvert à l'idée que la psychanalyse devrait s'adapter aux nouvelles découvertes scientifiques réalisées tant dans le cadre de la psychologie que dans celui de la physique, de la biologie ou de la physiologie. Il est par conséquent intéressant de voir quelles sont les idées de Freud qui demeurent en accord avec les nouvelles découvertes et quelles sont celles qui nécessitent une révision fondamentale. Certaines de ces révisions reflètent les limites du paradigme newtonien-cartésien et le fait que les fondements philosophiques et métaphysiques fondamentaux de la science se sont modifiés de manière radicale depuis l'époque de Freud. D'autres sont dues plus spécifiquement aux limites personnelles du père de la psychanalyse.

Il est intéressant de signaler à cet égard que Freud fut profondément influencé par son maître Ernst Bruecke, le fondateur du mouvement scientifique connu sous le nom d'Ecole de Médecine de Helmholtz. Bruecke considérait que tous les organismes biologiques étaient des systèmes complexes d'atomes régis par des lois strictes, et en particulier par le principe de conservation d'énergie. Les seules forces actives dans les organismes biologiques auraient été les processus physico-chimiques inhérents à la matière et susceptibles d'être réduits en définitive à la force d'attraction et de répulsion. C'est dans l'esprit de l'Ecole de Médecine de Helmoltz que Freud modela sa description des processus psychologiques en fonction de la mécanique de Newton. Les quatre principes essentiels de l'approche analytique — dynamique, économique, topographique et historique — reflètent avec précision les concepts fondamentaux de la physique newtonienne.

a. *Le principe dynamique.*

Dans la mécanique de Newton, les particules et les objets matériels sont mus par des forces qui sont différentes de la matière : leurs collisions sont régies par des lois spécifiques. Les processus mentaux sont également expliqués en psychanalyse par rapport à l'interaction et aux collisions des forces psychologiques. Elles peuvent se renforcer l'une l'autre, s'inhiber l'une l'autre, ou être en conflit et créer divers compromis. Elles manifestent des directions définies, allant vers l'expression motrice ou s'en éloignant. Les forces les plus importantes qui participent à la dynamique mentale sont les pulsions instinctives. Le principe d'action et de réaction de Newton fut également adopté par Freud et il influença profondément sa pensée. Certains psychanalystes ont considéré que sa tendance à décrire divers aspects du fonctionnement mental comme étant des séries de phénomènes opposés, était une sérieuse limitation conceptuelle.

b. *Le principe économique.* L'aspect quantitatif de la mécanique newtonienne devint un facteur majeur responsable de son succès pragmatique et de son prestige scientifique. Les masses, les forces, les distances et les vitesses pouvaient être exprimées sous la forme de quantités mesurables et leurs interrelations et leurs interactions représentées par des équations mathématiques. Freud était incapable d'approcher, fût-ce de loin, ces critères rigides de la physique ; il n'en insista pas moins sur l'importance de l'économie énergétique dans les processus psychologiques. Il attribua aux représentations mentales des pulsions instinctives et aux forces les opposant, des charges de quantités précises d'énergie, ou *cathexis.* La répartition de l'énergie entre l'absorption, la consommation et la production était d'une importance essentielle. La fonction de l'appareil psychique était d'empêcher le gaspillage de ces énergies et de conserver la masse totale d'excitation à un niveau aussi bas que possible. La quantité d'excitation était considérée comme étant la force motrice sous-jacente aux principes du plaisir et du déplaisir qui jouaient un rôle important dans la pensée de Freud.

c. *Le principe topographique ou structural.* Alors qu'en physique moderne, les entités séparées du monde phénoménal apparaissent comme étant des processus dynamiques interconnectés, en mécanique newtonienne les particules et les objets matériels individuels occupent un espace euclidien avec lequel ils interagissent. De même, dans les descriptions topographiques de Freud, les processus dynamiques mêlés apparaissent comme étant des structures individuelles spécifiques de l'appareil psychique qui interagissent les unes avec les autres dans un espace psychologique aux propriétés euclidiennes. Freud insiste à diverses reprises sur le fait que des concepts tels que le Ça, le Moi, et le Surmoi ne sont que des abstractions qui ne doivent pas être considérées littéralement et il qualifie de « mythologie du cerveau » (Gehinmythologie) toute tentative visant à les rattacher à des structures et à des fonctions cérébrales spécifiques. Ils ont toutefois dans ses écrits les caractéristiques d'objets matériels newtoniens : extension, masse, position en mouvement. Ils ne peuvent occuper le même espace et ne peuvent donc se mouvoir sans provoquer le déplacement les uns des autres. Ils s'opposent les uns aux autres et provoquent donc des collisions ; il est possible de les supprimer, de les subjuguer et de les vaincre. Le concept voulant que la libido et même l'amour n'existent qu'en quantité limitée représente le paroxysme de cette approche. En analyse classique l'amour de l'autre et l'amour de soi s'expriment en termes de conflit.

d. *Le principe historique.* L'un des traits les plus caractéristiques de la mécanique newtonienne est son déterminisme strict ;

des collisions entre des particules et des objets se produisent selon des chaînes linéaires de causes et d'effets. La description spatio-temporelle des événements et leur description causale sont unies et combinées en une trajectoire visuelle. Les conditions initiales du système déterminent son état à chaque instant ultérieur. La connaissance complète de l'état actuel du système étudié permettrait en principe de le décrire à tout instant passé ou futur.

La notion du déterminisme strict des processus mentaux fut l'une des contributions majeures de Freud. Chaque événement psychologique était considéré à la fois comme le résultat et comme la cause d'autres événements. L'approche psychogénique de la psychanalyse s'efforce d'expliquer les expériences et le comportement de l'individu en termes de phases ontogéniques et de modes antérieurs d'adaptation. Une compréhension complète du comportement actuel nécessite une étude de ses antécédents, en particulier de l'historique psychosexuel de la prime enfance. Les expériences individuelles lors du développement libidinal, la résolution de la névrose de l'enfance et les conflits à l'égard de la sexualité infantile déterminent donc le cours ultérieur de la vie. La psychanalyse classique utilise, à l'instar de la mécanique newtonienne, la conception de la trajectoire visuelle en ce qui concerne les pulsions instinctives impliquant une source, un stimulus, un objectif et un objet.

La psychanalyse partage une autre caractéristique avec la science newtonienne-cartésienne : il s'agit du concept de l'observateur objectif et indépendant. L'observation du patient se déroule en certaines circonstances sans interférence appréciable. Ce concept a été modifié dans la psychologie de l'ego, alors qu'en psychanalyse classique, la vie de l'individu continue à être déterminée durant la thérapie par les conditions psychogéniques et ce de manière relativement unique.

Après cette discussion des principes généraux sur lesquels se fonde la psychanalyse, étudions quelles furent ses contributions les plus importantes. Elles peuvent être divisées en trois catégories thématiques : la théorie des instincts, le modèle de l'appareil psychique et les principes et les techniques de la thérapie psychanalytique. Freud pensait que l'historique de l'individu commençait après la naissance ; il considérait le nouveau-né comme une *tabula-rasa* — une plaque vierge. Précisons qu'il mentionnait parfois l'éventualité de vagues prédispositions constitutionnelles ou encore de souvenirs archaïques de nature phylogéniques. Selon Freud, la peur de la castration des petits garçons traduisait une réminiscence d'époques au cours desquelles les pénis des enfants étaient réellement coupés ou une résurgence de certains éléments totémiques de la psyché qui reflétaient la réalité historique d'un patricide brutal dû à une coalition fraternelle. Certains aspects du symbolisme des rêves pouvaient s'expliquer par rapport à certaines expériences de la vie de l'individu et paraissaient refléter le langage archaïque de la psyché. La dynamique mentale était toutefois compréhensible, pour des raisons pratiques, par rapport à des facteurs biographiques liés à la prime enfance.

Freud attribuait un rôle critique aux pulsions instinctives (Triebe) qu'il considérait comme des forces établissant la jonction entre les sphères psychiques et somatiques. Freud postule dans les premières années de la psychanalyse, un dualisme fondamental impliquant la pulsion sexuelle ou libido et les instincts non-sexuels de l'ego relatifs à l'auto-conservation. Il croyait que les conflits mentaux résultant du heurt de ces instincts étaient responsables des psychonévroses et de maints phénomènes psychologiques. Son attention se concentrait surtout sur la libido.

Freud découvrit que les origines de la vie sexuelle résidaient dans la prime enfance et il formula une théorie du développement de la sexualité. Selon lui, les activités psychosexuelles commençaient durant l'allaitement, alors que la bouche de l'enfant fonctionnait comme une zone érogène (phase orale). Durant la période d'apprentissage de la propreté, l'accent se déplaçait d'abord vers les sensations associées à la défécation (phase anale), puis à l'émission d'urine (phase urétrale). Vers l'âge de quatre ans, ces pulsions prégénitales s'organisent sous la domination des organes génitaux (phase phallique). Cette phase correspond également au développement des complexes d'Œdipe et d'Electre.

La complaisance dans des activités érotiques ou les frustrations, les conflits et les traumatismes la perturbant provoquent une fixation à différentes phases du développement libidinal. Une telle fixation associée à une incapacité à résoudre le complexe d'Œdipe résulte en des psychonévroses, des perversions sexuelles, ou en d'autres formes de psychopathologie. Freud et ses successeurs développèrent une taxonomie reliant différents désordres émotionnels et psychosomatiques à des vicissitudes spécifiques du développement libidinal. Il rattache également les difficultés rencontrées dans les relations interpersonnelles à des facteurs interférant avec l'évolution de la phase du narcissisme primaire chez l'enfant.

Durant les premières phases de ses explorations et de ses spéculations psychanalytiques, Freud accorda une place importante au principe du plaisir, une tendance innée à rechercher le plaisir et à éviter le déplaisir. Il le considéra comme le principe régulateur gouvernant la psyché. Il rapprocha la souffrance et la détresse d'un excès de stimuli neuronaux et le plaisir d'une décharge de tension et d'une réduction d'excitation. La contrepartie du principe du plaisir était donc le principe de réalité, une fonction apprise reflétant les demandes du monde extérieur et nécessitant le retard ou l'ajournement d'un plaisir. A la fin de ses recherches, Freud éprouva de plus en plus de difficultés à réconcilier les faits cliniques avec le rôle exclusif du principe du plaisir dans les processus psychologiques.

Il considérait à l'origine que l'agressivité était en grande partie une question de sadisme et il pensait qu'elle se manifestait à chaque niveau de développement psychosexuel dans le cadre d'instincts partiels. L'agressivité possédant des aspects non-sexuels, il la qualifia pendant un certain temps d'instinct de l'ego. Il distingua ensuite l'agressivité non-sexuelle et la haine, qui sont des instincts de l'ego, et les aspects libidinaux du sadisme qui procèdent de l'instinct sexuel. Le sadisme, lui-même, était considéré comme une fusion de la sexualité et de l'agressivité résultant d'une frustration.

Freud eut cependant à affronter un problème encore plus grave. Il constata que souvent les pulsions agressives ne servaient pas à l'auto-préservation et qu'elles ne devaient donc pas être considérées comme des instincts de l'ego. Ceci était particulièrement évident dans le cas des tendances auto-destructrices des patients déprimés.

Freud décida en conséquence de traiter l'agressivité comme un instinct séparé dont la source résidait dans les muscles squelettiques et dont l'objectif était de détruire. Cette vision ajouta la touche finale à l'image essentiellement négative de la nature humaine dépeinte par la psychanalyse. La psyché n'est pas seulement mue par des instincts fondamentaux, mais elle renferme de plus la destructivité en tant que composant intrinsèque.

Freud postula l'existence de deux catégories d'instincts dans ses dernières spéculations : ceux qui servent à préserver la vie et ceux qui l'entravent et tendent à la ramener à une condition inorganique. Il voyait une relation étroite entre ces deux groupes de forces instinctives et deux tendances opposées dans les processus physiologiques de l'organisme humain, l'anabolisme et le catabolisme. Les processus anaboliques sont ceux qui contribuent à la croissance, au développement et l'emmagasinement des aliments ; les processus cataboliques sont reliés à la combustion des réserves métaboliques et à la dépense d'énergie.

Freud rapprochait l'activité de ces pulsions de la destinée de deux groupes de cellules — les cellules germinales qui sont en principe éternelles et les cellules somatiques simples qui, elles, sont mortelles. L'instinct de mort opère dans l'organisme dès l'origine, le transformant progressivement en un système inorganique. Cette pulsion destructrice peut — et doit être — détournée en partie de son objectif primaire et dirigée contre les autres organismes. Que l'instinct de mort soit orienté vers des objets extérieurs ou contre l'organisme lui-même ne fait guère de différence pour autant qu'il réalise son objectif : détruire.

Freud publia ses formulations finales concernant le rôle de l'instinct de mort dans son dernier ouvrage important *Nouvelles conférences sur la psychanalyse.* La dichotomie essentielle entre deux forces puissantes, l'instinct d'amour (Eros) et l'instinct de mort (Thanatos) devint la pierre de touche de sa compréhension des processus mentaux — un concept qui domina sa pensée durant les dernières années de sa vie. Cette révision majeure de la théorie psychanalytique n'engendra guère d'enthousiasme parmi les disciples de Freud et n'a jamais été intégrée pleinement dans le courant principal de la psychanalyse. Rudolf Brun réalisa une étude statistique minutieuse des articles consacrés à la théorie de Freud sur l'instinct de mort et conclut que la majorité d'entre eux étaient négatifs.

Nombre d'auteurs ont considéré que l'intérêt de Freud pour la mort et l'incorporation de Thanatos dans la théorie des instincts étaient des éléments étrangers au développement de son cadre psychologique. D'aucuns émirent même l'hypothèse que des facteurs personnels étaient à l'origine de cette dimension inattendue.

La première théorie topographique de l'esprit de Freud, exposée dans son ouvrage *le Rêve et son interprétation,* était dérivée de l'analyse des rêves, de la dynamique des symptômes psychonévrotiques et de la psychopathologie de la vie quotidienne. Elle distingue trois régions de la psyché caractérisées par leur relation avec la conscience : l'inconscient, le préconscient et le conscient. L'inconscient contient des éléments qui sont inaccessibles à la conscience et qui émergent via le préconscient, lequel exerce une censure psychologique. Il contient des représentations mentales de pulsions instinctives qui étaient autrefois conscientes mais qui ont été refoulées parce qu'inacceptables. Toute l'activité de l'inconscient consiste à rechercher le principe du plaisir. Il recourt pour ce faire à la pensée processus primaire qui néglige les connexions logiques, qui n'a pas la notion du temps, qui ne connaît aucune négation et qui permet rapidement aux contradictions d'exister. Il s'efforce d'atteindre ses objectifs par des mécanismes tels que la condensation, le déplacement et la symbolisation.

Le pré-conscient renferme des éléments qui sont susceptibles, dans certaines circonstances, d'émerger au niveau conscient. Il n'est pas présent à la naissance, mais se développe au cours de l'enfance simultanément à l'évolution de l'ego. Il a pour objectif d'éviter tout ce qui est désagréable et de retarder la décharge instinctive ; il recourt pour ce faire à la pensée processus secondaire gouvernée par l'analyse logique et reflétant le principe de réalité. L'une de ses fonctions importante est de censurer et de réprimer les désirs instinctifs. Le système — conscient à ce moment — est relié aux structures perceptives, il contrôle l'activité motrice et régularise la distribution qualitative de l'énergie psychique.

Cette théorie topographique s'est heurtée à de sérieux problèmes. Il devint évident que les mécanismes de défense, qui protègent de la douleur et des désagréments, n'étaient initialement pas accessibles à la conscience. L'agent de la répression ne pouvait donc pas être identifié au pré-conscient. L'existence de besoins inconscients de punition sont de même en contradiction avec le concept selon lequel l'agent moral responsable de la répression était allié aux forces pré-conscientes. En outre, l'inconscient renfermait des éléments archaïques qui n'avaient jamais été conscients, tels que des fantasmes primordiaux de nature phylogénique et certains symboles qui ne pouvaient avoir été engendrés par l'expérience personnelle.

Freud remplaça en définitive le concept du système conscient et du système inconscient par son fameux modèle de l'appareil mental qui supposait la relation dynamique de trois structures séparées — le ça, le moi et le surmoi. Le ça représente dans ce contexte une réserve primordiale d'énergies instinctives qui sont étrangères à l'ego et qui sont gouvernées par le processus primaire. Le moi conserve sa relation étroite originale avec la conscience et la réalité extérieure ; il remplit toutefois diverses fonctions inconscientes qui le protègent des impulsions du ça grâce à des mécanismes spécifiques *.

Il contrôle en outre l'appareil de perception et de mobilité. Le surmoi est le plus jeune des composants structurels de l'esprit ; il se réalise pleinement avec la résolution du complexe d'Œdipe. Un de ses aspects représente le moi-idéal, qui reflète la tentative pour retrouver un état hypothétique de perfection narcissique qui existait dans la prime enfance et des éléments positifs d'identification aux parents. L'autre reflète les interdits liés à l'introjection des parents renforcés par le complexe de castration, c'est la conscience ou le « démon ». Les tendances à

---

* Cf. le livre d'Anna Freud : *le Moi et les mécanismes de défense*, P.U.F., 1949-1982.

la masculinité du garçon et à la féminité de la fille mènent à une identification plus forte au surmoi du parent du même sexe.

Le dynamisme du surmoi est inconscient; Freud remarqua en outre qu'un certain aspect du surmoi est sauvage et cruel, trahissant sans confusion possible ses origines dans le ça. Il le rendit responsable des tendances extrêmes à l'auto-punition et à l'auto-destruction observées chez certains patients psychiatriques. Des contributions plus récentes à la théorie freudienne mettent en évidence le rôle des pulsions et des attachements aux objets formés durant la période pré-« œdipienne » du surmoi. Ces précurseurs prégénitaux du surmoi reflètent des projections des tendances sadiques propres à l'enfant et celles du concept primitif de justice se fondant sur la revanche.

Freud révisa son modèle de l'esprit et l'associa à une théorie nouvelle de l'angoisse, le symptôme représentant le problème fondamental de la psychiatrie dynamique. Cette première théorie de l'angoisse insistait sur son fondement biologique dans l'instinct sexuel. Dans les névroses dites réelles — neurasthénie et névrose angoissée — l'angoisse était attribuée à une décharge inadéquate d'énergies libidinales résultant des pratiques sexuelles anormales (abstinence ou coïtus interruptus).

L'interférence avec le fonctionnement sexuel normal était dû dans le cas des psychonévroses à des facteurs psychologiques. L'angoisse était considérée dans ce contexte comme le produit d'une libido refoulée. Cette théorie, qui ne s'intéressait pas à l'angoisse objective provoquée par un danger réel, a introduit un cercle vicieux inquiétant dans le raisonnement logique. L'angoisse a été expliquée en termes de répression de pulsions libidinales ; la répression était due quant à elle à des émotions insupportables, qui incluaient certainement l'angoisse.

La nouvelle théorie freudienne de l'angoisse distinguait entre l'angoisse réelle et l'angoisse névrotique, toutes deux se manifestant en réponse à un danger pour l'organisme. Le danger a dans l'angoisse réelle une source concrète, extérieure ; dans l'anxiété névrotique la source est inconnue. Durant l'enfance et la prime enfance, l'angoisse est le résultat d'une stimulation instinctive excessive ; elle apparaît, par la suite, par anticipation d'un danger plutôt qu'en tant que réaction à un danger. L'angoisse réelle mobilise des mesures protectrices : mécanismes visant à se soustraire au danger, réel ou imaginaire, venant de l'extérieur ou défenses psychologiques pour faire face à l'excès d'excitation instinctive. Les névroses résultent donc d'une défaillance partielle du système de défense ; une défaillance plus entière de celui-ci conduit à des désordres psychotiques impliquant des déformations plus importantes du moi et de la perception de la réalité.

Les concepts psychanalytiques de la situation de traitement et de la technique thérapeutique proprement dite dénotent aussi de fortes influences de la science mécaniste newtonienne-cartésienne. L'organisation thérapeutique de base — le patient étendu sur un divan et le thérapeute invisible, lointain, assis derrière lui — traduit l'idéal de l'« observateur objectif ». Elle reflète la conviction mécaniste selon laquelle une observation scientifique est possible sans aucune interférence avec l'objet ou le processus étudié. Dans la pratique psychanalytique, la dichotomie cartésienne entre esprit et corps trouve son expression dans la concentration exclusive sur les processus mentaux. Cette technique n'implique pas d'interventions physiques directes, puisque les gestes sont considérés comme des reflets d'événements psychologiques ou comme des détonateurs de réaction de même nature. Il existe en fait un tabou puissant prohibant le contact physique avec le patient. Certains psychanalystes déconseillent le fait de serrer la main du patient ; ceci risquant d'engendrer un danger potentiel sur le plan du processus de transfert/contre-transfert.

Cette scission entre l'esprit et le corps est encore renforcée par la tendance rigoureuse à isoler le problème d'un contexte plus vaste interpersonnel, social et cosmique. Les psychanalystes refusent en principe tout contact avec les conjoints de leurs patients ou avec tout autre membre de leur famille ; ils nient l'influence des facteurs sociaux et refusent de reconnaître que des facteurs transpersonnels ou spirituels puissent être à l'origine des problèmes traités. Les fondements dynamiques des phénomènes extérieurs observables sont les pulsions instinctives luttant pour se décharger et les diverses contre-forces qui les inhibent. Les efforts thérapeutiques de l'analyste se concentrent sur l'élimination des obstacles qui empêchent une expression plus directe de ces forces. Il est contraint de se reposer sur des outils verbaux pour l'analyse des résistances.

La tâche du thérapeute consiste à reconstruire à partir de certaines manifestations données la constellation de forces se trouvant à l'origine des symptômes, à permettre à ces forces d'être revécues au cours de la relation thérapeutique et à libérer par l'analyse du transfert les pulsions sexuelles infantiles refoulées, à les transformer en une sexualité adulte et à les autoriser à participer au développement de la personnalité.

Le patient se trouve ainsi dans une situation passive et désavantageuse. Il est étendu sur un divan, il ne voit pas l'analyste, il doit se livrer à des associations libres et ne pas poser de questions. L'analyste a un contrôle total de la situation. Il ne répond généralement pas aux questions, il choisit d'être silencieux ou d'interpréter, et a tendance à considérer chaque désagrément comme étant une résistance de la part du patient. Ses interprétations fondées sur la théorie freudienne guident explicitement ou implicitement le processus, le maintiennent dans les limites étroites de son cadre conceptuel et ne permettent aucune incursion dans de nouveaux territoires. Une analyse met l'accent sur la reconstruction du passé et sur sa répétition dans la dynamique actuelle de transfert ; cet accent se fonde donc sur un modèle strictement déterministe et historique. La compréhension que Freud avait de l'amélioration est purement mécaniste : elle insiste sur la libération d'énergies refoulées et sur leur utilisation à des fins constructrices (sublimation). L'objectif de la thérapie, tel qu'exposé de manière explicite par Freud, est en réalité modeste compte tenu de l'investissement extraordinaire de temps, d'argent et d'énergie : « transformer la souffrance extrême du névrosé en la misère normale de la vie quotidienne ».

Après ce bref exposé des concepts essentiels de la psychanalyse classique et de ses vicissitudes théoriques et pratiques, j'aimerais étudier les contributions de Freud à la lumière des observations de la psychothérapie empirique des profondeurs, et en particulier de la recherche sur le LSD. Rien n'interdit d'avancer que la psychanalyse offre un cadre conceptuel presque idéal tant que les séances se concentrent sur le niveau biographique de l'inconscient. Si les expériences analytiques-recollectives étaient le seul type de phénomènes observés dans ce contexte, la psychothérapie LSD pourrait être considérée comme étant presque une preuve en laboratoire des prémisses essentielles de la psychanalyse.

La dynamique psychosexuelle et les conflits fondamentaux de la psyché humaine, tels que décrits par Freud, se manifestent avec une clarté et une vivacité inhabituelles, même au cours des séances avec des sujets « vierges » n'ayant jamais été soumis à une psychanalyse, n'ayant jamais lu d'ouvrages sur le sujet et n'ayant jamais été soumis à un endoctrinement quelconque. Ces sujets vivent sous l'influence du LSD une régression vers l'enfance et même vers la prime enfance ; ils revivent divers traumatismes psychosexuels et des relations complexes liées à la sexualité infantile ; ils sont également confrontés à des conflits impliquant des activités dans diverses zones libidinales. Ils doivent affronter et assimiler les problèmes psychologiques fondamentaux décrits par la psychanalyse, tels que les complexes d'Œdipe et d'Electre, le traumatisme du sevrage, la peur de la castration, l'envie du pénis et les conflits liés à l'apprentissage de la propreté. Le travail avec le LSD confirme la cartographie dynamique freudienne des psychonévroses et des désordres psychosomatiques, ainsi que leurs relations spécifiques avec diverses zones libidinales et diverses phases du développement de l'ego.

Deux révisions essentielles doivent toutefois être apportées au concept freudien pour expliquer certaines expériences caractéristiques du niveau biographique de l'inconscient. La première concerne le concept des systèmes dynamiques, qui organisent les souvenirs significatifs sur le plan émotionnel, pour lesquels j'ai inventé le terme *système COEX*. La seconde révision porte sur l'importance énorme des traumatismes physiques tels que des opérations, des maladies ou des blessures que la psychologie ne prend pas en considération. De tels souvenirs jouent un rôle capital dans la genèse de certains symptômes émotionnels et psychosomatiques par eux-mêmes et fournissent une liaison empirique avec des éléments correspondants du niveau périnatal.

Des problèmes mineurs qu'il serait simple de résoudre existent également. L'erreur fondamentale de la psychanalyse est son emphase exclusive sur les événements biographiques et sur l'inconscient individuel. Elle s'efforce de généraliser ses découvertes qui sont valables pour une bande superficielle et étroite du spectre de la conscience à d'autres niveaux et à la totalité de la psyché humaine. Sa limitation majeure vient donc du fait qu'elle ignore les niveaux périnatal et transpersonnel de l'inconscient. Selon Freud, l'étiologie et la dynamique des désordres émotionnels sont explicables à partir des séquences d'événements postnatals.

Les thérapies empiriques prouvent à loisir que les traumatismes de l'enfance ne constituent pas les causes pathogènes primaires, mais qu'ils créent les conditions nécessaires à la manifestation des contenus des niveaux plus profonds de la psyché. Les symptômes de désordres émotionnels ont habituellement une structure dynamique complexe à niveaux et à dimensions multiples. Les couches biographiques ne représentent qu'un composant de ce réseau ; les racines importantes des problèmes se trouvent toujours — ou peu s'en faut — aux niveaux périnatal et transpersonnel.

L'incorporation du niveau périnatal dans la cartographie de l'inconscient a des conséquences d'une grande portée pour la théorie psychanalytique ; elle clarifie nombre de ses problèmes et les situe dans une perspective très différente sans pour autant réfuter l'approche freudienne. Le déplacement de l'accent d'une dynamique sexuelle déterminée biographiquement par la dynamique des matrices périnatales fondamentales (MPF) sans rejeter la plupart des découvertes importantes de la psychanalyse, a été rendu possible grâce à une similarité empirique profonde existant entre le modèle de la naissance biologique, de l'orgasme sexuel et des activités physiologiques dans les zones érogènes individuelles (orale, anale, urétrale et phallique). Les connexions dynamiques entre ces fonctions biologiques sont représentées dans le paradigme synoptique des pages 56 et 57.

La découverte de la dynamique périnatale et son incorporation dans la cartographie de l'inconscient fournit un modèle explicatif simple et excellent à maints phénomènes qui constituèrent un problème capital pour les spéculations théoriques de Sigmund Freud et de ses successeurs. La psychanalyse s'est avérée incapable de fournir des explications satisfaisantes aux phénomènes du sadomasochisme, de l'automutilation, des meurtres sadiques et des suicides dans le secteur de la psychopathologie. Elle n'apportait pas de réponses acceptables à l'énigme des parties sauvages du surmoi qui semblaient dériver du ça. Le concept de la sexualité féminine ou de la féminité en général, tel que décrit par Freud, représente sans aucun doute l'aspect le plus faible de la psychanalyse et frise le ridicule. Il lui manque une compréhension valable de la psyché féminine ou du fait féminin parce qu'il considérait que les femmes n'étaient que des mâles castrés. La psychanalyse n'offre en outre que des interprétations superficielles et peu convaincantes à un spectre complet de phénomènes enregistrés chez les patients relevant de la psychiatrie.

Nous constatons que l'application de la pensée freudienne aux phénomènes culturels s'avère incapable de fournir une explication convaincante à une série d'observations anthropologiques et historiques, telles que le chamanisme, les rites de passage, les expériences visionnaires, les religions de mystère, les traditions mystiques, les guerres, les génocides et les révolutions sanglantes. Celles-ci étant incompréhensibles si on ignore le niveau périnatal (et transpersonnel) de la psyché. Le manque d'efficacité global de la psychanalyse en tant qu'outil thérapeutique devrait aussi être mentionné dans ce contexte comme étant une des limitations sérieuses de ce système de pensée par ailleurs fascinant.

Le génie de Freud a approché en diverses occasions la découverte du niveau périnatal de l'inconscient. Il discute certains de ses aspects essentiels et nombre de ses formulations ont trait, quoique de façon non explicite, à des problèmes liés au processus de mort/re-naissance. Il fut le premier à exprimer l'idée que l'angoisse existentielle associée au traumatisme de la naissance représentait peut-être la source la plus profonde et le prototype de toutes les angoisses ultérieures. Il ne poussa malheureusement pas cette idée plus loin et n'essaya pas de l'intégrer à la psychanalyse. Il s'inscrivit en faux contre les spéculations de son disciple

Otto Rank qui publia une vision modifiée de la psychanalyse en se fondant sur l'importance capitale de cet événement fondamental de la vie humaine. Il existe une distinction nette dans les écrits de Freud et de ses successeurs entre l'évaluation et l'interprétation des événements prénatals ou périnatals et postnatals. Le matériau contenu dans les associations libres ou les rêves, qui est lié à la naissance ou à l'existence intra-utérine, est constamment qualifié de « fantasme » contrairement au matériau de l'époque postnatale qui est habituellement considéré comme un reflet possible de souvenirs d'événements réels. Certains auteurs firent toutefois exception à cette règle : Otto Rank, Nandor Fodor et Lietaert Peerbolte qui possèdent une appréciation et une compréhension véritables de la dynamique périnatale et prénatale.

Selon la littérature psychanalytique classique, la mort n'a pas de représentation dans l'inconscient. La peur de la mort est interprétée comme une peur de la castration, comme une peur d'une perte de contrôle, comme une crainte d'un puissant orgasme sexuel ou comme le désir de voir mourir un tiers, désir dirigé par le surmoi impitoyable vers le sujet. Freud n'a jamais été vraiment satisfait de sa théorie selon laquelle l'inconscient ou le ça ne connaissaient pas la mort et il éprouvait de plus en plus de difficultés à nier l'importance de la mort pour la psychologie et la psychopathologie.

Vers la fin de sa vie, Freud introduisit l'instinct de mort ou Thanatos dans sa théorie ; il le posa comme l'« alter ego » d'Eros ou de la libido. Son approche de la mort ne dépeint pas de manière précise son rôle dans la dynamique périnatale ; il était loin de réaliser que dans le contexte du processus mort/re-naissance, la naissance, la sexualité et la mort formaient une triade inextricable et étaient intimement liées à la mort de l'ego. La reconnaissance de l'importance psychologique de la mort était toutefois remarquable chez Freud ; il était en avance sur ses successeurs, sur ce point comme sur tant d'autres.

Le modèle incluant la dynamique périnatale présente des avantages de grande portée. Il offre non seulement une interprétation plus appropriée et plus complète de nombreux phénomènes psychopathologiques et de leurs interrelations dynamiques, mais encore il les relie aux aspects anatomiques, physiologiques et biochimiques du processus de la naissance. Le sadomasochisme ainsi que je le montrerai par la suite s'explique sans difficulté en fonction de la phénoménologie de la MPF III qui présente une relation intime entre sexualité, douleur et agression. Le mélange de sexualité, d'agressivité, d'angoisse et de scatologie, qui est une autre caractéristique importante de la troisième matrice périnatale, fournit un contexte naturel à la compréhension de maints désordres sexuels et déviations. La sexualité et l'angoisse sont deux facettes du même processus à ce niveau et aucun ne peut être expliqué en faisant abstraction de l'autre. Cette observation éclaire d'un jour nouveau les tentatives frustrantes de Freud pour expliquer l'angoisse par rapport à la répression de sentiments libidinaux et la répression en fonction de l'angoisse et d'autres émotions négatives.

La MPF III se caractérise aussi par une surproduction de diverses pulsions instinctives avec un blocage simultané de l'expression motrice extérieure de quelque sorte que ce soit dans le cadre d'une situation extrêmement brutale, douloureuse et dangereuse pour la vie. Il semble que nous nous trouvions en présence du fondement naturel des racines les plus profondes du surmoi freudien qui est cruel, sauvage et primitif. Sa relation avec la douleur, le masochisme, l'auto-mutilation, la violence et le suicide (mort de l'ego) est aisément compréhensible et ne constitue pas une énigme ou un mystère si on la considère comme une introjection de l'impact impitoyable de la filière pelvigénitale.

Dans le cadre de la dynamique périnatale, le concept du « vagina dentata » — les organes génitaux féminins capables de tuer ou de castrer — que Freud considérait comme résultant d'un fantasme infantile primitif, représente une évaluation réaliste se fondant sur un souvenir spécifique. Nombre d'enfants ont été au cours de l'accouchement, tués, presque tués ou gravement blessés par ces organes potentiellement meurtriers. La relation entre le « vagina dentata » et la peur de la castration devient évidente lorsque celle-ci est ramenée à sa source réelle : le souvenir de la coupure du cordon ombilical. Cette observation explique que la peur de la castration existe chez les deux sexes, et le fait que les sujets participant à une psychanalyse assimilent au cours des associations libres la castration à la mort, à la séparation, à l'annihilation et à la suffocation. L'image du « vagina dentata » implique donc la généralisation d'une situation durant laquelle elle correspond à une perception précise. C'est cette généralisation et non la perception elle-même, qui est impropre.

L'acceptation du niveau périnatal de l'inconscient élimine une faille logique grave de la pensée psychanalytique, laquelle est difficilement compréhensible compte tenu de l'acuité intellectuelle de ses représentants. Selon Freud et ses successeurs, et selon nombre de théoriciens influencés par sa pensée, des événements de la prime enfance s'étant produits au cours de la période orale de la vie du nouveau-né, ont une influence profonde sur le développement psychologique ultérieur de l'individu. Cette conception est acceptée même pour des influences d'une nature subtile.

Comment peut-on imaginer qu'un organisme doté d'une telle connaissance ait pu ne pas expérimenter quelques jours ou quelques semaines auparavant les conditions extrêmes de l'accouchement : l'anoxémie dangereuse pour la survie du nouveau-né, les pressions mécaniques extrêmes, la douleur angoissante et toute une série de signaux indiquant un danger pour la vie ? Selon les observations de la thérapie psychédélique, diverses subtilités biologiques et psychologiques de l'allaitement sont d'une grande importance. Les remarques précédentes permettent toutefois de conclure que l'importance du traumatisme de la naissance est d'un ordre de loin supérieur. Le nouveau-né doit être rassuré quant à la fourniture d'oxygène, dispensateur de la vie, avant de ressentir la faim ou le froid, de remarquer que la mère est présente ou absente ou de distinguer entre la qualité de l'allaitement.

La naissance et la mort sont des événements d'une importance fondamentale qui occupent une métaposition par rapport à toutes les autres expériences de la vie. Ils sont en fait l'alpha et l'omega de la vie ; un système psychologique qui les néglige est condamné à demeurer superficiel et incomplet. L'impossibilité d'appliquer la psychanalyse à de nombreux aspects des expériences psychotiques, à une multitude d'observations anthropologiques, aux phénomènes paranormaux et à une psychopathologie sociale grave (telles que les guerres, les révolutions, le totalitarisme et les génocides) reflète le fait que ces phénomènes se caractérisent par une participation substantielle de la dynamique périnatale et transpersonnelle et qu'ils se trouvent donc hors de portée de l'analyse freudienne classique.

La présente discussion de la psychanalyse ne satisfera peut-être pas ses praticiens contemporains puisqu'elle se limite aux concepts freudiens traditionnels et ne prend pas en considération les développements réalisés récemment dans ce secteur. C'est la raison pour laquelle je conclurai cette section en faisant brièvement référence à la théorie et à la pratique de la psychologie de l'ego. Les origines de la psychologie de l'ego remontent à certains écrits de Sigmund et d'Anna Freud. Sa forme actuelle fut développée au cours des quatre dernières décennies par Heinz Hartmann, Ernst Kris, Rudolph Loewenstein, René Spitz, Margaret Mahler, Edith Jacobson, Otto Kernberg, Heinz Kohut, etc. Les modifications théoriques fondamentales de la psychanalyse classique comprennent un développement sophistiqué du concept des relations avec les objets, une appréciation de son rôle central dans le développement de la personnalité et une concentration sur les problèmes de l'adaptation humaine, de l'innéisme de l'ego, des zones exemptes de conflits de la psyché, du narcissisme, etc. La psychologie de l'ego élargit considérablement le spectre des intérêts psychanalytiques, comprenant d'une part le développement humain normal et d'autre part des psychopathologies graves. Les modifications théoriques apparaissent également dans les techniques thérapeutiques. Des innovations, telles que la construction de l'ego, l'atténuation des pulsions et la correction des distorsions et de la structure, permirent d'étendre le travail psychothérapeutique à des patients ayant un ego faible et une symptomatologie psychotique indifférenciée.

Aussi importants que puissent être ces développements dans le cadre de la psychanalyse, ils n'en partagent pas moins avec la pensée freudienne classique son orientation biographique étroite. Ils ne fournissent pas une compréhension véritable de la psychopathologie parce qu'ils négligent les niveaux périnatal et transpersonnel de la psyché. Ils se contentent de raffiner des concepts liés à une couche de la psyché qui n'est pas essentielle à sa compréhension. De nombreux états déterminés et psychotiques trouvent leurs racines dans les aspects négatifs des matrices périnatales ou dans le domaine transpersonnel.

La psychologie de l'ego est en outre incapable de concevoir et d'utiliser les mécanismes puissants de guérison et de transformation de la personnalité qui sont accessibles grâce à un accès empirique aux domaines transindividuels de la psyché. Le problème principal n'est pas, dans le cadre des stratégies thérapeutiques discutées dans ce livre, de protéger ou de renforcer l'ego par des manœuvres verbales sophistiquées, mais de créer un cadre dans lequel il peut être transcendé empiriquement. L'expérience de la mort de l'ego et les expériences unitives qui en résultent de nature à la fois symbiotique, biologique et transcendentale, deviennent alors les sources de forces nouvelles et d'une identité personnelle. La compréhension de tels concepts et de tels mécanismes est à ce jour au-delà de la portée de la psychologie de l'ego, comme elle l'était de l'analyse freudienne classique.

3.2. *Les dissidents célèbres : Alfred Adler, Wilhelm Reich et Otto Rank.*

Les découvertes de Freud, qui firent date dans le domaine de la psychologie des profondeurs, attirèrent un petit groupe de chercheurs et de penseurs brillants qui devinrent les membres du cercle de Vienne. En raison de la complexité et de la nouveauté du problème abordé, ainsi que de l'indépendance intellectuelle de certains des meilleurs disciples de Freud, le mouvement psychanalytique fut d'emblée marqué par les controverses et les dissensions. Certains disciples de Freud décidèrent au fil des ans de quitter le mouvement et d'autres furent contraints de s'en retirer ; ils fondèrent alors leurs propres écoles. Il est intéressant de noter que nombre des éléments du cadre conceptuel exposé dans ce livre étaient contenus dans les révisions de ces dissidents célèbres. Ils étaient toutefois présentés comme des alternatives mutuellement exclusives et n'ont été intégrés ni dans le courant principal de la psychanalyse ni dans celui de la psychologie académique. Je m'attacherai à discuter ces écarts pratiques et théoriques par rapport à la psychanalyse classique en fonction du niveau de conscience sur lequel ils se concentraient plutôt que de suivre le cours chronologique des événements.

La psychologie individuelle d'Alfred Adler se limita au niveau biographique à l'instar de la psychanalyse classique ; son centre d'intérêt était toutefois différent. L'approche d'Adler était téléologique et finaliste, contrairement à celle de Freud qui était déterministe. Ce dernier explorait les aspects historiques et causals de la pathogenèse des névroses et des autres phénomènes mentaux alors qu'Adler s'intéressait à leur finalité et à leur raison d'être. Selon lui, le principe directeur de chaque névrose est l'objectif imaginaire consistant à être un « homme complet ». Les pulsions sexuelles et les tendances aux perversions de toute sorte, mises en évidence par Freud, n'étaient pas des expressions secondaires du principe directeur ; la prépondérance du matériau sexuel dans la vie, « fantasme » du névrosé, n'est qu'une manière de parler, un « modus dicendi », exprimant les efforts entrepris pour atteindre la finalité masculine. Ce besoin de supériorité, de totalité et de perfection révèle un besoin profond de compenser des sentiments insidieux d'infériorité et d'inadaptation.

La psychologie individuelle d'Adler insiste beaucoup dans la dynamique des névroses sur l'« infériorité constitutionnelle » de certains organes ou groupes d'organes qui peut être morphologique ou fonctionnelle. La recherche de la supériorité et du succès suit un modèle strictement subjectif. Elle se fonde sur la perception et sur l'estime que l'individu a de lui-même et sur les méthodes qu'il utilise pour réussir. Ces dernières reflètent les circonstances de sa vie, en particulier son bagage biologique et l'environnement de sa prime enfance. Le concept d'infériorité d'Adler est plus large qu'il n'y paraît de prime abord ; il inclut l'insécurité et l'angoisse. La recherche de la supériorité est, de même, en dernière analyse une recherche de la perfection et de l'accomplissement ; elle implique aussi la quête d'un sens à sa vie. Une dimension plus profonde sous-jacente au complexe d'infériorité est le souvenir de l'impuissance infantile et de l'impuissance face au caractère irrémédiable de la mort. Le complexe d'infériorité provoquera parfois grâce au mécanisme de surcompensation, une performance supérieure et créera un génie. L'exemple favori d'Adler est celui d'un enfant qui bégayait mais qui n'en devint pas moins l'orateur le plus renommé de son temps : Démosthène. Ce mécanisme suscitera une névrose dans les cas moins heureux.

Pour Freud, l'être humain est fragmenté et conditionné par son passé ; pour Adler il s'agit d'un organisme ayant pour objectif de se réaliser et d'assurer sa survie sociale. L'individu et sa survie doivent être compris en fonction de processus somatiques, psychologiques et sociaux. Le besoin de l'individu de s'intégrer dans le milieu social et de s'en différencier tout à la fois résulte en un modèle d'adaptation active. L'enfant qui grandit choisit sur la base de son historique complexe un mode de vie logique et cohérent. Selon Adler, les processus conscients et inconscients ne sont pas conflictuels ; ils représentent deux aspects d'un système unifié tendant vers le même objectif. Des événements ne s'accordant pas avec celui-ci sont considérés comme dépourvus d'importance et sont oubliés. Nous sommes inconscients des pensées et des sentiments qui entrent en contradiction pénible avec notre image de nous. Le problème ne vient pas du fait que les êtres humains sont les pions des forces de leur inconscient, mais plutôt qu'ils n'ont aucune conscience des objectifs et des valeurs qu'ils se sont fixés eux-mêmes ou qu'ils ont acceptés.

Adler considère que les sentiments sociaux constituent un critère important de santé mentale ; un mode de vie sain est orienté vers l'acquisition de la compétence et de la réussite au moyen d'un travail susceptible de servir les intérêts de la communauté.

Une disposition névrotique résulte d'une enfance trop protégée, négligée ou d'une combinaison des deux. De tels systèmes éducatifs engendrent une image de soi négative, un sentiment d'impuissance, et la conviction de vivre dans un environnement inamical, hostile, punitif, exigeant ou frustrant. L'individu insécurisé développera un mode de vie manipulateur, égocentrique, fermé à la coopération et non pas un mode de vie qui reflète le bon sens et qui vise à la satisfaction des intérêts sociaux. Adler a discuté en détail différentes formes et manifestations de « logique privée » — celles des névrosés, des psychotiques, des toxicomanes et des criminels. Il s'intéressa toujours plus à l'observation et à la description de l'individu unique plutôt qu'aux catégories diagnostiques et aux classifications cliniques. Selon lui, un névrosé ne peut assumer ses problèmes ni tirer du plaisir de la vie sociale parce qu'à partir des expériences de son enfance, il a développé une attitude privée complexe qui vise à la protection. Cette fonction protectrice a une cohésion interne et s'oppose au changement parce qu'elle représente le modèle adaptatif que l'individu a construit. Il craint d'affronter de nouvelles expériences punitives et persiste à entretenir diverses hypothèses idiosyncratiques et erronées à l'égard d'autrui. Le névrosé souffre d'un sentiment d'échec réel ou imaginaire ; le psychotique, lui, n'accepte pas que la réalité sociale soit le critère ultime et se raccroche à un monde ou à des fantasmes qui compensent son sentiment d'impuissance et de désarroi engendré par son inaptitude à développer une position significative dans le monde réel.

Adler a beaucoup insisté au cours de sa pratique thérapeutique sur le rôle actif du thérapeute. Celui-ci interprète la société pour le patient ; il analyse son mode de vie et ses objectifs lui suggérant certaines modifications, lui dispensant encouragement et espoir, restaurant sa confiance en lui et l'aidant à se réaliser. Il considérait que la compréhension que le thérapeute avait du patient était essentielle à une réussite et qu'il n'était pas nécessaire que celui-ci ait conscience de ses motivations, de ses intentions et de ses objectifs. Adler pensait que le concept freudien de transfert était erroné et fallacieux, qu'il constituait un obstacle inutile au progrès thérapeutique. Il insistait sur le fait que le thérapeute se devait d'être chaleureux, honnête, digne de confiance et soucieux du bien-être du patient à l'instant présent.

Les observations résultant de la recherche LSD et d'autres approches empiriques éclairent d'un jour nouveau le conflit théorique qui opposait Adler et Freud. Cette controverse se fonde en général, sur la conviction erronée que la complexité de la psyché est réductible à quelques principes fondamentaux simples. Cette pierre de touche de la science mécaniste est désormais abandonnée même en physique, sous l'influence de la réalité matérielle telle qu'exposée par la philosophie « bootstrap » de la nature de Geoffrey Chew. L'esprit humain est d'une complexité telle qu'il est possible de construire nombre de théories différentes qui paraîtront toutes logiques, cohérentes et expliqueront certaines observations majeures mais qui n'en seront pas moins mutuellement incompatibles et contradictoires. Les désaccords opposant la psychanalyse et la psychologie individuelles révèlent leur ignorance d'un spectre de conscience ayant des niveaux différents. Les deux systèmes sont en ce sens incomplets et superficiels puisqu'ils opèrent exclusivement au niveau biographique et qu'ils ne reconnaissent pas l'existence des domaines périnatal et transpersonnel. Des projections de divers éléments de ces secteurs négligés de la psyché apparaissent donc déformées et édulcorées.

Le conflit existant entre la pulsion sexuelle et le désir de pouvoir et de masculinité n'est important et insoluble que lorsqu'on limite le champ de la psyché au niveau biographique, négligeant ainsi la dynamique des matrices périnatales. Un éveil sexuel intense (y compris les composants oral, anal, urétral et génital) et des sentiments d'impuissance alternant avec des velléités d'affirmation de soi représentent des aspects intégraux et indissociables de la dynamique de la MPF III. Dans le cadre du processus mort/re-naissance, l'accent est parfois mis temporairement sur l'aspect sexuel ou au contraire sur l'aspect du pouvoir du développement périnatal, tous deux n'en sont pas moins inextricablement liés.

Les racines profondes de la pathologie sexuelle se retrouvent dans la troisième matrice périnatale où une excitation libidinale puissante est associée à une angoisse vitale, à la douleur, à l'agressivité et à une rencontre avec un matériau biologique. Les sentiments d'incompétence, d'infériorité et le manque d'estime de soi remontent plus loin que le conditionnement biographique de la prime enfance ; ils se rattachent à l'impuissance de l'enfant au cours de la situation dangereuse et accablante qu'est la naissance. Ainsi Adler et Freud se concentraient, du fait de la profondeur insuffisante de leur approche, sur deux catégories de forces psychologiques, qui à un niveau plus profond, représentent deux aspects du même processus.

La conscience de la mort, le thème crucial du processus périnatal, eut un impact puissant sur les chercheurs de ces deux écoles. A l'instar de Freud, Adler accorda une grande importance à la mort. Il considérait que l'incapacité à empêcher et à contrôler la mort était la source la plus profonde des sentiments d'inadaptation. Il est intéressant de noter à cet égard qu'Adler était conscient du fait que sa décision de devenir médecin, donc un membre de la profession qui s'efforce de contrôler et de vaincre la mort, était profondément influencée par un épisode de sa vie au cours duquel il avait frôlé la mort à l'âge de cinq ans. Il est probable que ce même facteur a agi comme prisme pour modeler ses spéculations théoriques.

Les observations de la thérapie empirique en profondeur révèlent que la poursuite d'objectifs extérieurs et celle de la réussite n'ont guère de valeur lorsqu'il s'agit de surmonter les sentiments d'incompétence et le manque d'estime de soi, et ce quel que soit le résultat de ces efforts. Les sentiments d'infériorité ne peuvent être vaincus en mobilisant ses forces pour les « surcompenser ». En les affrontant sur un plan empirique et en s'y abandonnant, ils se consument dans le processus de mort et de re-naissance de l'ego et une nouvelle image de soi émerge de la conscience de son identité cosmique. Le véritable courage réside dans la volonté de subir le processus angoissant d'auto-confrontation et non dans la poursuite d'objectifs extérieurs. Si l'individu ne réussit pas à découvrir en lui sa véritable identité, toute tentative visant à donner un sens à sa vie en manipulant le monde sera futile et s'avérera être un combat digne de Don Quichotte.

Un autre dissident important du mouvement psychanalytique fut le psychiatre et activiste politique autrichien, Wilhelm Reich. Il adhéra à la thèse principale de Freud concernant l'importance énorme des facteurs sexuels dans l'étiologie des névroses, mais il modifia considérablement ces concepts en insistant sur l'« économie sexuelle » — l'équilibre entre la charge et la décharge d'énergie ou entre l'excitation et la libération sexuelles. Selon Reich, la suppression des sentiments sexuels et l'attitude caractériologique qui l'accompagne constituent la véritable névrose ; les symptômes cliniques ne sont que ses manifestations extérieures. Les traumatismes originaux et les sentiments sexuels sont réprimés par des modèles complexes de tensions musculaires chroniques : la « cuirasse caractérielle ». Le terme « cuirasse » se réfère à la fonction consistant à protéger l'individu contre toutes les expériences douloureuses et menaçantes. Pour Reich, la responsabilité de l'orgasme sexuel incomplet et du blocage énergétique incombaient à la société et à son influence répressive. Un individu névrotique préserve son équilibre en canalisant son excès d'énergie dans des tensions musculaires et en limitant ainsi son excitation sexuelle. Un individu sain ne connaît pas une telle limitation ; son énergie n'est pas emprisonnée dans une armure musculaire, elle s'exprime donc librement.

La contribution de Reich à la thérapie est d'une signification importante et d'une valeur durable. Son insatisfaction à l'égard des méthodes psychanalytiques le conduisit à développer un système appelé analyse caractérielle, puis végétothérapie analytique caractérielle. Il s'écartait ainsi radicalement des techniques freudiennes classiques puisqu'il s'intéressait au traitement des névroses d'un point de vue biophysique et prenait en considération des éléments physiques pour mobiliser les énergies réprimées et supprimer les blocages. L'objectif de cette thérapie consistait à développer la capacité du patient à s'abandonner totalement aux mouvements spontanés et involontaires de son corps qui sont généralement associés à la fonction respiratoire. Ceci fait, les ondes respiratoires provoquaient un mouvement ondulatoire du corps que Reich nommait le réflexe d'orgasme. Il était convaincu que les patients qui atteignaient ce stade au cours de la thérapie étaient alors capables de s'abandonner totalement à la situation sexuelle et d'accéder ainsi à l'épanouissement. L'orgasme complet décharge l'excédent d'énergie de l'organisme et contribue à la disparition de tout symptôme.

Reich adopta une attitude de plus en plus polémique au fur et à mesure qu'il développait ses théories et s'efforçait d'asseoir ses idées. Notant que le rôle répressif de la société était un des principaux facteurs de désordres émotionnels, il combina son travail innovateur en psychothérapie avec une activité politique radicale et devint membre du Parti Communiste. Reich fut banni de l'Association Psychanalytique Internationale en raison de son conflit avec Freud. La publication de sa critique féroce de la psychologie de masse du fascisme lui valut d'être mis à l'index par le Parti Communiste. Reich était de plus en plus convaincu, au cours des dernières années de sa vie, de l'existence d'une énergie cosmique primordiale. Il supposait que cette énergie était la source de trois vastes domaines d'existence et qu'elle s'en dégageait à travers un processus complexe de différenciation : l'énergie mécanique, la matière inorganique et la matière organique. Cette énergie que Reich nomma *orgone* peut être décelée visuellement, thermiquement ainsi qu'au moyen d'électroscopes et de compteurs Geiger-Mueller. Elle diffère de l'énergie électromagnétique et l'une de ses principales propriétés est la pulsation. La dynamique de l'orgone est la relation entre l'« énergie orgone sans masse » et l'« énergie orgone devenue matière ». Elle est essentielle pour toute véritable compréhension de l'univers, de la nature et de la psyché humaine. Le flux d'orgone et ses superpositions dynamiques permettent d'expliquer des phénomènes aussi divers que la création de particules subatomiques, l'origine des formes de vie, la croissance, la locomotion, l'activité sexuelle et les processus reproducteurs, les phénomènes psychologiques, les tornades, les aurores boréales et la formation des galaxies.

Reich conçut des accumulateurs d'orgone, des boîtes qui, selon lui, rassemblaient et concentraient l'orgone à des fins thérapeutiques. La thérapie de l'orgone se fonde sur l'hypothèse que la soma et la psyché sont toutes deux ancrées bioénergétiquement dans le système de plaisir pulsateur. La thérapie de l'orgone n'est ni une thérapie psychique ni une thérapie physiologico-chimique, mais une thérapie biologique traitant des perturbations des pulsations dans le système automatique. L'œuvre de Wilhelm Reich, qui débuta comme une expérimentation thérapeutique des plus novatrices, évolua progressivement vers des régions plus éloignées : physique, biologie, biopathie cellulaire, abiogénèse, météorologie, astronomie et spéculations philosophiques. La fin de cette carrière scientifique agitée fut particulièrement tragique. Il eut de sérieux ennuis avec le gouvernement américain parce qu'il utilisait et conseillait l'emploi des générateurs d'orgone qui avaient été dénoncés par la F.D.A. Après plusieurs procès, il fut emprisonné deux fois et mourut finalement en prison d'une crise cardiaque.

La contribution majeure de Reich — du point de vue des concepts exposés dans ce livre — se situe dans les secteurs des processus bioénergétiques et des relations psychosomatiques dans la genèse des désordres émotionnels et dans leur thérapie. Il est conscient des énormes quantités d'énergie sous-tendant les symptômes névrotiques et de la futilité des approches purement verbales. Sa compréhension du rôle de l'« armure » musculaire dans les névroses est d'une importance capitale. Les observations du travail avec le LSD confirment ces concepts reichiens fondamentaux. Les patients, qui se trouvent confrontés empiriquement à leurs problèmes psychologiques, connaissent généralement de violents tremblements, des secousses, et des contorsions ; ils adoptent certaines positions extrêmes durant un laps de temps prolongé ; ils grimacent, ils émettent des sons et il leur arrive même de vomir. Il est évident que les aspects psychologiques du processus, tels que les éléments perceptifs, émotionnels, idéationnels et les manifestations physiologiques spectaculaires sont intimement liés et représentent deux aspects du même processus. La différence fondamentale entre les concepts présentés dans ce livre et la théorie reichienne réside dans l'interprétation de ce processus.

Wilhelm Reich accorda énormément d'importance à l'accumulation et au blocage de l'énergie sexuelle dans l'organisme. La libido, ainsi refoulée, finit par trouver des expressions déviantes dans une série de phénomènes psychopathologiques allant des psychonévroses au sadomasochisme. Une thérapie efficace nécessite donc la libération des énergies libidinales, la dissolution de l'« armure musculaire » et l'accomplissement de l'orgasme total. Les observations de la reherche LSD indiquent que ce réservoir énergétique n'est pas le résultat d'une stase sexuelle chronique due à des orgasmes incomplets. La majorité de cette énergie représente des forces puissantes du niveau périnatal de l'inconscient. Les énergies libérées durant la thérapie se comprennent mieux par rapport à la décharge tardive de l'excédent d'excitation neuronale engendrée par le stress, la douleur, la peur et la suffocation au cours du processus de la naissance biologique. Le fondement le plus profond de l'armure caractérielle réside dans le conflit dynamique introjecté entre le flux d'une stimulation neuronale excessive associée au processus de la naissance et la « camisole » impitoyable de la filière pelvi-génitale qui interdit une réponse appropriée et une décharge périphérique. La dissolution de l'armure coïncide dans une large mesure avec l'achèvement du processus mort/re-naissance ; certains de ses éléments ont toutefois des racines encore plus profondes dans les domaines transpersonnels.

La confusion entre l'énergie périnatale et la libido refoulée est due au composant sexuel puissant de la MPF III et à la similitude existant entre l'orgasme de la naissance et l'orgasme sexuel. L'énergie périnatale activée cherche une décharge périphérique et les organes génitaux représentent un exécutoire logique. Ceci constitue le fondement d'un cercle vicieux : agressivité, peur et culpabilité associées à la troisième matrice périnatale interfèrent avec la capacité orgasmique totale ; en revanche l'absence et l'imperfection de l'orgasme sexuel bloquent une valve de sécurité importante pour les énergies de la naissance. La situation semble donc être l'inverse de celle postulée par Reich. Ce ne sont pas les facteurs sociaux et psychologiques interférant avec l'orgasme qui conduisent à une accumulation et à une stase d'énergie sexuelle ; ce sont les énergies périnatales profondément ancrées qui interfèrent avec la capacité orgasmique et engendrent des problèmes psychologiques et interpersonnels. Pour corriger cette situation, ces énergies puissantes doivent être déchargées dans un contexte thérapeutique non sexuel et réduites à un niveau que le patient et son partenaire peuvent maîtriser aisément dans un contexte sexuel. Il est plus correct d'expliquer nombre des phénomènes discutés par Reich, du sadomasochisme à la psychologie de masse du fascisme, par rapport à la dynamique périnatale que par rapport à un orgasme incomplet et à un refoulement de l'énergie sexuelle.

Ses spéculations, quoique non conventionnelles et parfois révolutionnaires, sont souvent compatibles dans leur essence avec les développements modernes de la science. Reich s'est approché dans sa compréhension de la nature, de la vision du monde suggérée par la physique quantique-relativiste en insistant sur l'unité sous-jacente, en se concentrant sur le processus et le mouvement plutôt que sur la substance et la structure solides et en reconnaissant le rôle actif de l'observateur. Les idées de Reich quant à l'origine commune de la matière organique, de la vie, de la conscience et de la reconnaissance évoquent à certains égards les spéculations philosophiques de David Bohm. Ses arguments contre la validité universelle du principe d'entropie et du deuxième principe de thermodynamique évoquent les conclusions du travail minutieux et systématique de Prigogine et de ses collègues.

Dans le champ de la psychologie, Reich s'est approché de la découverte du domaine périnatal de l'inconscient, tant sur le plan théorique que sur le plan pratique. Son travail sur l'armure musculaire, sa discussion des dangers de sa suppression soudaine et son concept de l'orgasme renferment des éléments importants de la dynamique périnatale. Il fit toutefois preuve d'une résistance acharnée à l'encontre de ses éléments les plus critiques : l'importance psychologique des expériences de naissance et de mort. Cette prise de position s'exprime de manière évidente dans sa défense passionnée du rôle primaire de la génitalité et par son rejet du concept du traumatisme de la naissance de Rank, des spéculations sur la mort de Freud, et des hypothèses d'Abraham Maslow d'un besoin psychologique de punition.

Reich a frôlé la compréhension transpersonnelle. Il était proche de la conscience cosmique qui trouva son expression dans ses spéculations à propos de l'orgone. La véritable religion était pour lui une fusion océanique désarmée dans la dynamique de l'énergie orgone universelle. La compréhension que Reich avait de cette énergie cosmique était très concrète, contrairement à celle de la philosophie traditionnelle. L'orgone était mesurable et possédait des caractéristiques physiques spécifiques. Reich n'accéda jamais à une compréhension et à une appréciation véritables des grandes philosophies spirituelles du monde. Il eut tendance, dans sa critique passionnée de la spiritualité, à confondre le mysticisme avec certaines versions superficielles et déformées des doctrines religieuses dominantes. Il se dressa contre les démons à la queue et aux pieds fourchus, les anges ailés, les fantômes informes, les monstres dangereux, le paradis et l'enfer. Il les assimila à des projections de sensations organiques dénaturées et déformées et, en dernière analyse, à des perceptions erronées du flux universel de l'énergie orgone. Reich s'opposa également avec la même violence à l'intérêt de Jung pour le mysticisme et à sa tendance à spiritualiser la psychologie.

Pour Reich les inclinations mystiques représentaient une armure et une déformation grave de l'économie orgone. La quête mystique pouvait donc être réduite à une mauvaise compréhension de besoins biologiques. Ainsi « la peur de la mort et de mourir est identique à l'orgasme inconscient, à l'angoisse et au supposé instinct de mort. Le désir de dissolution, de néant est en fait un désir inconscient de libération orgasmique ». « Dieu est la représentation des forces vitales naturelles, celle de la bioénergie de l'homme et il n'est nulle part mieux exprimé que dans l'orgasme sexuel. Le diable est donc la représentation de l'armure qui mène à la perversion et à la déformation de ces forces vitales. » Reich prétendait que les expériences mystiques disparaissaient si la thérapie réussissait à dissoudre l'armure. Précisons que les observateurs de la recherche LSD contredisent cette affirmation. Selon Reich, « la puissance orgasmique ne se rencontre pas chez les mystiques, pas plus que le mysticisme ne se rencontre chez les individus puissants sur le plan orgasmique ».

Le système de psychologie et de psychothérapie développé par Otto Rank représente une scission considérable par rapport à la psychanalyse freudienne classique. Les concepts de Rank sont dans l'ensemble humanistes et volontaristes, alors que l'approche de Freud est réductionniste, mécaniste et déterministe. Rank se détachait du courant principal par l'importance énorme qu'il accordait au traumatisme de la naissance comparée à celle qu'il accordait à la dynamique sexuelle ; par son refus du rôle déterminant du complexe d'Œdipe et par sa conception du moi, représentant autonome de la volonté plutôt qu'esclave du ça. Rank proposa également des modifications de la technique psychanalytique qui étaient aussi radicales que ses contributions théoriques. Il émit l'opinion que l'approche verbale de la psychothérapie est d'une valeur limitée et il défendit une démarche empirique. Selon Rank, il était indispensable que le patient revive au cours de sa thérapie le traumatisme de la naissance, faute de quoi le traitement serait incomplet.

La séparation étant l'expérience la plus pénible et la plus effrayante, Rank considérait que le traumatisme de la naissance en était l'ultime cause responsable. Toute frustration ultérieure de pulsions partielles ne seraient que des dérivés de ce traumatisme primal. La plupart des événements ressentis comme traumatisants par un individu tirent leur puissance pathogène de leur similitude avec la naissance biologique. La période de l'enfance correspondrait à une série de tentatives pour abréagir et maîtriser psychologiquement ce traumatisme fondamental. La sexualité infantile pourrait être réinterprétée comme le désir de l'enfant de retourner dans le ventre de sa mère.

Rank ne s'arrêta toutefois pas là ; il croyait que toute vie mentale humaine trouvait son origine dans l'angoisse et dans la répression primales, la dernière étant précipitée par le traumatisme de la naissance. Le conflit humain central est celui qui oppose le désir de retourner dans le ventre maternel et la peur engendrée par ce désir. Il en résulte que tout passage d'une situation plaisante à une situation déplaisante engendrera des sentiments d'angoisse. Rank proposa également une alternative à l'interprétation freudienne des rêves. Le sommeil est un état qui évoque la vie intra-utérine et les rêves peuvent être perçus comme étant des tentatives pour revivre le traumatisme de la naissance et pour retrouver l'état prénatal. Ils représentent donc, plus encore que l'action de dormir par elle-même, un retour psychologique dans le ventre de la mère. L'analyse des rêves fournit le support le plus solide à l'importance psychologique du traumatisme de la naissance. Le complexe d'Œdipe, pierre de touche de la théorie freudienne, a été réinterprété en insistant sur le traumatisme de la naissance et sur le désir de retrouver le ventre de la mère. Au cœur du mythe d'Œdipe se trouve le mystère de l'origine de l'homme, qu'Œdipe s'efforce de résoudre en retournant dans le ventre de sa mère. Ceci intervient d'une part de manière littérale dans l'acte de mariage et dans l'union sexuelle avec sa mère et d'autre part de manière symbolique par sa cécité et par sa disparition dans la faille du rocher menant aux Enfers.

Dans la psychologie rankienne, le traumatisme de la naissance participe également de la sexualité ; son importance se fonde sur le désir profond de retrouver l'existence intra-utérine qui gouverne la psyché humaine. La plus grande différence entre les sexes viendrait du fait que la femme peut revivre à travers son corps le processus reproducteur et trouver ainsi son immortalité dans la procréation, alors que pour l'homme la sexualité est synonyme de mortalité, sa force résidant dans une créativité non-sexuelle.

Rank découvrit, en analysant la culture humaine, que le traumatisme de la naissance constituait une force psychologique puissante sous-jacente à la religion, à l'art et à l'histoire. Chaque forme de religion tend en définitive à restaurer la situation primale protectrice de l'union symbiotique avec la mère. La racine la plus profonde de l'art est l'« imitation autoplastique » de sa propre croissance et de son origine dans le support maternel. L'art, étant une représentation de la réalité et simultanément une négation de celle-ci, est un outil particulièrement puissant pour résoudre le traumatisme primal. L'histoire de l'errance humaine et de sa quête d'abris primitifs aux structures architecturales élaborées reflètent les souvenirs instinctuels du ventre chaud et protecteur. L'utilisation d'outils et d'armes se fonde en dernière analyse sur « la tendance à se forcer un chemin dans la mère ».

La psychothérapie LSD et d'autres formes de travail empirique en profondeur ont fourni un support solide à la thèse générale de Rank concernant l'importance de la signification psychologique du traumatisme de la croissance. Il est toutefois nécessaire d'apporter des modifications substantielles à l'approche de Rank pour renforcer sa compatibilité avec les observations cliniques. La théorie de Rank se concentre sur l'élément de séparation d'avec la mère et de perte du ventre, deux aspects traumatisants essentiels de la naissance. Pour lui, le traumatisme consiste dans le fait que la situation postnatale est moins favorable que la situation prénatale. Contrairement à ce qu'il connaissait dans le ventre maternel, l'enfant se trouve confronté à une fourniture irrégulière de nourriture, à l'absence de la mère, aux modifications de température et à des sons bruyants. Il doit respirer, avaler ses aliments et expulser les déchets.

La situation est beaucoup plus complexe dans le travail avec LSD. La naissance n'est pas seulement traumatisante parce que l'enfant perd une situation paradisiaque pour affronter les situations hostiles du monde extérieur ; le passage dans la filière pelvi-génitale implique lui-même un stress et une douleur émotionnelle et physique. Ce fait fut révélé par Freud dans ses spéculations originales, Rank l'a négligé. Le concept du traumatisme de la naissance de Rank s'applique plus à la situation d'un individu mis au monde par césarienne que par les voies naturelles.

La majorité des conditions pathologiques sont toutefois ancrées dans la dynamique des MPF II et III, qui reflètent des expériences subies durant l'accouchement. L'individu peut, durant le processus de reviviscence et d'intégration du traumatisme de la naissance, désirer retourner dans le ventre maternel, ou au contraire vivre sa naissance et émerger de la filière pelvi-génitale, suivant le stade de développement périnatal auquel il est arrivé. La tendance à extérioriser et à décharger les sentiments et les énergies refoulées — engendrées durant la lutte pour la naissance — représente une force motrice profonde pour un large spectre de comportements humains. Ceci vaut pour l'agressivité et le sadomasochisme, deux états pour lesquels l'interprétation rankienne s'avère peu convaincante. Il manque en outre à Rank — ainsi qu'à Freud, Adler et Reich — une compréhension des domaines transpersonnels. La découverte par Rank de l'importance psychologique du traumatisme de la naissance et de ses multiples ramifications fut, en dépit de ses failles, une réussite remarquable qui précéda de plusieurs décennies les découvertes de la recherche LSD.

Il est intéressant de noter à cet égard que plusieurs chercheurs psychologues reconnurent l'importance de divers aspects du traumatisme de la naissance. Nandor Fodor décrit, dans son ouvrage pionnier *The Search for the Beloved*, les relations entre diverses facettes du processus de naissance et de nombreux symptômes psychopathologiques importants, et ceci d'une manière qui coïncide étonnamment avec les observations de la recherche LSD. Lietaert Peerbolte publia *Prenatal Dynamics*, un ouvrage dans lequel il discute en détail de ses intuitions uniques quant à l'importance psychologique de l'existence prénatale et de l'expérience de la naissance. Ce sujet fut également abordé dans une série de livres originaux, imaginatifs, quoique plus spéculatifs, par Francis Mott.

La liste des dissidents célèbres ne serait pas complète si on omettait de mentionner Carl Gustav Jung, l'un des disciples préférés de Freud qui fut longtemps considéré comme le « dauphin » de la psychanalyse. Les révisions de Jung furent les plus radicales et ses contributions à la théorie générale furent révolutionnaires. Il n'est pas exagéré d'affirmer que son œuvre a fait progresser la psychiatrie de manière aussi spectaculaire que celle de Freud.

La psychologie analytique de Jung n'est pas une simple modification de la psychanalyse, elle représente un concept totalement nouveau de la psychologie et de la psychothérapie des profondeurs. Jung avait conscience que la pensée cartésienne-newtonienne ne permettait pas d'expliquer ses découvertes et que celles-ci nécessitaient une révision radicale des postulats philosophiques les plus fondamentaux de la science occidentale. Il s'intéressa de près aux développements de la physique quantique-relativiste et eut des échanges fructueux avec certains de ces fondateurs.

A l'inverse des autres théoriciens de la psychanalyse, Jung possédait une bonne compréhension des traditions mystiques et avait un grand respect pour les dimensions spirituelles de la psyché et de l'existence humaines. Ses idées sont plus proches du modèle conceptuel discuté dans ce livre que celles de toute autre école de psychothérapie occidentale. Jung fut le premier psychologue transpersonnel, bien qu'il n'employa pas ce terme et ses contributions seront discutées dans une section ultérieure de cet ouvrage consacrée aux approches transpersonnelles de la psychothérapie.

Pour conclure ce chapitre je mentionnerai un autre pionnier et membre éminent du cercle de Vienne qui gravitait autour de Freud : Sandor Ferenczi. Ses spéculations lui firent dépasser les limites de l'analyse traditionnelle ; on ne l'assimile pourtant pas aux dissidents de la psychanalyse. Le soutien qu'il apporta à

Rank indique qu'il n'était en rien un disciple docile et conformiste de Freud. Il envisagea sérieusement, dans son cadre théorique, les événements périnatals ainsi que les éléments du développement phylogénique. Il fut l'un des rares disciples de Freud à accepter avec empressement son concept de Thanatos et il intégra dans son système conceptuel une analyse métaphysique de la mort.

Ferenczi décrit, dans son remarquable essai *Thalassa*, l'ensemble de l'évolution sexuelle comme étant une tentative de retour au ventre maternel. Selon lui, les organismes engagés ensemble dans une relation sexuelle partagent la satisfaction des cellules germinales. Les hommes ont le privilège de pénétrer directement et de manière réelle l'organisme maternel, alors que les femmes entretiennent des fantasmes de substitution ou s'identifient à leurs enfants lorsqu'elles sont enceintes. Telle est l'essence de la « tendance régressive Thalassa » : le désir de retourner au mode d'existence aquatique originel. Le liquide amniotique représente, en dernière analyse, l'eau de l'océan introjectée dans le ventre maternel. Selon cette vision, des mammifères terrestres éprouvent le désir organique de revenir sur la décision qu'ils prirent autrefois lorsqu'ils délaissèrent l'existence océanique et optèrent pour une nouvelle forme d'existence. Cette solution pourrait avoir été adoptée il y a des millions d'années par les ancêtres des baleines et des dauphins actuels.

L'objectif ultime vers lequel toute vie tend pourrait être de parvenir à un état caractérisé par l'absence d'irritabilité et donc à l'inertie du monde inorganique. Il est possible que la mort et le fait de mourir ne soient pas quelque « chose » d'absolu et que les germes de la vie et les tendances régressives existent occultées dans la matière inorganique. Ainsi rien n'interdit de concevoir que le monde organique et le monde inorganique constituent un système d'oscillations perpétuelles entre la volonté de vivre et celle de mourir, dans lequel une hégémonie absolue de la vie ou de la mort n'est jamais atteinte. Ferenczi s'est donc rapproché des concepts de la philosophie traditionnelle et du mysticisme en dépit du fait que ses formulations furent exprimées dans le langage des sciences naturelles.

Un aperçu historique des désaccords conceptuels ayant marqué les débuts du mouvement psychanalytique présente un énorme intérêt du point de vue des idées développées dans cet ouvrage. Il démontre que nombre des concepts qui de prime abord semblent nouveaux et sans précédents dans la psychologie occidentale n'en ont pas moins été sérieusement envisagés sous l'une ou l'autre forme et discutés avec passion par les pionniers de la psychanalyse. La contribution majeure de ce livre est donc une réévaluation des diverses approches à la lumière des découvertes de l'étude moderne de la conscience et leur intégration ainsi que leur synthèse dans l'esprit de la psychologie spectrale, plutôt qu'en un système de pensée original.

3.3. *Psychothérapies existentielles et humanistes.*

La psychiatrie et la psychologie américaines furent dominées au milieu du XXe siècle, par deux théories marquantes : la psychanalyse et le behaviorisme. Un nombre sans cesse croissant d'éminents cliniciens, chercheurs et penseurs éprouvaient toutefois une profonde insatisfaction à l'égard de l'orientation mécaniste de ces deux écoles. Cette tendance s'exprima tout d'abord par l'introduction de la psychologie existentielle de Rollo May et par le développement de la psychologie humaniste. Ces deux orientations se recoupaient en de nombreux points, l'une comme l'autre insistant sur la liberté et son importance. Ces deux tendances sont très intéressantes parce qu'elles représentent un pont entre la psychothérapie académique et les visions exposées dans ce livre.

La psychothérapie existentielle plonge ses racines historiques dans la philosophie de Sören Kierkegaard et dans la phénoménologie d'Edmund Husserl. Elle affirme que chaque individu est unique et inexplicable en termes d'un quelconque système scientifique ou philosophique. Il a une liberté de choix qui rend son avenir imprévisible et générateur d'angoisse. Un thème central de la philosophie existentielle est le caractère inéluctable de la mort. Cette idée trouve son expression la plus détaillée dans le *Sein und Zeit* de Martin Heidegger. Selon sa description, les êtres humains sont jetés dans un monde hostile au sein duquel ils s'efforcent avec l'énergie du désespoir d'atteindre des objectifs qui seront impitoyablement annihilés par la mort. D'aucuns évitent de songer à ce destin en vivant d'une manière superficielle et conventionnelle, ce qui confère à leur existence une nature inauthentique. Le seul moyen d'être honnête envers soi est d'être conscient à tout moment de sa mort prochaine.

Il n'est pas possible d'étudier, dans le cadre de cet ouvrage, les écrits volumineux, complexes et souvent contradictoires des philosophes et des psychothérapeutes existentiels. Nul ne niera cependant que cette orientation est étroitement associée à la dynamique périnatale. Des individus se trouvant sous l'influence psychologique de la MPF II expérimentent fréquemment une confrontation intime avec la mort, la mortalité et l'impermanence de l'existence matérielle. Cette expérience s'accompagne d'une crise existentielle profonde : un sentiment de l'absurdité de la vie et une quête désespérée de signification. Selon ce point de vue, toute la vie du sujet semble avoir été inauthentique et caractérisée par des efforts futiles pour nier le caractère inéluctable de la mort. La philosophie existentielle offre donc une description précise d'un aspect du niveau périnatal.

L'erreur majeure de l'approche existentielle est qu'elle généralise ses observations et les présente comme des perceptions de la condition humaine valables sur un plan universel. En ce qui concerne un travail empirique en profondeur, l'approche existentielle est limitée au niveau périnatal de conscience et perd sa signification avec l'expérience de la mort et de la transcendance de l'ego.

Il est intéressant de mentionner à cet égard l'analyse existentielle — ou logothérapie — de Viktor Frankl, qui insiste sur l'importance de trouver un sens à la vie. Frankl ne reconnaît pas de manière spécifique la dynamique périnatale ni le problème de la naissance et de la mort; le développement de sa thérapie a pourtant été profondément influencé par les expériences abominables qu'il vécut durant la guerre. La souffrance extrême des prisonniers des camps de concentration est un thème périnatal caractéristique ainsi que le besoin de trouver un sens à la vie. La résolution de cette quête, qui se produit au cours du processus de mort/re-naissance, est toutefois très différente de celle suggérée par Frankl. Elle n'implique pas l'élaboration intellectuelle d'un objectif significatif dans la vie, mais la perception empirique d'une manière d'être philosophique et spirituelle dans le monde qui apprécie la vie à sa juste valeur.

Il est en fait impossible de justifier la vie et de lui trouver une signification en recourant à une analyse intellectuelle ou logique. Atteindre un état qui révèle sur les plans émotionnels et biologiques que la vie vaut la peine d'être vécue est nécessaire. On éprouve alors une excitation active vis-à-vis de l'existence. La préoccupation concernant la signification de la vie n'est pas tant une question philosophique légitime qu'un symptôme indiquant que le flux dynamique du processus de vie a été obstrué et bloqué. La seule solution efficace pour y remédier est à rechercher non dans l'invention de raisons de vivre restreintes, mais dans une transformation intérieure profonde et dans un déplacement de la conscience qui restaure le flux d'énergie vitale. Une personne qui est activement engagée dans le processus de la vie et qui connaît la joie et l'enthousiasme ne se souciera jamais de savoir quel est le sens de son existence. Cette dernière est, dans un tel état d'esprit, précieuse et miraculeuse et sa valeur est évidente.

L'insatisfaction à l'égard de l'orientation mécaniste et réductionniste de la psychologie et de la psychothérapie américaines trouve son expression la plus puissante dans le développement de la psychologie humaniste et par la suite transpersonnelle. Le représentant le plus éminent et le porte-parole le plus prolixe de cette opposition fut Abraham Maslow. Sa critique pénétrante de la psychanalyse et du behaviorisme donna sa force au mouvement et lui fournit un catalyseur pour la cristallisation d'idées nouvelles. Maslow rejeta la vision sombre et pessimiste de Freud d'une humanité désespérément dominée par ses instincts fondamentaux. Selon Freud, des phénomènes tels que l'amour, l'appréciation de la beauté ou le sens de la justice sont des sublimations de bas instincts ou des formations-réactions contre eux. Toutes les formes supérieures de comportement sont considérées comme acquises ou comme imposées à l'individu et non comme inhérentes à la condition humaine. Maslow marqua également son désaccord à l'encontre de la démarche de Freud qui se concentrait sur l'étude des populations névrosées et psychotiques. Il insista sur le fait que se concentrer sur ce que l'humanité a de pire donnait une image déformée de la nature humaine. Cette approche ignore les aspirations de l'homme, ses espoirs réalisables, ses qualités divines.

La critique de Maslow du behaviorisme était tout aussi incisive et précise. Selon lui, il était erroné de considérer les êtres humains comme des animaux répondant aveuglément à des stimuli environnementaux. La tendance des behavioristes à s'intéresser aux expériences animales pose problème et ne présente qu'une valeur limitée. Ces études fournissent des informations sur les caractéristiques que les humains partagent avec d'autres espèces animales, mais sont sans valeur pour une approche des qualités humaines spécifiques. En s'intéressant exclusivement aux animaux, on néglige les aspects et les éléments particuliers aux humains qui sont : la conscience, la culpabilité, l'idéalisme, la spiritualité, le patriotisme, l'art ou la science. On peut considérer l'approche mécaniste illustrée par le behaviorisme comme une stratégie pour certaines formes de recherche, mais elle est trop étroite et limitée pour constituer une philosophie générale et complète.

Le behaviorisme se concentrait presque exclusivement sur les influences externes et la psychanalyse sur les données introspectives. Maslow quant à lui défendait une psychologie qui aurait associé les observations objectives à l'introspection. Il insista pour que la psychologie humaniste repose sur l'utilisation de données humaines et sa contribution spécifique fut de s'intéresser à des individus psychologiquement sains et « autoactualisants », le « sommet de l'iceberg » de la population. Maslow démontra, dans une étude détaillée de sujets ayant vécu spontanément des états mystiques (expériences paroxystiques), que de telles expériences doivent être considérées comme des phénomènes supra-normaux plutôt que pathologiques et qu'ils sont associés à une tendance à se réaliser. Une autre contribution importante de Maslow fut son concept des « métavaleurs » et des « métamotivations ». Maslow croyait contrairement à Freud, que les êtres humains possèdent une hiérarchie innée de valeurs et de besoins supérieurs, ainsi que des tendances correspondantes à les suivre.

Les idées de Maslow influencèrent le développement de la psychologie humaniste, ou la Troisième Force ainsi qu'il la nomma. Le nouveau mouvement insista sur l'importance des êtres humains en tant qu'objets d'étude et sur celle des objectifs humains en tant que critères de détermination de la valeur des découvertes mises en évidence par la recherche. Il accorda une valeur importante à la liberté personnelle et à la capacité de l'individu à prévoir et à contrôler le cours de sa vie. Cette opinion était en opposition avec le behaviorisme dont l'objectif est de prévoir et de contrôler le comportement d'autrui. L'approche humaniste est holistique ; elle étudie les individus en tant qu'organismes unifiés, plutôt qu'en tant que sommes de parties séparées.

Les psychothérapies humanistes se fondent sur l'hypothèse que l'humanité est aujourd'hui trop intellectuelle, dépendante de la technologie et qu'elle s'est coupée des sentiments et des émotions. Les approches thérapeutiques de la psychologie humaniste sont considérées comme des procédures empiriques correctrices destinées à remédier à l'aliénation et la déshumanisation en résultant. Elles recourent à des moyens empiriques, non-verbaux et physiques pour modifier la personnalité et visent la croissance individuelle ou l'auto-actualisation plutôt que l'ajustement. La psychologie humaniste offre un large éventail pour l'élaboration de thérapies nouvelles et pour la re-découverte d'anciennes techniques qui sont supérieures à la psychothérapie traditionnelle avec ses failles et ses limitations.

Les approches humanistes représentent un pas important vers une compréhension holistique de la nature humaine, se démarquant ainsi du courant principal de la psychologie et de la psychiatrie. Un aspect important de la psychothérapie humaniste est le déplacement de l'orientation « intraphysique » ou « intra-organique » vers la reconnaissance des relations interpersonnelles, de l'interaction familiale, des réseaux sociaux et des influences socioculturelles et vers l'introduction de considérations éocnomiques, écologiques, et politiques. Le spectre des thérapies humanistes est vaste et d'une richesse telle qu'il est impossible dans le cadre de cet ouvrage de faire plus que d'énumérer et de définir brièvement les techniques les plus importantes.

L'orientation physique du mouvement du potentiel humain fut profondément influencée par Wilhelm Reich qui, le premier, utilisa le travail sur le corps dans l'analyse des névroses caractérielles. L'approche néo-reichienne la plus importante est la bioénergie, un système thérapeutique élaboré par Alexander Lowen et John Pierrakos. Elle utilise les processus énergétiques et le langage du corps pour influencer le fonctionnement mental. L'approche bio-énergétique combine la psychothérapie et une vaste série d'exercices parmi lesquels : la respiration, les positions, les mouvements et une intervention manuelle directe.

Les objectifs thérapeutiques de Lowen sont plus vastes que ceux de Wilhelm Reich qui ne visaient que l'épanouissement sexuel de ses patients. L'accent est mis sur l'intégration de l'ego et du corps et sur la recherche du plaisir. Ceci implique non seulement la sexualité mais encore d'autres fonctions essentielles telles que la respiration, le mouvement, les sentiments et l'expression de soi. Il est possible grâce à la bioénergie de retrouver sa « nature première », un état d'être libre de toute attitude physique et psychologique structurée, se dégageant ainsi de sa « nature seconde », des stances psychologiques et d'une camisole musculaire imposée à l'individu et qui l'empêche de vivre et d'aimer.

La *Source Intensive* élaborée par Charles et Erika Kelley est une autre approche néo-reichienne. C'est une forme thérapeutique qui associe l'intimité du travail individuel à l'énergie et au dynamisme du groupe. Les Kelly emploient un spectre de techniques qui comprennent certaines des approches originales de Reich, la bioénergie, la conscience sensorielle et d'autres méthodes orientées vers le travail sur le corps. L'accent est mis sur la libération de la camisole musculaire pour libérer des sentiments de peur, de rage, de honte, de douleur ou de chagrin réprimés depuis l'enfance. Le client découvre une aptitude nouvelle à apprécier le plaisir, la confiance et l'amour lorsqu'il accepte et assimile ces sentiments négatifs.

Les approches néo-reichiennes ont une composante psychothérapeutique explicite, alors que d'autres techniques importantes du potentiel humain sont essentiellement de nature physique. Ceci est particulièrement vrai pour l'intégration structurale d'Ida Rolf, pour les exercices de Feldenkrais et l'intégration psychophysique et la mentastique de Milton Trager. La méthode d'*intégration structurale,* ou *Rolfing,* est une méthode visant à améliorer la structure physique du corps, en particulier en ce qui concerne son ajustement au champ gravitationnel. Selon Ida Rolf, les humains étant des bipèdes, ils devraient distribuer leur poids autour d'un axe vertical central. La plupart des individus ne préservent pas cette distribution idéale qui garantit un fonctionnement optimal du système squelettique-musculaire et de l'ensemble de l'organisme. Les conséquences sont une tension et un raccourcissement de l'aponévrose entraînant une restriction de la mobilité, une constriction de la circulation, une tension musculaire chronique, des douleurs et certains troubles psychologiques d'origine somatique. L'objectif du Rolfing est de soulager cet état, de restaurer une structure normale de l'aponévrose, de réaligner les segments de poids du corps et de régulariser les mouvements. Le « rolfer » utilise, au cours d'une série standardisée de séances, de puissantes interventions physiques pour atteindre cet objectif.

Moshe Feldenkrais a mis au point un programme de correction et de rééducation systématique du système nerveux utilisant des séquences de mouvements qui engagent des combinaisons de muscles pour le moins inhabituelles. Ces exercices, connus sous le nom de leur inventeur, sont conçus pour repousser les limites habituelles du système neuromusculaire. Ils soulagent la tension, augmentent la souplesse et l'éventail des mouvements, améliorent la position et l'alignement de la colonne vertébrale, développent des voies d'action idéale, facilitent la coordination des muscles fléchisseurs et extenseurs, approfondissent la respiration et introduisent la conscience dans les activités physiques. La subtilité des exercices Feldenkrais contraste avec le Rolfing qui recourt à des pressions et à des massages en profondeur parfois très douloureux dans la région où se situent les blocages.

L'*intégration psychophysique* de Milton Trager est une autre technique corporelle excellente et efficace du mouvement du potentiel humain. Les clients atteignent un état de relaxation physique et mentale profond grâce à une séquence systématique de mouvements passifs de roulement, de tremblements et de vibrations. Le spectre des techniques du potentiel humain qui se concentrent sur le corps ne serait pas complet si on omettait de mentionner les diverses formes de massage qui sont devenues de plus en plus populaires, depuis les formes sensuelles jusqu'aux techniques représentant une intervention en profondeur dans les énergies du corps, telles que le massage polaire.

Deux des nouvelles thérapies empiriques méritent une attention particulière dans le cadre de cet ouvrage. La première est la *thérapie gestalt,* élaborée par Fritz Perls, qui a rapidement acquis la popularité. Perls fut influencé dans son travail par Sigmund Freud, Wilhelm Reich, par les psychologies existentielles et en particulier par la psychologie gestalt. L'hypothèse fondamentale de l'école allemande de la gestalt est la suivante : les êtres humains ne perçoivent pas les « choses » comme étant isolées et sans relations, ils les organisent plutôt à travers le processus perceptuel en touts significatifs. La thérapie gestalt a une orientation holistique. Cette technique d'intégration personnelle se fonde sur l'idée que la nature est une gestalt unifiée et cohérente. Les éléments organiques et inorganiques constituent, au sein de ce tout, des modèles connus et sans cesse changeants d'activité coordonnée.

L'accent n'est pas mis en thérapie gestalt sur l'interprétation des problèmes, mais sur la reviviscence des conflits et des traumatismes dans l'instant présent, sur l'introduction de la conscience dans tous les processus physiques et émotionnels et sur l'achèvement des gestalts inachevées du passé. Cette technique encourage le client à prendre toute la responsabilité du processus et à se libérer de sa dépendance à l'égard des parents, des professeurs, du conjoint et du thérapeute. La thérapie gestalt utilise habituellement le travail individuel dans un cadre de groupe. L'accent est mis sur des réquisits fondamentaux : la respiration et la pleine conscience de ses processus physiques et émotionnels. Le thérapeute prête une grande attention à la façon dont le client interrompt ses expériences. Il identifie ces tendances et facilite la pleine et libre expérience et expression du déroulement des processus psychologiques et physiologiques.

La deuxième technique empirique intéressante dans le cadre de notre discussion est la *thérapie primale* d'Arthur Janov. Les origines de la thérapie primale furent strictement empiriques ; elles furent inspirées par diverses observations accidentelles de soulagement spectaculaire et de modification des attitudes fondamentales de clients qui se laissaient aller à émettre un cri primordial inarticulé. Selon la théorie que Janov développa autour de ces observations de « primals » produits délibérément, ainsi qu'il appelle ces cris, la névrose est un comportement symbolique qui représente une défense contre la douleur psycho-biologique excessive associée aux traumatismes de l'enfance. Les douleurs primales sont reliées à des événements survenus tôt dans la vie de l'individu qui n'ont pas été intégrés. Les émotions et les sensations ont au contraire été emmagasinées sous forme de tensions ou de défenses. Janov reconnut, outre différents niveaux de douleurs primales liées à diverses périodes de l'enfance, le rôle de la douleur ancrée dans le souvenir de la naissance traumatique. Les douleurs primales sont coupées de la conscience. En avoir conscience entraînerait une souffrance insupportable. Elles interfèrent avec l'authenticité de notre vie et nous empêchent de devenir « une personne réelle » selon l'expression de Janov.

Le souci thérapeutique consiste à vaincre les défenses et à assimiler les douleurs primales en les ré-expérimentant et en revivant les souvenirs des événements qui les ont engendrées. L'exutoire thérapeutique encouragé dans ce contexte est le « cri primal », un son involontaire, profond et bruyant qui exprime d'une manière condensée la réaction du patient aux traumatismes du passé. Janov estime que la répétition des « primals » permet d'éliminer progressivement les couches de douleurs, en inversant les processus d'apposition successives qui les ont créées. Selon lui, la thérapie primale dissipe le système « irréel » qui pousse l'homme à boire, à fumer, à se droguer ou à agir d'une manière compulsive et irrationnelle en réponse à une construction intérieure de sentiments insupportables. Les patients post-primals qui sont devenus « réels » — c'est-à-dire libres d'angoisse, de culpabilité, de dépression, de phobie, et d'habitudes névrotiques — sont capables d'agir sans compulsion pour satisfaire leurs besoins névrotiques personnels et ceux d'autrui.

Janov fit des déclarations extrêmes quant à l'efficacité de la thérapie primale qui n'ont pas résisté à l'épreuve du temps. Il prétendait au départ obtenir un pourcentage de réussite égal à 100 %, comme l'illustre le titre de son premier livre *Le cri primal : thérapie primale, la guérison des névroses.* L'amélioration spectaculaire des problèmes émotionnels s'accompagnait, affirmait-il, de modifications physiques tout aussi surprenantes. Citons entre autres, le développement des seins chez les femmes à la poitrine plate, l'apparition de cheveux chez les hommes chauves, l'amélioration de la circulation sanguine, l'élévation de la température périphérique, l'accroissement de la libido et de la puissance orgasmique, et même une aptitude supérieure à jouer au tennis. La thérapie primale demeure une forme de traitement populaire, bien que les résultats obtenus restent en deçà des prétentions originales. De nombreux patients ont suivi une thérapie primale pendant plusieurs années sans enregistrer de progrès substantiels ; d'aucuns ont même connu une aggravation de leur état clinique. Des litiges opposèrent Janov à certains de ses anciens patients et de ses disciples. De nombreux thérapeutes primals se sont séparés de Janov et de son centre sis à Los Angeles, en raison de désaccords graves tant sur le plan théorique que pratique.

La discussion du potentiel humain ne serait pas complète

sans une évocation des nombreuses techniques recourant à la dynamique de groupe. L'avènement de la psychologie humaniste a entraîné une véritable renaissance de la thérapie de groupe, allant des psychodrames au développement de nouvelles techniques telles que l'analyse transactionnelle, les groupes, les rencontres, les marathons et les séances de marathons naturistes.

Il est intéressant de considérer les différentes directions thérapeutiques du mouvement du potentiel humain par rapport aux observations de la recherche LSD. Une telle approche renforce la critique que Maslow faisait de la psychologie académique. Ce n'est que durant les premières phases de la thérapie, lorsque les sujets sont confrontés à des problèmes biographiques et à certains aspects de la dynamique périnatale, que les observations confirment l'image freudienne de la nature humaine dominée par des pulsions instinctives, telles que la sexualité et l'agressivité. Dès que l'individu dépasse le processus de mort/re-naissance et accède empiriquement aux domaines transpersonnels, il se trouve en contact avec un système de valeurs supérieures qui correspond dans les grandes lignes aux métavaleurs de Maslow. La pénétration continue dans l'inconscient ne révèle donc pas des régions de plus en plus bestiales et infernales comme le prétend la psychanalyse mais donne accès aux domaines cosmiques du super-conscient.

La richesse des diverses régions empiriques sous-tendant l'expérience quotidienne tant de l'individu sain que du névrosé ou du psychotique révèle la simplicité et l'absurdité du behaviorisme. De telles observations ne réduisent pas la nature unique de la psyché humaine aux simples réflexes neurologiques du rat ou du pigeon, elles dévoilent au contraire des dimensions de conscience cosmique au-delà de l'existence de ces animaux. Quiconque a étudié sérieusement le matériau de séances psychédéliques ne doute plus du fait que des données subjectives sont essentielles à l'étude de la psyché humaine.

Les observations de la recherche LSD confortent de plus la thèse fondamentale de la psychologie humaniste quant à l'unité de l'esprit et du corps. Les expériences puissantes enregistrées au cours de séances psychédéliques présentent toujours des réciprocités avec des processus psychosomatiques. La résolution des problèmes psychologiques a des répercussions physiques et vice-versa ; la suppression de blocages somatiques s'accompagne toujours de modifications de la psyché. Ce rapport est particulièrement évident dans les techniques du potentiel humain orientées vers le corps. L'intégration structurale, telle que l'avait développée Ida Rolf à l'origine, était une procédure strictement physique. Nombre de ses disciples ont toutefois constaté que leurs patients connaissaient parfois une libération émotionnelle spectaculaire et vivaient des expériences marquantes de nature biographique, périnatale, voire transpersonnelle. D'aucuns décidèrent en conséquence d'associer le Rolfing à un travail psychothérapeutique systématique. Une situation semblable existe à l'égard des exercices Feldenkrais, de la mentastique de Trager, des massages polaires et même de l'acupuncture.

Des techniques thérapeutiques de la psychologie humaniste, la pratique gestalt de Fritz Perls est probablement celle qui se rapproche le plus du système décrit dans ce livre. Elle insiste essentiellement sur l'expérience de l'instant présent avec toutes ses caractéristiques physiques, perceptuelles, émotionnelles et idéationnelles, plutôt que sur le souvenir et l'analyse intellectuelle. La thérapie gestalt a été conçue à l'origine pour traiter des problèmes de nature biographique, pourtant des individus engagés dans un travail gestalt systématique expérimentent parfois diverses séquences périnatales et même des phénomènes transpersonnels tels que des souvenirs embryonnaires, ancestraux et raciaux, des identifications animales ou des rencontres avec des entités archétypes. Ceci intervient en dépit de la position assise du client, de l'utilisation de supports verbaux et d'une orientation biographique qui caractérise le travail de la majorité des thérapeutes gestalt. Précisons qu'il n'existe aucune raison de ne pas appliquer les principes essentiels de l'approche gestalt au travail sur les problèmes périnatals et transpersonnels si le cadre conceptuel du thérapeute les inclut. Certains praticiens gestalt se sont déjà engagés dans cette direction, comme par exemple Richard et Christine Price, qui acceptent la position inclinée, limitent les échanges verbaux dans certaines situations et donnent à l'expérimentateur la liberté illimitée de s'engager dans n'importe quel domaine empirique.

Il est également intéressant de mentionner dans ce contexte le paradigme d'implosion-explosion qui caractérise une partie importante de la pratique gestalt. Il reflète la dynamique sous-jacente plus profonde du niveau périnatal, bien qu'il soit habituellement expérimenté dans un contexte biographique. Le fait que durant la reviviscence de scènes complexes des sujets LSD expérimentent souvent de manière spontanée une identification simultanée ou successive avec tous les protagonistes constitue également une observation importante pour notre discussion. C'est exactement ce que la pratique gestalt s'efforce d'accomplir par une direction spécifique et une séquence structurée d'interactions, en particulier dans le travail sur les rêves et les fantasmes. Les principes fondamentaux de l'approche gestalt sont donc, en général, assez similaires aux idées défendues dans ce livre.

Les différences essentielles résident dans le fait que la thérapie gestalt se concentre exclusivement sur le niveau biographique et ne reconnaît pas les niveaux périnatal et transpersonnel de l'inconscient.

La thérapie primale d'Arthur Janov mérite une attention particulière. Sa description des couches de douleurs primales montre des parallèles remarquables avec mon concept des systèmes COEX. Il reconnaît également l'importance du traumatisme de la naissance, bien que la compréhension qu'il en a soit purement biographique et beaucoup plus étroite que le concept des matrices périnatales. Il néglige toutefois les dimensions transpersonnelles de la psyché. Le dilemme auquel il se trouve confronté est donc le fait que la technique à laquelle il recourt est assez puissante pour mener ses clients non seulement jusqu'aux domaines périnatals, mais encore pour induire des phénomènes transpersonnels tels que des souvenirs d'incarnations passées, des séquences archétypes, des états de possession et des expériences mystiques. Son système théorique, qui est superficiel, mécaniste et antispirituel, ne lui permet malheureusement pas d'expliquer ni même de reconnaître toute la gamme d'expériences que sa technique induit. Un nombre sans cesse croissant de disciples de Janov se retrouvent plongés, après des mois de thérapie intensive, dans une confusion pénible, étant projetés dans des domaines transpersonnels que la théorie de Janov ne permet pas de comprendre.

Les techniques empiriques de la psychologie humaniste montrent des similitudes avec l'approche défendue dans ce livre. La différence essentielle est due au fait que la plupart d'entre elles n'ont qu'une compréhension superficielle et incomplète du niveau périnatal de l'inconscient et ignorent totalement les domaines transpersonnels. Cette limitation fut surmontée par le développement de la psychologie transpersonnelle, un mouvement qui a reconnu et accepté l'importance de la dimension spirituelle de la vie humaine.

3.4. *Psychothérapies à orientation transpersonnelle.*

Durant le développement rapide de la psychologie humaniste dans les années soixante, il devint de plus en plus évident qu'une nouvelle force émergeait en son sein pour laquelle la position humaniste qui mettait l'accent sur la croissance et l'actualisation de soi était trop limitée et trop étroite. On reconnaissait que la spiritualité et les besoins transcendantaux étaient des aspects intrinsèques de la nature humaine et que l'individu avait le droit de choisir ou de modifier sa « voie ». De nombreux psychologues humanistes éminents s'intéressaient à une série de secteurs et de sujets négligés par la psychologie tels que les expériences mystiques, la transcendance, l'extase, la conscience cosmique, la théorie et la pratique de la méditation ou la synergie inter-individuelle et inter-espèces.

Deux hommes, Anthony Setich et Abraham Maslow, qui avaient joué un rôle important dans l'histoire de la psychologie humaniste, promurent la cristallisation et la consolidation des tendances isolées du nouveau mouvement. La psychologie transpersonnelle acquit son titre de discipline à part entière vers la fin des années soixante, alors que les tendances transpersonnelles se faisaient déjà sentir depuis plusieurs décennies. Les représentants les plus importants de cette orientation ont été Carl Gustav Jung, Roberto Assagioli et Abraham Maslow. Il convient également de mentionner à cet égard les systèmes intéressants et controversés de la dianétique et de la scientologie élaborés par Ron Hubbard en dehors des cercles professionnels. Ce nouveau mouvement prit un essor considérable, suite aux observations de la recherche clinique sur les substances psychédéliques et en particulier de la psychothérapie LSD, et surtout grâce aux nouvelles perceptions qu'elles donnaient de la psyché humaine.

Carl Gustav Jung peut être considéré comme le premier psychologue moderne et les différences entre la psychanalyse freudienne et ses théories sont représentatives des différences entre la psychothérapie classique et moderne. Nombre des disciples de Freud suggérèrent des révisions radicales de la psychologie, mais Jung fut le seul à remettre en question son essence même et ses fondements philosophiques : la vision du monde cartésienne-newtonienne. Ainsi que June Singer l'indique, « il met en évidence l'importance de l'inconscient plutôt que de la conscience, du mystère plutôt que de la connaissance, de l'aspect mystique plutôt que de l'aspect scientifique, de la création plutôt que de la productivité et du sens religieux plutôt que du sens profane ».

Jung accorda une importance certaine à l'inconscient et à sa dynamique, mais le concept qu'il en avait était fondamentalement différent de celui de Freud. Il considérait que la psyché était un rapport complémentaire entre les éléments conscients et inconscients avec un échange et un flux d'énergie constants entre les deux. L'inconscient n'était pas seulement une « décharge » psychobiologique de tendances instinctives refoulées, de souvenirs réprimés et d'interdits assimilés subconsciemment. Il le considérait comme un principe créatif et intelligent reliant l'individu à l'humanité, à la nature et au cosmos. Il n'est pas gouverné uniquement par un déterminisme historique, mais il a une fonction projective et téléologique.

Jung découvrit, en étudiant la dynamique spécifique de l'inconscient, les unités fonctionnelles auxquelles il donna le nom de « complexes ». Les complexes sont des constellations d'éléments psychiques — idées, opinions, attitudes, convictions — qui sont rassemblés autour d'un thème et associés à des sentiments distincts. Jung fut capable de rapprocher les complexes de régions de l'inconscient déterminées biographiquement des modèles primordiaux créateurs de mythes qu'il nomma *archétypes.* Il découvrit que dans le noyau des complexes résident des éléments archétypes qui sont intimement liés à divers aspects de l'environnement physique. Il pensa en premier lieu qu'il s'agissait d'une indication du fait que l'émergence d'un archétype crée une disposition pour un certain type de trame. Il étudia par la suite des cas de « synchronicité » accompagnant ce processus et conclut que les archétypes influençaient d'une certaine manière la structure même du monde phénoménal. Il les nomma *psychoïdes* parce qu'ils représentent un lien entre la matière et la psyché ou conscience.

La représentation de l'être humain de Jung n'est pas celle d'une machine biologique. Il reconnut que dans le principe d'individuation, les humains peuvent transcender les frontières étroites de l'ego et de l'inconscient personnel pour se rattacher au Moi qui englobe toute l'humanité et l'ensemble du cosmos.

Jung découvrit par une analyse minutieuse de ses rêves, des rêves de ses patients, des fantasmes et des illusions des psychotiques que ceux-ci renferment souvent des images et des éléments rencontrés en des lieux très éloignés du globe et à des périodes différentes de l'histoire de l'humanité. Il en conclut qu'il existait — outre l'inconscient individuel — un inconscient collectif ou racial qui est partagé par toute l'humanité et qui représente une manifestation de la force cosmique créative. Les religions et les mythologies du monde sont une source unique d'informations quant aux aspects collectifs de l'inconscient. Selon Freud, les mythes se prêtent à une interprétation en termes de problèmes et de conflits caractéristiques de l'enfance et leur universalité prouve combien ils sont caractéristiques de l'expérience humaine. Jung réfuta cette explication. Il constata que les éléments mythologiques universels — ou mythologèmes — se manifestaient chez des individus qui n'en avaient pas la moindre connaissance. Il en déduit l'existence dans l'inconscient de composants structurels générateurs de mythes qui engendrent à la fois des fantasmes et des rêves chez les individus et une mythologie chez des peuples. Les rêves sont donc en quelque sorte des mythes individuels et les mythes des rêves collectifs.

Freud montra tout au long de sa vie un intérêt profond pour la religion et la spiritualité. Il pensait qu'il était possible d'acquérir une compréhension rationnelle des processus irrationnels et il eut tendance à interpréter la religion en fonction de conflits irrésolus du stade infantile du développement psychosexuel. Jung, contrairement à Freud, était disposé à accepter l'irrationnel, le paradoxe et même le mystère. Il connut de nombreuses expériences religieuses au cours de sa vie qui le convainquirent de la réalité de la dimension spirituelle du schème universel des « choses ». Le postulat fondamental de Jung voulait que l'élément spirituel fût une partie organique et intégrale de la psyché. La spiritualité pure est un aspect de l'inconscient collectif et est indépendante du conditionnement de l'enfance et du contexte culturel et éducatif. Des éléments spirituels émergent spontanément dans la conscience si l'exploration et l'analyse de soi atteignent une profondeur suffisante.

Jung différait de Freud également en ce qui concernait sa compréhension du concept central de la psychanalyse, à savoir : la libido. Il ne la considérait pas comme une force strictement biologique visant une décharge mécanique, mais comme une force créative de la nature : un principe cosmique comparable à l'élan vital. La compréhension pure de la spiritualité de Jung et sa compréhension de la libido comme une force cosmique trouvèrent aussi leur expression dans un concept unique, celui de la fonction des symboles. Pour Freud un symbole était une expression analogue ou une allusion à quelque chose de déjà connu. Jung n'était pas d'accord quant à cet emploi du terme « symbole », il considérait les symboles freudiens comme des signes. Selon lui, un symbole véritable renvoie à quelque chose se situant à un niveau supérieur de conscience. C'est la meilleure formulation possible de quelque chose d'inconnu, un archétype qui ne peut être représenté de manière plus claire ou plus spécifique.

C'est la méthode scientifique de Jung qui en fait le premier vrai psychologue moderne. La volonté de Jung de pénétrer le domaine du paradoxe, du mystérieux et de l'ineffable se traduisait également par une attitude ouverte à l'égard des grandes philosophies spirituelles orientales, des phénomènes psychiques, du Yi Ching et de l'astrologie.

Les observations de la psychothérapie LSD ont confirmé la plupart des suppositions brillantes de Jung. La psychologie analytique ne découvre pas l'ensemble du spectre des phénomènes psychédéliques ; c'est pourtant celle qui nécessite le moins de révisions ou de modifications parmi tous les systèmes de

LIBRAIRIE CHRONIQUES
EDILIC SARL au capital de 60.000 francs
8-10 rue Guichard
94230 Cachan

--------- 13/ 7/01 ---------
RECEPISSE DE COMMANDE CLIENT
CONSERVEZ-LE PRECIEUSEMENT..

Le 13/ 7/01
Commande pour M : GAYER
Numéro client : PA 16236
Commande numéro : 0

* 1 ROYAUMES DE L'INCONSCI GROF

----

téléphone : 01.41.98.62.62

psychothérapie des profondeurs. La description que Jung donne des complexes psychologiques est assez semblable, sur le plan biographique, à celle des systèmes COEX, en dépit du fait que ces deux concepts ne soient pas identiques. Jung et ses disciples avaient conscience de l'importance du processus de mort/re-naissance ; ils ont discuté et analysé des exemples de tels phénomènes parmi diverses cultures, allant des mystères de la Grèce antique aux rites de passage de nombreuses cultures aborigènes. La contribution la plus importante de Jung à la psychothérapie demeure sa reconnaissance des dimensions spirituelles de la psyché et les découvertes qu'il fit dans le domaine transpersonnel.

Le matériau issu de la recherche psychédélique et du travail empirique en profondeur confirme l'existence de l'inconscient collectif et celle de la dynamique des structures archétypes, ainsi que la compréhension de Jung de la nature de la libido, sa distinction entre l'ego et le Moi, sa reconnaissance de la fonction créative et prospective de l'inconscient et son concept du processus d'individuation. Tous ces éléments sont confirmés au cours de séances psychédéliques impliquant des sujets qui ignorent les théories de Jung.

Un tel matériau émerge souvent au cours de séances LSD conduites par des thérapeutes qui ne sont pas jungiens et qui n'ont pas reçu une formation jungienne. Il est permis d'avancer d'une manière plus spécifique que la littérature consacrée à la psychologie analytique est très utile à la compréhension de diverses images et thèmes archétypes se manifestant spontanément au cours de séances empiriques et qui reflètent le niveau transpersonnel de conscience. Le travail empirique en profondeur a confirmé les observations de Jung quant à l'importance de la synchronicité.

Les différences entre les concepts présentés dans ce livre et les théories de Jung sont relativement mineures comparées à leurs correspondances. J'ai déjà signalé que le concept des systèmes COEX est semblable, quoique non identique, à la description que donne Jung d'un complexe psychologique. La psychologie jungienne a une bonne compréhension générale du processus de mort/re-naissance en tant que thème archétype, mais elle ne reconnaît et n'accepte ni sa position particulière ni certaines caractéristiques spécifiques significatives qui le distinguent des autres. Les phénomènes périnatals mettant l'accent sur la naissance et sur la mort représentent une phase critique entre les domaines individuel et transpersonnel. Les expériences de mort et de re-naissance sont capitales dans la dissociation philosophique individuelle par rapport à une identification exclusive à l'unité ego-corps et à l'organisation biologique. La confrontation empirique profonde de ce niveau de la psyché est associée à un sentiment de menace grave pour la survie et à une lutte entre la vie et la mort. Les expériences de mort/re-naissance ont une dimension biologique importante ; elles s'accompagnent en général d'un spectre large de manifestations physiologiques spectaculaires, telles que de puissantes décharges motrices, des sentiments de suffocation, une détresse et des troubles cardiovasculaires, une perte de contrôle de la vessie, des nausées et des vomissements, une hyperventilation et une transpiration abondante.

L'analyse jungienne, qui utilise des techniques plus subtiles que la thérapie psychédélique ou l'une ou l'autre des nouvelles approches empiriques puissantes, insiste sur les dimensions psychologiques, philosophiques et spirituelles du processus de mort/re-naissance, alors que les composantes psychosomatiques sont rarement prises en considération. Elle accorde également peu d'attention aux aspects biographiques réels des phénomènes périnatals. On rencontre toujours, en psychothérapie empirique, un amalgame de souvenirs précis de la naissance réelle et de thèmes archétypes concomitants. Les souvenirs d'événements concrets liés à l'accouchement jouent un rôle négligeable dans la théorie et dans la pratique de la psychologie analytique.

La psychologie jungienne a exploré en détail certaines catégories d'expériences du domaine transpersonnel, alors qu'elle en négligeait d'autres. Les régions qui ont été découvertes et étudiées par Jung et ses disciples comprennent la dynamique des archétypes et de l'inconscient collectif, les propriétés mythopoétiques de la psyché, certains types de phénomènes psychiques et la concordance existant entre les processus psychologiques et la réalité phénoménale. Il ne semble pas y avoir une reconnaissance véritable des expériences transpersonnelles qui établissent un lien avec divers aspects du monde matériel. On rencontre ici, par exemple, l'identification authentique à d'autres personnes, à des animaux, à des végétaux ou aux processus inorganiques, à des reviviscences d'événements historiques, phylogéniques, géophysiques ou astronomiques susceptibles de donner accès à de nouvelles informations quant aux divers aspects de la « réalité objective ». On constate avec étonnement que Jung a négligé — et ce presque totalement — le domaine des incarnations passées qui sont des phénomènes d'une importance capitale dans toute psychothérapie empirique en profondeur.

La dernière distinction importante entre l'analyse jungienne et les approches de la thérapie psychédélique et de l'intégration holonomique, est l'insistance sur l'expérience directe en profondeur présentant des dimensions psychologiques aussi bien que physiques. La composante biologique se manifeste de manière spectaculaire dans le cas des phénomènes périnatals ; or diverses expériences de nature biographique et transpersonnelle s'accompagnent d'une manifestation somatique significative. Voici quelques exemples illustrant cette affirmation : des grimaces et un comportement infantile ; l'apparition du réflexe de succion durant les épisodes de régression dans le temps ; des positions, des mouvements et des bruits spécifiques dans le cas d'une identification animale ; des mouvements désordonnés, le « masque du démon » et des vomissements particuliers lors de la manifestation d'un archétype démoniaque. En dépit de ces différences, les concepts jungiens conviennent pour aborder le matériau décrit dans ce livre, pour autant que les thérapeutes réussissent à s'habituer à la forme spectaculaire des phénomènes se produisant durant une thérapie psychédélique, durant les séances d'intégration holonomique ou durant les approches empiriques en profondeur.

La Psychosynthèse, élaborée par le regretté psychiatre italien Roberto Assagioli, est un autre système de psychothérapie transpersonnelle intéressant et important. Cet homme appartenait à l'origine à l'école freudienne et fut l'un des pionniers de la psychanalyse en Italie. Il présenta toutefois dans sa thèse de doctorat, rédigée en 1910, des objections graves à l'encontre de cette école dont il discuta les limites et les failles. Assagioli développa ensuite un modèle élargi de la psyché et élabora la psychosynthèse, une nouvelle technique de thérapie et d'exploration de soi. Son système conceptuel se fonde sur le postulat suivant : un individu est engagé dans un processus constant de croissance au cours duquel il réalise son potentiel caché. Il se concentre sur les éléments positifs, créatifs et gais de la nature humaine et insiste sur l'importance de la volonté.

La cartographie de la personnalité humaine d'Assagioli présente certaines similitudes avec le modèle jungien puisqu'il prend en compte les domaines spirituels et les éléments collectifs de la psyché. Le système est complexe et comporte sept constituantes dynamiques. L'inconscient inférieur dirige les activités psychologiques essentielles, telles que les besoins instinctifs primitifs et les complexes émotionnels. L'inconscient moyen, où les expériences sont assimilées avant d'atteindre la conscience, correspond plus ou moins au préconscient freudien. Le domaine superconscient est le siège de sentiments et de capacités supérieurs, tels que les intuitions et les inspirations. Le champ de conscience comprend des sentiments, des pensées et des impulsions analysables. Le point de conscience pure est qualifié de moi conscient, alors que le moi supérieur est l'aspect de l'individu qui existe indépendamment de la conscience de l'esprit et du corps. Toutes les composantes énoncées font partie de l'inconscient collectif. Un concept important de la psychosynthèse d'Assagioli est celui des sous-personnalités, des sous-structures dynamiques de la personnalité humaine dotées d'une existence relativement séparée. Les plus communes sont celles qui sont liées aux rôles que nous jouons dans la vie, par exemple : fils, père, amant, médecin, professeur, officier, etc.

Le processus thérapeutique de la psychosynthèse implique quatre phases consécutives. Le client apprend tout d'abord certains éléments concernant sa personnalité. Il doit ensuite se « désidentifier » de ses éléments, ce qui lui permet de les contrôler. La psychosynthèse qui se caractérise par la culmination du processus d'auto-réalisation et d'intégration des moi autour du centre, devient réalisable dès que ce client a découvert son centre unificateur.

L'approche décrite dans ce livre partage divers éléments avec la psychosynthèse : l'importance accordée aux domaines spirituel et transpersonnel, les concepts de superconscient et d'inconscient collectif, et la notion selon laquelle certains états qualifiés de psychotiques correspondraient plutôt à des crises spirituelles favorisant la croissance et la transformation de la personnalité. Le concept de contrôle des divers aspects de la psyché par une expérience d'identification totale à ceux-ci constitue une autre similitude importante.

La différence essentielle réside dans la manière d'aborder les aspects sombres et douloureux de la personnalité. Je partage l'opinion d'Assagioli quant à l'importance du potentiel créatif, superconscient et rayonnant de la psyché. Mon expérience m'a toutefois révélé que la confrontation directe de sa phase sombre est bénéfique et qu'elle favorise la guérison, l'ouverture spirituelle et l'évolution de la conscience à chaque fois qu'elle se manifeste dans le processus d'exploration de soi. Insister sur la facette lumineuse, facile et joyeuse de la vie n'est pas en revanche dépourvu de dangers. Elle sert parfois à réprimer et à nier l'ombre, qui se manifeste alors sous des formes et des couleurs moins évidentes ou qui déforme le processus spirituel. Le résultat final risque de se traduire par diverses aberrations spirituelles allant d'une caricature non-convaincante et exagérée d'une personne spirituelle à la tyrannie et au contrôle des autres au nom des valeurs transpersonnelles. Il est préférable d'aborder l'exploration intérieure dans l'esprit d'un « réalisme transcendantal » qui n'est en réalité que la volonté d'affronter tous les aspects de sa psyché et de l'univers dans leurs relations dialectiques et complémentaires d'opposés.

La psychosynthèse, à l'instar de l'analyse jungienne, se concentre sur les aspects émotionnels, perceptuels et cognitifs du processus et ne reconnaît pas explicitement ses composants biologiques. Elle néglige de plus les expériences transpersonnelles qui reflètent des éléments spécifiques du monde phénoménal. Lors des exercices de fantasmes certaines des sous-personnalités sont des structures intrapsychiques quelquefois abstraites ; ces dernières seraient interprétées durant le processus d'exploration de soi utilisant des substances psychédéliques ou une combinaison contrôlée de musique et de respiration comme des reflets de matrices ancestrales, phylogéniques, raciales et d'incarnations passées pures ou comme des expériences authentiques de conscience d'autres personnes, d'animaux ou encore comme d'autres aspects du monde phénoménal. Outre une utilisation des formes humaines, animales et naturelles symboliques, la psyché individuelle puise dans une information emmagasinée holographiquement que concerne l'ensemble du monde phénoménal présent, passé et à venir.

Nous sommes redevables de la première formulation explicite des principes de psychologie transpersonnelle à Abraham Maslow. Je me contenterai donc de décrire les aspects de son œuvre ayant une importance directe pour la théorie transpersonnelle et de les comparer aux observations de la thérapie psychédélique et à celles du travail empirique en profondeur sans catalyseur.

L'une des contributions majeures de Maslow fut son étude des individus vivant des expériences mystiques spontanées, ou expériences paroxystiques ainsi qu'il les baptisa. N'importe quelle expérience mystique est en général assimilée en psychiatrie traditionnelle à une psychopathologie grave puisqu'elle indique un processus psychotique. Maslow réussit, grâce à une étude exhaustive et minutieuse, à démontrer que des individus ayant vécu des expériences paroxystiques spontanées en tiraient fréquemment bénéfice et montraient une tendance nette à l'« auto-actualisation ». Il suggéra que de telles expériences pourraient être supranormales, plutôt que sous-normales ou anormales et il posa les fondements d'une nouvelle psychologie reflétant ce fait.

L'analyse des besoins humains et la révision de la théorie de l'instinct de Maslow constituent un autre aspect important de son œuvre. Selon lui, des besoins supérieurs représentent un aspect authentique et important de la structure de la personnalité humaine et ne peuvent être réduits à — ou considérés comme

— des dérivés des instincts fondamentaux. Ces besoins jouent un rôle important dans l'hygiène mentale. Les métavaleurs et les métamotivations sont intrinsèques à la nature humaine. Toute théorie significative de la personnalité humaine doit reconnaître ce fait.

Les observations de la théorie empirique en profondeur confirment les théories de Maslow. Les expériences unitives extatiques se produisant dans ce contexte ont — pour autant qu'elles soient correctement intégrées — des conséquences bénéfiques qui correspondent avec précision aux descriptions de l'étude par Maslow des expériences « paroxystiques » spontanées. Leur pouvoir curatif est supérieur à celui de toutes les autres techniques de la psychiatrie moderne et il n'existe aucune raison de les appréhender en tant que phénomènes pathologiques.

La thérapie empirique renforce également son modèle fondamental de la personnalité humaine. Seules les premières phases du processus, lorsque les sujets sont confrontés aux traumatismes biographiques et périnatals, sont en accord avec la représentation lugubre de Freud d'êtres humains poussés par des forces instinctives puissantes opérant dans les enfers de l'inconscient individuel. On découvre des sources intrinsèques de spiritualité et des sentiments cosmiques au-delà de cet écran de négativité dès que le processus dépasse l'expérience de la mort de l'ego et pénètre dans les régions transpersonnelles. Les individus accèdent à des valeurs et à des motivations nouvelles qui sont indépendantes des instincts fondamentaux et qui évoquent les critères des métavaleurs et des métamotivations de Maslow.

Il existe également des parallèles significatifs entre les concepts présentés dans ce livre et la *dianétique* et la *scientologie* controversées de Ron Hubbard. La comparaison des deux systèmes — puisqu'il y a entre eux des différences aussi bien que des similitudes considérables — nécessiterait une étude particulière. Les intuitions remarquables de Hubbard furent malheureusement discréditées en raison de leur application pratique au sein d'une organisation dont les objectifs sont équivoques. Un chercheur impartial découvrira toutefois que la scientologie est une mine d'idées brillantes.

La scientologie est le seul système qui insiste sur l'importance psychologique des traumatismes physiques, confirmée comme nous l'avons vu par la recherche LSD. Hubbard distingue entre les « engrammes » — enregistrements mentaux de périodes de douleur physique et d'inconscience — et les « secondaires » — représentations mentales contenant des émotions telles que le chagrin et la colère. Les « secondaires » tirent leur puissance des

« engrammes » qui sont essentiels et représentent la source la plus profonde des problèmes psychologiques. D'autres parallèles comprennent la reconnaissance de l'importance du traumatisme de la naissance et des influences prénatales, y compris l'expérience de la conception, celles des souvenirs ancestraux et évolutifs (ou « expériences de la lignée génétique », ainsi que les nomme Hubbard) et l'insistance sur les phénomènes d'incarnations précédentes.

La psychologie transpersonnelle n'a cessé de se développer au cours de la dernière décennie. Ses représentants les plus éminents, Angeles Arrien, Arthur Deikman, Daniel Goleman, Elmer et Alyce Green, Michael Harner, Arthur Hastings, Jack Kornfield, Lawrence Leshan, Ralph Metzner, Claudio Naranjo, Thomas Roberts, June Singer, Charles Tart, Frances Vaughan, Roger Walsh, Ken Wilber, etc., ont apporté des contributions théoriques importantes et l'ont établie fermement comme représentant un effort scientifique respectable. Le mouvement transpersonnel qui était relativement isolé dans les premiers temps a aujourd'hui établi des rapports avec d'autres disciplines dont les développements sont tout aussi révolutionnaires, ainsi que nous l'avons vu précédemment. Ceci se traduisit par la fondation de l'*International Transpersonal Association* (ITA), une association pluridisciplinaire et internationale.

Il est approprié de définir la relation existant entre la pratique de la psychologie transpersonnelle et les approches thérapeutiques conformistes. Ainsi que le fit remarquer Frances Vaughan, ce qui caractérise une thérapie transpersonnelle n'est pas le contenu mais le contexte ; le contenu étant déterminé par le client. Un thérapeute transpersonnel doit faire face à l'ensemble des problèmes qui émergent durant le processus thérapeutique. C'est un modèle de la psyché humaine qui reconnaît l'importance des dimensions spirituelles ou cosmiques et le potentiel d'évolution de la conscience qui définit l'orientation transpersonnelle. Quel que soit le niveau de conscience sur lequel se concentre le processus thérapeutique, le thérapeute conservera la conscience de l'ensemble du spectre et suivra à tout moment son client vers de nouveaux domaines empiriques.

4. ARCHITECTURE DES DESORDRES EMOTIONNELS

Les observations de la psychothérapie LSD et des nouvelles techniques empiriques ne recourant pas à la drogue ont éclairé d'un jour nouveau les controverses conceptuelles opposant les écoles concurrentes de psychologie des profondeurs en favorisant une meilleure compréhension de la structure complexe et multidimensionnelle de divers syndromes psychopathologiques. Le déroulement spontané, rapide et transcendant du processus thérapeutique qui caractérise la majorité des innovations de la psychothérapie limite les déformations et les restrictions imposées au patient par les thérapies verbales. Le matériau qui en résulte reflète les constellations dynamiques véritables sous-tendant les symptômes cliniques, il surprend souvent le thérapeute et ne conforte pas ses conceptions personnelles.

La psychopathologie qui se manifeste dans ces circonstances est en général plus complexe et plus ramifiée que celle des modèles des diverses écoles de psychologie des profondeurs. Aucun des cadres conceptuels ne dépeint de manière correcte le véritable état des choses et la validité de chacun d'eux n'est effective qu'en partie. Pour décrire le réseau des processus inconscients sous-tendant les états pathologiques rencontrés en psychiatrie clinique, il convient de penser en fonction de la cartographie élargie de la psyché décrite précédemment, ainsi qu'en fonction des matrices périnatales et de l'ensemble du spectre du domaine transpersonnel.

Rares sont les syndromes émotionnels et empiriques qu'on peut expliquer uniquement à partir de la dynamique de l'inconscient individuel. Les écoles psychothérapeutiques qui ne reconnaissent pas les sources transbiographiques de la psychopathologie proposent en conséquence des modèles aussi superficiels qu'incomplets de l'esprit humain. Leur inefficacité s'explique du fait qu'elles n'utilisent pas les puissants mécanismes thérapeutiques disponibles aux niveaux périnatal et transpersonnel. Un vaste ensemble de problèmes cliniques plongent leurs racines dans la dynamique du processus de mort/re-naissance. Ils sont reliés au traumatisme de la naissance et à la peur de la mort et ils peuvent être influencés par la confrontation empirique avec le niveau périnatal de l'inconscient. Ainsi des systèmes de psychopathologie qui incorporent la dimension périnatale ont *ceteris paribus* un potentiel thérapeutique plus important que ceux qui se contentent d'explorer et de manipuler le niveau biographique.

Il existe toutefois de nombreux problèmes émotionnels, psychosomatiques et interpersonnels dont la dynamique est ancrée dans les domaines transpersonnels de la psyché humaine. Seuls les thérapeutes qui reconnaissent le pouvoir curatif des expériences transpersonnelles et respectent les dimensions spirituelles de la psyché humaine, peuvent espérer réussir avec des patients appartenant à cette catégorie. Les symptômes et les syndromes psychopathologiques révèlent souvent une structure dynamique multidimensionnelle et présentent une relation avec toutes les régions importantes de l'inconscient : biographique, périnatale et transpersonnelle. Pour traiter ces problèmes un thérapeute reconnaîtra et affrontera le matériau de ces niveaux. Une telle démarche requiert tant une grande souplesse qu'une grande liberté à l'égard de l'orthodoxie officielle.

Dans ma présentation des nouvelles hypothèses concernant « l'architecture de la psychopathologie » j'aborderai d'abord les problèmes liés à la sexualité et à l'agressivité, ces deux aspects ayant joué un rôle crucial dans les spéculations théoriques de Sigmund Freud et de nombre de ses disciples. Je discuterai de désordres émotionnels spécifiques — les dépressions, les psychonévroses, les maladies psychosomatiques et les psychoses — dans les sections suivantes.

4.1. *Variétés d'expériences sexuelles : dysfonctions, déviations, et formes transpersonnelles d'Eros.*

La pulsion sexuelle, ou libido, occupe dans ses multiples manifestations et transformations une place particulière dans les spéculations psychanalytiques. Freud ramenait dans son étude classique *Trois essais sur la théorie de la sexualité,* les problèmes de la sexualité humaine à leurs origines dans les premières phases du développement psychosexuel infantile. Il postula que l'enfant traverse successivement plusieurs phases d'organisation libidinale, chacune étant associée à une zone érogène. L'enfant retire donc une satisfaction instinctive primaire tout d'abord des activités orales, et par la suite des fonctions anales et urétrales durant l'apprentissage de la propreté. A l'époque de la crise du complexe d'Œdipe, l'attention libidinale se dirige vers la région phallique : le pénis ou le clitoris devient le centre d'intérêt principal. Les pulsions partielles instinctives — orales, anales et urétrales — sont à ce stade intégrées sous l'hégémonie de la pulsion génitale pour autant que le développement soit normal.

Des influences traumatisantes et des interférences psychologiques à divers stades de ce développement résultent parfois en des fixations et en des conflits responsables de désordres sexuels ultérieurs et de psychonévroses spécifiques. Freud et ses successeurs ont élaboré une taxonomie dynamique complexe reliant des désordres émotionnels et psychosomatiques spécifiques à des fixations étant intervenues à divers stades du développement libidinal et à l'historique du moi. La validité de ces connexions fixes a été régulièrement confirmée par les associations libres de patients dans la pratique psychanalytique quotidienne. Toute théorie qui défie le système explicatif de la psychanalyse est confrontée au problème consistant à déterminer pourquoi la sexualité et des données biographiques particulières révèlent une relation causale par rapport à divers syndromes pathologiques ; elle est tenue en outre d'en offrir une interprétation alternative convaincante.

Une étude attentive de l'histoire de la psychanalyse révèle que plusieurs disciples de Freud réfutèrent les idées exposées dans ses *Trois essais sur la théorie de la sexualité.* Les descriptions de Freud des phases individuelles du développement libidinal et leurs implications pour la psychopathologie représentaient des abstractions idéales qui ne confirmaient pas exactement la pratique quotidienne. Dans les récits cliniques réels des patients, les problèmes relatifs aux diverses zones érogènes ne se présentaient pas sous une forme nette mais étaient intimement liés les uns aux autres. Ainsi, il existe de nombreux patients qui ne s'abandonnent pas à l'orgasme par crainte de perdre le contrôle de leur vessie. Cette crainte est beaucoup plus courante chez les femmes pour des raisons anatomiques. Pour d'autres, la peur de s'abandonner à l'orgasme est associée à la crainte de libérer des gaz intestinaux ou de perdre le contrôle de leurs intestins. L'analyse des facteurs se trouvant à l'origine de l'incapacité à atteindre une érection ou un orgasme révèle chez certains patients une peur inconsciente, profondément ancrée et primitive que la perte de contrôle résulte en l'acte de dévorer — ou d'être dévoré — par le partenaire.

Sandor Ferenczi s'efforça d'expliquer ces problèmes cliniques dans son prodigieux essai *Thalassa.* Il postula que les activités originellement séparées dans les zones érogènes individuelles pouvaient révéler une fusion secondaire et un chevauchement fonctionnel qu'il nomma *amphimixie.* Ferenczi pensait également en accord avec Otto Rank, qu'une compréhension psychologique totale de la sexualité devait inclure une tendance inconsciente à défaire le traumatisme de la naissance et à retourner dans le ventre maternel. Il était toutefois encore plus radical que Rank, puisqu'il reconnaissait derrière cette tendance régressive intra-utérine une pulsion phylogénique plus profonde à retrouver un état ayant existé dans l'océan primitif.

Wilhelm Reich acceptait l'insistance de Freud sur la pulsion sexuelle, mais il la considérait presque comme une force hydraulique devant être libérée par une manipulation énergétique directe pour obtenir des résultats thérapeutiques. Il convient de mentionner ici deux autres révisions importantes de la théorie de la sexualité de Freud, dues à ses disciples. La psychologie d'Alfred Adler place l'accent primaire sur le complexe d'infériorité et sur le désir de puissance. Selon lui, la sexualité est subordonnée au complexe de pouvoir. La critique la plus riche de la théorie de la sexualité de Freud fut l'œuvre de Carl Gustav Jung, pour qui la libido n'était pas une force biologique mais une manifestation d'un principe cosmique comparable à l'élan vital.

Les observations de la thérapie psychédélique et de certaines techniques empiriques ne recourant pas à la drogue présentent la sexualité et les problèmes sexuels sous un éclairage totalement nouveau. Elles suggèrent que leur complexité n'a pas été appréhendée. Le matériau empirique émergeant de ces séances confirme la théorie freudienne tant que le processus d'exploration de soi concerne le niveau biographique. Il est toutefois rare que l'on enregistre des résultats thérapeutiques significatifs chez des patients présentant des désordres et des déviations d'ordre sexuels aussi longtemps que les séances impliquent le niveau biographique. Les patients découvriront tôt ou tard des racines plus profondes à leurs difficultés au niveau périnatal, voire dans les domaines transpersonnels.

Les états impliquant une réduction considérable ou une absence totale de pulsion libidinale et d'appétit sexuel sont associés à des dépressions profondes.

Cet état indique en général une connexion dynamique profonde avec la MPF II ainsi que nous aurons l'occasion de le prouver. Un individu sous l'influence de la deuxième matrice périnatale expérimente un isolement émotionnel total par rapport à un environnement et un blocage complet du flux d'énergie ; cette situation empêche effectivement le développement de l'intérêt et de l'excitation sexuels. Un tel individu dira volontiers que l'activité sexuelle est la dernière chose au monde qu'il envisagerait. Un matériau sexuel de la vie passée ou présente de l'individu émerge pourtant souvent de cet état ; l'individu l'examine alors avec culpabilité et dégoût. Des états dépressifs accompagnés d'un manque d'intérêt sexuel ont parfois des racines transpersonnelles.

La plupart des troubles et des déviations sexuels graves sont reliés psychogénétiquement à la MPF III. La compréhension de cette liaison nécessite une discussion de la relation profonde existant entre le modèle de l'orgasme sexuel et la dynamique de cette matrice. De grandes quantités de tension libidinale et d'énergie motrice représentent en général l'une des caractéristiques les plus importantes des phases finales du processus de mort/re-naissance et constituent un aspect intrinsèque et intégral de la MPF III. Cette tension prendra la forme d'énergie indifférenciée imprégnant l'ensemble de l'organisme ou trouvera une expression dans les zones érogènes individuelles.

La phénoménologie de la troisième matrice périnatale réunit des éléments de lutte titanesque, de tendances destructrices et auto-destructrices, de pulsions agressives et érotiques sadomasochistes, de pulsions sexuelles variées et déviantes et une préoccupation scatologique. Ces émotions et ces sensations exceptionnellement riches se produisent dans le cadre d'une confrontation profonde avec la mort et d'une reviviscence de la naissance qui entraîne une douleur physique et une angoisse extrêmes. Ces connexions représentent une base naturelle pour le développement de tous les états cliniques dans lesquels la sexualité est intimement liée à — et contaminée par — l'angoisse, l'agressivité, la souffrance, la culpabilité ou l'intérêt pour un matériau biologique tel que l'urine, les excréments, le sang ou les sécrétions vaginales. L'activation simultanée de toutes les zones érogènes dans le cadre du déroulement périnatal explique aussi qu'il existe de nombreux désordres cliniques caractérisés par le chevauchement fonctionnel des activités dans les régions orale, anale, urétrale et génitale.

L'interdépendance profonde de toutes les zones érogènes durant l'accouchement biologique — tant pour la mère que pour l'enfant — est manifeste dans les situations où la préparation de la mère n'implique ni lavement ni sonde. La mère connaîtra parfois dans ces circonstances un orgasme puissant, libérera des gaz, déféquera ou urinera. L'enfant quant à lui urinera ou libérera du méconium. L'activation intensive de la zone orale et l'engagement des muscles masticateurs qui se produisent chez la mère et l'enfant durant les dernières phases de l'accouchement, la formation et la libération d'énergie sexuelle chez l'enfant engendrée par la suffocation et la douleur nous fournissent l'amalgame fonctionnel et empirique total de toutes les activités que Freud qualifie d'érogènes *. Sandor Ferenczi tenta de relier ces observations cliniques à la fusion secondaire des pulsions partielles ou amphimixie. Cette démarche signifie que le développement psychosexuel est superposé à la dynamique des matrices périnatales où toutes les fonctions sont engagées simultanément. Pour une compréhension plus profonde de la psychologie et de la psychopathologie de la sexualité il est impératif de savoir qu'au niveau périnatal, la sexualité est intimement et inextricablement liée aux sensations et aux émotions propres tant à la naissance qu'à la mort. Toute approche théorique ou pratique des problèmes sexuels qui ne reconnaît pas ce point fondamental et qui traite la sexualité sans tenir compte de ces deux autres aspects fondamentaux de la vie, est incomplète, superficielle et d'une efficacité limitée.

L'association de la sexualité à la naissance et à la mort et l'implication profonde de l'énergie sexuelle dans le processus de mort/re-naissance psychologique sont des phénomènes difficiles à expliquer. L'existence de ce lien est toutefois indéniable ; l'anthropologie, l'histoire, la mythologie et la psychiatrie cliniques en fournissent maintes illustrations. La triade naissance, sexualité et mort est le dénominateur commun de tous les rites de passage de diverses cultures pré-industrielles, des mystères des temples, des rituels des religions extatiques et de l'initiation dans les sociétés secrètes. Les divinités mythologiques mâles symbolisant la mort et la re-naissance, telles qu'Osiris et Shiva sont fréquemment représentées avec un phallus en érection ; il existe également des déesses femelles dont les fonctions reflè-

* L'expression latine « *inter feces et urinas nascimur* » — nous naissons entre les excréments et l'urine — correspondait plus à une réalité clinique qu'à une métaphore philosophique.

tent les connexions évoquées ci-dessus. Citons parmi elles : la déesse Kali en Inde, l'Astarté au Moyen-Orient et le Tlacolteutl en Amérique Latine. L'expérience de la naissance associe une composante sexuelle importante à la peur de la mort. Cette relation n'est pas mystérieuse : le passage de l'enfant représente une forte stimulation de l'utérus et du vagin accompagnée d'une accumulation et d'une libération consécutive de tension. La peur de la mort se justifie puisque l'accouchement est un événement biologique grave qui met en danger la vie de la mère dans certains cas.

La raison pour laquelle la reviviscence de la naissance biologique implique une composante sexuelle importante est toutefois moins évidente. Il semble que cette connexion concerne un mécanisme physiologique profond inné à l'organisme humain ; divers exemples attestent de son existence. Une angoisse physique extrême, en particulier si elle est associée à une suffocation grave, tend ainsi à favoriser une excitation sexuelle intense voire une extase religieuse. De nombreux patients relevant de la psychiatrie ayant essayé de se suicider par pendaison et ayant été secourus au dernier moment, ont décrit l'excitation sexuelle excessive qu'ils avaient éprouvée lors de leur suffocation. On sait également que des criminels mâles condamnés à la potence connaissaient des érections voire des éjaculations durant l'angoisse terminale. Des patients souffrant du « syndrome d'asservissement » éprouvent le besoin de ressentir une libération sexuelle en réaction à l'incarcération. D'autres, pour éprouver des sensations de strangulation, allient à la masturbation divers ustensiles tels que des écharpes ou des lacets attachés à des clous. Mentionnons qu'en de rares occasions des nouveau-nés de sexe masculin connaissent des érections lorsqu'ils émergent de la filière pelvi-génitale.

Il semble que tous les êtres humains soumis à des tortures physiques et émotionnelles extrêmes soient capables de transcender la souffrance et d'atteindre un état d'extase étrange. Ce fait est illustré par des observations réalisées dans des camps de concentration nazis, par des documents d'Amnesty International, par des rapports de soldats américains torturés par les Japonais durant la seconde guerre mondiale ou par des prisonniers de guerre durant les conflits de Corée et du Vietnam. De même, les membres des sectes religieuses de flagellants qui s'infligent des tortures éprouvent de puissants sentiments libidinaux, des états de ravissement extatique, et même des expériences d'union avec Dieu. On recense également dans cette catégorie d'expériences la transcendance empirique des souffrances inhumaines des martyrs. Les exemples de pathologie spirituelle dans lesquels l'autostimulation, la torture, le sacrifice, la sexualité, les procédures visant à provoquer la peur, et les manœuvres scatologiques se combinent en un étrange amalgame empirique au cours de cérémonies religieuses ou pseudo-religieuses.

Des observations similaires sont liées à la psychologie de la guerre, des révolutions et des systèmes totalitaires. L'omniprésence de la mort qui règne lors de combats sanglants tend aussi à induire une excitation sexuelle chez de nombreux soldats. La libération des pulsions agressives et sexuelles en temps de guerre semble simultanément être associée à des éléments périnatals. Les discours des chefs militaires et des politiciens déclarant la guerre et enflammant les masses pour les lancer dans des révolutions sanglantes abondent en métaphores évoquant la naissance biologique. L'atmosphère des camps de concentration combine des éléments sexuels, sadiques et scatologiques d'une manière pour le moins inhabituelle.

L'arrangement anatomique et les caractéristiques fonctionnelles du système limbique du cerveau pourraient constituer un fondement neurophysiologique pour les phénomènes évoqués ci-dessus. Cette partie archaïque du système nerveux central abrite des régions qui contribuent à l'auto-préservation de l'organisme et sont donc reliées à l'agressivité et d'autres qui jouent un rôle important dans la préservation des espèces et qui sont donc concernées par la sexualité. Il est concevable que ces centres soient stimulés simultanément ou que l'excitation de l'un active l'autre.

Les phénomènes liés à la sexualité humaine ne peuvent être décrits et expliqués correctement si les spéculations théoriques se limitent à des éléments de nature biologique et à des facteurs psychologiques déterminés biographiquement. Les observations de la psychothérapie psychédélique démontrent de manière irréfutable que la sexualité peut être expérimentée subjectivement à différents niveaux de conscience et de bien des manières, en dépit du fait que ses manifestations biologiques, physiologiques et comportementales semblent confuses à un observateur extérieur. Il en résulte que la compréhension globale de la sexualité est impossible pour qui ne possède pas une connaissance intime de la dynamique des niveaux périnatal et transpersonnel de l'inconscient.

A la lumière des observations de l'étude moderne de la conscience enregistrées dans le cadre des séances recourant ou non à des drogues psychédéliques nous discuterons à présent de diverses expériences et comportements sexuels. Les problèmes soulevés s'intègrent dans les catégories thématiques suivantes : a) sexualité « normale » ; b) désordres et dysfonctions de la vie sexuelle ; c) variations, déviations et perversions sexuelles ; d) formes transpersonnelles de la sexualité.

a) *Sexualité « normale »*. Les critères médicaux actuels de normalité sexuelle sont mécaniques et limités, alors qu'on reconnaît en général qu'une expérience sexuelle totale implique plus qu'un fonctionnement biologique satisfaisant. Des éléments tels que le respect profond du partenaire, un sentiment de synergie et de réciprocité émotionnelle, des sentiments d'amour et d'unité dans les relations quotidiennes ou durant les relations sexuelles ne sont pas pris en compte. On considère généralement qu'un bon fonctionnement sexuel ne nécessite rien de plus qu'un homme capable d'atteindre et de maintenir pendant un laps de temps raisonnable une érection avant d'éjaculer. La femme elle est censée répondre à une situation sexuelle par une lubrification des parties génitales et être capable d'atteindre un orgasme vaginal. Le concept de normalité exige également pour les deux sexes une préférence hétérosexuelle et un appétit sexuel suffisant pour réaliser l'acte sexuel avec une fréquence moyenne déterminée de manière statistique.

Les sujets LSD et les individus participant à une psychothérapie connaissent fréquemment des transformations profondes en cours de traitement. Leur compréhension de la sexualité s'élargit tôt ou tard et les critères mentionnés ci-dessus leur semblent superficiels, insuffisants et problématiques. Les hommes comme les femmes découvrent que l'orgasme n'est pas un phénomène de « tout ou rien » ; il existe différents degrés tant sur le plan de l'intensité de l'expérience que de la plénitude de la libération. Les individus qui pensaient éprouver des orgasmes satisfaisants expérimentent au cours de la thérapie une augmentation étonnante de leur puissance orgasmique. Cette observation s'explique par une nouvelle faculté de s'abandonner au processus due aux expériences de mort/re-naissance et d'unité cosmique.

Notre définition actuelle de la sexualité normale n'exclut pas une perturbation grave de la situation sexuelle due à un conflit « domination versus soumission », à l'utilisation de la sexualité pour satisfaire des objectifs non-sexuels et à des manœuvres qui ont plus d'importance pour l'estime de soi que pour la satisfaction sexuelle. Des individus des deux sexes recourent souvent dans notre culture à des concepts et à une terminologie militaires alors qu'ils parlent d'activités sexuelles. Ils interprètent la situation sexuelle en termes de victoire ou de défaite, de conquête ou de pénétration du partenaire ; ils se considèrent inversement vaincus et violés, ou n'étant pas à la « hauteur ».

Savoir qui séduit et qui est séduit ne peut qu'occulter la question de la satisfaction sexuelle dans une telle situation.

Le gain matériel, la réussite d'une carrière, l'acquisition d'une position sociale, la recherche de la gloire ou du pouvoir dissimulent parfois des motivations érotiques. Dans les cas où la sexualité est subordonnée à l'estime de soi, l'intérêt sexuel pour le partenaire disparaît parfois totalement dès que la « conquête » est réalisée ; le nombre de partenaires séduits devient plus important que la qualité de la relation ; et le fait que le partenaire n'est pas libre ou qu'il est profondément attaché à une autre personne constitue un élément décisif.

Selon les observations de la thérapie psychédélique, la compétitivité, les éléments sadomasochistes, le manque de respect du partenaire, l'exploitation égoïste ou l'importance accordée à la décharge d'une tension au cours d'une relation sexuelle représentent des déformations graves et reflètent une incompréhension de la nature de l'union sexuelle. Une telle vision de la sexualité a des déterminants biographiques importants en termes de souvenirs de traumatismes spécifiques de l'enfance quoique les racines de tels problèmes soient toujours ancrées au plus profond du niveau périnatal de l'inconscient. Les individus évoluent automatiquement vers une compréhension synergétique et complémentaire de la sexualité lorsque les énergies périnatales sont déchargées et que le contenu des matrices périnatales est intégré.

Ils prennent conscience qu'il n'existe ni victoire ni défaite sélectives dans une situation purement sexuelle. Les deux partenaires sont, selon les circonstances, soit vainqueurs soit vaincus, puisqu'il s'agit par définition d'une situation complémentaire impliquant une satisfaction mutuelle de diverses catégories de besoins. La sexualité est expérimentée dans différents contextes et elle satisfait un vaste spectre de besoins disposés de manière hiérarchique, allant des besoins biologiques aux besoins transcendantaux. Une relation sexuelle qui vise essentiellement à la satisfaction des besoins primitifs n'est pas tant une question d'infériorité morale que d'ignorance et d'occasion manquée. Les formes supérieures de communication sexuelle ont nécessairement une dimension spirituelle et impliquent des dimensions archétypes, comme dans le cas de la sexualité océanique et tantrique.

b) *Désordres et dysfonctions de la vie sexuelle.* La vie sexuelle des clients participant à une psychothérapie LSD ou à une thérapie empirique en profondeur se modifie de manière spectaculaire. Ces transformations impliquent tant des expériences et un comportement sexuels durant les séances thérapeutiques que des déplacements dynamiques observables entre deux séances. Certaines phases de la thérapie soulagent, suppriment ou modifient divers désordres sexuels. En revanche la confrontation avec certaines régions de l'inconscient est parfois associée à l'apparition de nouveaux symptômes et de nouvelles difficultés dans la vie sexuelle du client. Des observations et une étude minutieuse de ces modifications et de ces oscillations dynamiques favorisent des réflexions uniques concernant la structure dynamique du mauvais fonctionnement sexuel.

L'influence dynamique de la MPF II est associée à une profonde inhibition de la vie sexuelle. Le client qui expérimente des éléments de la deuxième matrice périnatale à la fin d'une séance thérapeutique sans parvenir à les intégrer, manifeste souvent durant l'intervalle précédent la séance suivante des symptômes d'une dépression inhibée, caractérisée par une absence de libido et par un désintérêt à l'égard de la sexualité. En de telles circonstances, tout ce qui a trait à la sexualité est en outre perçu comme illicite, sale, coupable et répugnant. Il est possible de découvrir des déterminants biographiques plus superficiels susceptibles d'expliquer la présence de ce problème chez le patient, mais le contexte thérapeutique suggère que ses racines se situent dans la MPF II.

La plupart des désordres fonctionnels de la sexualité sont reliés à la dynamique de la troisième matrice périnatale et sont compréhensibles en fonction de ses caractéristiques essentielles, décrites précédemment. Une personne, qui se trouve sous l'influence de la facette sexuelle de la MPF III à la fin d'une séance thérapeutique et ne réussit pas à pénétrer les domaines de la MPF IV, connaît une augmentation énorme de son appétit sexuel qu'on nomme *satyriasis* ou *nymphomanie.* Cette pulsion insatiable qui pousse l'individu à avoir des relations sexuelles répétées est associée à un sentiment de libération incomplète et à un manque de satisfaction suivant chaque orgasme. Cet état se caractérise donc par une sexualité exacerbée et par une impuissance orgasmique. Un examen attentif révèle que cette situation n'est que pseudo-sexuelle. L'individu est en réalité submergé d'énergies périnatales qui cherchent à se décharger par tous les moyens possibles. En raison de la similitude entre le modèle de l'orgasme sexuel et celui de l'orgasme de la naissance, les organes génitaux offrent en de telles circonstances une structure idéale pour la décharge périphérique de ces énergies. Des orgasmes répétés n'apportent ni soulagement ni satisfaction parce que les quantités d'énergie impliquées sont considérables.

Il n'est pas rare qu'un homme ait jusqu'à quinze rapports

sexuels en une seule nuit, éprouvant à chaque fois un orgasme complet mais insatisfaisant. Quelques minutes après le coït, les énergies périnatales tendent à recréer un état de tension suffisant pour induire une érection et permettre un nouveau rapport. On a constaté que l'« hypersexualité » est le fait d'hommes ou de femmes qui changent souvent de partenaires. L'acte sexuel demeure insatisfaisant parce qu'il ne procure pas un soulagement suffisant. Il ne sert à rien de blâmer le partenaire, mieux vaut reconnaître que le fond du problème réside dans le déferlement des énergies périnatales. Changer fréquemment de partenaire trahit une tendance à compenser une faible estime de soi due au déroulement périnatal. Les énergies chaotiques qui cherchent à se libérer sont responsables de cette instabilité.

Si l'intensité des énergies périnatales est excessive, l'éventualité d'une libération est parfois perçue comme extrêmement dangereuse ; précisons toutefois que la nature de ce danger n'est pas toujours définie. L'individu redoute de perdre le contrôle de ces forces élémentaires ; c'est la raison pour laquelle son inconscient interdit la libération. Le modèle de décharge des énergies périnatales étant inextricablement lié à celui de l'orgasme sexuel, cette situation résulte en une incapacité à atteindre ou à maintenir une érection chez l'homme et en une absence d'orgasme sexuel chez la femme : des états que la psychiatrie et le langage familier nomment *impuissance* et *frigidité*. L'« impuissance » était traditionnellement considérée comme un symptôme de déficience énergétique ou comme un manque de virilité et la « frigidité » comme un manque de sensibilité érotique et de réponse sexuelle. Ces concepts sont totalement erronés et — se situent — aux antipodes de la vérité.

L'impuissance et la frigidité d'origine psychogénique sont dus à un excès prodigieux d'énergie sexuelle motrice. Il ne s'agit pas en réalité d'une énergie sexuelle pure mais d'une énergie périnatale teintée de sexualité. Un tel état fait intervenir des pulsions sadomasochistes, une angoisse vitale, une culpabilité profonde, une peur de perdre le contrôle de soi et tout un ensemble de symptômes psychosomatiques caractéristiques de la MPF III. Citons parmi ceux-ci : la peur de la suffocation, la détresse cardio-vasculaire, les spasmes musculaires et intestinaux douloureux, les crampes utérines et les inquiétudes quant à la perte de contrôle de la vessie ou des sphincters. Cette énergie représente, en dernière analyse, une gestalt incomplète de naissance et un état orgasmique de danger de mort.

Un individu souffrant d'« impuissance » ou de « frigidité » ne manque donc pas d'énergie sexuelle, il est littéralement assis sur un volcan de forces instinctives. L'orgasme sexuel ne pouvant être vécu en faisant abstraction de ces forces, s'y abandonner reviendrait à déclencher un enfer empirique. La peur inconsciente de l'orgasme et de la perte de contrôle de soi correspond donc à la peur de la mort et à celle de la destruction.

Cette nouvelle interprétation des dysfonctions sexuelles est supportée par la dynamique des modifications thérapeutiques observées dans le cas d'un traitement réussi. L'excès d'énergies périnatales étant libéré lors d'une situation non-sexuelle structurée, on assiste parfois au développement d'une hypersexualité passagère, le client atteint ensuite un état où les énergies sexuelles restantes peuvent être manipulées sans risque dans un contexte sexuel.

L'individu devient tout à fait compétent sur le plan sexuel et sa capacité orgasmique tend à atteindre des sommets inhabituels lorsqu'il expérimente des éléments des MPF I et IV au cours du processus de mort/re-naissance.

La littérature psychanalytique associe l'impuissance au complexe de castration et au complexe de *vagina dentata.* Ces problèmes méritent une attention particulière à la lumière de la cartographie étendue de l'inconscient. La psychanalyse classique avec son orientation biographique s'avère incapable d'expliquer de manière satisfaisante certains aspects du complexe de castration. Freud supposait que l'homme éprouve une peur réelle de perdre son pénis, alors que la femme s'imagine inconsciemment en avoir eu un autrefois et en avoir été privée par châtiment. Il essaya de relier ces hypothèses aux tendances masochistes et à une plus grande propension à la culpabilité chez les femmes. La castration semble inconsciemment assimilée à la mort. Les associations libres de patients psychanalytiques suggèrent en outre que la suffocation, la séparation et la perte de contrôle sont en relation étroite avec la castration.

Des observations de la psychothérapie LSD fournissent une solution inattendue à ces contradictions. Les peurs de la castration ne représentent dans ce contexte qu'une couverture biographique et une élaboration secondaire d'un problème plus fondamental. L'approfondissement du processus thérapeutique, rendu possible grâce à l'effet catalyseur des substances psychédéliques ou à celui d'autres techniques puissantes ne recourant pas à la drogue, révélera inévitablement que les fondements de la castration sont posés lors de la section du cordon ombilical. Ce sont les conséquences d'un trauma biologique et psychologique fondamental de l'existence humaine. La reviviscence de souvenirs liés à la castration tel que la circoncision ou une intervention chirurgicale due à un phymosis évolue souvent vers une reviviscence de la crise ombilicale, laquelle implique des douleurs vives dans le nombril irradiant vers la région pelvienne jusqu'au pénis, aux testicules et à la vessie *. Celles-ci sont souvent associées à la peur de la mort, à la suffocation et à d'étranges changements anatomiques. La crise ombilicale sous-tend en général des souvenirs d'infections urinaires, d'avortement et de curetage utérin chez les femmes. La raison pour laquelle interviennent un chevauchement et une confusion empirique entre les sensations ombilicales périnatales et la douleur génitale ou urinaire semble être liée à l'incapacité de localiser la douleur pelvienne. Cette remarque s'applique en particulier aux phases du développement primitif.

La section du cordon ombilical représente la séparation définitive d'avec l'organisme maternel ; il s'agit donc d'une transition biologique capitale. Pour survivre à cet événement l'enfant n'a d'autre choix que l'autonomie. Il est facile de comprendre que les peurs de la castration concernent le souvenir d'un traumatisme biologique réel et non un fantasme d'ordre sexuel. Leurs caractéristiques mystérieuses disparaissent et on saisit pourquoi cette peur est commune aux deux sexes, pourquoi elle est étroitement liée à l'angoisse de la séparation, pourquoi elle est assimilable à la peur de la mort et de l'annihilation et pourquoi elle suggère la suffocation.

Le concept freudien de *vagina dentata* apparaît lui aussi sous un autre éclairage lorsque la cartographie de l'inconscient est étendue au-delà des domaines biographiques et inclut les matrices périnatales. Dans la littérature psychanalytique, la représentation inconsciente du vagin — organe dangereux capable d'endommager, de castrer ou de tuer — est discutée en tant que fantasme absurde, irrationnel et naïf. Cette vision se meut en une évaluation réaliste dès qu'on accepte l'idée voulant que le souvenir de la naissance est enregistré dans l'inconscient. L'accouchement est un événement grave et dangereux et de nombreux enfants ont été victimes du vagin de leur mère.

Pour un homme chez qui le souvenir du traumatisme de la naissance affleure à la surface de l'inconscient, l'image du vagin meurtrier est si puissante que cet organe ne sera jamais considéré comme générateur de plaisir. Le souvenir traumatisant devra être revécu et intégré avant que l'homme ne puisse avoir une vie sexuelle équilibrée. Une femme aura, elle, des difficultés

---

* Des observations régulières de la reviviscence de la douleur associée à la section du cordon ombilical contredisent les prétentions médicales selon lesquelles cette procédure n'est pas douloureuse puisque le cordon ombilical n'est pas innervé. Le comportement des nouveau-nés traduit d'ailleurs sans équivoque la douleur.

à accepter sa propre féminité, ses fonctions sexuelles et reproductrices, parce qu'elle associe le fait féminin à la torture et au meurtre. Il est essentiel qu'elle assimile le souvenir du traumatisme de sa naissance pour être capable d'accepter avec sérénité sa sexualité et son rôle de femme.

c) *Variations, déviations et perversions sexuelles.* Inclure la dynamique périnatale dans la cartographie des processus inconscients offre des solutions inattendues à des problèmes qui entravent la psychanalyse depuis ses origines ou peu s'en faut. La phénoménologie de la MPF III représente la clef de cette nouvelle compréhension. L'existence du *sadomasochisme* défiait la conviction de Freud quant à l'hégémonie du principe du plaisir dans la psyché humaine. Il est difficile d'expliquer la quête de la souffrance physique et émotionnelle qui caractérise les patients masochistes, si la poursuite du plaisir est le seul principe directeur et la seule force de la vie mentale. Ce problème constitua une entrave réelle aux spéculations de Freud ; il le força en définitive à réviser la structure de la psychanalyse et à inclure dans sa pensée le concept controversé de l'instinct de mort ou Thanatos.

Les spéculations quant à la relation entre l'instinct de mort et le sadomasochisme reflètent la perception intuitive de Freud selon laquelle ce phénomène clinique implique des questions inhérentes à la nature humaine. Il est donc impossible de l'expliquer à partir de certaines situations biographiques triviales où l'agressivité et la douleur sont intimement liées. Les explications proposées par certains psychanalystes se concentrent sur des traumatismes qui ne fournissent pas un modèle convaincant eu égard à la profondeur des pulsions sadomasochistes. La théorie de Kucera qui relie le sadomasochisme à la percée des dents — période au cours de laquelle les efforts de l'enfant pour mordre deviennent douloureux — constitue un excellent exemple. La psychanalyse était déroutée par la combinaison de la destructivité active et passive du masochisme et par la fusion particulière de l'agressivité et de la sexualité. Le modèle des matrices périnatales fournit une explication logique aux aspects les plus significatifs de ce désordre.

Des manifestations et des expériences tant sadiques que masochistes émergent au cours du déroulement périnatal et elles évoquent certaines caractéristiques du processus de naissance. La douleur, l'angoisse et l'agressivité physiques sont associées dans le cadre de la MPF III à une excitation sexuelle intense dont la nature et l'origine ont été discutées précédemment. L'assaut introjecté des forces utérines coïncide et alterne, dans le souvenir du processus de naissance, avec l'agressivité active orientée vers l'extérieur, représentant une réaction contre cette menace de mort. Ceci explique d'une part la fusion de la sexualité et de l'agressivité, et d'autre part le fait que le sadisme et le masochisme sont deux faces de la même pièce et constituent une seule unité clinique, le sadomasochisme.

Rien n'interdit de considérer que le besoin de créer une situation sadomasochiste et celui d'extérioriser le complexe empirique inconscient soit un comportement symptomatique mais aussi une tentative pour expurger et intégrer l'empreinte traumatisante originelle. Cet effort n'est pas couronné de succès et n'aboutit pas à une auto-guérison en raison de l'absence d'introspection, de perception et de conscience de la nature du processus. Le complexe empirique est extériorisé et attaché à la situation externe au lieu d'être confronté intérieurement et reconnu comme une reviviscence historique.

Des individus expérimentant des éléments de la MPF III sont confrontés à tous les éléments spécifiques du sadomasochisme, tels que l'alternance entre le rôle de la victime et celui de l'agresseur, le besoin d'un emprisonnement et d'une douleur physiques et des extases volcaniques qui représentent un mélange d'angoisse et de plaisir sexuel intense.

Certains cas de pathologie sexuelle criminelle, telle que les *viols*, les *meurtres sadiques* et la *nécrophilie*, montrent des racines périnatales. Les individus qui vivent les aspects sexuels de la MPF III, rapportent souvent que cette phase du processus de naissance partage de nombreuses caractéristiques avec le *viol*. Cette comparaison est très pertinente eu égard à certaines caractéristiques d'un viol. Il implique pour la victime des éléments de danger sérieux, d'angoisse vitale, de violence, de douleur extrême, de contrainte physique, de lutte pour se libérer, de suffocation et d'excitation sexuelle forcée. L'expérience de l'agresseur implique, elle, les contreparties actives de ces éléments : mettre en danger, menacer, blesser, contraindre, étouffer et forcer l'excitation sexuelle. L'expérience de la victime présente de nombreuses similitudes avec celle de l'enfant dans la filière pelvi-génitale ; le violeur extériorise et reproduit les forces introjectées de la filière, tout en assouvissant sa vengeance contre un substitut de mère. La victime souffre donc d'un traumatisme psychologique qui reflète non seulement l'impact de la situation immédiate, mais encore la destruction des défenses la protégeant contre le souvenir de la naissance biologique. L'apparition de difficultés émotionnelles à long terme consécutive à un viol est très probablement due à l'émergence d'émotions périnatales et de manifestations psychosomatiques dans la conscience.

L'implication de la troisième matrice périnatale est encore plus évidente dans le cas de *meurtres sadiques* qui sont étroitement liés aux viols. Outre une libération simultanée des pulsions sexuelles et agressives, ces actes impliquent la mort, la mutilation, le démembrement et la complaisance scatologique ; cette association est caractéristique de la reviviscence des phases finales de la naissance. Ainsi que nous le verrons plus tard, la dynamique des suicides sanglants est en relation étroite avec celle des meurtres sadiques ; la seule différence essentielle tient au fait que dans le premier cas l'individu assume le rôle de la victime, alors que dans le second, il assume celui de l'agresseur. Ces deux rôles représentent, en dernière analyse, des aspects séparés de la même personnalité, celui de l'agresseur reflétant l'introjection des forces oppressives et destructrices de la filière pelvi-génitale, et celui de la victime, le souvenir des émotions et des sensations de l'enfant au cours de l'accouchement.

Une combinaison similaire d'éléments — en proportions quelque peu différentes cependant — sous-tend la représentation clinique de la *nécrophilie*. Cette aberration couvre une large gamme de phénomènes allant de l'excitation sexuelle profonde provoquée par la vue de cadavres, jusqu'aux activités sexuelles pratiquées sur des cadavres et se déroulant dans des morgues, ou dans des cimetières. L'analyse de la nécrophilie révèle le même amalgame curieux de sexualité, de mort, d'agressivité et de scatologie.

Il est toujours possible de découvrir dans l'histoire de l'individu des événements biographiques spécifiques susceptibles d'avoir joué un rôle capital dans le développement de la nécrophilie, mais ils ne sont en fait que des catalyseurs. Il est impératif pour comprendre cet état de reconnaître l'importance de la dynamique périnatale.

La nécrophilie se présente sous des formes et selon des degrés différents ; certaines sont absolument inoffensives, d'autres manifestement criminelles. Ses manifestations les plus superficielles vont de l'excitation sexuelle due à la vue d'un cadavre, à l'attirance pour les cimetières, les tombes ou tout objet y ayant trait. Des formes plus sérieuses de nécrophilie se caractérisent par une forte envie de toucher les cadavres, de humer leur odeur, de les manger, ou de se complaire dans la putréfaction. Le pas suivant consiste en la manipulation de cadavres dans l'intention d'en retirer un plaisir sexuel qui culminera lors de l'accomplissement du coït avec le défunt. Cette perversion réunit dans les cas extrêmes l'abus sexuel des cadavres et des actes de mutilation, de démembrement des corps et de cannibalisme.

Les observations du travail clinique avec le LSD permettent également de mieux comprendre les déviations sexuelles particulières que sont la *coprophilie*, la *coprophagie* et l'*urolagnie*. Les individus présentant de telles aberrations se complaisent au contact de matières biologiques, sont sexuellement excités par celles-ci et incorporent volontiers à leur vie sexuelle les fonctions d'excrétion. Certains individus éprouvent pour connaître la satisfaction sexuelle le besoin qu'on urine ou que l'on défèque sur eux, qu'on les enduise de matière fécale ; d'autres désirent ingérer des excréments ou boire de l'urine. Une combinaison d'excitation sexuelle et de complaisance scatologique est courante, tant chez les patients relevant de la psychiatrie que chez les sujets normaux durant les phases finales du processus de mort/re-naissance.

Mes observations cliniques indiquent qu'une racine profonde de ce problème consiste en une fixation sur le souvenir du moment de la naissance. Le fondement naturel de cette étrange déviation est le fait que le patient a connu lors de l'expulsion un contact oral avec des matières fécales, de l'urine, du sang, du mucus. Le contact intime avec un tel matériau est donc devenu le symbole de cette expérience orgasmique fondamentale.

Selon la littérature psychanalytique, le nouveau-né connaît initialement une attirance pour diverses formes de matières biologiques et ne développe qu'ensuite une aversion à leur égard due à l'influence de l'éducation. Les observations de la recherche psychédélique suggèrent qu'une telle attitude n'est pas systématique. L'expérience de la naissance décide du comportement vis-à-vis du matériau biologique, celui-ci sera selon les circonstances, soit positif, soit négatif.

Il existe une différence entre l'enfant qui rencontre le mucus et les excréments comme des symboles ou des éléments concomitants de la libération physique et émotionnelle et celui qui émerge de la filière pelvi-génitale en étouffant et dont les voies respiratoires doivent être dégagées par un procédé de réanimation. Des patients demeurèrent durant un temps assez long en contact avec le matériau biologique lors d'accouchements non surveillés à domicile ; la précision de leurs souvenirs revécus au cours de séances psychédéliques fut vérifiée a posteriori auprès de leurs mères. L'expérience spécifique vécue par l'individu devient ainsi le fondement de l'élaboration biographique ultérieure.

Les mêmes facteurs générateurs d'aberrations opèrent d'une

manière plus subtile dans la vie quotidienne. Ainsi, le souvenir de la rencontre avec le matériau biologique lors de la naissance déterminera l'attitude d'un homme à l'égard des pratiques buccogénitales. Les réactions à l'égard du cunnilingus sont très variées ; d'aucuns éprouvent un dégoût et une aversion intense, d'autres une préférence et une attirance irrésistibles. Nul ne niera qu'au niveau le plus profond ces attitudes sont déterminées par la nature du contact oral avec le vagin maternel au moment de la naissance. La réaction des deux sexes au contact des muqueuses buccales est déterminée par les souvenirs de l'allaitement et par ceux du contact avec la muqueuse vaginale durant l'accouchement. La réticence d'une femme à supporter le poids de son partenaire durant un rapport sexuel ou sa répulsion à l'encontre des étreintes se fondent sur la crainte d'affronter une combinaison de sensations caractéristiques de la MPF III. L'aversion profonde pour la *fellation* repose sur le souvenir de l'association d'excitation sexuelle et de suffocation ressentie lors de la naissance.

J'aimerais mentionner un livre intéressant de Janus, Bess et Seltus intitulé *A Sexual Profile of Man in Power* qui constitue une source précieuse d'illustrations et d'exemples à nombre des problèmes discutés dans ce chapitre. C'est une étude basée sur 700 heures d'interviews de « call-girls » de luxe résidant sur la côte Est des Etats-Unis. Les auteurs ne se sont pas tant intéressés à la personnalité des prostituées qu'aux préférences et aux habitudes de leurs clients, parmi lesquels on trouvait des politiciens éminents, des hommes d'affaires, des juristes, et des législateurs en renom.

Les interviews révélèrent que très rares étaient les clients qui recherchaient des activités sexuelles normales. La majorité des hommes s'intéressaient à diverses pratiques érotiques déviantes. Ils désiraient être attachés, fouettés et soumis à d'autres formes de torture. Certains étaient disposés à payer des sommes importantes pour vivre des scènes sadomasochistes complexes. Parmi les pratiques les plus appréciées et les mieux payées, citons la « douche dorée » et la « douche brune » : les prostituées urinent ou défèquent sur leur client dans un contexte sexuel *.

Après avoir éprouvé l'orgasme ces hommes — extrêmement ambitieux et influents — régressaient à un niveau infantile, désiraient être choyés et sucer les seins des prostituées : un compor-

* Les rapports de la CIA, cités dans ce livre, affirment qu'il s'agissait de la pratique sexuelle favorite d'Adolf Hitler. Un dictateur, aspirant à devenir le maître du monde, désirait être attaché, torturé, humilié et enduit de matières fécales dans l'intimité.

tement étrange qui contrastait avec l'image publique que ces hommes essayaient d'imposer.

Les auteurs proposent des interprétations strictement biographiques et freudiennes en établissant des parallèles entre les tortures et les punitions imposées par les parents : les « douches dorée et brune » et les difficultés de l'apprentissage de la propreté, le besoin de sucer et une fixation sur la mère, etc. Une étude minutieuse révèle toutefois que les clients vivaient des thèmes périnatals classiques plutôt que des événements postnatals. La contrainte, la douleur et la torture physique, l'excitation sexuelle, les éléments scatologiques et le comportement oral régressif constituent des preuves de l'activation de la MPF III.

Les conclusions des auteurs méritent une attention particulière. Ils conseillèrent au public américain de ne pas attendre des personnages éminents un comportement sexuel exemplaire. A la lumière de leur étude, une pulsion sexuelle excessive et une inclination à une sexualité déviante seraient inextricablement liées au degré extrême d'ambition nécessaire aujourd'hui pour réussir dans la vie publique.

Les auteurs dessinent alors une solution à l'ancien conflit opposant Freud et Adler en suggérant que la primauté de la sexualité ou du besoin de pouvoir sont en fait deux aspects du même phénomène. Ceci est en accord total avec le modèle périnatal. Dans le contexte de la MPF III, une pulsion sexuelle excessive et une pulsion à l'auto-affirmation compensant un sentiment d'impuissance et d'incapacité sont deux aspects d'une seule et même expérience.

L'*homosexualité* ayant autant de modes d'expressions que de déterminants, il est impossible d'avancer des généralisations à ce propos. Mon expérience clinique de l'homosexualité est en outre quelque peu faussée du fait qu'elle se limite à des individus s'étant portés volontaires pour suivre un traitement parce qu'ils considéraient que leur homosexualité posait problème. De nombreux individus ayant des préférences homosexuelles apprécient leur mode de vie. Leur malaise est engendré par l'intolérance de la société plutôt que par une lutte intrapsychique. Précisons que mes patients homosexuels présentaient pour la plupart d'autres problèmes cliniques : dépressions, tendances suicidaires, symptômes ou manifestations psychosomatiques.

Les patients homosexuels masculins avec lesquels j'ai travaillé étaient capables d'entretenir de bonnes relations avec des femmes, mais ils étaient incapables d'avoir avec elles des relations sexuelles. Il apparut souvent en cours de traitement que cette difficulté était liée aux peurs de la castration. Affirmer qu'il s'agit d'une peur inconsciente de répéter le rôle de l'enfant qui naît n'est pas erroné. Un autre élément semble cependant être à l'origine de l'homosexualité masculine : l'identification avec la mère qui accouche. Ceci implique une combinaison spécifique des sensations de la MPF III : sentir la présence d'un corps biologique en soi, éprouver un mélange de plaisir et de douleur et une combinaison d'excitation sexuelle et de pression anale. Le fait que les relations anales ont en général une forte composante sadomasochiste offre une illustration supplémentaire à la relation profonde existant entre l'homosexualité masculine et la dynamique de la troisième matrice périnatale.

Mes patients masculins exprimaient souvent, à un niveau superficiel, un besoin profond d'affection dispensée par un personnage masculin ; la nature réelle de ce désir correspond au besoin qu'a l'enfant de recevoir une attention paternelle. Or la seule manière de le satisfaire à l'âge adulte est de vivre dans un contexte homosexuel. J'ai également rencontré des homosexuels qui étaient à même de rattacher leur préférence sexuelle à des racines dans les domaines transpersonnels, telle qu'une gestalt incomplète liée à une incarnation précédente en tant que femme ou qu'homme ayant une orientation homosexuelle dans la Grèce antique. Les conflits relatifs à la vie sexuelle n'assaillaient guère de tels sujets.

Les réserves émises en ce qui concerne l'homosexualité masculine valent également pour les tendances lesbiennes. L'*homosexualité féminine* a, en général, des origines psychologiques plus superficielles que sa contrepartie masculine. Nul ne niera qu'un besoin insatisfait de contact intime avec le corps féminin, qui reflète une période de privation affective grave de l'enfance, constitue un facteur déterminant. Précisons que des femmes expérimentent souvent des peurs homosexuelles lorsqu'au cours d'une régression profonde dans l'enfance elles approchent des périodes de privation affective et éprouvent à ce moment le besoin d'un contact avec une de leurs semblables. Cette peur disparaît en principe lorsqu'elles réalisent que ce besoin est tout à fait légitime durant la prime enfance.

Le désir de retrouver le souvenir de la libération ressentie au moment de la naissance, lequel est étroitement associé aux organes génitaux féminins, serait une autre composante du lesbianisme. Il se pourrait qu'un autre élément relié au souvenir de la naissance soit la peur d'être dominée, maîtrisée et violée. Des expériences négatives avec le père durant l'enfance constituent très souvent des raisons supplémentaires de rechercher les contacts avec la femme et d'éviter la compagnie des hommes.

La dynamique périnatale concerne nombre des variations et

des déviations sexuelles décrites. Ceci ne signifie pas que les événements biographiques n'aient pas d'importance en ce qui concerne le développement de ces phénomènes. Les facteurs psychogéniques discutés dans la littérature psychanalytique ont, en réalité, été régulièrement confirmés par le travail psychédélique et par les thérapies empiriques ne recourant pas à la drogue. La seule différence entre le point de vue freudien et les explications présentées dans cet ouvrage est que les événements biographiques sont considérés non comme les causes de ces problèmes mais comme les conditions nécessaires à leur développement. Leur impact leur est conféré parce qu'ils renforcent de manière sélective certains aspects de la dynamique périnatale ou qu'ils affaiblissent le système de défense qui empêche habituellement les énergies et le contenu périnatal d'émerger dans la conscience. On note avec intérêt que certains états décrits précédemment ont des composantes transpersonnelles. Ces dernières ne supportant pas la systématisation devront être isolées dans chaque cas par un travail empirique impartial.

d) *Formes transpersonnelles de sexualité.* Dans les expériences sexuelles transpersonnelles, l'individu a le sentiment d'avoir transcendé son identité et les limites de son ego telles que définies dans les états ordinaires de conscience. D'aucuns ont la conviction de vivre dans un contexte historique, ethnique ou géographique différent, de s'identifier à d'autres personnes, à des animaux ou à des identités archétypes. De telles expériences se déroulent parfois comme des phénomènes intrapsychiques ; le sujet n'est pas engagé dans une activité sexuelle mais dans un processus d'exploration de soi en profondeur. L'état altéré de conscience précède parfois l'acte sexuel lorsque les partenaires ont absorbé de la marijuana ou du LSD. Notons qu'il peut également en être la conséquence.

Un individu aura conscience de ses sentiments, d'autres auront simultanément accès aux états émotionnels et aux sensations physiques de leurs partenaires. Ainsi certains sujets LSD connaîtront les sensations sexuelles ressenties par leur mère durant la grossesse, l'accouchement ou l'allaitement. D'aucuns associent les expériences intra-utérines au sentiment d'assister à la relation sexuelle des parents du point de vue du fœtus ; ceci s'accompagne d'une expérience sexuelle distincte et personnelle. Une personne se trouvant dans un état altéré de conscience a rarement la conviction de revivre les expériences sexuelles de l'un de ses ancêtres. Ces derniers sont soit des ancêtres immédiats, tels que des parents ou des grands-parents, soit des ancêtres très lointains. L'expérience a la qualité d'un souvenir racial dans le dernier des cas. Des sujets LSD ont le sentiment de participer à des rituels ou à des cérémonies sexuelles et complexes appartenant à diverses cultures, tels que des fêtes de fertilité, des rites de passage, la prostitution du temple antique, ou des scènes d'adoration phallique. De telles expériences renferment une information spécifique, détaillée, correcte sur les plans historique et anthropologique ; information que le sujet ne possédait pas avant l'expérience. La meilleure manière de décrire ces phénomènes, lorsqu'ils se déroulent sans que le sujet ait conscience de l'existence d'un lien biologique l'unissant aux protagonistes, consiste à se référer à l'inconscient collectif de Carl Gustav Jung. Il arrive toutefois qu'ils soient associés à un sentiment d'identité et de lien spirituel profond avec les personnes impliquées et qu'ils possèdent la qualité empirique d'un souvenir. Telles sont les caractéristiques de l'un des groupes les plus importants d'expériences transpersonnelles : les souvenirs karmiques et d'incarnations passées.

L'identité animale est une catégorie fascinante d'expériences transpersonnelles. Qu'il s'agisse de mammifères, de vertébrés inférieurs ou d'invertébrés tels que des insectes, des mollusques et des cœlentérés, l'individu se forge une image du corps correspondant à celle de l'animal en question, qui inclut des réactions émotionnelles et divers comportements caractéristiques. L'authenticité de l'identification est indubitable ; les sensations rapportées sont toujours spécifiques à l'espèce et n'ont rien à voir avec les fantasmes qu'une personne non informée pourrait imaginer. Elles engendrent, à l'instar des expériences d'inconscient collectif et racial, une masse considérable d'informations précises qui dépasse l'éducation et la formation de l'individu concerné.

Les nouvelles perceptions ainsi obtenues portent sur la psychologie animale, sur la dynamique des instincts et des comportements sexuels, sur l'anatomie, sur la physiologie voire dans certains cas sur la chimie sexuelle. Ces expériences impliquent en général l'identification à une seule forme de vie, mais plusieurs sont parfois combinées en une expérience complexe. La constellation qui en résulte représente alors l'archétype de l'acte d'amour dans la nature ou exprime et illustre le pouvoir et la beauté irrésistibles de l'union sexuelle. De telles séquences sont parties intégrantes de la sexualité océanique, de l'expérience d'union divine du type Shiva-Shakti et de l'ouverture du second chakra lorsque l'énergie sexuelle symbolise la force dominante dans l'univers. Certains sujets LSD ont rapporté des sentiments sexuels liés à l'identification végétale, tels que des épisodes conscients associés à la pollinisation.

Une autre forme transpersonnelle importante et courante d'expérience sexuelle est celle des *rapports divins.* Ce phénomène se manifeste de deux façons différentes. Dans la première, l'individu éprouve un sentiment de communion sexuelle avec le divin, mais il conserve son identité originale. Les extases de sainte Thérèse d'Avila illustrent cette expérience spontanée. Les disciples du yoga bhakti connaissent de tels états spirituels. D'autres se manifestent sous une forme plus abstraite comme l'union cosmique des principes mâles et femelles, comme la relation divine du Yin et du Yang dans la tradition taoïste. Ses manifestations archétypes les plus élaborées sont le mariage mystique ou hiérogamos, le *mysterium coniunctionis* alchimique ou l'identification à un dieu ou à une déesse spécifique symbolisant l'union sexuelle (à savoir Shiva-Shakti, Apollon-Aphrodite ou les déités tantriques tibétaines avec leurs chaktis).

Trois formes transpersonnelles de sexualité sont tellement distinctes qu'elles méritent une discussion spéciale : la sexualité *satanique, océanique* et *tantrique.* L'approche satanique de la sexualité est reliée sur le plan psychologique au processus de la naissance et plus spécifiquement à la MPF III. Des images et des expériences d'orgies sataniques sont souvent mentionnées dans les phases finales du déroulement périnatal. L'atmosphère générale est à la mort, à la sexualité, à l'agressivité, à la scatologie et aux sentiments religieux. Les individus éprouvent le sentiment d'assister ou de participer à des rituels de *Messe Noire.* L'élément de mort est représenté par le décorum favori de ces cérémonies : les cimetières avec des tombes et des cercueils profanés. Les rituels comportent la défloration des vierges, le sacrifice d'animaux ou de petits enfants et des couples forniquant dans des tombes et des cercueils ou dans les entrailles chaudes d'animaux sacrifiés et éventrés. Le festin diabolique au cours duquel sont servis des excréments, du sang menstruel et des fœtus dépecés est un autre motif fréquent. L'ambiance n'évoque toutefois pas celle d'une orgie perverse, mais celle d'un rituel religieux inquiétant destiné à honorer le Dieu Sombre. Nombre de sujets LSD ont rapporté que la phénoménologie de cette expérience impliquait des éléments identiques à ceux des phases finales de la naissance.

L'imagerie du *Sabbat des Sorcières* ou de la *Nuit de Walpurgis* est une autre variation des mêmes thèmes et des expériences connexes. Cet archétype accessible dans des états inhabituels de conscience s'est manifesté dans la réalité au Moyen Age, lorsque des sorcières détenaient le secret des potions et des onguents psychotoniques. Les plantes utilisées dans ces préparations étaient la belladonne (Atropa Belladonna), la jusquiame (Hyoscyamus Niger), la stramoine (Datura Stramonium), et la mandragore (Mandragora Officinarium) ; ces préparations contenaient parfois d'autres ingrédients tels que la peau de crapauds ou de salamandres.

Les sorcières connaissaient des expériences stéréotypées de participation au Sabbat suite à l'ingestion de la potion ou de l'application de l'onguent sur la peau ou dans le vagin.

En dépit de la précision historique, le thérapeute est toujours surpris lorsque de telles expériences surviennent spontanément — au cours de certaines phases du processus psychédélique ou au cours de psychothérapies empiriques ne recourant pas aux drogues. L'atmosphère de Sabbat implique l'excitation sauvage de pulsions instinctives autrement illicites. L'élément sexuel s'exprime par le sadomasochisme, l'inceste et la scatologie. Le président du Sabbat est un grand bouc noir appelé maître Léonard ; il représente le diable. Il procède à la défloration rituelle et douloureuse de vierges avec son gigantesque pénis squameux ; il copule sans discrimination avec toutes les femmes présentes ; il reçoit des baisers adulateurs sur l'anus ; il encourage les participants à se réjouir des orgies sauvages de nature incestueuse. Mère et fils, père et fille, frères et sœurs entretiennent des relations sexuelles débridées au cours de ce rituel.

L'élément scatologique se présente sous la forme d'un étrange banquet au cours duquel sont servies des matières biologiques telles que du sang menstruel, du sperme, des excréments ou des fœtus dépecés servis avec des condiments. Le blasphème, la dérision et l'inversion des symboles chrétiens sont les caractéristiques du Sabbat. De petits enfants jouent avec des crapauds dans des mares d'eau bénite ; ils les revêtent de tissus pourpre suggérant ainsi la robe du cardinal et les nourrissent d'hosties consacrées. La pâte destinée à confectionner cette hostie consacrée a été pétrie sur les fesses d'une fille nue.

Le moment le plus important de cette cérémonie est celui où les néophytes jurent de renoncer au Christ et au symbolisme chrétien. Cet élément est d'un intérêt tout particulier. Durant le déroulement périnatal, l'identification au Christ et à ses souffrances représente l'étape archétype suivante du processus de mort/re-naissance. C'est l'épisode qui libère le sujet de l'atmosphère cauchemardesque des orgies sataniques et favorise la transition empirique vers l'ouverture spirituelle pure. La renonciation aux éléments chrétiens livre donc les participants au rituel du Sabbat à la perpétuation de ses activités macabres, arrête le déroulement archétype et leur interdit d'accéder à la libération spirituelle.

Les instruments de musique faits d'os, de peau et de griffes de loups ajoutent à l'atmosphère étrange de ce rituel extraordinaire. Le mélange d'excitation sauvage, de sexualité déviante, d'agressivité, de scatologie et d'éléments spirituels inversés trahit la relation profonde entre ce modèle empirique et la troisième matrice périnatale. En comparaison avec les éléments infernaux de la MPF II, le sujet n'est pas la victime torturée du processus malin. Il est tenté de libérer toutes les pulsions interdites qu'il porte en lui en une orgie extatique.

On remarque avec intérêt que nombre des moyens utilisés par l'Inquisition contre les satanistes et les sorcières — ainsi que contre des milliers de victimes innocentes — présentent une similitude étrange avec ces rituels. Des tortures diaboliques et ingénieuses, des procédures sadiques, des autodafés, des interrogatoires interminables concernant les aspects sexuels du Sabbat, les orgies sataniques ou l'anatomie et la physiologie sexuelle du diable, des examens des organes génitaux des présumées sorcières pratiqués afin de déceler des traces de rapports sexuels avec le diable noir (signa diaboli), toutes ces opérations étaient menées avec un sentiment de ferveur religieuse plutôt que de perversion incommensurable. Selon les perceptions du processus psychédélique, il n'y a guère de différence entre l'état d'esprit des Inquisiteurs et celui de leurs victimes ; leur comportement était motivé par les forces inconscientes profondes de la MPF III. La Sainte Inquisition disposait d'un avantage unique : elle était soutenue par le pouvoir et le législateur. On rencontre sous une forme moins stricte les éléments des modèles archétypes dans plusieurs déviations et distorsions de la vie sexuelle ainsi que dans des activités sexuelles qui passent à notre époque pour « normales ». L'élément commun à tous les phénomènes sexuels discutés est qu'ils se fondent sur le concept de la sexualité expérimentée dans le cadre de la lutte avec l'organisme maternel. Les individus qui entrent empiriquement en contact avec des éléments de la MPF IV et de la MPF I ont tendance à développer des approches de la sexualité très différentes. Ces dernières se fondent sur le souvenir de l'état intra-utérin dans lequel les sentiments libidinaux furent expérimentés lors d'une relation synergétique avec un autre organisme. De telles formes de sexualité ont une qualité spirituelle indéniable ; les exemples les plus importants de cette catégorie sont la sexualité océanique et la sexualité tantrique.

La *sexualité océanique* est une manière de concevoir, d'aborder et d'expérimenter la sexualité. N'ayant pas trouvé dans la littérature un vocable approprié pour la décrire, j'ai dû créer ce néologisme. Son développement associe l'expérience d'unité cosmique et, à un niveau plus superficiel, celle d'union symbiotique extatique entre l'enfant et l'organisme maternel durant la grossesse et les périodes d'allaitement (expériences de bon et mauvais allaitement). Il s'agit d'une nouvelle compréhension et d'une nouvelle stratégie de la sexualité qui tendent à émerger spontanément après une confrontation empirique totale avec les MPF IV et I. Cette vision persiste indéfiniment dans la vie en tant que réalité empirique.

Dans la sexualité océanique, le modèle fondamental de synergie sexuelle n'est pas celui d'une décharge libératrice après une période d'effort et de lutte ardue, mais celui d'un flux joyeux nourrissant ou celui d'un échange d'énergies évoquant une danse. L'objectif est de perdre ses propres limites, d'éprouver un sentiment de béatitude; d'union et de fusion avec le partenaire. Le coït et la décharge orgasmique, bien qu'intenses, sont dans ce contexte considérés comme secondaires par rapport à l'objectif ultime qui consiste à atteindre un état transcendantal d'union des principes mâles et femelles. L'augmentation de la faculté orgasmique atteint parfois des dimensions archétypes alors qu'elle n'est pas primordiale dans ce contexte. Certains des sujets ayant atteint cette forme de sexualité affirment que la fonction de l'orgasme ne vise qu'à « supprimer le bruit biologique d'un système spirituel ». Des partenaires qui se désirent mutuellement et qui tentent de fusionner, expérimenteront, après une certaine période d'interaction, une tension génitale localisée. Cette tension devra être libérée par un orgasme avant qu'une expérience unitive plus totale et plus diffuse ne soit possible.

Un aspect caractéristique de cette approche de la sexualité est la tendance des partenaires à demeurer en contact physique étroit et en interaction amoureuse non-génitale pendant un long moment après l'orgasme sexuel. Des expériences océaniques intenses ont toujours une forte composante spirituelle ; l'union sexuelle est perçue comme un sacrement. Le partenaire devient parfois archétype et est perçu comme le représentant de tous les membres de son sexe. La situation présente une qualité paradoxale, étant simultanément une interdépendance sexuelle de deux êtres humains et une manifestation de l'union mâle et femelle à une échelle cosmique dans le sens de la polarité yin et yang chinoise. Les partenaires sont simultanément reliés à des dimensions mythologiques, se ressentent l'un et l'autre comme des personnages divins ou puisent dans diverses matrices phylogéniques. Dans le dernier cas, l'union sexuelle est vécue comme un événement très complexe, multidimensionnel, qui présente la sexualité comme une force naturelle submergeante aux proportions cosmiques. Les partenaires, tout en faisant l'amour, ont également le sentiment que les parties de leur être se meuvent en modèles et en rythmes qui représentent des danses d'amour et des comportements d'accouplement propres à d'autres espèces et d'autres formes de vie de la lignée évolutive.

La *sexualité tantrique* est la dernière forme de sexualité transpersonnelle. L'objectif de cette approche est l'expérience de la transcendance et de l'illumination, les organes génitaux et l'énergie sexuelle n'étant que des véhicules. Qualifier de sexuelle cette forme d'interaction est équivoque, puisqu'il s'agit d'une technique spirituelle yogi et non d'une activité visant à la satisfaction des besoins biologiques. Le coït est utilisé, dans cette stratégie sexuelle, pour activer les forces libidinales, mais n'aboutit pas à une décharge orgasmique et une éjaculation ; la satisfaction biologique constitue en fait, dans ce contexte, un échec.

Les disciples du Vama marga, ou la « voie de gauche » du tantra, participent à des rituels élaborés appelés Pancha-makara. Ce nom se réfère aux cinq composantes importantes de ces rites qui commencent toutes par la lettre M, madya (vin), mamsa (viande), matsya (poisson), mudra (céréales desséchées) et maithuna (union sexuelle). L'union sexuelle rituelle est pratiquée collectivement dans un lieu particulier et à un moment choisi avec soin par le gourou. La cérémonie accorde une grande importance à l'esthétique, recourant à la purification, aux bains rituels, aux fleurs fraîches, aux costumes somptueux, aux parfums d'encens, à la musique, aux chants et en particulier aux mets et au vin. Les préparations d'herbes ayurvédiques à base de puissants aphrodisiaques et de mélanges psychédéliques y tiennent une place essentielle.

La « voie de droite », ou Dakshina marga, demeure à un niveau symbolique et métaphorique en ce qui concerne la pratique, alors que la « voie de gauche » conduit au rituel de manière concrète. Son principe fondamental veut que la libération spirituelle est inaccessible en évitant les désirs et les passions, elle ne sera atteinte qu'en transformant ces éléments responsables de notre chute. Durant la culmination de ce rituel, les partenaires adoptent des poses yogi sexuelles particulières, ou tantra asanas. Ils respirent et méditent ensemble en une union génitale totale dans un effort concentré pour prolonger et explorer empiriquement l'instant précédant immédiatement la libération orgasmique.

Cette activité éveille et excite l'énergie spirituelle dormante dans la partie sacrée de l'épine dorsale connue sous le nom de Kundalini ou Pouvoir du Serpent. Sous sa forme active ou Shakti, cette énergie s'écoule alors en remontant le long de la colonne vertébrale à travers des conduits nommés Ida et Pingala et provoque l'ouverture et l'activation des sept centres d'énergie psychique, ou chakras. Les partenaires tantriques expérimentent, dans ces circonstances, un sentiment d'union cosmique des principes mâles et femelles et une connexion avec la source transcendantale.

Contrairement à la sexualité océanique, ou la tension sexuelle localisée est déchargée avant la fusion mâle-femelle, l'union et la tension génitale sont utilisées comme véhicule et l'énergie sexuelle est transformée en une expérience spirituelle. Nombreux sont les sujets LSD qui découvrent l'approche tantrique de la sexualité de manière spontanée au cours de séances psychédéliques et qui continuent à la pratiquer dans leur vie quotidienne, le plus souvent en alternance avec la sexualité océanique, voire avec des formes plus conventionnelles de sexualité. Les expériences sexuelles transpersonnelles et les modifications profondes de la vie sexuelle se déroulent aussi dans le cadre d'approches empiriques ne recourant pas à la drogue.

4.2. *Racines de la violence : sources d'agressivité biographiques, périnatales et transpersonnelles.*

Les explications avancées par la psychiatrie pour la majorité des désordres émotionnels sont superficielles, incomplètes et peu convaincantes. Ceci vaut en particulier dans les cas impliquant une violence extrême et une activité auto-destructrice. Je suis convaincu que le matériau psychodynamique de nature biographique — aussi traumatisant soit-il — est incapable de fournir une explication à des phénomènes psychopathologiques aussi graves que les auto-mutilations, les suicides sanglants, le sado-masochisme, les meurtres bestiaux ou les tueries impulsives pratiquées par des individus saisis de folie furieuse. Avoir été privé d'affection ou martyrisé ne sont pas motifs psychologiques suffisants pour justifier des actes de psychopathologie criminelle.

Ces actes ayant des conséquences capitales pour la vie d'un individu, il est permis de supposer que les forces qui les sous-tendent ont une importance cruciale. Des applications se fondant exclusivement sur l'analyse du matériau biographique paraissent encore plus absurdes et hors de propos lorsqu'on les applique aux cas extrêmes de psychopathologie sociale, tels que les exterminations massives, les génocides et les holocaustes. Elaborer des théories psychologiques pour tenter de relier une pathologie de masse à l'historique de mauvais traitements durant l'enfance, ou à quelque trauma affectif et physique est une entreprise vaine. Les spéculations de Robert Ardrey, Desmond Morris et Konrad Lorenz qui suggèrent que ce comportement destructeur et sadique est programmé phylogéniquement ne sont pas d'un grand secours puisque la nature et l'ampleur de l'agressivité humaine n'ont pas de parallèles dans le règne animal.

Je m'emploierai à décrire et à discuter, dans ce chapitre, certaines des observations les plus importantes du travail empirique en profondeur avec et sans recours aux substances psychédéliques qui semblent être d'une importance capitale pour le problème de l'agressivité humaine. Ce matériau clinique conforte les théories d'Erich Fromm ; il indique la nécessité de distinguer entre l'*agressivité défensive* ou *bénigne* qui est au service de la survie de l'individu et de l'espèce — et la destructivité *maligne* et *cruauté sadique* — dont les racines sont situées au niveau de la structure de la personnalité. Cette dernière forme d'agressivité serait spécifique aux êtres humains et tendrait à s'intensifier avec l'avance de la civilisation. Le véritable problème de l'humanité résulte de cette agressivité maligne, dépourvue de toute raison biologique ou économique sérieuse qui n'est ni adaptive ni programmée phylogéniquement. Eu égard à la puissance technologique moderne, elle constitue depuis quelques décennies une menace sérieuse tant pour l'existence de l'espèce humaine que pour la survie de la vie sur notre planète.

Les observations cliniques ont ajouté de nouvelles dimensions à ces conceptions. Elles indiquent que les modèles d'agressivité maligne sont compréhensibles en fonction de la dynamique de l'inconscient lorsque la cartographie est élargie pour englober les niveaux périnatal et transpersonnel. Cette découverte a des conséquences théoriques et pratiques de grande portée. Elle montre que l'agressivité maligne n'est pas un phénomène fatalement ancré dans le matériel du système nerveux central et dans les programmes instinctifs rigides, mais elle représente une manifestation de matrices fonctionnelles souples et modifiables.

Qui plus est, l'agressivité maligne s'inscrit dans le cadre du processus de mort/re-naissance et est donc reliée au besoin de transcendance et à la quête mystique. Les expériences d'agressivité maligne et d'auto-destruction se déroulant dans un cadre thérapeutique deviennent un instrument précieux dans le processus de transformation spirituelle. La violence insensée, qu'elle soit individuelle ou collective, serait due à une mauvaise compréhension et à une déformation des pulsions spirituelles. Il est possible de rediriger ces énergies vers des objectifs spirituels. Ces remarques préliminaires s'imposaient avant d'aborder l'étude des sources de l'agressivité maligne et celle de ses manifestations cliniques et sociales.

Les concepts de la psychanalyse veulent que l'agressivité soit en grande partie liée au matériau traumatisant de l'enfance et à d'autres facteurs biographiques. Elle émergerait avec les souvenirs impliquant une interférence entre la satisfaction des besoins fondamentaux ou de la sécurité de l'enfant et le sentiment de frustration qui en découle. Citons parmi les exemples typiques : les conflits à l'égard de l'obtention de plaisir dans diverses zones libidinales, le manque d'affection et le rejet des parents ou de leurs substituts et les abus physiques. L'implication des zones orale et anale est significative de ce point de vue. Le processus psychothérapeutique qui utilise des techniques dont le pouvoir de pénétrer l'inconscient est relativement limité donne à penser que l'agressivité est liée au matériau biographique. Le client et le thérapeute, n'atteindront donc jamais un niveau plus profond de compréhension du processus impliqué. Une image totalement différente commencera à émerger très tôt au cours de la thérapie si on utilise des techniques psychédéliques.

L'individu rattachera en premier lieu l'agressivité à divers événements biographiques de l'enfance, mais l'intensité des pulsions destructives attachées à ce matériau est excessive et disproportionnée par rapport à la nature et à l'importance des situations impliquées. On découvrira parfois que les traumatismes psychologiques tirent en fait leur puissance émotionnelle de traumatismes physiques, reliés sur le plan thématique. Or, ce mécanisme ne suffit pas à fournir une explication complète et satisfaisante. Au fur et à mesure que s'approfondit le processus d'exploration empirique de soi, il devient évident que le secret des émotions et des sensations impliquées réside dans le niveau périnatal sous-jacent et dans des connexions entre le matériau biographique et certaines facettes spécifiques du traumatisme de la naissance, qui est la source véritable de ces pulsions agressives.

Ainsi, l'agressivité orale extrême accompagnée de sentiments meurtriers et de tendances vicieuses à mordre, connue lors de certains aspects déplaisants de l'allaitement sera soudain identifiée comme étant également la fureur d'un bébé luttant désespérément pour sa vie à l'intérieur de la filière pelvi-génitale. Des émotions et des sensations qui étaient attribuées au traumatisme de la naissance et reliées aux peurs de la castration seraient rattachées à la séparation effrayante d'avec la mère lorsque le cordon ombilical est sectionné. Des pulsions agressives violentes, des spasmes anaux et des peurs du matériau biologique qui étaient imputés à un apprentissage sévère de la propreté, seront réinterprétés comme une réaction à la lutte vitale durant la phase finale de la naissance. La fureur associée à la suffocation, qui est au niveau biographique une réaction somatisée à l'influence coercitive, contraignante d'une mère dominatrice, sera empiriquement reliée à l'organisme maternel, lequel emprisonne et étrangle l'enfant durant l'accouchement.

Dès qu'on admet que seule une partie des pulsions agressives meurtrières appartiennent aux situations traumatisantes de l'enfance, il devient évident que leur source profonde est le trauma de la naissance ; l'ampleur, l'intensité et la nature maligne des pulsions violentes acquièrent alors un sens. La menace à la survie de l'organisme impliquée dans le processus de la naissance, la tension physique et émotionnelle intense, la douleur insupportable et la suffocation font de cette situation une source possible d'agressivité maligne. Il est compréhensible que la réactivation d'un souvenir conscient dans lequel la survie est sérieusement menacée par un autre organisme biologique résulte parfois en des pulsions agressives susceptibles de mettre en danger la vie de l'individu ou d'autres personnes.

La compréhension de phénomènes obscurs et stupéfiants, tels que l'automutilation, les suicides sanglants, les meurtres sadiques ou les génocides sera plus facile lorsque nous prendrons conscience du fait que leur source empirique est un processus d'ampleur et d'importance comparables. Le fait que toutes les zones érogènes freudiennes sont profondément engagées dans le processus de la naissance favorise naturellement les traumatismes ultérieurs durant les diverses phases du développement libidinal. Des expériences difficiles et douloureuses impliquant les zones et les fonctions orales, anales, urétrales et phalliques ne sont donc pas seulement traumatisantes par elles-mêmes, mais encore en raison de leur association thématique étroite avec des éléments périnatals spécifiques. Il résulte de cette connexion qu'elles fournissent des canaux empiriques à travers lesquels différents aspects de la dynamique périnatale influencent des processus conscients dans certaines circonstances. Les expériences de l'enfance ne sont donc pas les véritables sources primaires de l'agressivité maligne. Elles participent uniquement à la réserve insondable d'agressivité périnatale, elles affaiblissent les défenses qui l'empêchent d'émerger dans la conscience et influencent de manière spécifique ses manifestations dans la vie de l'individu.

Le rapport entre l'agressivité maligne et la dynamique périnatale trouve un support important dans certaines observations courantes de la thérapie psychédélique. Une représentation clinique caractéristique tend à se développer lorsque l'effet pharmacologique du LSD se dissipe alors que le sujet est sous l'influence de la MPF III et lorsque l'expérience n'atteint pas le point de résolution en passant à la MPF IV. Ceci implique une extrême tension physique et émotionnelle de nature généralisée qui s'accompagne de sensations de fortes pressions dans diverses parties du corps, ainsi que d'un malaise localisé dans certaines zones érogènes. Le modèle spécifique de cet état varie énormément d'une situation à une autre.

L'émergence de pulsions agressives dans la conscience est une autre caractéristique. Un effort extrême pour conserver le contrôle et empêcher le déclenchement de la violence est souvent nécessaire. Les individus se décrivent comme étant des « bombes à retardement » prêtes à exploser à tout moment. Cette énergie destructive est orientée tant vers l'intérieur que vers l'extérieur ; des pulsions auto-destructrices élémentaires et une agressivité orientée vers des personnes et vers des objets de l'environnement coexistent et alternent en séquences relativement rapides. Le suicide ou l'homicide sont des actes plausibles si ces forces volcaniques sont autorisées à se manifester ou si elles vainquent les défenses. Les tendances destructrices et auto-destructrices sont toujours présentes, mais dans certains cas les unes dominent les autres.

Ces observations indiquent un lien psychogénique entre la violence, le meurtre, le comportement auto-destructeur et le suicide sanglant d'une part, et la dynamique de la troisième matrice périnatale d'autre part. Elles sont en outre très importantes pour la compréhension de diverses situations dans lesquelles l'individu tue sans discrimination et se suicide ensuite. Le phénomène de la folie amok — un syndrome culturel enregistré en Malaisie — illustre ce point. Une analyse même superficielle de la vie d'individus ayant commis des meurtres massifs révèle que les thèmes directement liés à la MPF III abondent dans leurs rêves et dans leurs fantasmes, et influencent leur vie quotidienne.

Un exemple socioculturel de comportement reflétant la dynamique de la MPF III est celui du kamikaze ; il détruit et meurt dans le même acte. Ce dernier est considéré simultanément dans un cadre spirituel plus vaste comme un sacrifice pour une cause supérieure et pour l'Empereur, personnification du divin. Une forme mitigée d'activation de la troisième matrice périnatale résultera en un état d'irritabilité, de colère et en une forte tendance à provoquer des conflits, à attirer l'agressivité des autres et à se sentir coupable.

Des observations similaires éclairent également d'un jour nouveau divers comportements autodestructeurs qui résultent en des mutilations ; une fois de plus la dynamique de la MPF III en porte la responsabilité. Des individus expérimentant au cours de leurs séances des sensations douloureuses intenses, qui sont parties intégrantes du combat de mort/re-naissance, éprouvent un besoin irrésistible de ressentir extérieurement une souffrance comportant les mêmes sensations. Ainsi, une personne affligée d'une douleur atroce au niveau du cou ou au niveau du dos réclamera un massage douloureux. Des sensations de suffocation résultent parfois en un désir de vivre une strangulation. Dans les cas extrêmes, des individus croient que pour obtenir un soulagement de leur insupportable douleur, il est nécessaire qu'ils soient mutilés ou poignardés. Les assistants doivent donc les empêcher de se blesser, de se frapper la tête contre les murs, de se griffer le visage ou de s'arracher les yeux.

Une analyse plus profonde révèle que ces phénomènes, qui en surface suggèrent une psychopathologie grossière, correspondent en fait à une tentative de se soigner. Quelque matériau traumatisant est sur le point d'émerger de l'inconscient lorsqu'un individu expérimente une douleur intense ou une émotion négative en l'absence de stimulus externe adéquat. L'émotion ou la sensation déplaisantes sont représentées dans le cadre de cette gestalt sous-jacente avec une intensité qui surpasse celle éprouvée consciemment par le sujet. Le problème est résolu et la guérison intervient lorsque la nature et l'intensité de l'expérience consciente correspondent exactement à celle de la gestalt.

La conception selon laquelle il importe d'expérimenter plus avant le même malaise pour accéder à la résolution du problème s'avère donc correcte. Le modèle empirique doit toutefois être vécu intérieurement et non pas extérieurement. Il est essentiel que le sujet revive la situation originale d'une manière complexe et avec une perception consciente totale. Vivre une réplique modifiée sans avoir un accès empirique au niveau de l'inconscient auquel elle appartient, perpétue le problème et ne le résout pas. Ces individus qui tentent de se mutiler commettent l'erreur de confondre le processus intérieur et les éléments de la réalité externe. Cette erreur évoque celle commise par un individu qui revit sa naissance biologique et qui cherche une fenêtre ouverte parce qu'il y voit un moyen de s'échapper de la filière pelvi-génitale. La présence d'un assistant capable de créer un environnement sécurisant et de prévenir des accidents graves dus à une évaluation erronée de la réalité par le client est indispensable.

Des tendances à l'automutilation persistent parfois dans la vie quotidienne durant les périodes indéterminées lorsqu'une séance dominée par la MPF III est mal résolue. Un tel état est souvent indiscernable d'une tendance à l'automutilation rencontrée dans des états psychopathologiques se manifestant spontanément. En présence d'une telle situation, il est essentiel de poursuivre le travail de « mise à nu » en utilisant diverses techniques empiriques pour atteindre la résolution. En cas d'insuccès, il convient de prévoir une nouvelle séance psychédélique le plus tôt possible. Il arrive que l'automutilation ne reflète pas l'existence d'un sentiment spécifique dans l'inconscient, mais que l'absence de sentiment l'engendre. L'individu se pincera, se coupera ou se brûlera afin de vaincre un sentiment d'anesthésie physique et émotionnelle et de provoquer une réaction. Un manque de sentiment ne signifie pas un manque de sensibilité, mais un choc de forces conflictuelles qui s'annihilent mutuellement. Un tel conflit dynamique a le plus souvent des racines périnatales.

Les réserves les plus importantes de pulsions agressives sont les matrices périnatales négatives ; nombre d'expériences transpersonnelles jouent cependant le même rôle. Ainsi, une hostilité importante est associée à la reviviscence de souvenirs de diverses crises embryonnaires, en particulier de tentatives d'avortement. Une forte charge d'émotions négatives est attachée, dans certains cas, à un souvenir ancestral, racial ou collectif. Des manifestations relativement spécifiques d'agressivité accompagnent l'identification authentique à diverses formes animales ; elles impliquent la lutte contre des ennemis et des rivaux de la même espèce ou contre des animaux, des reptiles et d'autres prédateurs ou encore le fait de traquer des proies pour se nourrir.

La reviviscence de souvenirs traumatisants d'incarnations passées constitue une autre source d'agressivité. Il est important dans ce contexte de revivre les événements concernés, y compris les émotions et les sensations physiques, de se libérer des liens de la colère et d'autres sentiments négatifs, et d'arriver à pardonner et à oublier. La mythologie abonde en thèmes impliquant l'agressivité et la violence ; nombre de séquences archétypes mettent donc en scène des démons horribles et des divinités haineuses, des combats féroces entre dieux, héros et créatures légendaires, ainsi que des catastrophes aux dimensions inimaginables. L'énergie destructrice est également liée à des scènes transpersonnelles et inorganiques telles que des irruptions volcaniques, des tremblements de terre, des tempêtes, des destructions de corps célestes et des trous noirs.

Les domaines transpersonnels représentent donc une réserve riche et variée d'énergies négatives. Ils sont, à l'instar des sources biographiques et périnatales, d'une grande importance pour la compréhension de la psychopathologie et de la psychothérapie. Les racines transpersonnelles de l'agressivité représentent parfois la couche la plus profonde d'un agencement multidimensionnel qui implique aussi des composantes biographiques et périnatales ; elles mettent également en évidence des symptômes spécifiques d'ordre affectif et psychosomatique. Quoi qu'il en soit l'individu doit expérimenter les gestalts transpersonnelles concernées afin de résoudre ce type de problèmes cliniques.

4.3. *Dynamique des dépressions, des névroses et des désordres psychosomatiques.*

La cartographie élargie de la psyché humaine est une base précieuse pour une compréhension plus profonde de nombre d'états psychopathologiques rencontrés dans la pratique psychiatrique quotidienne. Les théories à orientation biographique offrent des explications dynamiques aux divers phénomènes cliniques alors que le nouveau modèle donne une interprétation plus précise, plus globale et dans bien des cas plus simple. Il décrit avec une plus grande exactitude les interrelations et les interactions complexes existant entre les symptômes et les syndromes individuels et il reflète plus fidèlement les observations cliniques quotidiennes. Il intègre également de manière complète certains syndromes que les anciennes théories n'expliquaient qu'au moyen de spéculations hypothétiques et peu convaincantes. Ceci vaut en particulier pour l'agressivité maligne, pour le sadomasochisme, pour les perversions sexuelles graves, pour diverses formes de suicide, pour la plupart des manifestations psychotiques et pour la majorité des cas de pathologie spirituelle.

Je tiens toutefois à rappeler que le cadre conceptuel présenté dans cet ouvrage est décrit et utilisé en tant que « modèle » et non en tant que description précise de la réalité. Il représente donc une organisation utile des observations et des données actuellement disponibles et il est évident qu'il devra être revu, élargi, voire remplacé lorsque de nouvelles données émergeront ou lorsque de nouveaux principes explicatifs seront découverts. Sa validité repose sur les critères suivants : son aptitude à refléter et à synthétiser les observations de nombre de disciplines différentes ; son utilisation de nouveaux mécanismes et de nouvelles approches thérapeutiques qui surpassent ceux existant à l'heure actuelle ; et sa capacité à engendrer des idées intéressantes en ce qui concerne la recherche et l'exploration ultérieure de nouveaux secteurs. Les descriptions du niveau biographique de l'inconscient en vigueur dans la psychanalyse classique ne nécessitent que des ajustements mineurs pour être intégrés dans le nouveau modèle ; les rôles des dynamiques périnatale et transpersonnelle pour la compréhension de la psychopathologie doivent en revanche être étudiés en détail eu égard à leur caractère novateur et à leur importance critique.

La dynamique des matrices périnatales est d'une importance

théorique et pratique toute particulière. Ces phénomènes sont facilement accessibles et se manifestent régulièrement dans les rêves et dans la vie quotidienne. Il est en général plus difficile de contrôler ces forces que d'y avoir un accès conscient. Fournir aux patients une nouvelle interprétation, s'efforcer de les rassurer et de leur procurer un cadre sécurisant font que la respiration intensive et la musique suffisent à favoriser un accès empirique au matériau périnatal. L'intégration à la théorie psychiatrique du concept des matrices périnatales et de celui du trauma de la naissance ouvre de nouvelles perspectives fascinantes. Elle permet d'expliquer de manière naturelle et logique la majorité des désordres psychopathologiques, en se fondant sur les relations existant entre ce niveau de la psyché et l'anatomie, la physiologie et la biochimie de la naissance biologique.

La transcendance de l'orientation biographique étroite de la psychiatrie contemporaine a également des implications d'une grande portée pour la thérapie. Dans le nouveau contexte, la plupart des catégories psychopathologiques apparaissent soudain comme étant des phases difficiles relativement stabilisées d'un processus de transformation et d'évolution. La stratégie thérapeutique impliquant l'activation et l'acceptation plutôt que la suppression des mécanismes de guérison et de transformation de la personnalité, s'enclenche et surpasse tout ce que la psychothérapie et la psychiatrie traditionnelles ont à offrir.

Les psychiatres considèrent en général les manifestations liées à la dynamique des matrices périnatales comme des indications d'une maladie mentale grave devant être soulagée par tous les moyens. L'application routinière de cette stratégie thérapeutique, qui émane du modèle médical, fait de la psychiatrie une technique anti-thérapeutique puisqu'elle interfère avec un processus possédant un potentiel curatif intrinsèque. Proposer une nouvelle compréhension de ce processus, l'encourager et le faciliter devrait être considéré, dans bien des cas, comme une méthode positive, ou tout au moins reconnue comme une alternative importante.

Je me concentre, après cette brève introduction, sur la nouvelle compréhension de la psychopathologie se fondant sur le concept des matrices périnatales. Les psychiatres considèrent en général qu'il est impossible de penser en termes d'entités morbides définies par rapport à une étiologie et à une pathogenèse reconnues. Les quelques exceptions — dysfonctions mentales associées à une paralysie générale, maladies circulatoires et dégénératives du système nerveux central, méningite et encéphalite, ou différentes formes de tumeurs cérébrales — sont en fait des problèmes qui sont diagnostiqués et traités par des techniques développées par la neurologie. Des patients présentant de tels désordres seront adressés à des institutions psychiatriques s'ils présentent des problèmes de comportement sérieux.

Il est plus approprié de penser, pour la majorité des désordres rencontrés dans la pratique psychiatrique quotidienne, en termes de symptômes et de syndromes. Les *symptômes* sont des manifestations émotionnelles et psychosomatiques qui représentent des unités fondamentales, des constituants ou des parcelles matérielles élémentaires de psychopathologie. Les *syndromes* sont des rassemblements ou des constellations typiques de symptômes rencontrés dans la pratique clinique.

Une analyse minutieuse des observations de la psychothérapie empirique en profondeur révèle qu'un modèle conceptuel, qui inclut la dynamique périnatale, permet de rattacher la plupart des symptômes psychiatriques aux caractéristiques du processus de naissance biologique. Il est également à même d'expliquer pourquoi les symptômes psychiatriques individuels tels que l'angoisse, l'agressivité, la dépression, la culpabilité, les sentiments d'infériorité ou les obsessions et les compulsions, ont tendance à se rassembler en syndromes typiques.

L'*angoisse*, généralement considérée comme le symptôme psychiatrique le plus important, est un sentiment qui accompagne logiquement et naturellement le processus de naissance puisque l'accouchement est une situation qui met en danger la vie de l'individu et qui implique une tension physique et émotionnelle extrême.

Rien n'interdit d'interpréter l'*agressivité* extrême comme une réaction à la douleur physique et émotionnelle excessive, à la suffocation et à la menace de mort, éprouvées dans ce contexte. En imposant une telle situation à un animal libre de ses mouvements, on provoquerait chez lui des crises de rage et une explosion motrice. L'enfant, emprisonné dans les limites étroites de la filière pelvi-génitale, se trouve dans l'impossibilité de donner libre cours à ses pulsions émotionnelles et motrices, puisqu'il ne peut ni bouger ni réagir ni échapper à la situation qu'il subit et encore moins crier. On conçoit en conséquence que des quantités énormes de pulsions agressives et de tension soient refoulées dans l'organisme et emmagasinées en vue d'une libération ultérieure. Cette réserve prodigieuse risque de devenir non seulement le fondement de l'agressivité et des pulsions violentes, mais encore celui de divers phénomènes moteurs qui accompagnent nombre de désordres psychiatriques tels que : *tension musculaire généralisée, tremblements, convulsions, tics* et *attaques.*

Le système clos de la filière pelvi-génitale interdisant toute expression interne de fureur biologique fournit un modèle naturel au concept développé par Freud de la dépression : forme d'agressivité tournée vers l'intérieur et utilisant l'individu comme cible. Cette relation est illustrée par le fait que l'expression extrême de la dépression et de l'agressivité est le meurtre. Seule la direction de la pulsion destructrice diffère en cas d'homicide ou de suicide. Le symptôme de la *dépression* a donc lui aussi son prototype périnatal. La dépression inhibée correspond à la situation du « sans issue » de la MPF II, laquelle empêche toute décharge énergétique, et la dépression agitée correspond à la MPF III, laquelle autorise une certaine expression de l'agressivité.

Les manifestations psychologiques, émotionnelles et physiques de patients déprimés représentent une combinaison d'éléments ; certains reflétant le rôle de la victime et d'autres étant des forces restrictives, répressives et auto-punitives. Dans le travail empirique régressif, les aspects « victimes » de la dépression peuvent être rattachés à l'expérience de l'enfant durant l'accouchement, tandis que les éléments hostiles, coercitifs et autodestructeurs sont identifiés à une introjection des contractions utérines et des pressions de la filière pelvi-génitale. Les racines périnatales des principaux types de dépression permettent d'expliquer nombre des caractéristiques émotionnelles et biochimiques de ces désordres.

Il est difficile d'imaginer une situation dans laquelle l'élément d'impuissance serait plus marqué que celle d'un fœtus confronté aux forces brutales et élémentaires de la filière pelvi-génitale. Il n'est donc pas surprenant que les racines profondes des *sentiments d'inadaptation* et du *complexe d'infériorité* — un autre composant essentiel des désordres psychiatriques — plongent dans le trauma de la naissance. La combinaison caractéristique d'un sentiment extrême d'inadaptation et d'une ambition démesurée accompagnant la poursuite illusoire de projets grandioses prend tout son sens dans ce contexte.

Il est plus difficile de rattacher le sentiment de *culpabilité* — un autre symptôme psychiatrique essentiel — au processus de la naissance. Le travail avec des patients souffrant de sentiments de culpabilité irrationnels et puissants révèle certains facteurs biographiques susceptibles de les expliquer. Citons à titre d'exemple : des critiques et des reproches incessants de la part des parents, voire des allusions directes à la souffrance de l'accouchement. Ces facteurs biographiques ne représentent toutefois que le sommet de l'iceberg. Leur source profonde est un sentiment de culpabilité primordiale aux dimensions métaphysiques qui est étroitement lié aux matrices périnatales. Ce rapport est illustré par des exemples mythologiques et archétypes. Ainsi, le

« péché originel » de la Bible rattache le sentiment de culpabilité à l'expulsion du Jardin d'Eden. En d'autres termes, disons que la punition que Dieu inflige à Eve implique une référence explicite aux fonctions reproductrices de la femme : « Tu enfanteras dans la douleur ».

Il arrive que des sujets, se fondant sur ce qu'ils ont vécu durant leurs séances, proposent des interprétations à la relation existant entre culpabilité et naissance. Certains attribuent la culpabilité à l'inversion de la connexion causale entre la perte de l'état utérin et les émotions négatives intenses ressenties durant l'accouchement. L'explication la plus courante et la plus plausible relie la culpabilité à la reconnaissance ou à la prise de conscience de la quantité d'énergie emmagasinée dans l'organisme humain ou de la quantité de douleur qui lui a été infligée. Il est logique que la conscience de la culpabilité atteigne des proportions énormes lorsque le processus d'exploration de soi accède au niveau périnatal puisqu'une grande partie de la douleur affective et physique éprouvée par l'individu durant sa vie a été associée au trauma de la naissance.

L'individu, qui entre empiriquement en contact avec cette masse de souffrance, dispose de deux possibilités. La première consiste à accepter le fait que nous vivons dans un univers imprévisible où les « choses » les plus horribles nous sont imposées sans raison apparente, sans que nous puissions ni le prévoir ni le contrôler. La seconde se manifeste lorsque l'individu répugne à accepter cette image de l'univers et éprouve un besoin profond de considérer le cosmos comme un système gouverné par une loi et un ordre fondamentaux.

La culpabilité inconsciente est proportionnelle à sa quantité de douleur de même nature. Les individus concernés rattachent souvent cette culpabilité à des situations spécifiques dont ils conservent un souvenir conscient encore que vague et abstrait. Citons par exemple : des activités sexuelles prohibées ou divers comportements inacceptables. Ils sont convaincus d'avoir commis un acte horrible mais ils ignorent lequel. Considérer la culpabilité comme étant le résultat d'un effort désespéré de rationaliser l'absurdité de la souffrance imposée à l'individu sans raison intelligible, est donc sensé *.

Cette explication est à la fois plausible et invraisemblable en

---

* Des sentiments forts, irrationnels et incompréhensibles de culpabilité s'avèrent parfois intolérables et poussent l'individu à commettre un crime. Les relier à une situation concrète procure en principe un certain soulagement. Cet état est connu en psychiatrie sous le nom de *pseudodélinquance*. Un criminel typique ne souffre pas de culpabilité ; son conflit n'est pas de nature intrapsychique mais il est dirigé contre la société et la justice.

ce qui concerne ce niveau de conscience. Des possibilités insoupçonnées se présentent à l'individu lorsque le processus d'exploration de soi accède au niveau transpersonnel. Les aspects traumatisants de la naissance sont soudain identifiés à l'assimilation d'un mauvais karma. La souffrance n'est alors ni absurde ni capricieuse ; elle devient le reflet de la responsabilité karmique individuelle. Les racines les plus profondes de la culpabilité traduisent un sentiment de solidarité avec le principe créatif pour toute la souffrance accumulée dans le jeu divin de l'existence. Elles impliquent une confusion de la détermination logique ; les critères éthiques de la création s'inversent et se retournent contre le créateur.

L'excitation sexuelle excessive, caractérisant la MPF III, forme un fondement naturel pour diverses *dysfonctions* et *déviations sexuelles*. Les *attitudes inhabituelles à l'égard des excréments* s'expliquent par des événements liés à la naissance biologique. Le fait que l'ouverture spirituelle et les sentiments mystiques font partie intégrante de la dynamique périnatale éclaire d'un jour nouveau la *psychopathologie de la religion* ainsi que celle de divers états cliniques présentant une composante spirituelle indéniable, tels que la compulsion obsessionnelle et certaines psychoses.

Les désordres émotionnels s'accompagnent de *manifestations psychosomatiques* spécifiques. Cette remarque vaut pour certaines formes de dépressions et de psychonévroses, pour l'alcoolisme et l'intoxication, pour les états psychotiques indéfinis, pour les psychoses et en particulier pour les maladies psychosomatiques. La nature et certaines caractéristiques des composantes physiques des désordres émotionnels sont également compréhensibles par rapport à leur relation avec la naissance. On a assisté à des polémiques interminables entre les écoles organique et psychologique de psychiatrie quant à savoir qui des facteurs biologiques ou psychologiques jouait un rôle primordial dans les désordres émotionnels. L'introduction du niveau périnatal de l'inconscient dans la théorie psychiatrique moderne comble le fossé entre ces deux orientations et fournit une alternative surprenante : la naissance étant un processus à la fois émotionnel, physiologique et biochimique, la question de déterminer quel élément prévaut est sans importance à ce niveau de la psyché. Les aspects émotionnels et biologiques représentent en réalité deux facettes d'un même phénomène et sont réductibles au même dénominateur commun : le processus de la naissance.

Les composantes physiques de divers désordres émotionnels acquièrent tout leur sens lorsqu'on les considère dans ce contexte. Elles comprennent : des maux de tête, des migraines, des palpitations et d'autres troubles cardiaques, une sensation subjective de manque d'oxygène et des difficultés respiratoires lors d'une tension émotionnelle ; des douleurs musculaires, des tensions, des tremblements, des crampes et des attaques ; des nausées et des vomissements ; des contractions utérines, une activation du transit gastro-intestinal résultant en une constipation ou en des diarrhées spasmodiques ; une transpiration abondante ; des bouffées de chaleur alternant avec des frissons ; des modifications de la circulation sanguine au niveau cutané et diverses manifestations dermatologiques. La compréhension de certains troubles psychiatriques graves présentant à la fois des aspects émotionnels et physiques est facile si on établit un parallèle entre les manifestations psychosomatiques et le souvenir émergent du traumatisme de la naissance.

Le niveau périnatal de l'inconscient fonctionne comme une matrice potentielle universelle et relativement indifférenciée pour le développement de la plupart des formes de psychopathologie. Eu égard à l'ampleur avec laquelle les matrices périnatales reflètent le trauma véritable de la naissance, des variations substantielles devraient exister d'un individu à l'autre.

La nature et la durée de l'accouchement n'est toutefois pas, dans le cadre du modèle présenté ici, le seul facteur intervenant dans le développement de la psychopathologie. Parmi des individus ayant connu une naissance comparable, certains seront relativement normaux, alors que d'autres présenteront des troubles à des degrés divers. L'ensemble d'émotions et de sensations physiques pénibles associées au trauma de la naissance ne représente qu'une source potentielle des désordres mentaux ; l'historique postnatal et donc la nature et la dynamique des systèmes COEX déterminent également de manière critique le fait qu'une psychopathologie se développe ou non, la forme qu'elle adoptera ainsi que sa sévérité.

La manipulation délicate du nouveau-né, la reconstruction artificielle de l'état symbiotique et l'importance du laps de temps accordé à l'établissement d'une relation entre la mère et l'enfant sont des facteurs décisifs susceptibles de compenser en grande partie l'impact négatif du trauma de la naissance. Les observations de l'étude moderne de la conscience indiquent qu'une révision fondamentale des approches médicales actuelles — qui se soucient de la perfection de la mécanique physique mais négligent les liens biologiques et affectifs entre la mère et l'enfant — est indispensable à la santé mentale de l'humanité. Il importe donc de ne pas sous-estimer l'importance des approches alternatives de l'accouchement qui s'efforcent de corriger l'effrayante situation que nous connaissons. Mentionnons à ce propos la naissance sans violence de Frédéric Leboyer et les approches du mouvement du nouvel âge.

Des individus, qui revivent empiriquement leur naissance avec ou sans utilisation de drogue, rapportent souvent qu'ils ont découvert une relation étroite entre le modèle et les circonstances de leur naissance et la qualité générale de leur vie. L'expérience de la naissance déterminerait donc nos sentiments face à l'existence, notre représentation du monde, nos attitudes à l'égard d'autrui, notre tendance optimiste ou pessimiste et des éléments tels que la confiance en soi, la capacité à affronter des difficultés et à mener à bien des projets.

Le modèle médical prétend que l'enfant n'est pas conscient de son environnement et qu'il n'éprouve pas la moindre douleur. La neurophysiologie, arguant de l'« immaturité » du cortex cérébral et de l'absence de myéline dans les neurones, nie la possibilité du souvenir de la naissance. Cette position est due à une répression psychologique et ne constitue pas une théorie scientifique sérieuse. Cette approche contredit à un niveau plus superficiel d'autres expériences ayant démontré une sensibilité remarquable du fœtus durant l'existence intra-utérine et diverses observations suggérant la présence de formes primitives de mémoire dans les organismes unicellulaires.

Quoi qu'il en soit, la reviviscence de la naissance au cours du travail empirique clinique indique que du point de vue introspectif ce processus est perçu et interprété comme une menace requérant une lutte et un effort extrêmes, un véritable voyage du héros. Ainsi, le moment de la naissance est vécu comme un triomphe personnel. Des illustrations attestent de cette conception en associant cet événement à des images de victoire lors de révolutions, de guerres ou de combats avec des animaux sauvages et dangereux. L'individu expérimente parfois un panorama condensé de tous ses succès antérieurs. L'expérience de la naissance fonctionne donc comme un prototype de toutes les situations futures représentant une menace sérieuse pour la survie ou l'intégrité physique.

L'individu, confronté à la reviviscence de sa naissance de manière raisonnable, c'est-à-dire sans excès et sans débilité, en retire presque un sentiment cellulaire de confiance en soi face aux difficultés de la vie, à la condition expresse qu'il ait été entouré de soins attentionnés lors de l'événement réel. Les personnes nées sous l'influence d'une forte anesthésie générale rattachent cette expérience à leurs difficultés ultérieures à réaliser leurs projets. Elles précisent qu'elles sont capables de mobiliser suffisamment d'énergie et d'enthousiasme dans les premières phases d'une entreprise difficile, mais qu'elles perdent ensuite leur concentration et qu'elles sentent leur détermination s'évanouir. Elles ne connaissent donc jamais le sentiment de bien-être que procure la réalisation d'un projet. Le modèle est quelque peu similaire lorsque l'accouchement a nécessité une intervention manuelle ou l'emploi de forceps. L'individu concerné fait preuve d'énergie et d'enthousiasme dans les premières phases d'un projet, mais il perd confiance en lui juste avant son achèvement et doit faire appel à autrui pour recevoir le « coup de pouce final ». Des personnes dont la naissance a été provoquée affirment avoir horreur d'être lancées dans des projets lorsqu'elles ne se sentent pas prêtes ou éprouvent le sentiment qu'on leur a forcé la main et ce même si tel n'est pas le cas.

L'étude des individus nés par césarienne est d'une importance théorique et pratique capitale. Il est nécessaire pour ce faire de distinguer entre les césariennes prévues et celles pratiquées d'urgence. Les premières sont réalisées pour diverses raisons : bassin trop étroit, enfant trop gros, utérus endommagé. Précisons en outre que la femme choisit parfois pour des raisons personnelles de mettre son enfant au monde de cette manière. L'enfant né par césarienne évite les situations des matrices périnatales II et III. Il n'échappe cependant ni à la crise due à la séparation d'avec la mère ni à celle due à la section du cordon ombilical ni à celle due aux effets de l'anesthésie. La césarienne pratiquée d'urgence l'est habituellement après des heures d'un accouchement pénible lorsque le gynécologue s'aperçoit que l'issue risque d'être fatale à la mère ou à l'enfant. L'impact du traumatisme est dans ces circonstances supérieur à celui d'une naissance normale.

N'ayant travaillé qu'avec des individus nés par césarienne prévue ou facultative, mes observations ne représentent donc que des impressions cliniques et devront être confirmées par un travail plus approfondi. Ces sujets paraissent très ouverts à la dimension spirituelle et jouissent d'un accès empirique aisé au domaine transpersonnel, hormis s'ils ont dû affronter des situations négatives au cours de leur vie. Ils acceptent sans difficultés nombre de phénomènes qui posent à un individu moyen de sérieuses difficultés conceptuelles, tels que la réalité de la perception extra-sensorielle, celle de la réincarnation ou celle du monde archétype. Ils atteignent au cours des séances psychédéliques le niveau transpersonnel de manière relativement directe et n'affrontent pas les éléments des MPF II et III. Leur reviviscence de la naissance biologique comprend en revanche des expériences caractéristiques de la césarienne : incisions chirurgicales, extraction manuelle de l'abdomen maternel, émergence dans la lumière à travers une ouverture sanglante et effets de l'anesthésie.

Ces sujets rapportent qu'ils éprouvent le sentiment que le déroulement fondamental des « choses » n'est pas normal. Il semble qu'ils comparent la manière dont ils sont venus au monde à quelque matrice phylogénique ou archétype leur indiquant en quoi consiste une naissance. On note avec étonnement qu'ils déplorent de ne pas avoir connu cette expérience. D'aucuns demandent à l'assistant de simuler la situation contraignante de la naissance et luttent alors pour leur libération. Le « raccourci » qu'ils ont emprunté leur interdit d'affronter les vicissitudes ultérieures de la vie en les privant de l'étincelle nécessaire à la lutte et à l'enthousiasme.

Les individus nés par césarienne — qu'elle ait été prévue ou facultative — n'ont pas le sens de la place qui leur est réservée dans le monde et sont incapables de juger de ce qu'ils sont en droit d'attendre des autres. Le monde entier devrait être leur ventre nourricier et devrait satisfaire de manière inconditionnelle leur moindre désir. En d'autres termes, disons que plus ils reçoivent, plus ils demandent. Leurs exigences étant déraisonnables, elles se retournent tôt ou tard contre eux. L'individu blessé se retire alors dans un isolement psychologique. Le mode de vie d'un individu né par césarienne va d'un extrême à l'autre, c'est-à-dire d'exigences indiscriminées et excessives à un retrait douloureux *.

Il existe une grande différence entre une naissance normale et une naissance par césarienne. L'état intra-utérin se dégrade et devient insupportable dans le premier cas ; la naissance est donc vécue comme une libération et comme une amélioration fondamentale. Dans le cas d'une césarienne, l'enfant quitte un état symbiotique pour faire une entrée brutale dans le monde où maintes difficultés l'assaillent. Cette situation est pire que la précédente bien que durant les dernières semaines de la grossesse, le bien-être du fœtus ne soit plus comparable à celui de l'embryon.

Traiter le nouveau-né avec amour et sensibilité compense le choc de la naissance, en particulier si la grossesse s'est déroulée de manière satisfaisante et si l'enfant dispose de bonnes bases psychologiques. Un tel enfant aura passé neuf mois dans un utérus

---

* Jane English, qui a étudié systématiquement les implications des naissances par césarienne prévue ou facultative, décrit certaines caractéristiques supplémentaires, telles que l'attachement à l'obstétricien et des déformations subséquentes des relations avec des personnes du même sexe, des modèles différents de tension corporelle, une attitude défensive à l'égard des contacts physiques, etc.

accueillant avant de se trouver projeté dans le processus de naissance. Je suis convaincu que cet événement est toujours traumatisant, même s'il est de courte durée et si la mère est stable, aimante et bien préparée. Cet enfant devrait toutefois être replacé directement après l'expulsion sur le ventre ou sur le sein de sa mère. L'impact réconfortant du contact physique a été démontré empiriquement et on sait de plus que les battements du cœur ont un effet nourricier sur le nouveau-né.

La symbiose vécue sur un sein accueillant équivaut à celle vécue dans le ventre maternel ; elle permet à un lien de s'établir, qui selon des études récentes, aurait une influence décisive sur la relation entre la mère et l'enfant.

On simule ensuite la condition intra-utérine en plongeant l'enfant dans un bain d'eau tiède. Cet acte constitue un autre élément apaisant et curatif *.

Un enfant, confronté immédiatement après sa naissance au « traitement médical parfait » en vigueur à notre époque, se trouve dans une tout autre situation. Le cordon ombilical est sectionné, les voies respiratoires sont dégagées et on lui administre parfois une claque sur les fesses pour stimuler sa respiration. On lui verse une goutte de nitrate d'argent dans les yeux pour éviter une éventuelle infection due à une gonorrhée de la mère, puis on le lave et on l'examine hâtivement. Telles sont les attentions que les hommes réservent aux enfants qui affrontent le traumatisme le plus grave de leur existence, un traumatisme qui n'a d'égal que celui de la mort. L'enfant est ensuite emmené dans une nurserie après avoir été montré à la mère et ne lui est plus présenté dans les jours qui suivent qu'en fonction d'un programme établi par les obstétriciens. Un enfant traité de cette manière sort de cette situation avec la conviction d'avoir perdu à jamais le paradis utérin et d'être plongé dans une vie qui ne sera plus jamais clémente. Un sentiment de défaite psychologique et un manque de confiance en soi sont imprimés au plus profond de son être.

On conçoit mal comment la science a pu développer une approche aussi unilatérale et déformée de cet événement fondamental de la vie humaine. Cette situation n'a malheureusement rien d'unique. On assiste à des attitudes semblables à l'égard des agonisants ; le souci mécanique de prolonger la vie remplace dans ce cas les dimensions humaines de l'expérience de la mort. La connaissance et la formation intellectuelles ne mettent pas à

---

* La nouvelle technique de naissance sous l'eau du médecin soviétique, Igor Charkovsky, de l'Institut de Recherches scientifiques de Moscou, est une approche intéressante à cet égard.

l'abri des perturbations émotionnelles. Est-il besoin de préciser que face à des événements aussi bouleversants, la raison n'a plus droit de cité. C'est la raison pour laquelle les opinions et les théories scientifiques concernant l'obstétrique et la thanatologie ne reflètent pas des faits objectifs, mais sont des rationalisations sophistiquées d'émotions et d'attitudes irrationnelles.

Les aspects antinomiques — violence et tendresse — de la naissance représentent de puissants stimuli émotionnels, en particulier pour les personnes qui n'ont pas affronté ces régions au cours d'un travail empirique en profondeur. La reviviscence de cette expérience au sein d'un groupe est un événement émotionnel puissant qui entraîne parfois dans son processus les assistants et les observateurs. La plupart des approches déshumanisées, recourant à une technologie excessive, ne sont pas nécessitées par des contingences temporelles et financières ; elles trahissent en fait la formation rigide des professionnels qui confondent efficacité et froideur.

L'impact pathogénique de la naissance est également déterminé par la manière dont l'enfant a vécu ses premiers instants. Des événements importants de la vie ultérieure constituent par ailleurs des facteurs significatifs qui déterminent dans quelle mesure la dynamique des matrices périnatales sera traduite en une psychopathologie manifeste.

Le nouveau cadre conceptuel suggère que des soins maternels de qualité, un sentiment général de bien-être et de sécurité et une prépondérance d'expériences positives durant l'enfance créeraient une zone « tampon » protégeant l'individu de l'impact direct et perturbant des émotions, des sensations et des énergies périnatales. En revanche, une accumulation de traumatismes durant l'enfance ne créerait pas cet écran protecteur, mais contribuerait à augmenter l'impact de ces forces. Un système de défense déficient entraîne leur émergence au niveau conscient ; elles se manifestent alors sous forme de symptômes et de syndromes psychopathologiques. Le contenu spécifique des expériences traumatisantes de l'enfance et leur « timing » font ressortir de manière sélective certains aspects de la dynamique périnatale et déterminent la symptomatologie définitive.

Des situations traumatisantes dans lesquelles le sujet joue le rôle d'une victime impuissante renforcent ainsi l'importance dynamique de la MPF II. Elles couvrent une vaste gamme d'événements dramatiques ou catastrophiques. La deuxième matrice périnatale est susceptible d'être activée de manière plus subtile, c'est-à-dire par des actes quotidiens (sévices sur la personne d'un enfant).

Des situations qui impliquent la violence en laissant à la victime la possibilité d'intervenir activement renforcent la MPF III. Un viol, par exemple, renforcera de manière sélective l'aspect sexuel de cette matrice puisqu'il implique une combinaison de peur, d'agressivité, de lutte et de sexualité. Un enfant, qui se retrouverait confronté par punition à des excréments ou à quelque matériau biologique, subirait une activation sélective de l'aspect scatologique de la MPF III. De telles illustrations ne font pas défaut ; celles-ci devraient toutefois suffire à traduire les principes généraux du mécanisme impliqué.

Voilà qui clôture la discussion générale de la relation existant entre les matrices périnatales, le trauma de la naissance et la psychopathologie. Je m'efforcerai à présent d'appliquer le concept de la relation dynamique entre les matrices périnatales et les systèmes COEX aux catégories les plus importantes de désordres émotionnels et à leurs formes spécifiques. Des problèmes affectifs, psychosomatiques et interpersonnels composent souvent une structure dynamique complexe qui inclut les éléments biographiques et périnatals et dont les racines sont ancrées dans le domaine transpersonnel. Des réflexions à propos de ces connexions plus profondes seront donc formulées. La discussion suivante ne devrait pas être considérée comme une application spéculative du nouveau modèle aux diverses formes de psychopathologie. Il s'agit uniquement d'intuitions collectées auprès d'individus ayant exploré au cours d'un travail empirique en profondeur la structure dynamique de divers problèmes qui perturbaient leur vie.

Les *dépressions inhibées graves*, de nature endogène et réactive, ont généralement des racines importantes dans la deuxième matrice périnatale. La phénoménologie des séances gouvernées par la MPF II, ainsi que les intervalles entre deux séances dominés par cette matrice, présentent toutes les caractéristiques essentielles d'une dépression profonde. L'individu connaît une douleur mentale angoissante, le désespoir, des sentiments de culpabilité et d'inadaptation, une angoisse profonde, un manque d'initiative et une perte d'intérêt général. L'existence est dépourvue de sens et absurde. Cet état n'est pas marqué, en dépit de la souffrance extrême qu'il engendre, par des pleurs ou par quelque manifestation externe spectaculaire ; il se caractérise par une inhibition motrice générale. Le monde est perçu à travers un calque négatif ; les sentiments se concentrent de manière sélective sur les aspects pénibles, tristes et tragiques de la vie. L'individu ne décèle plus le moindre élément positif. Cette situation paraît insupportable, désespérée et inéluctable. Elle s'accompagne parfois d'une impossibilité à discerner les couleurs ; le monde entier est alors perçu en noir et blanc. La philosophie existentielle et le théâtre de l'absurde fournissent des descriptions précises de cette expérience.

Les dépressions inhibées se caractérisent par une obstruction totale du flux émotionnel, par un blocage énergétique total et par une inhibition grave des principales fonctions physiologiques du corps telles que la digestion, l'élimination des déchets, l'activité sexuelle, le cycle menstruel et le rythme de sommeil. Ces perturbations confirment que ce type de dépression est en quelque sorte une manifestation de la MPF II. Ses composantes physiques typiques comprennent des sentiments d'oppression, de constriction, d'emprisonnement, de suffocation, des maux de tête, la rétention des eaux et de l'urine, la constipation, la détresse cardiaque, la perte de l'appétit et de la libido et une tendance à l'interprétation hypocondriaque de divers symptômes physiques. Les découvertes biochimiques paradoxales suggérant que des individus souffrant de dépression inhibée montrent un niveau élevé de tension, révélé par le taux de catécholamines et d'hormones stéroïdes correspondent à l'image de la MPF II, laquelle reflète une situation stressante sans la moindre action ou manifestation externe.

La théorie de la psychanalyse rattache la dépression à des problèmes oraux de la prime enfance et à une privation affective. Cette connexion est correcte, mais elle n'explique pas certains aspects importants de la dépression — le sentiment de désespoir et de « sans issue », le blocage énergétique, la plupart des symptômes physiques, ni même les découvertes biochimiques. Le modèle actuel montre que l'explication de Freud était exacte mais partielle. La nature la plus profonde de la dépression inhibée ne peut être comprise que par rapport à la dynamique de la MPF II ; les systèmes COEX qui lui sont associés et qui permettent son développement, comprennent des éléments biographiques mis en évidence par la psychanalyse.

Le rapprochement de ce matériau biographique et de la MPF II reflète une logique empirique profonde. Cette phase de l'accouchement biologique implique l'interruption de la relation symbiotique avec l'organisme maternel au moyen des contractions utérines *, la rupture de tout contact et l'exposition au danger sans la moindre protection.

Des composantes typiques des systèmes COEX reliés de manière dynamique à la dépression impliquent donc en toute logique le rejet, la séparation d'avec la mère ou son absence et

* La structure anatomique de l'utérus implique un réseau complexe de fibres musculaires irriguées par les artères utérines. Chaque contraction comprime les vaisseaux et interrompt le contact entre la mère et l'enfant assuré par le placenta.

des sentiments de solitude, de froid, de faim et de soif au cours de l'enfance et de la prime enfance. Notons parmi les autres déterminants biographiques importants les situations familiales oppressives et punitives qui ne permettent à l'enfant ni la révolte ni la fuite. Elles renforcent et elles perpétuent le rôle de la victime dans une situation de « sans issue », caractéristique de la MPF II.

Certains systèmes COEX intervenant dans la dynamique de la dépression renferment des souvenirs d'événements qui représentèrent une menace pour la survie ou pour l'intégrité physique et dans lesquels l'individu jouait le rôle d'une victime impuissante. Cette observation est nouvelle, puisque la psychanalyse et la psychiatrie académiques à orientation psychothérapeutique insistent sur les rôles des facteurs psychologiques dans la pathogenèse de la dépression. Les effets psychotraumatisants de maladies graves, de blessures, d'opérations et les souvenirs de noyade ont été négligés et sous-estimés. Ces observations, suggérant l'importance des traumatismes physiques dans le développement de la dépression, seraient difficiles à intégrer dans la théorie psychanalytique qui insiste sur ses origines orales. Elles sont toutefois en accord avec le nouveau modèle puisqu'il admet le trauma émotionnel et physique de la naissance.

La phénoménologie de la *dépression agitée* est en revanche associée à la dynamique de la MPF III. Les éléments fondamentaux sont : un niveau élevé de tension et d'angoisse, une quantité excessive d'excitation et d'agitation psychomotrice et des pulsions agressives orientées tant vers l'intérieur que vers l'extérieur. Les patients souffrant de dépression agitée pleurent et crient, se roulent sur le sol, se frappent la tête contre les murs, s'écorchent le visage, s'arrachent les cheveux et déchirent leurs vêtements. Les symptômes physiques associés à cet état sont les tensions musculaires, les tremblements, les crampes, les maux de tête et les migraines, les spasmes utérins et intestinaux, la nausée et les problèmes respiratoires.

Les systèmes COEX associés à cette matrice concernent l'agressivité et la violence, les sévices de tout ordre, les agressions sexuelles, les interventions médicales douloureuses et les maladies impliquant la suffocation et les difficultés respiratoires. Le sujet confronté à ces situations n'est pas une victime passive. Il lutte, se défend, abat des obstacles ou s'enfuit. Citons parmi les exemples typiques des souvenirs d'affrontements avec les parents ou avec les frères et les sœurs, ceux de pugilats, de sévices et de violences sexuelles et de combats.

Les psychanalystes considèrent généralement que l'interprétation psychodynamique des *manies* est moins satisfaisante et moins convaincante que celle de la dépression. La majorité des auteurs s'accordent toutefois à reconnaître que les psychoses maniaques dépressives représentent la négation d'une réalité intérieure pénible et une fuite vers un monde extérieur. Elles incluent la victoire du moi sur le surmoi, une diminution radicale des inhibitions, une augmentation de l'estime de soi et une abondance de pulsions sensuelles et agressives. La manie ne donne pas malgré tout une impression de véritable liberté. Les théories psychologiques concernant les psychoses maniaques dépressives insistent sur les contradictions des patients maniaques et sur le fait que des sentiments simultanés d'amour et de haine interfèrent avec leur aptitude à établir des relations avec autrui.

Nombre des caractéristiques incompréhensibles des psychoses maniaques dépressives acquièrent une signification lorsqu'on les considère par rapport à leurs relations avec la dynamique des matrices périnatales. La manie est reliée sur le plan psychogénique à la transition empirique entre la MPF III et la MPF IV. L'individu est en partie sous l'influence de la quatrième matrice périnatale mais toujours en contact avec la troisième. Les pulsions orales reflètent, dans ce contexte, l'état vers lequel se dirige le patient maniaque plutôt qu'une fixation au niveau oral. La relaxation et la satisfaction orales sont spécifiques de l'état sucédant à la naissance. Etre serein, dormir et manger – les désirs du maniaque — sont des objectifs naturels pour un organisme envahi par les pulsions associées au stade terminal de la naissance.

On observe parfois lors d'une psychothérapie empirique des épisodes maniaques temporaires « in statu nascendi », qui sont des phénomènes suggérant une renaissance complète. Cette situation concerne les sujets qui ont déjà dépassé l'expérience du conflit mort/re-naissance et qui ont eu un avant-goût de la libération succédant à l'angoisse de la naissance. Ils sont toutefois incapables de — et réticents à — affronter le matériau irrésolu lié à la troisième matrice. Cet attachement angoissé à un sujet hypothétique résulte en des sentiments nouveaux positifs frisant la caricature. La nature exagérée des émotions et du comportement maniaque indiquent qu'il ne s'agit pas d'expressions de joie et de liberté véritables, mais de réactions à la peur et à l'agressivité.

Les sujets LSD, dont les séances se terminent par un état de re-naissance incomplète, montrent tous les signes de la psychose maniaque dépressive. Ils sont hyper-actifs ; ils se déplacent de manière désordonnée ; ils sympathisent et fraternisent avec tous les gens qu'ils rencontrent ; ils parlent volontiers de leur sentiment de triomphe et de bien-être, de leurs sensations merveilleuses et de la formidable expérience à laquelle ils ont participé. Ils vantent les prodiges d'un traitement par LSD et ils conçoivent des projets messianiques et grandioses pour transformer le monde en permettant à tout être humain de vivre une telle expérience. L'optimisme, l'amour et le respect de soi, ainsi que la complaisance incongrue pour certains aspects de la vie, accompagnent un besoin extrême de stimuli et de contact sociaux. Une attitude séductrice, un appétit sexuel ostentatoire et des propos entachés d'obscénité résultent de la destruction des limites du surmoi.

Otto Fenichel a établi un parallèle entre les aspects de la psychose maniaque dépressive et la psychologie des carnavals. Ces réflexions confirment leur relation profonde avec la transition entre la MPF III et la MPF IV. A cet égard, l'hyper-activité et l'ostentation servent le double objectif de consommer les pulsions libérées et de s'engager dans des situations externes dont l'agitation correspond à l'intensité du tumulte intérieur.

La qualité maniaque disparaît de l'humeur et du comportement du sujet lorsque le thérapeute parvient à le convaincre de se tourner vers l'intérieur, d'affronter les émotions pénibles irrésolues et d'achever le processus de re-naissance. Précisons que les expériences de la MPF IV, sous leur forme pure, se caractérisent par une joie radieuse, un enthousiasme débordant, une relaxation profonde, une paix et une sérénité d'esprit totales.

Les systèmes COEX superposés au mécanisme périnatal de la psychose maniaque dépressive impliquent des épisodes au cours desquels la satisfaction était obtenue dans des circonstances d'insécurité et d'incertitude. Les espérances et les exigences liées à un comportement heureux dans des situations ne le justifiant pas semblent alimenter le schème maniaque. On relève en outre dans l'historique des maniaques des influences entravant leur estime de soi. Ces sujets ont souvent pour parents des êtres dominateurs qui tantôt les critiquent tantôt les louent et qui nourrissent à leur intention des espérances irréalistes.

Les observations du travail empirique suggèrent que le souvenir des phases finales de la naissance, avec le passage soudain de l'angoisse à un sentiment de soulagement spectaculaire, représente le fondement naturel des psychoses maniaques dépressives. Ceci n'exclut pas la participation de facteurs biochimiques, détonateurs importants pour le passage de l'une à l'autre de ces matrices psychologiques. Les découvertes de modifications biochimiques cohérentes et importantes n'expliquent toutefois pas par elles-mêmes la nature spécifique et les traits psychologiques de ce désordre. Ainsi dans une situation aussi définie sur le plan chimique qu'une séance LSD, l'administration de la drogue n'explique pas le contenu psychologique et la manifestation d'un état dépressif ou maniaque nécessite une clarification ultérieure. La question de savoir si les facteurs biologiques jouent un rôle crucial dans le désordre ou s'ils ne sont que des manifestations symptomatiques concomitantes subsiste toujours. Que les modifications physiologiques et biochimiques enregistrées dans les psychoses maniaques dépressives représentent une reviviscence organique des états de l'organisme d'un enfant qui naît est concevable.

Le concept des matrices périnatales fondamentales éclaire d'un jour nouveau et intéressant le *phénomène du suicide,* qui représentait par le passé un défi grave aux théories psychanalytiques. Chaque théorie s'efforçant d'expliquer ce phénomène doit répondre à deux questions importantes : 1°) Pourquoi un individu désire-t-il commettre un suicide, soit un acte qui viole toutes les règles de l'instinct de conservation ? 2°) Pourquoi choisit-il un mode de suicide plutôt qu'un autre ? Une relation étroite existerait entre l'esprit dans lequel se trouve la personne déprimée et le mode de suicide pour lequel elle opte. L'intention ne serait donc pas uniquement de mettre un terme à sa vie, mais encore de le faire d'une manière bien précise. Un individu qui absorbe une overdose de calmants ou de barbituriques ne sautera pas du haut d'une falaise ou ne se précipitera pas sous un train. L'inverse est également vrai : une personne qui choisit une forme de suicide sanglant ne recourera pas aux drogues et ce même si elle en avait à sa disposition.

On observe une idéation et des tendances suicidaires à n'importe quel stade de la psychothérapie LSD ; elles sont toutefois particulièrement fréquentes lorsque les sujets affrontent le contenu des matrices périnatales négatives. Les observations révèlent que les tendances suicidaires correspondent à deux catégories distinctes ayant des relations très spécifiques avec le processus périnatal. Accepter le fait que l'expérience de la dépression inhibée est une manifestation de la MPF II et que celle de la dépression agitée dérive de la MPF III, nous permet d'interpréter diverses formes de fantasmes, de tendances et d'actions suicidaires comme des tentatives inconscientes pour échapper à ces états psychologiques intolérables en utilisant l'une des deux voies reflétant l'historique biologique de l'individu.

Le *suicide de premier type* ou *suicide non violent* se fonde sur le souvenir inconscient de la situation du « sans issue » de la MPF II, qui fut précédée par l'expérience de l'existence intra-utérine. Un individu, qui s'efforce de fuir les éléments de la deuxième matrice périnatale, choisira donc un moyen correspondant à son état : l'état de régression dans l'unité indifférenciée originale de la condition prénatale (MPF I). Cette décision est prise à un niveau inconscient qui en général n'est pas accessible empiriquement ; le sujet est donc attiré par des situations de la vie quotidienne qui semblent impliquer des éléments similaires. Le principe sous-jacent fondamental consiste à réduire l'intensité des stimuli pénibles et en définitive à les supprimer. L'objectif ultime est de perdre le sentiment douloureux de la séparation et de l'individualité pour accéder à un état indifférencié de « conscience océanique », caractéristique de l'état embryonnaire. Les formes mineures de telles idées suicidaires se manifestent par un désir de ne pas exister ou de se plonger dans un sommeil profond, de tout oublier et de ne pas se réveiller. Les projets et les tentatives véritables de suicide comportent le recours à des doses importantes de narcotiques ou de tranquillisants, l'inhalation d'oxyde de carbone ou de gaz domestique, la noyade, le fait de s'ouvrir les veines dans un bain chaud ou de se laisser mourir de froid dans la neige.

Le *suicide de second type* ou *suicide violent* suit inconsciemment le schème vécu autrefois lors de la naissance biologique. Il est étroitement lié à la dépression agitée et à la dynamique de la MPF III. Une personne sous l'influence de la troisième matrice périnatale ne peut vivre la régression vers l'état océanique. Cette reviviscence l'entraînerait dans la phase infernale du « sans issue » de la MPF II. Le souvenir qu'autrefois un semblable état a débouché sur une libération explosive constitue la seule échappatoire psychologique pour un tel individu. L'accès empirique au niveau périnatal et à l'intuition que la solution consisterait à revivre sa naissance, à compléter intérieurement le processus de mort/re-naissance et à rétablir empiriquement le contact avec la situation post-natale n'existent pas. L'individu vit dans le monde extérieur une situation comportant les mêmes éléments et les mêmes composantes empiriques que le processus.

Le schème fondamental consiste à intensifier la tension et la souffrance, à les mener à leur paroxysme et à atteindre ensuite la libération dans le cadre d'une décharge explosive de pulsions destructrices, parmi diverses matières biologiques. La naissance et le suicide violent impliquent la fin brutale d'une tension émotionnelle et physique excessive, une décharge instantanée d'énergies prodigieuses, des dommages tissulaires considérables et la présence de substances organiques. La comparaison de photographies montrant d'une part la naissance biologique et d'autre part des victimes de suicides violents démontre les parallèles existant entre ces deux situations. Cette similitude empirique a été souvent rapportée par les sujets qui vivaient une identification à des individus s'étant suicidés, de telles expériences se produisent fréquemment durant les séances à prédominance périnatale.

Les fantasmes et les actes suicidaires appartenant à cette catégorie comprennent : la mort en se précipitant sous un train ou dans les turbines d'une centrale hydro-électrique, un accident de circulation, le fait de se trancher la gorge, de se faire éclater la tête et de se frapper à coup de couteau ; celui de sauter dans le vide du haut d'une tour ou d'une falaise et diverses formes exotiques de suicide. La pendaison appartient à une phase antérieure de la MPF III, caractérisée par des sentiments de strangulation, de suffocation et par une excitation sexuelle intense.

Une tendance générale à réduire l'intensité des stimuli émotionnels et physiques douloureux reflète le suicide non violent. Le choix spécifique des moyens est déterminé, lui, par des éléments biographiques de nature relativement superficielle. Le suicide violent fait intervenir un mécanisme différent. Il m'a été donné d'observer à maintes reprises que les individus qui envisagent une forme particulière de suicide anticipent les sensations physiques et les émotions qu'implique la situation réelle.

Des individus, qui caressent l'idée de se précipiter sous un train ou dans les turbines d'une centrale hydro-électrique, éprouvent déjà le sentiment intense d'être écrasés et mis en pièces. Ces sentiments sont évidemment liés aux expériences périnatales. Ceux qui ont l'intention de se blesser avec un couteau se plaignent souvent — et avant même dc l'avoir fait — de douleurs insupportables. Les envies de se pendre se fondent de même sur des sentiments préexistants de strangulation et de suffocation. Le choix d'un suicide violent est donc un exemple particulier d'une intolérance fondamentale à l'égard d'une dissonance cognitive-émotionnelle. Des actes impliquant une auto-mutilation — voire une auto-destruction — représentent des moyens d'accorder l'expérience intérieure et la réalité externe pour un individu submergé par des émotions irrationnelles et par des sensations physiques aussi intenses qu'incompréhensibles.

Des exceptions aux règles générales exposées ci-dessus existent. Le mécanisme du suicide violent exige une relative clarté du souvenir de la transition soudaine entre la lutte dans la filière pelvi-génitale et la libération explosive qui s'ensuit. L'individu se retrouve programmé, à un niveau presque cellulaire, pour échapper dans le futur aux fortes tensions en se réfugiant dans un état de dépendance à la drogue si cette transition a été troublée par une forte anesthésie. Un état caractéristique de la MPF III pourrait, dans de telles circonstances, aboutir à un suicide non-violent. Une exposition physiologique au processus de la naissance sans anesthésie, ou avec une anesthésie minimum, prépare donc l'individu à affronter les défis sérieux de la vie et crée en lui un sentiment profond de confiance dans son aptitude à y faire face. Dans des circonstances pathologiques, la naissance qui n'a pas connu de complication pharmacologique grave installe les conditions requises pour un suicide violent. Une anesthésie forte programme donc l'individu à rechercher le soulagement d'une tension grave dans l'intoxication voire dans l'anéantissement par overdose. L'examen détaillé du processus de naissance dans le cadre de l'étude de suicides individuels doit toutefois être complété par une analyse biographique puisque des événements postnatals influencent parfois de manière significative le mode de suicide.

Des individus suicidaires qui revivent le processus de mort/re-naissance dans le cadre d'une thérapie psychédélique, considèrent ensuite que le suicide est une erreur tragique due à une compréhension de soi erronée. Les expériences de la première et de la quatrième matrice périnatales ne représentent pas essentiellement des états biologiques symbiotiques mais possèdent des dimensions spirituelles très distinctes ; toutes les tendances suicidaires correspondent à un besoin déformé et méconnu de transcendance. L'expérience de la mort de l'ego et de la re-naissance et celle de l'unité cosmique constituent en de telles circonstances le meilleur remède. Les énergies et les pulsions destructrices sont consommées dans le processus et l'individu accède de plus au niveau transpersonnel et à un contexte au sein duquel le suicide n'a pas de raison d'être. Cette futilité du suicide est liée à la reconnaissance du fait qu'il est impossible d'échapper à son karma.

L'*alcoolisme* et la *toxicomanie* sont étroitement liés à la dépression et au suicide, ce qui est en accord général avec la théorie psychanalytique. La caractéristique fondamentale des alcooliques et des toxicomanes semble être un besoin pressant de vivre des expériences d'unité indifférenciée et bienheureuse. De tels sentiments sont associés à des périodes de vie intra-utérine non-perturbée et de bon allaitement. Les alcooliques et les toxicomanes souffrent d'une quantité énorme de douleur émotionnelle dérivée des systèmes COEX et des matrices périnatales négatives ; celle-ci se traduit par la dépression, une tension généralisée, un sentiment d'angoisse et de culpabilité, etc. La consommation excessive d'alcool ou de drogue équivaut aux tendances suicidaires. L'alcoolisme et la toxicomanie ont d'ailleurs souvent été considérés comme des formes lentes de suicide.

Le mécanisme qui caractérise ces groupes est le même que celui du suicide ; il reflète un besoin inconscient de défaire le processus de la naissance et de retrouver le ventre maternel. L'alcool et les drogues inhibent diverses émotions et diverses sensations pénibles et produisent un état de conscience diffus et d'indifférence à l'égard des problèmes de tout ordre. Les patients dépendant de l'alcool ou de la drogue, qui ont vécu au cours de leurs séances psychédéliques des états d'unité cosmique, décrivent des impressions très semblables à celles éprouvées par les patients suicidaires. Ils se reconnaissent un besoin de transcendance et non d'intoxication. Leur erreur se fonde sur une certaine similarité superficielle entre les effets de l'alcool ou de la drogue et l'expérience d'unité cosmique. Ressemblance ne signifiant pas identité, il existe des différences fondamentales entre les états transcendants et les intoxications. L'alcool et les drogues émoussent les sens, obscurcissent l'esprit, interfèrent avec les fonctions intellectuelles et entraînent une anesthésie émotionnelle. Les états transcendantaux, eux, se caractérisent par une augmentation de la perception sensorielle, par la sérénité, par une clarté de pensée, par une abondance d'intuitions philosophiques et spirituelles et par une richesse inhabituelle d'émotions.

Ces drogues ne favorisent donc pas l'état de conscience cosmique absolue, mais en fournissent une caricature pitoyable. Pour un individu blessé qui recherche désespérément de l'aide et qui est incapable de faire preuve de discernement, la ressemblance semble toutefois séduisante. Il en résulte une dépendance qui porte préjudice au sujet sur les plans physiologique, psychologique et social.

Il existe, ainsi que nous l'avons vu dans le cas du suicide, un autre mécanisme responsable de l'alcoolisme et de la toxicomanie qui ne reflète pas la dynamique naturelle du processus de naissance, mais une intervention artificielle. Certains patients se trouvant sous l'influence psychologique de la MPF III n'en sont pas moins poussés vers l'alcool ou la drogue. On découvre alors souvent que leur mère avait été anesthésiée lors de l'accouchement. Pour eux, naissance est synonyme d'intoxication. Ils tendent donc à fuir l'emprise pénible de la MPF III et son stress intense en se réfugiant dans un succédané d'anesthésie chimique. En cela, ils ne font que suivre l'exemple de l'obstétricien les ayant mis au monde.

L'expérience d'unité cosmique engendre en général des attitudes négatives à l'égard de l'intoxication. Nous avons souvent assisté en travaillant avec des alcooliques et des toxicomanes, à une réduction considérable de la consommation d'alcool ou de drogue après une seule séance psychédélique à forte dose. L'abus d'alcool ou de drogue est considéré, après les expériences de mort de l'ego et d'unité cosmique comme une erreur tragique due à un besoin ignoré et incompris de transcendance ; le parallèle avec les intuitions de patients déprimés caressant des idées suicidaires est évident et frappant.

Aussi improbable que cela puisse paraître à ceux qui connaissent la personnalité, les types de comportements, le mode de vie de patients alcooliques ou toxicomanes, leur problème essentiel est un besoin dévorant de transcendance. Citons pour étayer cette affirmation les statistiques du Maryland Psychiatric Research Center de Baltimore. Ce sont ces deux catégories de patients qui connurent au cours de leurs séances psychédéliques le plus fort pourcentage d'expériences mystiques.

Il est important d'insister à cet égard sur le fait que la dynamique périnatale — quoique essentielle — n'explique pas par elle-même la structure de la personnalité de l'alcoolique et du toxicomane. On enregistre d'autres facteurs d'importance psychologique dans la biographie des patients ; ceux-ci sont en accord fondamental avec la littérature psychodynamique. Ainsi, les systèmes COEX associés à l'alcoolisme et à la toxicomanie impliquent une frustration orale primitive, un manque d'affection et un besoin de satisfaction anaclitique.

Mon expérience clinique du traitement des *névroses impulsives* — relativement rares — telles que les fugues, la dipsomanie (besoin de boire avec excès), la cleptomanie et la pyromanie est relativement limitée. Il est toutefois permis de supposer qu'elles sont psychogéniquement liées aux psychoses maniaques dépressives et donc à la transition entre les MPF III et IV. En ce qui concerne les *fugues*, l'errance désordonnée représente une extériorisation des énergies motrices caractéristiques de la troisième matrice périnatale. Fuguer signifie dans ce contexte fuir le danger, les contraintes et les punitions pour se diriger vers la sécurité, la liberté et la gratification. Le fantasme de cette quête errante est l'image d'un foyer idéal et d'une mère qui satisfait à tous les besoins de l'individu. On reconnaît dans ce besoin la recherche des éléments de la MPF IV et en définitive de la MPF I. En ce qui concerne le *joueur obsessionnel*, l'atmosphère enfiévrée du casino, l'excitation angoissante et les alternatives d'annihilation totale ou de transformation magique de sa vie sont des traits caractéristiques de la dynamique de la troisième matrice périnatale et de l'imminence de la mort de l'ego et de la re-naissance. La corne d'abondance imaginaire associée à l'issue positive est une image caractéristique de la MPF IV. La forte insistance sur l'aspect sexuel de la MPF III donne parfois une coloration érotique distincte au jeu et le relie à la masturbation. La racine profonde de la *cleptomanie* est le désir d'atteindre une satisfaction dans une atmosphère de danger, de tension, d'excitation et d'angoisse. La *dipsomanie* — la consommation excessive d'alcool lors de crises périodiques — est étroitement liée aux fugues et représente une combinaison de névrose impulsive et d'alcoolisme. Elle résulte de l'incapacité de l'individu à supporter une tension organique extrême et du besoin de soulagement instantané. Rien n'interdit de supposer que la consommation d'alcool ou de drogue se fonde sur le fait que la phase finale de la naissance a été associée à l'administration d'anesthésiques ou de sédatifs. La *pyromanie* est reliée psychogéniquement à l'aspect pyrocathartique de la MPF III. Les phases finales du processus de mort/re-naissance sont associées sur le plan archétype à l'élément du feu. Cette expérience est associée à une excitation sexuelle intense et à des propriétés purificatrices. Elle est perçue comme une destruction cathartique des anciennes structures, comme une élimination des impuretés biologiques et comme une préparation à une re-naissance spirituelle. Les obstétriciens et les sages-femmes observent souvent la contrepartie empirique de ce phénomène chez la femme qui accouche et qui se plaint de brûlures aux niveaux des organes génitaux.

Un pyromane éprouve le sentiment de devoir traverser l'expérience du feu pour se libérer d'une tension déplaisante et pour atteindre à la satisfaction. Il ignore toutefois que son pressentiment concerne un processus de transformation symbolique. Il ne vit pas une pyrocatharsis et une renaissance spirituelle, il extériorise un processus sans en obtenir la satisfaction anticipée. Le sujet étant inconsciemment convaincu — à juste titre d'ailleurs — que l'expérience du feu est essentielle à sa libération et à son épanouissement, il répète son acte en dépit de tous ses échecs.

L'erreur fondamentale se trouvant à l'origine de toutes ces activités impulsives est le fait d'extérioriser un processus intérieur et de le vivre de manière concrète. Le désir de se libérer d'une tension intolérable, d'accéder à une libération sexuelle et d'éprouver une sécurité intérieure qui sont caractéristiques des névroses impulsives, trouvent une gratification simultanée dans le cadre des sentiments extatiques associés à la MPF IV et à la MPF I.

La structure intriquée de la MPF III constitue également une composante importante des compulsions obsessionnelles, l'accent est toutefois mis sur des aspects différents de cette matrice. Les patients souffrant de ce désordre sont tourmentés par des pensées opposant le moi à autrui ou se sentent contraints de pratiquer régulièrement quelque rituel irrationnel et incompréhensible. Ils sont la proie d'une angoisse diffuse s'ils refusent de satisfaire ces besoins urgents. On s'accorde en général à reconnaître dans la littérature psychanalytique que les conflits liés à l'homosexualité, à l'agressivité et au matériau biologique forment le fondement psychodynamique de ce désordre.

J'ai déjà précisé que la peur inconsciente des organes génitaux féminins et les tendances homosexuelles qui lui sont associées, sont liées à l'angoise de la naissance. L'inhibition du coït est due à la similitude existant entre le modèle de l'orgasme sexuel et les aspects orgasmiques de la naissance. L'excitation sexuelle forme avec l'angoisse et l'agressivité un complexe empirique inextricable dans le cadre de la MPF III. La proximité d'éléments de cette matrice fait que l'excitation sexuelle tend à activer cet aspect particulier du souvenir de la naissance. Les tentatives pour contrôler et supprimer l'angoisse et l'agressivité impliquées résultent automatiquement en une inhibition de la sexualité génitale. L'ambivalence concernant les matières biologiques trouve ses racines naturelles dans les phases finales de la naissance biologique. On comprend l'attitude des patients souffrant de compulsion obsessionnelle, qui considèrent les substances biologiques comme un danger potentiel, lorsqu'on la rapproche du souvenir d'un événement ayant représenté une menace réelle pour la vie de l'individu.

La relation psychologique existant entre la compulsion obsessionnelle et la MPF III trahit une autre caractéristique : il s'agit de l'ambivalence des patients à l'égard de la spiritualité et de la religion. Nombre d'entre eux vivent un conflit permanent à l'égard de Dieu et de la foi, alternant entre la rébellion ou le blasphème et leur désir désespéré de se repentir, d'expier et de se libérer de leurs péchés. Ce type de problème caractérise les phases finales du processus mort/re-naissance où un désir d'abandon et de soumission succède à une résistance et à une révolte volontaires contre une force supérieure. Cette réaction antinomique est associée à la conscience de l'importance cosmique de cette situation et à celle de sa signification spirituelle.

Les sujets LSD, qui expérimentent cette force sous une forme archétype, la décrivent comme étant une déité stricte, punitive et cruelle évoquant Jehova de l'Ancien Testament voire les dieux pré-colombiens avides de sacrifices sanglants. La correspondance biologique de cette divinité punitive est l'influence contraignante de la filière pelvi-génitale. Cette dernière empêche toute expression extérieure des énergies instinctives de nature sexuelle et agressive et inflige une souffrance extrême et dangereuse à l'individu. Cette contrainte revêt après la naissance, des formes plus subtiles ; elle est exercée par les autorités parentales, les institutions pénales et par les préceptes et les commandements religieux.

La contrainte de la filière pelvi-génitale constitue donc un fondement naturel à la partie instinctive profonde du surmoi que Freud considérait comme un dérivé du ça ; il considérait qu'il s'agissait de l'élément sauvage et cruel de la psyché capable de pousser un individu à l'auto-mutilation et au suicide. Les patients souffrant de compulsion obsessionnelle sont confrontés à une situation douloureuse et paradoxale impliquant une étrange double contrainte dans ce contexte. Les modèles de déroulement archétype suggèrent que l'individu doit expérimenter une agressivité élémentaire et des sentiments sexuels déformés de divers types pour rétablir empiriquement le contact avec l'énergie spirituelle pure associée à la MPF IV. Ces tendances instinctives sont toutefois considérées comme étant incompatibles avec le divin et sont donc refoulées.

Les systèmes COEX associés à la compulsion obsessionnelle comprennent des expériences traumatisantes liées à la zone anale et au matériau biologique, telles qu'un apprentissage sévère de la propreté, des lavements douloureux et des maladies gastro-intestinales. En ce qui concerne le niveau biographique, diverses situations représentant une menace au développement sexuel sont essentielles. Ces observations sont en accord avec l'interprétation psychanalytique des facteurs psychogéniques responsables du développement des névroses obsessionnelles.

Selon la littérature psychanalytique, les *conversions prégénitales,* telles que l'asthme psychogénique, les tics divers et le bégaiement représentent une combinaison de compulsions obsessionnelles et d'hystérie de conversion. La structure de la personnalité de ces patients présente des caractéristiques évidentes de compulsion obsessionnelle ; le mécanisme principal de la formation des symptômes est pourtant la conversion. Le travail empirique en profondeur révèle que les conversions prégénitales sont des dérivés de la troisième matrice périnatale. Dans le cas de l'*asthme psychogénique,* les difficultés respiratoires peuvent être rattachées directement au sentiment d'angoisse et de suffocation vécu durant la naissance biologique ; elles peuvent être influencées thérapeutiquement par la confrontation avec le processus de mort/re-naissance. Une analyse minutieuse du processus physiologique intervenant dans l'asthme suggère que nombre de ses aspects entretiennent une relation étroite avec la dynamique biologique de la naissance. L'importance de la région anale reflète le blocage énergétique général et l'implication de cette zone lors de la naissance. L'accentuation spécifique des éléments de suffocation et de rétention anale est due à des facteurs biographiques. On relève fréquemment, outre les traumas décrits par la psychanalyse, des antécédents de maladies, d'incidents ou d'accidents ayant impliqué des difficultés respiratoires.

L'angoisse, l'anxiété et la suffocation expérimentées par l'enfant à l'intérieur de la filière pelvi-génitale engendrent une quantité énorme de stimulation neuronale qui demeure emprisonnée dans le système et qui recherche un soulagement différé à travers différents canaux. Les *tics psychogéniques* représentent en fait une tentative pour libérer certaines de ces énergies refoulées, qui se sont accumulées durant la situation hydraulique de la naissance. Le *bégaiement psychogénique* a ses racines dynamiques profondes dans les conflits concernant l'agressivité orale aussi bien qu'anale. La composante orale reflète la détresse qu'éprouve l'enfant lorsque sa tête est coincée dans la filière pelvi-génitale et que ses mâchoires sont bloquées. L'élément anal concerne la pression et la constriction intra-abdominale accrues des sphincters durant la naissance. Des événements biographiques et la répression de l'agressivité verbale teintée d'obscénité déterminent la manifestation de certains aspects de la dynamique de la MPF III. Cette remarque vaut pour tous les désordres émotionnels.

Le fondement dynamique profond de l'*hystérie de conversion* est assez semblable à celui de la dépression agitée. La relation existant entre ces deux états illustrera l'intrication des syndromes psychopathologiques. La dépression agitée est, en général, un désordre plus profond que l'hystérie de conversion. Elle manifeste sous une forme plus pure le contenu et la dynamique de la MPF III. L'observation de l'expression faciale et du comportement d'un patient souffrant de dépression agitée ne permet pas le moindre doute : il s'agit d'un état grave. Cette impression devient certitude quand on connaît la forte incidence des suicides — et même des suicides succédant à des meurtres — chez ces patients.

La crise d'hystérie présente une ressemblance superficielle avec la dépression agitée. La symptomatologie générale est toutefois moins sévère. Il lui manque la profondeur du désespoir ; elle paraît stylisée et s'exprime de manière théâtrale avec des connotations sexuelles. Une crise d'hystérie présente en général de nombreuses caractéristiques fondamentales de la MPF III : tension excessive, excitation et agitation psychomotrices, mélange de dépression et d'agressivité, cris sourds, difficultés respiratoires, et « arcs de cercles » * spectaculaires.

L'échantillon empirique adopte toutefois une forme plus mitigée que celui de la dépression agitée ; les événements trau-

* En français dans le texte. N.d.T.

matisants ultérieurs le modifient et l'influencent de manière considérable. La nature et le « timing » de ces composantes biographiques confirment la théorie freudienne. Il s'agit habituellement de traumas sexuels intervenus au moment où le patient atteignait la phase phallique de développement et où il résolvait son complexe d'Œdipe ou d'Electre. L'étude de la gestuelle des crises d'hystérie suggère que les mouvements sont des allusions symboliques à certains aspects spécifiques du trauma sous-jacent de l'enfance.

L'analogie profonde entre la dépression agitée et l'hystérie de conversion a été mise en évidence par la thérapie LSD. Les symptômes hystériques sont tout d'abord amplifiés et le patient doit revivre et intégrer les traumatismes sexuels spécifiques de son enfance. A l'issue de ce travail biographique, les séances psychédéliques suivantes font surgir des éléments ressemblant à la dépression agitée. Le patient les identifie alors à des dérivés de la lutte pour naître dans le cadre de la MPF III. La résolution intervient lorsque la connexion empirique est établie avec les éléments de la MPF IV.

La paralysie hystérique des mains et des bras, l'abasie (incapacité de se tenir debout), l'aphonie (perte de la parole) et les autres symptômes de conversion se fondent sur des innervations conflictuelles reflétant la génération excessive et chaotique des pulsions neuronales dans la situation exigeante de la naissance. La paralysie n'est pas due à un manque de pulsions motrices mais à un conflit dynamique d'innervations antagonistes puissantes. Cette interprétation des symptômes de la conversion hystérique fut évoquée pour la première fois par Otto Rank dans son ouvrage *le Traumatisme de la naissance*. Alors que Freud voyait dans les conversions des expressions d'un conflit psychologique exprimé dans le langage de la somatisation, Rank considérait que leur base réelle était physiologique et qu'ils reflétaient la situation originale de la naissance. Freud échoua à expliquer comment un phénomène essentiellement psychologique était traduit en un symptôme physique, Rank lui y parvint. Il expliqua comment un phénomène essentiellement somatique acquérait au cours d'une élaboration secondaire un contenu psychologique et une signification symbolique.

Certaines manifestations hystériques graves qui se situent à la limite de la psychose, telles que la stupeur psychogénique, la rêverie incontrôlée et le fait de confondre les fantasmes et la réalité, sont associées à la dynamique de la MPF I. Elles reflètent un besoin profond de restaurer la condition émotionnelle bienheureuse caractéristique de l'existence intra-utérine non perturbée et de l'union symbiotique avec la mère. La composante affective et l'état de satisfaction physique impliquent les expériences de « bon » ventre maternel et de « bon » allaitement ; le contenu concret de la rêverie et des fantasmes utilise, par contre, des thèmes et des éléments appartenant à l'enfance de l'individu, à son adolescence et à sa vie adulte.

Dans l'*hystérie angoissée*, la dynamique périnatale joue un rôle évident ; il est logique que l'angoisse puisse être rattachée à une expérience qui impliquait un danger grave pour la survie de l'individu. Sigmund Freud exprima très tôt dans son œuvre l'opinion selon laquelle la situation de la naissance serait source et prototype de toutes les angoisses ultérieures. Il ne poussa toutefois pas cette idée plus avant et lorsque Rank la développa en une théorie complète, il fut exclu du mouvement psychanalytique.

L'angoisse indéterminée peut en général être rattachée, plus ou moins directement, à l'angoisse vitale de la naissance. L'angoisse originale est modifiée par des événements biographiques ultérieurs dans les diverses phobies impliquant des peurs spécifiques attachées à des personnes, à des animaux ou à des situations. L'intensité de l'affection révèle la source périnatale profonde, alors que le type général de phobie reflète une phase particulière de la naissance ; le choix spécifique des personnes, des objets et des situations est déterminé par des événements biographiques ultérieurs.

La relation entre les phobies et le trauma de la naissance est évidente dans le cas de la peur des lieux clos ou étroits (*claustrophobie*). Elle se manifeste dans des lieux clos tels que des ascenseurs, de petites pièces sans fenêtre, etc. La crise de détresse émotionnelle est strictement limitée au « séjour » dans ces lieux. Elle est spécifiquement liée à la phase initiale de la MPF II lorsque l'enfant éprouve le sentiment que le monde entier se referme sur lui, le broie et l'étouffe. L'expérience de cet aspect de la MPF II sous une forme pure implique l'angoisse vitale indifférenciée et indéfinie et la paranoïa généralisée. Les observations du travail empirique en profondeur établissent donc une relation dynamique entre la claustrophobie et la paranoïa, ou tout au moins avec une forme majeure de paranoïa ayant des racines périnatales. La claustrophobie est un désordre bénin et ses symptômes sont liés à des situations spécifiques alors que la paranoïa est profonde, généralisée et relativement indépendante des circonstances. Sur le plan biographique, les systèmes COEX liés à la paranoïa comprennent des situations de menace généralisée lors de la prime enfance, alors que la claustrophobie est liée aux traumas qui se produisirent plus tard, à une époque où la personnalité était déjà quelque peu organisée. Des situations alliant l'emprisonnement physique et la suffocation sont décisives dans ce contexte.

La *peur pathologique de la mort (thanatophobie)* a ses racines dans l'angoisse vitale et dans le sentiment de catastrophe biologique imminente associés à la naissance. Les sentiments originaux d'urgence périnatale ne sont modifiés que de manière insignifiante par les événements biographiques ultérieurs ; les systèmes COEX concernant cette névrose sont en général reliés à des situations qui représentent une menace pour la survie ou pour l'intégrité physique telles que des interventions chirurgicales, des blessures et en particulier des maladies interférant avec la respiration. Les patients souffrant de thanatophobie connaissent des épisodes d'angoisse vitale qu'ils interprètent comme étant le début d'une crise cardiaque ou d'une apoplexie cérébrale.

Les examens médicaux répétés que ces individus recherchent ne détectent aucun désordre organique susceptible d'expliquer leurs plaintes. La raison est simple : ces personnes n'expérimentent pas des sensations et des émotions liées à un processus physiologique actuel, mais revivent des souvenirs de traumas physiques antérieurs, y compris celui de la naissance. Cette explication ne diminue absolument pas la réalité de leur expérience. Pour remédier à la thanatophobie, il convient d'encourager une confrontation empirique des gestalts émergentes au moyen de diverses techniques d'activation.

Une femme souffre parfois d'une *phobie de la grossesse, de l'accouchement et de la maternité* lorsque des souvenirs périnatals affleurent au niveau conscient. Cet état signifie que les aspects actifs et passifs de ces fonctions sont intimement liés à la dynamique de l'inconscient. Les femmes qui revivent leur naissance ont tendance à vivre simultanément ou alternativement l'expérience de la femme qui accouche. Les souvenirs de la vie fœtale sont associés de manière caractéristique à l'expérience de la grossesse et les situations d'allaitement sont vécues en tant que mère et en tant qu'enfant.

Les observations cliniques suggèrent que la grossesse tend à activer dans l'inconscient de la femme le souvenir de sa propre conception. Elle revit toujours au niveau inconscient l'historique de son propre développement embryonnaire au fur et à mesure que l'enfant se développe. L'accouchement ré-active ensuite le souvenir de sa propre naissance et la femme entre en contact avec l'enregistrement inconscient du moment de sa propre naissance.

La proximité du souvenir de l'angoisse de la naissance explique que la femme éprouve des difficultés à assumer sa fonction reproductive et à accepter sa féminité parce qu'elle les associe au fait d'infliger douleurs et angoisses. Il est essentiel pour elle de revivre et d'assimiler la douleur périnatale afin d'accepter avec enthousiasme son rôle de mère. La phobie des soins à dispenser à l'enfant combine en principe une série de compulsions violentes à blesser l'enfant, la peur panique de le blesser et la crainte irraisonnée que quelque malheur lui arrive. Quels que soient les déterminants biographiques de ce problème, il est possible de le rattacher en dernière analyse à la naissance de l'enfant. Ses racines profondes plongent dans la situation où la mère et l'enfant se trouvaient dans un état d'antagonisme biologique, s'infligeant mutuellement une douleur et échangeant des quantités énormes d'énergies destructrices.

Les connexions profondes entre l'expérience de l'accouchement et l'accès empirique à la dynamique périnatale représentent une ocasion importante pour la femme qui vient d'accoucher d'entreprendre un travail exceptionnel d'auto-exploration de soi. Elles portent en outre la responsabilité des dépressions postpartum, des névroses, voire des psychoses, si cette situation n'est pas abordée avec une compréhension dynamique profonde.

La *nosophobie* — la peur pathologique de développer ou de contracter une maladie — est étroitement liée à l'*hypocondrie*. Il existe des transitions et des chevauchements subtils entre la nosophobie, l'hypocondrie et la thanatophobie.

Les patients préoccupés par le problème de la maladie physique ressentent de curieuses sensations organiques qu'ils ne comprennent pas et qu'ils interprètent en termes de pathologie somatique. Citons les douleurs, les pressions et les crampes, d'étranges flux d'énergie, des paresthésies, et d'autres phénomènes inhabituels. Ils montrent également des signes de dysfonctions de divers organes (difficultés respiratoires, dyspepsie, nausée, vomissement, constipation, diarrhée, tremblements musculaires, malaise général, faiblesse et fatigue) alors que les examens médicaux répétés ne détectent aucun signe objectif de maladie physique. Ces patients deviennent tôt ou tard une menace pour les médecins et le personnel hospitalier.

Leurs plaintes devraient pourtant être considérées avec sérieux en dépit des résultats négatifs des examens médicaux. Elles sont justifiées bien qu'elles ne trahissent pas un problème médical présent, mais le souvenir organique émergent de difficultés physiologiques graves vécues par le passé, telles que des maladies, des interventions chirurgicales, des blessures et en particulier le trauma de la naissance.

Trois formes spécifiques de nosophobie méritent une attention particulière : *la peur pathologique de développer ou d'avoir un cancer (cancérophobie), la peur des micro-organismes et de l'infection (bacillophobie) et la peur de la saleté (mysophobie).* Les racines les plus profondes de toutes ces phobies se situent au niveau périnatal, bien que leur force spécifique soit déterminée biographiquement. L'élément essentiel de la cancérophobie est la similitude existant entre le cancer et la grossesse ; la littérature psychanalytique a établi la relation inconsciente entre la croissance maligne d'une tumeur et le développement embryonnaire. Cette similitude n'est pas imaginaire ; des études anatomiques, physiologiques et biochimiques la supportent. Insistons en outre sur l'association du cancer, de la grossesse et de la naissance à la mort. La peur pathologique se concentre, dans le cas de la bacillophobie et de la mysophobie, sur le matériau biologique, les odeurs corporelles et la saleté. Les déterminants biographiques impliquent des souvenirs de l'époque de l'apprentissage de la propreté, mais les racines les plus profondes se situent dans l'aspect scatologique du processus périnatal. Le lien organique, qui existe dans le cadre de la MPF III entre la mort, l'agressivité, l'excitation sexuelle et le matériau biologique, est la clé de la compréhension de ces phobies.

Les patients souffrant de ces désordres ne redoutent pas seulement la contamination biologique pour eux-mêmes, ils ont souvent peur de contaminer les autres. Leur peur des matières biologiques est donc étroitement liée à l'agressivité orientée tant vers l'intérieur que vers l'extérieur, une situation caractéristique des phases finales de la naissance. L'exposition à des substances biologiques contaminatrices constitue le fondement d'une forme particulière de piètre estime de soi impliquant l'autodégradation et le dégoût. Ce désordre est souvent associé à certains comportements qui le rapprochent des compulsions obsessionnelles. Il s'agit de rituels représentant un effort pour supprimer ou contrer l'expérience de contamination biologique.

Le plus connu de ces rituels est celui consistant à se laver les mains de manière obsessionnelle. Ils revêtent parfois des formes plus complexes et plus élaborées. Le caractère répétitif de ces gestes reflète le fait qu'ils sont inefficaces pour protéger de l'angoisse inconsciente, parce qu'ils ne l'attaquent pas au niveau où elle prend naissance, à savoir le niveau des matrices périnatales. L'individu imagine avoir à résoudre des problèmes hygiéniques réels liés à la situation présente et ne comprend pas qu'il est confronté au souvenir de la contamination biologique de la naissance.

La peur de la mort, qui représente le souvenir d'un danger réel, est également mal comprise. L'échec de toutes les manœuvres symboliques se fonde en définitive sur le fait que l'individu est emprisonné dans un réseau de déceptions et de souffrances résultant d'une mauvaise compréhension de soi. Ajoutons que la bacillophobie est également reliée à un niveau inconscient — quoique superficiel — aux spermatozoïdes et à la conception et donc à la grossesse et à la naissance. Les plus importants des systèmes COEX impliqués comprennent les souvenirs significatifs de la phase anale-sadique du développement libidinal et les conflits concernant l'apprentissage de la propreté. Les souvenirs présentant la sexualité et la maternité comme des actions sales et dangereuses constituent un matériau biographique supplémentaire.

La peur des voyages en train ou en métro (sidérodromophobie) se fonde sur certaines similitudes formelles et empiriques existant entre les éléments du processus périnatal et le voyage dans des compartiments clos. Les dénominateurs communs les plus importants sont : le sentiment d'emprisonnement, les forces et les énergies énormes en mouvement, la séquence rapide d'expériences, l'absence de contrôle de la situation et le risque de destruction. Au nombre des éléments supplémentaires, on compte le fait de traverser des tunnels, des passages souterrains et de se trouver confronté aux ténèbres. Dans les trains à vapeur, l'élément du feu, la pression de la vapeur et le bruit strident de la sirène ajoutaient à l'angoisse. L'absence de contrôle est un élément d'une importance particulière ; les patients qui souffrent de sidérodromophobie n'éprouvent pas de difficulté à voyager en voiture, car ils peuvent alors modifier ou arrêter délibérément le mouvement.

Des phobies voisines sont *la peur de voyager en avion* et celle d'*utiliser des ascenseurs.* Il est intéressant de mentionner à cet égard que le *mal de mer* et le *mal de l'air* sont dans certains cas reliés à la dynamique périnatale ; ils tendent à disparaître une fois que l'individu a résolu le processus de mort/re-naissance. L'aptitude à abandonner le besoin de contrôler une situation quoi qu'il advienne est l'élément primordial. Les difficultés surgissent lorsque l'individu tente d'imposer sa volonté à des processus qui sont hors de portée du contrôle humain.

La peur de l'altitude et des ponts (acrophobie) ne se manifeste pas sous une forme pure ; elle est toujours associée à l'envie de sauter ou de se jeter dans le vide. La sensation de chute mêlée à la peur de la destruction est une manifestation typique des phases finales de la troisième matrice périnatale.

Les sujets, qui expérimentent les éléments de cette matrice, évoquent souvent un sentiment de chute, de plongée acrobatique ou de saut en parachute. L'intérêt obsessionnel pour des sports impliquant une chute est étroitement lié au suicide de second type ; il reflète un besoin d'extérioriser les sentiments de désastre imminent, une réaction contre la peur ainsi que le besoin de contrôler la situation pour éviter le désastre (tirer sur la corde du parachute) ou la certitude que l'annihilation ne se produira pas (arrêt de la chute dans l'eau). Les systèmes COEX responsables de la manifestation de cette facette particulière du trauma de la naissance comprennent des souvenirs d'enfance lorsque l'enfant a été jeté en l'air par ses parents, a fait une chute malencontreuse et s'est livré à diverses formes d'acrobaties et de gymnastique.

Dans *les phobies de la rue et des espaces ouverts (agoraphobie),* qui représentent la contrepartie de la claustrophobie, la connexion avec la naissance biologique se fonde sur le contraste entre la sensation subjective d'emprisonnement et de confinement et l'extension énorme de l'espace et l'expansion empirique résultante. L'agoraphobie est donc reliée à la phase finale du processus de naissance — l'expulsion — lorsque le nouveau-né émerge dans le monde. Les sujets LSD, qui revivent ce moment au cours de leurs séances psychédéliques, décrivent une peur profonde d'une catastrophe et d'une annihilation imminentes associées à cette transition. L'expérience de la mort de l'ego, l'une des expériences les plus pénibles du processus de transformation, appartient psychogéniquement à cette catégorie. L'agoraphobie implique également un élément de tension libidinale, de tentation sexuelle, de sentiments ambivalents à l'égard de l'établissement de contacts sexuels et la crainte d'un exhibitionnisme impulsif. Ces caractéristiques reflètent des constituants biographiques spécifiques qui sont reliés à certains aspects du trauma de la naissance au moyen d'une logique empirique profonde. La composante sexuelle de la naissance a été discutée précédemment et la crainte d'être vu nu par autrui évoque sans ambiguïté la première exposition de son corps nu aux yeux des autres. En ce qui concerne la *peur de traverser la rue* les forces puissantes et dangereuses de la circulation automobile sont inconsciemment identifiées à celles qui œuvrèrent au moment de l'accouchement. Cette situation reproduit, à un niveau plus superficiel, l'élément de dépendance de l'enfant qui ne peut traverser la rue sans l'aide ou sans la permission des adultes.

Otto Rank discuta en détail, dans son ouvrage *le Traumatisme de la Naissance,* la relation existant entre *la peur de divers animaux (zoophobie)* et le trauma de la naissance. Si l'objet de la phobie est un *grand animal,* les éléments les plus importants semblent être la crainte d'être avalé et intégré (loup) ou la relation avec la grossesse (vache). Si la peur porte sur de *petits animaux,* le facteur important semble être leur capacité à pénétrer dans des trous étroits de la terre et d'en ressortir (souris, serpents).

Certains animaux ont, en outre, une signification symbolique particulière dans le cadre du processus de la naissance. Ainsi des images de tarentules géantes apparaissent souvent dans la phase initiale de la MPF II en tant que symboles de l'élément femelle dévorant. Ceci semble refléter le fait qu'elles emprisonnent leurs victimes dans leur toile, les immobilisent, les enveloppent et les vident de leur vie. Une similitude profonde existe entre cette séquence d'événements et les expériences de l'enfant durant la délivrance biologique. Cette connexion semble être essentielle au développement de *la peur des araignées (arachnophobie).*

Des images de serpents, qui ont à un niveau plus superficiel une connotation phallique, sont au niveau périnatal de l'inconscient des symboles typiques de l'angoisse de la naissance et donc de l'élément femelle destructeur et dévorant. Les vipères représentent le danger pour la survie et la peur de la mort, alors que les plus grands serpents constricteurs symbolisent l'écrasement et la strangulation impliqués dans la naissance. Le fait qu'après avoir étouffé sa victime et l'avoir avalé, le boa constricteur a un corps considérablement enflé constitue un symbole évoquant la grossesse. Précisons toutefois qu'aussi importante que soit la composante périnatale dans le développement de la *phobie des serpents,* le symbolisme du serpent concerne surtout les domaines transpersonnels.

Les phobies des petits insectes peuvent souvent être rattachées à la dynamique des matrices périnatales. La peur des abeilles est aussi liée au problème de la reproduction et de la grossesse en raison de leur aptitude à transporter du pollen, à fertiliser des plantes et à pénétrer la peau de leur dard en provoquant des enflures. *Les mouches* sont, en raison de leur affinité pour les excréments et de leur propension à répandre la maladie, associées à l'aspect scatologique de la naissance.

La naissance, en tant que processus biologique fondamental, implique un spectre riche de phénomènes physiologiques ; on constate que les racines de nombre de désordres émotionnels aux manifestations somatiques distinctes et de maladies psychosomatiques peuvent être ramenées aux matrices périnatales. *Les symptômes organo-névrotiques* les plus courants et les plus caractéristiques seraient des dérivés des processus et des réactions physiologiques qui constituent une partie naturelle et compréhensible de la naissance. Cette analogie est assez évidente et ne nécessite pas d'explication supplémentaire dans le cas des « maux de tête » que les patients névrotiques décrivent souvent comme un bandeau d'acier étroitement serré autour de leur tête. Un sentiment subjectif de manque d'oxygène et de suffocation, expérimenté par les patients relevant de la psychiatrie en période de stress, est facilement explicable dans ce contexte. Des palpitations, une douleur dans la poitrine, le rougissement, une ischémie périphérique et d'autres formes de détresse cardiovasculaire, ainsi que des tensions musculaires, des tremblements et des convulsions ne posent guère problème.

D'autres symptômes dont la connexion avec le processus de naissance n'est pas immédiatement évidente semblent refléter des modèles complexes d'activation des systèmes nerveux à la fois sympathique et para-sympathique se produisant simultanément ou en alternance durant diverses phases de l'accouchement. La constipation ou la diarrhée spasmodique, les nausées et les vomissements, l'irritabilité générale du système gastro-intestinal, la transpiration excessive, l'hypersalivation ou la sécheresse de la bouche et des frissons alternant avec des bouffées de chaleur sont des exemples à mentionner dans cette catégorie.

Des phénomènes végétatifs se manifestent durant les séances et les intervalles entre séances de personnes ayant déjà dépassé le stade du processus de mort/re-naissance et se trouvant confrontées à diverses expériences périnatales. Certains de ces symptômes sont semblables à ceux accompagnant une maladie virale telle qu'un rhume. Ils impliquent une faiblesse et un malaise général, des sentiments de froid intérieur, des convulsions ou des tremblements de muscles ou de groupes de muscles. D'autres sont des réminiscences d'un empoisonnement alimentaire : sentiments de nausée et de dégoût, dyspepsie, excès de gaz intestinaux et dystonie végétative générale. Les sujets qui connaissent de tels symtômes durant leurs séances affirment en général avoir un goût désagréable dans la bouche qu'ils décrivent comme étant un mélange de métal, d'iode et de substance organique évoquant un « vieux bouillon ». Le syndrome a une qualité étrange, insidieuse, diffuse et indéfinissable, contrairement aux phénomènes physiques plus distincts d'origine périnatale. De nombreux sujets affirmèrent que cet état avait une base chimique. Ils le reliaient à des perturbations de l'existence intra-utérine imposées au fœtus par des modifications chimiques du placenta. Ces symptômes physiques semblent être à l'origine de certaines plaintes psychotiques, névrotiques et indéterminées de nature curieuse et imprécise. Ils constituent sous leur forme la plus extrême un certain type d'*hypocondrie à tendance psychotique.*

Des observations cliniques de la recherche LSD suggèrent que les matrices périnatales sont également impliquées dans la pathogenèse de *maladies psychosomatiques* graves, telles que certaines formes d'asthme, les migraines, le psoriasis, l'ulcère peptique, la colite ulcéreuse et l'hypertension. Mes observations résultant tant de la recherche psychédélique que du travail empirique sans utilisation de drogue confirment ces constatations. L'importance des facteurs émotionnels dans ces maladies a été reconnue par le modèle médical traditionnel. Précisons toutefois que le travail empirique en profondeur révèle que toutes les théories à orientation psychanalytique des maladies psychosomatiques se fondant sur des facteurs biographiques sont inadaptées et superficielles. Tout thérapeute recourant au travail empirique est contraint de développer un respect profond pour les énergies élémentaires opérant au niveau périnatal.

Des traumatismes biographiques subtils sont susceptibles de perturber les mécanismes homéostatiques du corps et de causer des perturbations fonctionnelles profondes ou des dommages anatomiques grossiers aux organes. Il s'agit plus que d'une simple possibilité dans le cas des énergies destructrices primordiales et fondamentales, dérivées de l'expérience de la naissance. Il n'est pas rare d'assister à l'apparition temporaire de crises d'asthme, de migraines, d'eczéma divers et même d'éruptions cutanées au cours du processus de mort/re-naissance. La thérapie pychédélique et le travail empirique en profondeur permettent des améliorations spectaculaires et durables pour la plupart des maladies psychosomatiques. On remarque que la reviviscence du traumatisme de la naissance est l'événement le plus important sur le plan thérapeutique à chaque fois qu'il existe des rapports décrivant le cours complet de la thérapie.

Les migraines peuvent généralement être rattachées à la progression à travers la filière pelvi-génitale qui implique une douleur et une pression considérables sur la tête ainsi qu'une nausée et qu'un malaise gastro-intestinal. On observe souvent chez les patients souffrant de migraines le désir de rechercher l'environnement évoquant l'utérus maternel, des lieux sombres, la quiétude, les linges et les oreillers douillets. Cette tendance trahit un effort pour revivre le processus de la naissance et retrouver l'état périnatal. La thérapie empirique indique toutefois une stratégie opposée qui remédiera aux migraines. L'intensification de la douleur qu'elles engendrent sera poussée à l'extrême, jusqu'à atteindre des proportions insupportables équivalent aux douleurs vécues concrètement durant la naissance. La libération des maux de tête est habituellement suivie par un état extatique de nature transcendantale.

En ce qui concerne le *psoriasis,* l'élément psychogénique important serait la canalisation des énergies périnatales destructrices dans la région de la peau en contact immédiat avec les parois utérines et celles de la filière pelvi-génitale. Ces constatations sont en accord avec le fait que les sites de prédilection du psoriasis sont la tête et le front, le dos, les genoux et les coudes. On a enregistré, comme dans le cas des migraines, des améliorations considérables du psoriasis après la reviviscence de la naissance biologique.

Les énergies périnatales destructrices ayant un foyer axial défini forment une composante importante des énergies se trouvant à l'origine des *ulcères peptiques* et des *colites ulcéreuses.* Leur siège se situe en général le long de l'axe longitudinal du corps. Des innervations conflictuelles de la partie supérieure du système gastro-intestinal (agressivité orale, douleur stomacale, nausée et vomissement) et de la partie inférieure (douleurs et spasmes intestinaux, diarrhées, constipations spasmodiques) sont des éléments concomitants du processus de naissance. Que cet aspect de l'expérience de la naissance résulte en une pathologie manifeste et que ce soit l'estomac ou le côlon qui soient atteints dépendent moins de la mécanique spécifique de l'accouchement que d'une chaîne d'événements biographiques ultérieurs.

Les systèmes COEX des patients souffrant de ces maladies impliqueraient de manière caractéristique des souvenirs d'événements liant la digestion à l'angoisse, à l'agressivité ou à la sexualité ; la nature de ces traumatismes et leur « timing » est en accord avec la théorie psychanalytique.

L'hypertension artérielle est liée à des antécédents de stress émotionnel extrême. Le fondement profond de ce désordre est l'enregistrement organique de la tension émotionnelle et physique prolongée de la naissance biologique. Diverses tensions ultérieures ajoutent à cet ensemble final, facilitent l'accès des éléments périnatals dans la conscience, les relient à des événements biographiques spécifiques et fournissent un cadre à leur élaboration et à leur articulation finales. L'hypertension artérielle qui en résulte est alors une réaction psychosomatique à toutes les gestalts incomplètes de situations stressantes de la vie de l'individu — y compris celles de son historique périnatal.

La neurasthénie et les névroses traumatisantes émotionnelles occupent une position particulière parmi les syndromes psychosomatiques. Elles peuvent être considérées comme étant les réactions les plus « normales » des êtres humains confrontés à des situations difficiles. Les symptômes de la *neurasthénie* tendent à se manifester chez un individu qui a été soumis pendant une longue période à des conditions exigeantes et stressantes, telles qu'un excès de travail dans des circonstances conflictuelles, un manque de repos, de sommeil et de récréation, un rythme de vie désordonné. La neurasthénie se caractérise par des tensions musculaires, par des tremblements, par une transpiration excessive, par une détresse cardiaque et par des palpitations, par une angoisse indéterminée, par un sentiment d'oppression, par des maux de tête intenses et par une « faiblesse irritable » *, par un sentiment de faiblesse générale et par un manque d'énergie, combiné à une tendance à l'irritabilité. Elle s'accompagne de perturbations sexuelles, impuissance, frigidité, modifications du cycle menstruel et éjaculation précoce.

Les névroses traumatisantes émotionnelles se manifestent chez des individus qui ont été impliqués dans des catastrophes naturelles aux proportions gigantesques, dans des guerres ou dans tout autre événement représentant une menace pour la survie ou l'intégrité physique de l'organisme. Il importe de préciser que ces conditions n'entraînent pas le moindre dommage physique mais uniquement un traumatisme psychologique associé au risque encouru. La névrose traumatisante qui en résulte comporte pourtant non seulement des symptômes émotionnels intenses mais encore certaines manifestations physiques extrêmes telles que des douleurs, des crampes, des tremblements violents ou la paralysie.

Il existe une relation étroite entre la neurasthénie et les névroses traumatisantes émotionnelles sur le plan psychogénique. Toutes deux représentent des dérivés de la MPF III sous une forme relativement pure, ni modifiée, ni influencée par des événements biographiques traumatisants ultérieurs. La neurasthénie, qui est une réaction à peu près normale à une tension prolongée d'intensité raisonnable, manifeste les traits essentiels de la troisième matrice périnatale sous une forme mitigée. En comparaison, l'urgence aiguë qui provoque les névroses traumatisantes émotionnelles est une approximation si fidèle de la situation vécue à la naissance, qu'elle outrepasse le système de défense et entre en contact empirique avec le cœur même de la MPF III. L'individu continue donc lorsque la douleur a disparu à être submergé par les énergies périnatales contre lesquelles il n'a désormais plus de protection psychologique efficace.

Cette situation pose problème ; mais elle offre en revanche l'occasion de confronter empiriquement les énergies périnatales. L'issue dépend de la manière dont cet état est abordé sur le plan thérapeutique. Des tentatives pour supprimer psychologiquement ou pharmacologiquement les énergies périnatales libérées dans ce processus sont parfois vaines et entraînent un appauvrissement général de la personnalité.

---

* En français dans le texte. (N.d.T.)

Une stratégie thérapeutique qui libère les énergies périnatales a des chances de résoudre les symptômes des névroses traumatisantes et de favoriser un processus de guérison et de transformation profond. Le fait que la meilleure approche conventionnelle de ces états soit l'hypno-analyse ou la narco-analyse qui mettent le patient en contact avec le danger original et lui permettent de le revivre est en accord parfait avec le concept. Une approche thérapeutique idéale devrait toutefois aller plus loin, c'est-à-dire jusqu'aux matrices périnatales qui ont été mises à jour par la situation d'urgence.

Il n'est pas rare que dans des situations mettant en danger la vie de l'individu, ce dernier perde le contrôle de sa vessie et de ses intestins. Cette situation est caractéristique de la phase finale de la naissance ou de la transition entre la MPF III et la MPF IV. *La perte névrotique du contrôle de la vessie (énurésie) et celle moins fréquente du contrôle des intestins (encopressie)* peut être rattachée au réflexe d'urination et de défécation lors de la naissance. Les sujets, qui expérimentent des éléments de la MPF III et de la MPF IV au cours de séances psychédéliques, s'inquiètent souvent du contrôle de leurs sphincters.

L'urination est assez courante chez un sujet participant à une psychothérapie empirique lorsque celui-ci approche du moment de l'abandon total. La défécation involontaire est plus rare probablement en raison des tabous sociaux plus puissants, mais on l'a enregistrée dans certains cas. Les événements biographiques ultérieurs sont nécessaires pour modifier ce potentiel existant au niveau périnatal en un problème clinique véritable. Le matériau des systèmes COEX concernés est en accord avec la théorie psychanalytique. Ceci n'est toutefois qu'une « partie de l'histoire » et les racines profondes de ces désordres peuvent en définitive être rattachées à la libération des sphincters durant la phase finale de la douleur, de la peur et de la suffocation au moment de l'expulsion et à la reconnexion psychologique avec les états postnatal et prénatal au cours desquels il n'existe aucune contrainte à la liberté biologique.

4.4. *L'expérience psychotique : maladie ou crise transpersonnelle.*

Les psychoses dites endogènes, en particulier la schizophrénie, représentent l'une des plus grandes énigmes de la psychiatrie et de la médecine modernes. Les problèmes relatifs à la nature et à l'étiologie du processus psychotique ont résisté aux efforts de générations de scientifiques, en dépit de l'investissement considérable en temps, en énergie et en argent. Les théories de la psychose sont des plus diverses ; les interprétations sont strictement organiques, purement psychologiques et même philosophiques. Toutes ces positions extrêmes ont leur représentants brillants ; tous scientifiques respectables pourvus de références impressionnantes.

Les psychoses représentent, selon les chercheurs qui adhèrent au modèle médical, une distorsion tellement radicale de la perception correcte de la réalité qu'il convient d'imaginer une pathologie grave des organes responsables de la perception du monde et de l'interprétation des données sensorielles, en particulier du système nerveux. Les défenseurs de cette vision prétendent que la cause des psychoses réside dans quelque anomalie biochimique, physiologique, voire anatomique acquise ou innée du cerveau. Une alternative acceptable dans ce contexte suggère que la pathologie d'autres organes ou d'autres systèmes du corps puisse être en cause ; elle modifierait la biochimie du corps et influencerait indirectement le cerveau. La recherche des causes organiques est demeurée infructueuse à ce jour ; pourtant toutes les conditions impliquant des états inhabituels de conscience n'en sont pas moins toujours assimilées à des « maladies » dont l'étiologie reste à découvrir. Les théories psychologiques de la psychose entrent dans trois catégories distinctes. Les formulations situées à l'extrémité opposée du spectre par rapport au modèle médical, considèrent les psychoses essentiellement comme des difficultés existentielles ou comme des façons différentes d'être dans le monde. La phénoménologie, l'analyse existentielle et l'analyse *dasein* sont des approches qui privilégient la compréhension philosophique plutôt que l'interprétation en termes de pathologie médicale. La plupart des théories psychologiques considèrent les psychoses comme des états pathologiques aux racines psychologiques plutôt qu'organiques. L'orientation de ces théories est, à quelques exceptions près, biographique ; cette vision étroite les empêche de discerner les facteurs psychologiques significatifs qui dépassent le cadre des traumatismes de l'enfance.

Certaines de ces approches complètent la dynamique intrapsychique par des facteurs sociologiques. La troisième catégorie est plus intéressante et plus prometteuse. Elle regroupe les approches qui insistent sur la valeur positive du processus psychotique. De nombreux états inhabituels de conscience, appréhendés comme psychotiques et donc indicateurs d'une maladie mentale grave, sont considérés comme des tentatives radicales pour résoudre des difficultés. Ils résultent parfois en une guérison psychosomatique, en une transformation de la personnalité et en une évolution de la conscience.

Il n'existe pas de consensus en psychiatrie et en psychologie quant à la nature et à l'étiologie du processus psychotique. La plupart des chercheurs sérieux insistent sur la complexité du problème et pensent en termes d'« étiologie multiple ». Cette appellation suggère que les psychoses ne sont pas réductibles à une chaîne simple de causes biologiques, psychologiques ou sociales. En outre, les étiquettes cliniques ne font pas encore l'unanimité. Ainsi, les psychiatres américains utilisent de manière générale le terme « schizophrénie », alors que leurs collègues européens réservent ce diagnostic à des cas spéciaux ayant des problèmes centraux profonds.

La situation est tout aussi confuse en matière de thérapie. A l'exception de la psychose maniaque dépressive, la diversité des mesures thérapeutiques traduit les différences dans la compréhension théorique du processus. Les approches, qui ont été utilisées avec divers degrés de succès et d'échec, vont des méthodes convulsivantes radicales et de la psycho-chirurgie aux procédures purement psychologiques en passant par la thérapie psychopharmacologique. Certaines méthodes récentes sont en contradiction avec la stratégie médicale du traitement des psychoses. Plutôt que de rechercher la réduction des symptômes et l'inhibition du processus psychotique, elles s'efforcent de créer un cadre de soutien et encouragent le client à affronter la situation. Il semble même approprié d'utiliser des techniques qui intensifient et accélèrent le processus — telles que les substances psychédéliques ou les approches empiriques en profondeur — puisqu'elles favorisent sa résolution positive.

C'est cette dernière approche que je défendrai dans ce livre. Des observations émanant de différentes disciplines indiquent que parmi les personnes qui connaissent des états inhabituels de conscience et sont donc qualifiées de psychotiques, certaines sont en réalité engagées dans un processus extraordinaire et curatif de découverte de soi et d'évolution de conscience. Ce processus s'interrompt souvent à une de ses phases spectaculaires et complexes, si les conditions ne sont pas optimales.

Un psychiatre ou un psychologue, ayant connaissance de ces territoires sur les plans théorique et pratique, favorisera et guidera ce processus ; il ne recourera pas de manière indiscriminée à une approche suppressive, inadaptée et donc vaine. L'administration routinière de tranquillisants et l'utilisation d'autres mesures répressives gèlent ce processus bénéfique et interfèrent avec sa résolution positive. Cette stratégie thérapeutique induit un état chronique et rend nécessaire la prescription prolongée de médicaments engendrant des effets secondaires irréversibles. Il est difficile d'estimer le nombre d'individus dans la population générale qui sont engagés dans un tel processus. La psychiatrie, avec ses étiquettes socialement stigmatisantes, ses milieux hospitaliers effrayants et ses procédures thérapeutiques, a créé une atmosphère qui ne favorise pas un « feedback » honnête. Tant que nous n'aurons pas créé une atmosphère de compréhension et de soutien, il est peu probable que nous disposions de statistiques fiables à ce propos.

Les résultats de sondages anonymes révélant que 35 % des Américains ont, à certains moments de leur vie, connu des expériences mystiques constituent des statistiques plus honnêtes et plus réalistes quant à l'incidence des états inhabituels de conscience. Tant que la situation n'évoluera pas, nombre d'individus engagés dans un tel processus hésiteront à partager leurs expériences — y compris avec leurs proches — par crainte d'être traités de fous et d'être soumis à un traitement psychiatrique intensif.

La question du paradigme scientifique actuel est la première à envisager. La compréhension des psychoses et la manière de les aborder sont déterminées par la philosophie de la science occidentale et par le fait que la psychiatrie est assimilée à une discipline médicale. Toutes les définitions des psychoses insistent sur l'incapacité à différencier entre l'expérience subjective et la perception objective de la réalité. Il est par conséquent évident que le concept de psychose dépend de manière critique de la représentation scientifique actuelle de la réalité. La psychiatrie traditionnelle étant soumise au paradigme newtonien-cartésien et considérant ce modèle comme une description précise, objective et exhaustive de la réalité, elle a défini la santé mentale comme étant un accord perceptuel et cognitif avec la vision mécaniste du monde. On discerne une indication d'un processus pathologique affectant le cerveau ou d'une « maladie » si l'expérience de l'univers d'un individu s'écarte sérieusement de ce modèle. Le diagnostic de la psychose étant indissociable de la définition de la réalité, il sera influencé de manière radicale lorsqu'une modification majeure des paradigmes scientifiques modifiera l'image de la nature de la réalité.

Des éléments irréfutables de l'histoire et de l'anthropologie, qui indiquent la nature relative et dépendante de la culture des critères de santé mentale et de normalité, ont considérablement affaibli le modèle médical de la maladie mentale. Les comportements humains qui ont été considérés comme étant acceptables, normaux ou désirables par différentes cultures et à diverses époques, sont très variés. D'aucuns correspondent à ce que la psychiatrie moderne qualifierait de pathologique. La science médicale s'efforce donc d'établir une étiologie spécifique de nombreux phénomènes qui dans un contexte culturel plus vaste n'étaient que des variations de la condition humaine ou de l'inconscient collectif.

L'inceste, abhorré par la majorité des groupes ethniques, était déifié par des cultures supérieures telles que la civilisation égyptienne et celle des Incas. L'homosexualité, l'exhibitionnisme, la sexualité de groupe et la prostitution étaient acceptables dans certains contextes culturels et ritualisés ou sacralisés chez d'autres. Certains groupes ethniques tels que les Esquimaux prônaient l'échange de conjoint ; d'autres punissaient l'adultère de mort. Le respect strict de la monogamie de certaines sociétés s'oppose à celui de la polygamie ou de la polyandrie chez d'autres.

Certaines ethnies jugent la nudité normale et ont une vision libre de la sexualité et/ou des fonctions d'excrétion ; d'autres en revanche abhorrent les fonctions et les odeurs physiologiques essentielles ou cachent leur corps, y compris leur visage. L'infanticide, le meurtre, le suicide, le sacrifice humain, l'auto-sacrifice, la mutilation, l'auto-mutilation ou le cannibalisme sont acceptés par certains peuples et glorifiés et ritualisés par d'autres. Nombre des syndromes psychiatriques, selon les termes de la culture occidentale, peuvent difficilement être interprétés comme des maladies au sens médical du terme.

Tous ces phénomènes psychologiques extrêmes constituant des normes pour certaines cultures ou à certaines périodes de l'histoire, la recherche assidue de leurs causes médicales reflète une tendance culturelle plutôt qu'une opinion scientifique bien-fondée. Le concept de l'inconscient collectif avec ses variations innombrables offre une alternative puissante et plus prometteuse que le modèle médical. On note avec intérêt que des changements liés à l'esprit du temps et à la mode engendrent parfois des déviations plus grandes par rapport aux normes que ceux, qui à titre individuel, dans l'ancien contexte, auraient valu à leurs auteurs l'étiquette de malades mentaux.

Le contexte culturel ou historique dicte les normes. Les expériences des chamans, des yogis et des sadhus indiens ou celles des chercheurs spirituels d'autres cultures justifieraient un diagnostic de psychose selon les critères psychiatriques occidentaux. Des ambitions insatiables, des pulsions compensatoires irrationnelle, l'obsession de la technologie, la course aux armements, les guerres meurtrières, les révolutions et les émeutes, qui sont des comportements normaux en Occident, seraient jugés comme les symptômes évidents de folie par le sage indien. Notre obsession d'un progrès linéaire et d'une « croissance illimitée », notre mépris des cycles cosmiques, la pollution des ressources vitales telles que l'air et l'eau, et la conversion de milliers de kilomètres carrés de terres en béton armé et en asphalte seraient ressentis en tant que folie collective, incompréhensible et dangereuse par les chamans indiens d'Amérique ou du Mexique.

Les enseignements de l'histoire et de l'anthropologie dépassent toutefois la relativité de l'expérience, celle de l'apparence et celle du comportement. Certains phénomènes comportaient pour des cultures antiques et non-occidentales des qualités curatives et transformatives lorsqu'ils se produisaient spontanément. Le fait que ces cultures consacraient temps et efforts pour développer des techniques ingénieuses afin de produire ces formes de comportement et d'expérience atteste du respect profond qu'elles leur vouaient. Les procédures d'altération de l'esprit utilisées à cet effet sont très variées : le jeûne, la privation de sommeil, l'isolement social et sensoriel (séjours dans des montagnes, dans des grottes ou d'autres manœuvres respiratoires, l'utilisation de substances psychédéliques, etc.). Certaines traditions spirituelles développèrent pour ce faire des méthodes élaborées utilisant la stimulation visuelle, sonore, kinésthésique ou des exercices mentaux.

Les individus qui réussissent à intégrer leurs voyages intérieurs acquièrent une connaissance intime des territoires de la psyché. Ces individus sont par ailleurs capables de transmettre leur connaissance à d'autres et de les guider. C'était la fonction traditionnelle des chamans dans nombre de cultures d'Asie, d'Australie, de Polynésie, d'Europe, d'Amérique du Sud et du Nord. Leurs expériences initiatiques spectaculaires qui comprenaient des séquences de mort/re-naissance, sont interprétées par les psychiatres et les anthropologues occidentaux comme des indices de maladie mentale. On parle généralement de « maladie chamanique » et on l'étudie dans le cadre de la schizophrénie et de l'épilepsie.

Ces jugements reflètent les préjugés occidentaux typiques de la science mécaniste et ne représentent pas une opinion scientifique objective. Les cultures qui vénèrent les chamans ne qualifient pas de « chamanique » toute forme de comportement étrange et incompréhensible, comme aiment à le croire les érudits occidentaux. Ces peuples établissent une distinction très nette entre les chamans et les individus malades ou « fous ». Les vrais chamans ont vécu des expériences inhabituelles et puissantes et ils les ont intégrées de manière créative et productive. Ils doivent être capables d'appréhender la réalité quotidienne aussi bien, voire mieux, que les membres de leur tribu. Ils ont, en outre, un accès empirique à tous les niveaux et à tous les domaines de la réalité et disposent de la faculté de provoquer chez les autres des états non-ordinaires de conscience à des fins curatives et transformatives. Ils expriment un fonctionnement supérieur et une « meilleure santé mentale » plutôt qu'une mauvaise adaptation. Croire que tout comportement étrange et incompréhensible passerait pour sacré chez des aborigènes sans éducation est absurde.

Nombre de traditions antiques ont développé des cartographies élaborées des états inhabituels de conscience qui sont d'une valeur inestimable pour ceux qui se trouvent confrontés à des phases difficiles de leur voyage intérieur. Les antiques livres des morts, les écrits traditionnels hindous, bouddhistes, taoïstes et soufis ou les textes cabalistes et alchimistes ne constituent que quelques exemples. Les expériences, qui paraissent incompréhensibles et étranges à l'ignorant et au profane, sont considérées comme des phases prévisibles et répondant aux lois d'un processus de transformation par le maître de l'art.

Le chercheur impartial, qui accepterait d'étudier le potentiel curatif de ces états, découvrirait à sa grande surprise qu'il dépasse celui de tous les moyens thérapeutiques dont dispose la psychiatrie traditionnelle.

Les pratiques rituelles des cultures non-occidentales sont trop exotiques pour être applicables à notre situation ; considérons donc quelques exemples importants de la Grèce antique, berceau de la civilisation occidentale. Les mystères sacrés de mort et de re-naissance fleurissaient en Grèce et dans les régions environnantes sous des formes très différentes. Citons parmi les plus connues, les mystères éleusiniens, le culte orphique, les bacchanales ou les dionysies, les cérémonies à Attis et à Adonis, et les rituels samothraciens des Corybantes.

Souvenons-nous que deux « géants » de la philosophie grecque, qui sont tenus en grande estime par la civilisation occidentale, ont tous deux laissé des témoignages quant au pouvoir curatif des mystères. Platon, qui était pense-t-on un initié du rite éleusinien, donna une description détaillée de l'expérience rituelle dans son dialogue *Phèdre,* où il discute différentes formes de folie. Il présente comme exemple de folie rituelle les rites des Corybantes, dans lesquelles des danses orgiaques au son de flûtes et de tambours culminent en un paroxysme explosif. Platon voyait dans cette séquence d'activité intense et d'émotions extrêmes suivie de relaxation une expérience cathartique puissante possédant un potentiel thérapeutique remarquable.

Un autre grand philosophe grec, Aristote, considérait aussi que les mystères étaient des événements rituels puissants capables de guérir les désordres émotionnels. Il croyait que grâce au vin, aux aphrodisiaques et à la musique, les initiés connaissaient une excitation extraordinaire de leurs passions suivies d'une catharsis. Telles furent les premières prises de position explicites voulant que l'expérience et la libération totales des émotions réprimées constituent un mécanisme efficace pour le traitement des maladies mentales. Aristote prétendit, en accord avec la thèse fondamentale de l'orphisme, que le chaos et la frénésie des mystères menaient en définitive à l'ordre.

Le concept de psychose tel qu'il est présenté dans ce livre est également renforcé par des observations importantes de la psychiatrie traditionnelle. On sait depuis des décennies que des patients relevant de la psychiatrie émergent parfois d'épisodes aigus avec un niveau d'intégration et de fonctionnement supérieur à ce qu'il était avant le début de la maladie. On a remarqué qu'un tel résultat était souvent obtenu lorsque le contenu de l'expérience psychotique comprenait des éléments de mort et de renaissance ou de destruction et de recréation du monde.

Des études psychopharmacologiques contrôlées ont révélé que certains sous-groupes de patients psychotiques connaissaient une guérison meilleure lorsqu'ils étaient traités par des placebos que lorsqu'ils recevaient des tranquillisants. Ce fait a été confirmé par une expérience contrôlée, réalisée au *Agnew State Hospital* de San José, Californie, par Maurice Rappaport, Julian Silverman et John Perry. D'autres études n'ont relevé aucune différence entre les patients psychotiques traités par tranquillisants et ceux recevant des placebos. En règle générale, les patients présentant des caractéristiques paranoïdes utilisant essentiellement le mécanisme de la projection répondent mieux aux traitements psychopharmacologiques, alors que ceux qui expérimentent le processus intérieurement réagissent mieux sans médicament.

Mentionnons à cet égard des expériences thérapeutiques au cours desquelles les patients ne reçurent pas de tranquillisants et furent encouragés à vivre le processus psychotique. Citons à titre d'exemple les projets de R.D. Laing en Grande-Bretagne et de John Perry à San Francisco. Une approche encore plus inhabituelle et radicale du processus psychotique fournit une compréhension nouvelle, un support et un encouragement au patient en combinaison avec des séances psychédéliques ou des techniques empiriques pour activer le processus et faciliter une bonne résolution. J'ai observé lors d'une étude utilisant la psychothérapie LSD, à l'Institut de Recherche Psychiatrique de Prague, une amélioration spectaculaire chez plusieurs patients psychotiques qui surpassa les résultats obtenus dans les traitements psychopharmacologiques traditionnels. J'ai constaté la disparition des symptômes et une restructuration profonde de la personnalité de ces patients. Des résultats similaires furent obtenus par Kenneth Godfrey qui utilisa la psychothérapie LSD pour traiter des patients psychotiques au *Veteran's Administration Hospital* de Topeka, Kansas.

L'utilisation de telles stratégies thérapeutiques nécessite une compréhension totalement nouvelle de la psychose, puisqu'elle n'a pas de sens dans le cadre des théories existantes, qu'elles soient à orientation organique ou psychologique, à l'exception de la psychologie analytique jungienne. La psychiatrie traditionnelle offre deux options fondamentales dans l'approche des psychoses mais aucune n'est particulièrement convaincante ou efficace. Les professionnels à orientation organique ignorent toutes ces expériences et tous ces comportements que le paradigme mécaniste s'avère incapable d'expliquer. Ils les imputent à divers processus pathologiques de l'organisme qui sont encore à découvrir et ils entreprennent des croisades thérapeutiques héroïques pour les supprimer par tous les moyens disponibles. Les psychiatres et les psychologues qui souscrivent aux théories psychogéniques de la psychose sont généralement limités par la camisole conceptuelle de la pensée mécaniste et anti-spirituelle et par leur intérêt biographique étroit. Ils proposent des explications superficielles qui réduisent le processus de la psychose à une régression infantile et ils disposent d'approches psychothérapeutiques impropres qui recourent exclusivement aux interprétations biographiques.

Selon le modèle présenté dans cet ouvrage, les matrices fonctionnelles responsables des épisodes psychotiques sont parties intrinsèques et intégrantes de la personnalité humaine. Les mêmes matrices périnatales et transpersonnelles, qui induisent des dépressions psychotiques favorisent, dans certaines circonstances, le processus de transformation spirituelle et d'évolution de la conscience. En ce qui concerne la psychose, la principale difficulté consiste alors à identifier les facteurs différenciant les processus psychotique et mystique.

La recherche devrait se concentrer sur deux questions qui présentent une importance théorique et pratique pour la compréhension des psychoses. La première est celle des mécanismes déclencheurs qui permettent à divers matériaux inconscients d'émerger dans la conscience. Il importe d'expliquer pourquoi certains individus doivent absorber une substance psychédélique ou recourir à une technique puissante n'utilisant pas de drogue pour être confrontés aux éléments périnatals et transpersonnels de leur psyché, alors que d'autres sont assaillis par des contenus inconscients profonds dans des circonstances de la vie quotidienne *.

---

* Des observations de la pratique de la thérapie holonomique sont

La seconde question est subtile ; elle concerne l'attitude individuelle à l'égard du contenu de ces expériences, la manière de les aborder et la capacité de les intégrer. Les séances LSD illustrent ce point. D'aucuns vivent l'expérience de manière mystique, d'autres de manière psychotique alors que le catalyseur de l'expérience est le même pour tous. La capacité de l'individu à conserver au processus son caractère intériorisé, à le « posséder » comme un événement intrapsychique et à le compléter intérieurement sans réagir prématurément est associée à l'attitude mystique et révèle une santé mentale satisfaisante. L'extériorisation de ce processus, le recours excessif au mécanisme de projection caractérisent une confrontation psychotique du contenu de l'inconscient. Les états psychotiques représentent donc une confusion entre le monde intérieur et la réalité reconnue comme telle. Cette différence les distingue des états de conscience mystiques et chamaniques, dans lesquels cette discrimination est préservée. Le choix entre le mode mystique et le mode psychotique n'est pas essentiellement fonction des facteurs de personnalité intrinsèque, mais dépend également des circonstances extérieures dans lesquelles l'individu expérimente cette confrontation critique avec sa conscience.

La recherche psychiatrique suggère que le processus psychotique est un phénomène d'une complexité extrême et le résultat de plusieurs facteurs opérant à différents niveaux. Des études minutieuses ont révélé des variables significatives liées à des éléments constitutionnels et génétiques, à l'antécédent biographique de l'individu, à des modifications hormonales et biochimiques, à des facteurs situationnels, à des influences environnementales et à des déterminants cosmobiologiques. Le concept des matrices périnatales et transpersonnelles est toutefois essentiel à la compréhension des psychoses, puisqu'aucun des facteurs évoqués n'explique la nature, le contenu et la dynamique des phénomènes psychotiques. On peut les considérer soit comme des états activant les matrices périnatales ou transpersonnelles, soit comme des états affaiblissant les mécanismes de défense qui les empêchent de se manifester dans des circonstances normales.

---

particulièrement significatives selon ce point de vue (cf. p. 33). Une drogue psycho-tonique puissante telle que le LSD n'est pas indispensable pour affronter empiriquement les niveaux périnatal et transpersonnel de la psyché. Un environnement, un rythme respiratoire et une musique appropriés produiront en quelques minutes, chez un groupe quelconque d'individus, des expériences inhabituelles qui seraient habituellement qualifiées de psychotiques. Cette situation est temporaire, réversible et génératrice de guérison psychosomatique et d'une évolution de la personnalité.

D'autres aspects, par ailleurs étranges et incompréhensibles des états psychotiques, révèlent soudain une logique empirique profonde lorsque nous les étudions par rapport à la dynamique des matrices périnatales ou transpersonnelles.

La difficulté réelle pour la théorie et la pratique de la psychiatrie surgit toutefois des états psychotiques qualifiés de schizophrènes. C'est un groupe hétérogène dont le dénominateur commun est notre ignorance fondamentale de la nature et de l'étiologie des états psychologiques impliqués. Il sera certainement possible un jour prochain d'établir une étiologie et une pathologie organique claire pour certaines formes de ces désordres. Les considérations suivantes ne doivent pas être appréhendées comme des généralisations abusives quant à la schizophrénie mais comme un cadre d'interprétation pour de nombreux états actuellement inclus dans cette catégorie.

Les traumatismes psychologiques de la vie d'un individu favorisent un accès empirique aux matrices périnatales et transpersonnelles ; on notera des éléments biographiques distincts dans la symptomatologie de la schizophrénie. La présence d'éléments évocateurs de phases antérieures du développement psychologique ne signifie toutefois pas que la schizophrénie puisse être interprétée dans son ensemble comme une régression dans l'enfance. Toute hypothèse visant à expliquer psychologiquement ce désordre devrait prendre en considération le fait que nombre de phénomènes annonçant l'émergence d'un système COEX puissant au cours d'une séance LSD présentent une similitude étroite avec la symptomatologie schizophrène. Il s'agit d'une expérience des plus intéressantes puisque les expériences LSD au niveau biographique diffèrent par ailleurs de la schizophrénie. Les signes associés à l'émergence d'un système COEX puissant impliquent une dissociation entre l'émotion et le contenu, la stupeur catatonique ou l'excitation psychomotrice, les hantises verbales et les stéréotypies motrices.

Il existe une analogie profonde entre les expériences centrales des systèmes COEX et certains aspects spécifiques des expériences périnatales. Les symptômes annonçant un système COEX puissant sont identiques à ceux accompagnant le processus de mort/re-naissance. Les éléments biographiques n'auraient donc pas de signification indépendante pour le développement de la schizophrénie, mais ils joueraient un rôle important en raison de leur connexion profonde avec les matrices périnatales.

De nombreux aspects de la symptomatologie schizophrène peuvent être reliés en toute logique à la dynamique de diverses matrices périnatales et donc aux phases successives du processus de naissance. Le schizophrène expérimente le contenu des matrices périnatales sous une forme pure. Notre discussion se fonde sur des observations cliniques de la psychothérapie LSD où des états évoquant divers types de schizophrénie se manifestent non seulement dans le cadre du processus de mort/re-naissance, mais persistent encore au cours des intervalles entre deux séances suite à une expérience mal résolue impliquant des éléments périnatals.

Les phases primaires de la MPF II constituent le fondement de l'angoisse indifférenciée et de la menace généralisée caractérisant la paranoïa. La situation biologique correspondante est le début même de l'accouchement déclenché tout d'abord par des signaux et par des modifications chimiques dans l'organisme de la mère et de l'enfant, et ensuite par les contractions mécaniques de l'utérus. L'univers intra-utérin du fœtus cesse soudain d'être un lieu sûr et devient franchement hostile. Cette agression étant à l'origine chimique, le fœtus est incapable de définir ce qui advient.

Cet état est projeté et interprété par rapport à la situation de vie actuelle du patient lorsque celui-ci ne possède pas une connaissance psychologique de sa véritable nature. La composante la plus importante de cette expérience est un état d'angoisse intense accompagné d'un sentiment de menace insidieuse mais élémentaire et de celui d'un danger universel indifférencié. Les sujets attribuent ces sentiments à des radiations nocives, à des gaz toxiques, à des poisons chimiques, à des influences mauvaises émanant de membres d'organisations secrètes, à des pratiques de sorcellerie, à des intrigues d'adversaires politiques, etc. Etre pris dans un tourbillon géant, être avalé par un monstre mythologique, descendre aux enfers et se faire attaquer par des créatures chtoniennes, ou encore se trouver exposé à des menaces diaboliques constituent d'autres expériences.

La MPF II enrichit la symptomatologie schizophrène des thèmes de tortures inhumaines au moyen d'équipements ingénieux, d'atmosphère de damnation éternelle, et d'autres types de situations « sans issue ». Des études détaillées remontant aux origines de la littérature psychanalytique montrent que le dispositif influençant le schizophrène représente en réalité le corps de la mère.

La phénoménologie de la MPF III ajoute à la représentation clinique de la schizophrénie un spectre riche d'expériences qui caractérisent les diverses facettes de cette matrice. L'aspect titanesque est représenté par des sensations de tensions extrêmes, par des flux d'énergie, par des décharges et par des visions de combat et de guerres. L'élément de guerre peut être relié à des événements du monde phénoménal ou impliquer des thèmes archétypes d'une ampleur gigantesque : les anges chassant les démons, les héros et les demi-dieux défiant les dieux, ou des combats de monstres mythologiques. Les éléments agressifs et sadomasochistes de la MPF III expliquent la violence occasionnelle des schizophrènes, les automutilations, les meurtres et les suicides sanglants, ainsi que les visions impliquant des cruautés de tout acabit. Les distorsions étranges de la sexualité et les goûts pervers rencontrés chez les patients psychotiques sont attachés à l'aspect sexuel de la troisième matrice périnatale, ainsi que nous l'avons vu. Enfin, l'intérêt pour les excréments et les matières biologiques, pour la coprophilie et la coprophagie, la manipulation rituelle des substances organiques, la rétention de l'urine et des excréments, ou le refus de contrôler les sphincters trahissent nettement l'implication de la facette scatologique de la MPF III.

La transition entre la MPF III et la MPF IV enrichit le spectre de la phénoménologie schizophrène d'images apocalyptiques de la destruction de l'univers et de sa propre annihilation, de scènes du jugement dernier ou du jugement des morts, d'expériences de re-naissance et de re-création du monde, d'identification avec le Christ ou avec d'autres personnages divins symbolisant la mort et la résurrection, de sentiments grandioses et messianiques, d'éléments de l'épiphanie divine, de visions angéliques et célestes et d'un sentiment de rédemption et de salut. Cet aspect de la dynamique périnatale ajoute parfois un élément maniaque à la symptomatologie schizophrène et crée des images cliniques qui représentent un mélange de psychose schizophrène et de désordres maniaques-dépressifs.

La symptomatologie schizophrène n'est pas compréhensible si on omet de se référer aux éléments de la MPF I et à la richesse des expériences transpersonnelles. Les éléments de la première matrice périnatale sont présents tant sous leurs aspects positif que négatif. Nombre de patients psychotiques vivent des épisodes d'union extatique avec l'univers et avec Dieu, parfois en relation intime avec les sentiments d'unité symbiotique avec l'organisme maternel. De telles expériences ont été de tout temps rapportées par des mystiques, par des saints et par des maîtres religieux. Cette constatation soulève plusieurs questions : quelle relation existe-t-il entre la psychose et le mysticisme ? Quelles sont leurs similitudes ? Quelles sont leurs différences ?

Bien vivre une expérience d'unité divine implique un sentiment de paix profonde, de tranquillité et de sérénité. L'individu comprend que son origine divine n'est ni exclusive ni personnelle mais qu'elle s'applique à tout un chacun. Un nombre inestimable d'individus ont déjà découvert cette vérité, d'autres en ont la possibilité et la découvriront un jour. La grandeur et l'humilité, associées à une absence d'ostentation et d'exhibitionnisme, caractérisent la manière mystique d'aborder de telles expériences.

Les schizophrènes tendent à interpréter leur connexion empirique avec le divin par rapport à leur rôle unique et particulier dans le schème universel des choses. Ils évaluent l'importance de leurs perceptions nouvelles par rapport à leur identification à leurs personnalités quotidiennes ou à leurs moi-corporels dont ils ne sont pas encore libérés.

Réduire les états d'unité mystique et de libération spirituelle à des états de conscience indifférenciée vécus par l'enfant durant l'existence embryonnaire et durant son interaction symbiotique postnatale avec l'organisme maternel serait une simplification absurde et une erreur réductionniste. Cette régression est vécue par un individu qui a traversé un développement complexe à travers diverses phases d'évolution de la conscience et qui a acquis une maturité physique, émotionnelle et intellectuelle. Un mystique dans un état de ravissement extatique touche en outre à des dimensions archétypes pures qui transcendent la biologie. Différencier ces dimensions n'est pas toujours possible.

De observations cliniques suggèrent que des états d'union mystique d'un type particulier sont liés à certains aspects positifs de la MPF I. Un individu, qui entre empiriquement en relation avec des épisodes d'existence intra-utérine non perturbée, a accès à une expérience d'unité cosmique. Ceci ne signifie absolument pas qu'il y ait identité des deux états. Une liaison précise existe entre les perturbations de la vie embryonnaire (résultant de maladies de la mère durant la grossesse, d'états d'angoisse et de tension émotionnelle chronique, d'influences toxiques ou mécaniques et de tentatives d'avortement) et les déformations schizophrènes de la spiritualité et de la perception du monde.

Une menace de l'existence embryonnaire présente des similarités profondes avec le début de l'accouchement, qui représente la destruction finale et irréversible de l'état intra-utérin. Les crises fœtales sont donc vécues d'une manière qui évoque les premières phases de la MPF II. Elles font intervenir un sentiment de danger universel, des sentiments paranoïdes généralisés, d'étranges sensations physiques et des perceptions d'influences toxiques insidieuses. Les archétypes accompagnant ces états représentent des démons ou des forces métaphysiques malveillantes appartenant à divers contextes culturels.

L'union symbiotique primaire avec la mère serait également génératrice des expériences psychotiques dans lesquelles l'individu ne peut faire la différence entre lui-même et les autres ou leurs aspects divers, voire entre lui-même et les éléments du monde non-humain. Il en résulte que l'individu se sent parfois influencé par des communications télépathiques. D'aucuns imaginent lire les pensées d'autrui, d'autres sont convaincus de l'impossibilité de dissimuler leurs sentiments, qui sont donc accessibles à tout un chacun. Les illusions, les éléments de rêve éveillé et de pensée artistique peuvent être interprétés comme des tentatives pour retrouver l'état intra-utérin originel et idéal. Cette remarque s'applique également à certaines formes de stupeur catatonique de patients qui adoptent durant plusieurs jours des positions fœtales et qui affichent le plus profond mépris pour la nourriture et pour l'incontinence de leur vessie et de leurs intestins.

Des sujets LSD revivant des épisodes de détresse fœtale décrivent ou manifestent souvent des distorsions perceptuelles et conceptuelles qui présentent des similitudes étroites avec celles des schizophrènes. Les personnes ayant des proches ou des amis qui souffrent de schizophrénie ou d'états paranoïdes, expérimentent parfois à ce stade une identification totale avec ces personnes et acquièrent une compréhension instinctive de leurs problèmes. Nombre de psychiatres et de psychologues, ayant participé à des programmes de formation LSD, rapportent que durant de telles séances périnatales ils n'ont cessé de se remémorer ou de visualiser leurs patients psychotiques et qu'ils furent ainsi capables de retirer de leur expérience une meilleure compréhension de leur univers.

Ces observations suggèrent que la reviviscence d'expériences intra-utérines paisibles est liée à certains types d'états mystiques et religieux, alors que des épisodes de crises embryonnaires traduisent une association avec des expériences schizophrènes et avec des états paranoïdes. Un lien précaire existe donc entre la psychose et le processus de transformation spirituelle. Un état psychotique évolue parfois en une expérience de révélation mystique au cours de séances LSD. Certains individus engagés dans une quête et des pratiques spirituelles affrontent des territoires psychotiques en eux-mêmes, alors que des patients schizophrènes visitent souvent les domaines mystiques empiriques.

L'incidence des expériences extatiques et de leur relation avec la psychopathologie et la dynamique des matrices inconscientes a une grande signification pour les états mystiques et la psychose. Les observations de la thérapie psychédélique suggèrent qu'il existe un spectre complet d'états extatiques qui diffèrent considérablement les uns des autres, non seulement par l'intensité des composantes affectives, mais encore par leur nature et par le niveau de la psyché auquel ils prennent naissance. Les états extatiques associés au niveau biographique sont en général moins puissants et moins significatifs que ceux ayant leur origine dans les domaines périnatals ou transpersonnels. Ils sont associés à des systèmes COEX positifs et reflètent l'historique de satisfaction biologique et psychologique de l'individu. Les sources biographiques les plus profondes de tels sentiments extatiques sont les expériences d'union symbiotique originale avec l'organisme maternel durant la période d'allaitement. Ils impliquent un sentiment d'épanouissement organique total et d'enrichissement émotionnel ; ils allient un aspect biologique certain à un puissant sentiment de spiritualité.

Le niveau périnatal de l'inconscient est une source très importante d'expériences extatiques. Les observations de la phénoménologie du processus de mort/re-naissance offrent des perceptions uniques de la psychologie et de la psychopathologie de l'extase. On distingue deux catégories d'extase trouvant leur origine au niveau périnatal.

Je qualifie le premier type d'extase d'*océanique* ou d'*appolonien*. Il se caractérise par une paix, une tranquillité, une sérénité extrême et par une joie radieuse. L'individu concerné est immobile ou ne se meut que très lentement. Il expérimente un état bienheureux et libre de toute tension ; il n'a plus conscience de ses limites mais il est pénétré d'un sentiment d'unité absolue avec la nature, avec l'ordre cosmique et avec Dieu. Une compréhension intuitive profonde de l'existence et une infinité de perceptions spécifiques d'ordre universel caractérisent cet état ainsi qu'une absence totale d'angoisse, d'agressivité, de culpabilité et que des sentiments profonds de satisfaction, de sécurité et d'amour transcendantal.

Cette extase a trait à la MPF I et à la MPF IV et donc à l'expérience d'union symbiotique avec la mère durant l'existence intra-utérine et l'allaitement. Les souvenirs ultérieurs, qui y sont associés, impliquent les relations affectives enrichissantes, les situations de relaxation et de satisfaction totales et les expériences esthétiques. L'imagerie correspondante implique de merveilleuses scènes montrant la nature sous son plus beau jour : créative, abondante, nourricière et sécurisante. Les sujets font référence aux archétypes de la Mère Nature, du Paradis, etc.

L'eau apparaît comme le berceau de la vie ; le lait et le sang comme deux liquides nourriciers d'importance cosmique. Des expériences d'existences fœtales, d'identification à diverses formes aquatiques de vie ou à la conscience de l'océan, ainsi que des visions de cieux étoilés et un sentiment d'unité cosmique interviennent fréquemment dans ce contexte.

Les formes artistiques concernant cette expérience sont : les travaux d'architecture d'une beauté transcendantale, les peintures et les sculptures irradiant la pureté et la sérénité, la musique paisible et intemporelle et les ballets classiques. Citons à titre d'exemples : les temples hindous et grecs, le Taj Mahal, les peintures de Fra Angelico, les chefs-d'œuvres de Michel-Ange, les sculptures de la Grèce antique et les compositions de Bach.

Le second type d'extase est diamétralement opposé au premier. Je le qualifie de *volcanique* ou de *dionysien.* Il se caractérise par une tension physique et émotionnelle extrême, par l'agressivité et par la destructivité tant intérieure qu'extérieure, par des pulsions sexuelles puissantes, par une hyperactivité ou par des mouvements orgasmiques rythmiques. L'extase volcanique associe un mélange unique de douleur physique et/ou émotionnelle extrême à un ravissement sensuel sauvage. Diverses polarités empiriques se fondent et ne peuvent plus être distinguées les unes des autres au fur et à mesure que croît l'intensité de cet amalgame particulier d'angoisse et d'extase. Le sujet ne différencie plus le froid glacial de la chaleur torride, la haine meurtrière de l'amour passionné, la sexualité perverse de la recherche de la transcendance, l'angoisse de la mort, de l'extase, de la re-naissance, les horreurs apocalyptiques de la destruction, de l'excitation, de la création, et l'angoisse vitale du ravissement mystique.

Le sujet a la conviction d'approcher d'un événement d'une importance bouleversante : libération spirituelle, révélation de la vérité ultime. Aussi convaincante que puisse être la promesse de liberté physique, émotionnelle et métaphysique, aussi proche que l'on puisse se sentir des domaines célestes, les expériences se produisant dans le cadre de la MPF III ne sont qu'une approximation asymptomatique de l'objectif final qui, lui, n'est jamais atteint. Pour éprouver la sensation d'arriver à la fin du voyage spirituel, on doit entrer en contact avec les éléments de la MPF IV et de la MPF I et donc avec l'extase océanique.

Les souvenirs caractéristiques ou les visions annexes sont reliés à l'atmosphère des bacchanales et des carnavals, à celle des parcs d'attraction, à celle des night-clubs, à celle des feux d'artifice et à l'excitation associée à des activités dangereuses telles que la compétition automobile ou le parachutisme. L'imagerie religieuse correspondante comprend : les rituels de sacrifice, les supplices des martyrs, les sabbats de sorcières et les rituels sataniques, les orgies dionysiennes et la prostitution du temple, la flagellation et les cérémonies aborigènes combinant la sexualité et la religion, tels que les rites de fertilité et d'adoration phallique. Des éléments puissants d'extase volcanique peuvent être associés dans la vie quotidienne aux phases finales de la naissance.

Il convient d'aborder un autre problème intéressant concernant la dynamique de la schizophrénie, à savoir la relation existant entre la psychose et la fonction reproductrice féminine. Nul n'ignore que divers désordres psychopathologiques sont étroitement liés au cycle menstruel et en particulier à la grossesse, à l'accouchement et à la période post-partum.

Des observations du travail empirique en profondeur révèlent une connexion dynamique importante entre l'expérience de la naissance (naître et accoucher) et l'orgasme sexuel. Les femmes revivant leur propre naissance au cours de séances psychédéliques éprouvent de sérieuses difficultés à préciser si elles naissent ou si elles donnent naissance à un enfant et elles connaissent simultanément des sensations sexuelles orgiaques. Leur comportement traduit ce fait : elles adoptent une position fœtale, une position caractéristique de l'accouchement et elles ressentent des pressions abdominales évoquant des contractions utérines. Ce dilemme se résout par une expérience synthétisant ces deux modes : celle de donner naissance à un nouveau moi.

Ces observations indiquent que, outre le déséquilibre hormonal mis en évidence par la psychiatrie traditionnelle, la psychopathologie post-partum reflète une dynamique psychologique importante liée aux matrices périnatales. Le processus de l'accouchement rapproche la mère de la reviviscence du trauma de sa propre naissance. Il active non seulement ses matrices périnatales fondamentales, mais encore toutes les élaborations secondaires ultérieures au trauma de la naissance, y compris les conflits à propos de la sexualité, de la mort, des matières biologiques, de la grossesse et de l'accouchement. Cette période s'avère d'une importance capitale pour le travail psychologique en profondeur si toutefois elle est bien comprise. Dans le cas contraire, il en résulte des problèmes émotionnels et psychosomatiques graves, voire des désordres psychotiques.

Les problèmes émotionnels sont accentués à un moindre degré au cours de la période menstruelle. Rien n'interdit d'affirmer que toute menstruation est une micro-délivrance puisqu'il existe des similitudes anatomiques, physiologiques et biochimiques profondes entre la menstruation et l'accouchement. Admettre qu'à chaque menstruation le matériau périnatal est disponible pour un travail empirique est donc plausible.

J'ai beaucoup insisté, dans la discussion qui précède, sur les racines périnatales de divers symptômes schizophrènes. De nombreux aspects de la phénoménologie des psychoses semblent toutefois avoir leur origine dans les domaines transpersonnels de la psyché humaine. Ces domaines enrichissent la symptomatologie schizophrène d'un intérêt pour les problèmes ontologiques et cosmologiques, d'une abondance de thèmes archétypes et de séquences mythologiques, de rencontres avec des divinités et des démons appartenant à différentes cultures, de souvenirs ancestraux, phylogéniques et d'incarnations passées, d'éléments de l'inconscient racial et collectif, du monde empirique de la perception extra-sensorielle et de la participation significative du principe de synchronicité dans la vie individuelle. Les expériences unitives d'un ordre supérieur à ceux liés à la dynamique périnatale devraient également être mentionnées dans ce contexte : identification à l'Esprit Universel, à l'Absolu et au Vide Supracosmique et Métacosmique.

Toutes ces expériences étaient considérées comme symptomatiques d'une psychose, jusqu'aux découvertes révolutionnaires récentes de la psychologie moderne, telles que les contributions de Carl Gustav Jung, de Roberto Assagioli et d'Abraham Maslow. Le concept de psychose devra être revu et réévalué radicalement à la lumière des observations de la psychothérapie LSD et d'autres approches empiriques puissantes. Les matrices des expériences périnatales et transpersonnelles sont des composantes normales et naturelles de la psyché humaine et les expériences possèdent en elles-mêmes un potentiel curatif distinct pour autant qu'on les aborde avec compréhension. Il est donc absurde de diagnostiquer une psychose en se fondant sur le contenu de l'expérience d'un individu. A l'avenir, la définition de ce qui est pathologique et de ce qui est curatif ou évolutif devra prendre en considération l'attitude du patient à l'égard de l'expérience, la manière dont il l'aborde et celle dont il l'intègre dans la vie quotidienne. Il importera également de distinguer entre une stratégie thérapeutique qui favorise la guérison et une autre qui est nocive et qui engendre des dommages iatrogènes.

5. DILEMMES ET CONTROVERSES DE LA PSYCHIATRIE TRADITIONNELLE

5.1. *Le modèle médical : le cheval de Troie de la psychiatrie.*

La psychiatrie a été établie comme une branche de la médecine en raison de son développement historique complexe. L'hégémonie du modèle médical gouverne la pensée conceptuelle, l'approche des patients, la stratégie de la recherche, l'éducation et la formation de base ainsi que les mesures légales. Cette situation résulte de deux ensembles de circonstances : la médecine a réussi à établir une étiologie et à mettre au point une thérapie efficace pour un certain nombre d'anomalies mentales ; elle a également démontré son aptitude à contrôler symptomatiquement nombre des désordres pour lesquels aucune étiologie spécifique n'a été découverte.

Le paradigme cartésien-newtonien a joué un rôle essentiel dans l'évolution de la neuropsychiatrie et de la psychologie. La renaissance de l'intérêt scientifique pour les désordres mentaux est due à une série de découvertes qui intervinrent au XIXe siècle. Les tendances à trouver des causes organiques à tous les désordres mentaux procèdent des progrès rapides de l'anatomie, de la pathologie, la pathophysiologie, de la chimie et de la bactériologie.

Les triomphes apparents de la recherche et de la thérapie médicale posèrent problème à long terme. Les découvertes des causes des désordres mentaux, aussi étonnantes furent-elles, ne concernaient en réalité qu'un certain nombre des cas traités par la psychiatrie. En dépit de ses succès initiaux, l'approche médicale de la psychiatrie s'est avérée incapable de découvrir une étiologie organique spécifique pour les dépressions, les psychonévroses et les désordres psychosomatiques. Ceci vaut également pour les psychoses dites endogènes, en particulier la schizophrénie et les psychoses maniaques-dépressives. L'échec de l'approche médicale et l'étude clinique systématique de ces désordres donnèrent naissance à un mouvement alternatif, à une approche psychologique de la psychiatrie qui permit le développement de la psychiatrie dynamique et de la psychothérapie.

La recherche psychologique fournit de meilleurs systèmes explicatifs pour la majorité des désordres émotionnels que l'approche médicale ; elle développa des alternatives au traitement biologique et rapprocha la psychiatrie des sciences sociales et de la philosophie. Cette démarche n'influença toutefois pas le statut de la psychiatrie en tant que discipline. L'orientation médicale se perpétua elle-même d'une certaine manière parce que nombre des drogues salvatrices présentent des effets secondaires distincts et nécessitent l'intervention d'un médecin. La symbiose existant entre la médecine et l'industrie pharmaceutique, intéressée au premier chef par la vente des drogues allopathiques et par l'encouragement des tentatives médicales boucla le cercle vicieux. L'hégémonie du modèle médical fut en outre renforcée par la nature et par la structure de la formation psychiatrique et par les aspects légaux des politiques de santé mentale.

La plupart des psychiatres sont des médecins ayant reçu une formation en psychiatrie mais un bagage insuffisant en psychologie. La majorité des individus, qui souffrent de désordres émotionnels, sont traités dans des institutions médicales où le psychiatre est légalement responsable des procédures thérapeutiques. Le psychologue clinique remplit souvent, dans ce contexte, la fonction d'assistant du psychiatre, un rôle qui n'est pas sans rappeler celui du biochimiste ou du technicien de laboratoire. Les fonctions traditionnelles des psychologues cliniques sont l'évaluation de l'intelligence et de la personnalité, l'assistance en matière de diagnostic différentiel, l'évaluation du traitement et l'orientation professionnelle. Ses tâches recouvrent la majorité des activités des psychologues qui ne se consacrent pas à la recherche ou à la psychothérapie.

L'hégémonie du modèle médical en psychiatrie a résulté en une transplantation mécanique des concepts et des méthodes médicaux dont l'efficacité a été prouvée dans le champ des désordres émotionnels. L'application de la pensée médicale à la majorité des problèmes psychiatriques et au traitement des désordres émotionnels, en particulier de diverses formes de névroses, est vivement critiquée depuis quelques années. Cette stratégie a engendré autant de difficultés qu'elle n'en a résolues.

Les désordres pour lesquels aucune étiologie spécifique n'a été découverte ont été abusivement appelés maladies mentales *. Les individus souffrant de tels désordres se voient accoler des étiquettes socialement infamantes et sont qualifiés de « patients ». Ils sont traités dans des institutions médicales et les dépenses quotidiennes occasionnées par leur hospitalisation s'élèvent à plusieurs centaines de dollars. La plupart de ces frais reflètent l'énormité des dépenses générales directement reliées au modèle médical. Les subsides de la recherche sont consacrés au raffinement des études à orientation médicale qui visent à découvrir l'étiologie des « maladies mentales » et donc à confirmer la nature médicale de la psychiatrie.

On enregistre une insatisfaction croissante à l'égard de l'application du modèle médical à la psychiatrie. Le représentant le plus éminent de ce mouvement est Thomas Szasz. Szasz a démontré dans une série de livres dont *Myth of Mental Illness* que la plupart des cas de maladies dites « mentales » ne sont en réalité que des expressions, des reflets et des luttes de l'individu confronté à des difficultés existentielles. Elles représentent des problèmes sociaux, éthiques et légaux, plutôt que des « maladies » au sens médical du terme. La relation médecin/patient renforce également le rôle passif et dépendant du client. Elle implique que la résolution du problème dépend de manière critique des ressources de la personne investie de l'autorité scientifique et non des ressources intérieures du client.

Nous discuterons plus spécifiquement, après ce préambule, des conséquences du modèle médical pour la théorie et la pratique de la psychiatrie. Il résulte de l'application mécanique de la pensée médicale à la psychiatrie, que tous les désordres que traite un psychiatre sont considérés en principe comme des maladies pour lesquelles l'étiologie s'avérera être en définitive une anomalie anatomique, physiologique ou biochimique. L'incapacité actuelle à découvrir de telles causes n'entraîne pas l'exclusion de la psychiatrie du cadre du modèle médical ; elle sert au contraire à encourager une recherche plus assidue et plus raffinée. Ainsi, les espoirs des psychiatres à orientation organique

* Le terme « maladie » ou « unité nosologique » (du grec *nosos* = maladie) a une signification très spécifique en médecine. Il implique un désordre ayant une cause ou une étiologie spécifique permettant de définir une pathogenèse ou le développement de symptômes. La compréhension en ces termes des désordres devrait conduire à l'adoption de stratégies et de mesures thérapeutiques spécifiques, et à des conclusions quant au pronostic.

furent récemment ravivés par les succès de la biologie moléculaire.

L'accent mis sur l'établissement d'un diagnostic correct pour un patient et sur la création d'un diagnostic précis ou d'un système de classification est une autre conséquence importante du modèle médical. Cette approche revêt une importance critique en médecine où un diagnostic correct reflète une étiologie spécifique et a des conséquences claires, distinctes et acceptées pour la thérapie et pour l'établissement d'un pronostic.

De vains efforts ont été consacrés au raffinement et à la normalisation du diagnostic psychiatrique. Cette affirmation se fonde sur le fait que le concept de diagnostic, qui est approprié pour la médecine, est inapplicable à la plupart des désordres psychiatriques. Le diagnostic dépend de l'école à laquelle adhère le psychiatre, de ses préférences personnelles, de la quantité de données disponibles pour l'évaluation, etc.

Certains psychiatres établissent un diagnostic en se fondant uniquement sur le complexe de symptômes présents, d'autres sur les spéculations psychodynamiques, et d'aucuns sur les deux. L'évaluation subjective par le psychiatre de l'importance psychologique d'un désordre physique existant — tel que des problèmes de thyroïde, des maladies virales, un diabète ou certains événements biographiques de la vie passée ou présente du patient — exerce une influence considérable sur le diagnostic. Précisons en outre qu'il existe des différences dans l'interprétation de certains termes diagnostiques.

Un autre facteur susceptible d'influencer le diagnostic en psychiatrie est la nature de l'interaction entre le psychiatre et le patient. Le diagnostic psychiatrique est parfois influencé par le comportement du patient à l'égard du psychiatre. Ainsi, la dynamique spécifique du transfert-contretransfert ou encore la maladresse du praticien sont susceptibles de devenir des facteurs décisifs. Nul n'ignore que l'expérience et que le comportement des patients se modifient au cours de l'interaction avec différentes personnes. De plus, les circonstances et les facteurs situationnels sont à prendre en considération. Certaines pratiques psychiatriques routinières tendent à renforcer, voire à provoquer, divers comportements inadaptés.

Le manque de critères objectifs autorise la validation de l'expérience et du jugement cliniques. Les demandes de diagnostics psychiatriques sont souples et donc influençables par la raison pour laquelle elles sont émises — que ce soit à l'intention d'un employeur, d'une compagnie d'assurances ou de la justice. Ajoutons que des psychiatres ou des équipes de psychiatres sont souvent en désaccord quant au diagnostic concernant un patient.

Une grande confusion règne au niveau de la terminologie quant à la névrose et à la psychose. Ce problème est habituellement abordé avec sérieux en dépit du fait qu'on ignore s'il existe ou non une dimension unique de la psychopathologie. Si la psychose et la névrose sont des désordres indépendants, le patient souffrira parfois des deux. Si elles se situent sur le même continuum et si la différence n'est que quantitative, un individu psychotique passera par une phase névrotique pour accéder à la psychose et y retournera au cours du processus de guérison.

L'importance et l'utilité pratique de l'établissement d'un diagnostic fiable laisse songeur. A quelques exceptions près, la quête d'un diagnostic approprié est en définitive futile parce qu'elle est dépourvue de signification pour l'étiologie, la thérapie et le pronostic. Etablir un diagnostic demande beaucoup de temps et d'énergie au psychiatre et en particulier au psychologue, qui y consacrent parfois plusieurs heures.

Le choix thérapeutique reflète l'orientation du psychiatre plutôt qu'un véritable diagnostic clinique. Les psychiatres à orientation organique utiliseront de manière routinière le traitement biologique avec des névrotiques et les psychiatres à orientation psychologique se fieront à la psychothérapie, y compris avec des patients psychotiques. Le thérapeute réagira à des événements se manifestant durant la séance plus qu'il ne suivra un plan psychothérapeutique pré-établi et déterminé par le diagnostic. Les procédures pharmacologiques spécifiques ne traduisent pas une relation reconnue entre le diagnostic et le choix du psychopharmacien. Le choix est fonction des préférences subjectives du thérapeute, de la réaction clinique du patient et de l'incidence des effets secondaires.

L'interprétation de la fonction des symptômes psychopathologiques est un autre héritage important du modèle médical. Il existe en médecine une relation linéaire entre l'intensité des symptômes et la gravité de la maladie. Le soulagement des symptômes est donc considéré comme un signe d'amélioration des états sous-jacents. La thérapie causale est utilisée en médecine physique à chaque fois que possible mais la thérapie symptomatique n'est utilisée que pour les maladies incurables ou en complément d'une thérapie causale.

L'application de ce principe à la psychiatrie est cause d'une grande confusion. On qualifie de manière routinière le soulagement des symptômes d'amélioration, pourtant la psychiatrie introduit une distinction entre le traitement causal et le traitement symptomatique. Ce dernier ne résout pas les problème sous-jacent ; il le masque. Des observations de la psychanalyse indiquent que l'intensification des symptômes est souvent une indication d'un travail significatif sur le problème sous-jacent. Les nouvelles approches empiriques considèrent l'intensification des symptômes comme des outils thérapeutiques précieux et recourent à des techniques puissantes pour les activer *. Ces observations suggèrent que les symptômes représentent un effort incomplet pour résoudre un ancien problème et que cet effort devrait être encouragé.

La majorité des traitements symptomatiques en psychiatrie contemporaine sont, selon ce point de vue essentiellement antithérapeutiques puisqu'ils interfèrent avec l'activité curative spontanée de l'organisme. Il convient donc de recourir à ce compromis lorsque le patient refuse explicitement une alternative plus appropriée ou lorsqu'une telle alternative n'est pas disponible pour une quelconque raison.

Précisons pour conclure que l'hégémonie du modèle médical est une situation qui fut créée par des circonstances historiques spécifiques et maintenue jusqu'à l'heure actuelle par l'association de facteurs de nature philosophique, politique, économique, administrative et légale. Il ne s'agit que d'un pis aller.

Les patients souffrant de désordres psychiatriques ayant une origine organique pourraient être traités, à l'avenir, dans des unités médicales spécialement équipées pour maîtriser les problèmes de comportement. Ceux chez qui des examens physiques répétés ne révèlent pas le moindre problème physique pourraient alors s'adresser à des institutions spéciales où la préoccupation serait de nature psychologique, sociologique, philosophique et spirituelle plutôt que médicale. Des techniques puissantes et efficaces de guérison et de transformation de la personnalité s'intéressant à la fois aux aspects psychologiques et physiques des êtres humains ont déjà été développées par des thérapeutes humanistes et transpersonnels.

5.2. *Désaccords quant à la théorie et aux mesures thérapeutiques.*

Toutes les disciplines scientifiques présentent des théories conflictuelles et des interprétations divergentes de données. Les sciences réputées exactes, elles-mêmes, ont leur lot de contradictions ; je n'en veux pour preuve que les différences d'opinion quant à la manière d'interpréter le formalisme mathématique

---

* Le principe d'intensification des symptômes est essentiel pour la thérapie psychédélique, l'intégration holonomique et la pratique Gestalt. Ce même principe gouverne la médecine homéopathique et se retrouve dans la technique de l'« intention paradoxale » de Victor Frankl.

de la théorie quantique. Il existe toutefois peu de domaines où le manque d'unanimité est aussi grand et les connaissances aussi controversées qu'en psychiatrie et qu'en psychologie. Les théories opposées de la personnalité ne font pas défaut. Elles offrent fréquemment des explications mutuellement exclusives de la manière selon laquelle fonctionne la psyché, du pourquoi et du comment du développement d'une psychopathologie, et de ce qui constitue une approche véritablement scientifique de la thérapie.

Le désaccord quant aux conceptions les plus fondamentales est d'une ampleur telle qu'il n'est pas surprenant que la psychologie et la psychiatrie se voient souvent refuser le statut de « disciplines scientifiques ». Ainsi, les psychiatres et les psychologues, avec leur formation académique impeccable, leur intelligence supérieure, leur grand talent pour l'observation scientifique, formulent et défendent souvent des concepts qui sont absolument incompatibles en théorie et proposent des mesures pratiques situées aux antipodes les unes des autres.

Les scientifiques qui adhèrent à la vision organique sont engagés dans une quête acharnée de facteurs d'hérédité, de pathologie cellulaire, de déséquilibre hormonal, de déviations biochimiques et d'autres causes physiques. Ils considèrent que l'explication d'un désordre mental n'est scientifique qu'à condition d'être rattachée à — ou dérivée de — causes matérielles spécifiques. La position extrême de cette approche est représentée par l'école de pensée organique allemande dont le crédo est « à chaque pensée perturbée correspond une cellule cérébrale perturbée ».

Le behaviorisme est un autre exemple extrême se situant du même côté du spectre. Ses partisans aiment à affirmer qu'il s'agit de la seule approche réellement scientifique de la psychologie. Elle considère l'organisme comme une machine biologique complexe dont le fonctionnement, y compris les fonctions mentales supérieures, sont explicables en fonction d'une activité réflexe se fondant sur le principe stimulus-réponse. Ainsi que l'indique son nom, le behaviorisme est l'étude du comportement * Il refuse, sous sa forme extrême, de prendre en considération les données introspectives de la notion de conscience.

Le behaviorisme est une approche psychologique utile pour un certain type d'expérimentation en laboratoire. Il ne peut toutefois être considéré comme un candidat sérieux au titre de système explicatif de la psyché humaine. Une tentative pour formuler une théorie psychologique sans prendre en considéra-

---

* En anglais, comportement se dit « behavior ». (N.d.T.)

tion la conscience est une entreprise étrange à une époque où de nombreux physiciens partagent la conviction que la conscience devra être incluse explicitement dans les théories futures de la matière. Les écoles organiques recherchent des causes médicales à toutes les anomalies mentales, alors que le behaviorisme tend à les considérer comme des assemblages d'habitudes erronées qui sont à rattacher au conditionnement.

La bande médiane du spectre des théories expliquant la psychopathologie est occupée par les spéculations de la psychologie des profondeurs. Outre le fait qu'elles sont en opposition conflictuelle avec les écoles organiques et le behaviorisme, elles sont également en conflit les unes avec les autres. Certains des arguments théoriques de ce groupe ont été décrits dans le chapitre consacré aux dissidents du mouvement psychanalytique. Les désaccords sont, dans bien des cas, sérieux et fondamentaux.

Nous trouvons à l'autre extrémité du spectre des approches en désaccord avec l'interprétation organique, behavioriste et psychologique de la psychopathologie. Celles-ci refusent, en fait purement et simplement de parler de pathologie. Ainsi, pour l'analyse existentielle, ou analyse *daseins,* la plupart des états qu'aborde la psychiatrie représentent des problèmes philosophiques, parce qu'ils ne font que refléter des variations d'existence, des formes différentes d'être dans le monde.

Nombre de psychiatres refusent désormais de souscrire à ces approches étroites et linéaires et parlent d'étiologie multiple. Ils considèrent les désordres émotionnels comme étant les résultats d'une interaction multidimensionnelle complexe de facteurs, certains de nature biologique, d'autres de nature psychologique, sociologique ou philosophique. La recherche psychédélique conforte cette compréhension des problèmes psychiatriques. Les états psychédéliques sont induits par un stimulus chimique défini ; il ne faut toutefois pas en déduire que l'étude des interactions biochimiques et pharmacologiques se produisant dans l'organisme humain après l'ingestion de la drogue puisse fournir une explication complète et globale de l'ensemble du spectre. La drogue est un catalyseur qui libère un certain potentiel intrinsèque à la psyché. Les dimensions psychologiques, philosophiques et spirituelles de l'expérience ne sont pas réductibles à l'étude de l'anatomie, de la physiologie, de la biochimie ou du comportement ; elles doivent être explorées par des moyens appropriés à de tels phénomènes.

La situation en thérapie psychiatrique est tout aussi insatisfaisante. Les psychiatres à orientation organique conseillent souvent des mesures biologiques extrêmes, non seulement pour le traitement de maladies graves telles que la schizophrénie et les manies dépressives, mais encore pour les névroses et pour les maladies psychosomatiques. La plupart des traitements biologiques employés en psychiatrie étaient, jusqu'au début des années cinquante, d'une nature radicale : choc cardiozolique, méthode électroconvulsivante, choc insulinique et lobotomie *.

La psychopharmacopée, qui remplace désormais ces mesures radicales, pose problème. On s'accorde en général à reconnaître qu'elle contrôle les symptômes sans résoudre les problèmes. A l'issue du traitement actif, les patients sont souvent obligés d'absorber des doses d'« entretien ». Nombre de tranquillisants sont utilisés de manière routinière pendant de longues périodes. Cette procédure risque d'entraîner des dommages neurologiques et rétiniens irréversibles voire une véritable dépendance.

Les écoles psychologiques prônent la psychothérapie non seulement pour les névroses mais encore pour nombre d'états psychotiques. Des désaccords considérables existent quant aux règles régissant l'association de la thérapie biologique et de la psychothérapie. Le traitement psychopharmacologique est parfois nécessaire pour des patients psychotiques qui participent à une psychothérapie. Or, de nombreux psychothérapeutes considèrent qu'il est incompatible avec une approche psychologique en profondeur systématique. La thérapie symptomatique masque les symptômes et obscurcit le problème alors que la stratégie de découvrement vise à aller jusqu'aux racines du problème et utilise les symptômes à cette fin.

La popularité croissante des nouvelles approches empiriques complique encore la situation. Elles employent de manière spécifique les symptômes comme point de départ d'une thérapie et d'une exploration de soi en les considérant comme une expression de l'effort d'auto-guérison de l'organisme. Elles s'efforcent donc de développer des techniques puissantes susceptibles de les accentuer. Une partie du corps psychiatrique concentre ses efforts sur le développement de moyens de plus en plus efficaces de contrôler les symptômes et une autre s'emploie à mettre au point des méthodes efficaces permettant de les extérioriser. Un

* La lobotomie est une procédure psycho-chirurgicale qui implique sous sa forme brute une section des connexions existant entre le lobe frontal et le reste du cerveau. Cette technique, qui valut au chirurgien portugais Edgar Moniz le Prix Nobel en 1950, fut tout d'abord utilisée largement dans les cas de schizophrénie et de compulsion obsessionnelle grave. Elle fut par la suite abandonnée et remplacée par des interventions de micro-chirurgie plus subtiles. J'illustrerai l'importance des mobiles irrationnels en psychiatrie par le fait que certains psychiatres qui n'hésitaient pas à recommander cette opération à leurs patients se montrèrent réticents quant à l'emploi du LSD. Ils alléguèrent l'éventualité de lésions cérébrales indécelables par les méthodes actuelles.

certain nombre de psychiatres comprennent que le traitement symptomatique est un compromis valable lorsqu'un traitement plus efficace n'est pas connu ou n'est pas disponible ; d'autres affirment que le fait de ne pas prescrire de tranquillisants constitue une négligence grave.

L'absence d'unanimité en matière de thérapie psychiatrique permet de suggérer de nouveaux concepts et de nouvelles stratéies thérapeutiques sans violer aucun des principes considérés comme absolus et nécessaires par l'ensemble de la profession psychiatrique.

5.3. *Critères de santé mentale et de résultats thérapeutiques.*

La majorité des problèmes cliniques que traitent les psychiatres n'étant pas des « maladies » au sens propre du terme, l'application du modèle médical à la psychiatrie se heurte à de sérieuses difficultés. Les psychiatres n'ont pas réussi à développer un système de diagnostic cohérent en dépit de tous leurs efforts parce qu'une pathogénèse caractéristique de chaque désordre leur fait défaut.

Il existe tant de points de vue, tant d'écoles et tant de différences nationales que peu de concepts de diagnostic ont une signification unique pour tous les psychiatres.

Cette constatation ne les a toutefois pas découragés de produire toujours plus de nomenclatures officielles détaillées. Nombreux sont les professionnels de la santé mentale qui s'entêtent à utiliser les termes établis en dépit du fait que la recherche a a prouvé que de nombreux patients ne présentent pas les symptômes qui correspondent aux catégories diagnostiques utilisées pour les décrire. Les soins de santé psychiatrique se fondent en général sur des critères et sur des directives de traitement peu fiables et non-prouvés. Déterminer qui est « mentalement malade » et qui est « mentalement sain » et quelle est la nature de la « maladie » est une tâche plus ardue qu'il n'y paraît à première vue. Le processus selon lequel de telles décisions sont prises est moins rationnel que la psychiatrie traditionnelle voudrait nous le faire accroire.

La question cruciale consiste à déterminer pourquoi et comment certaines personnes sont considérées comme étant mentalement malades et reçoivent un traitement psychiatrique. La recherche révèle que la réponse dépend plus de diverses caractéristiques sociales que de la nature de la déviance primaire. L'intensité de la manifestation des symptômes et le contexte dans lequel ceux-ci se manifestent constituent d'autres facteurs importants. Les notions de normalité varient en fonction de la classe sociale, du groupe ethnique, de la communauté religieuse, de la région et de la période historique. En outre, l'âge, la race, les revenus et l'éducation du client tendent à conditionner le diagnostic. Les préjugés du psychiatre constituent un autre facteur critique : l'étude remarquable de Rosenham montre que lorsqu'un individu a été déclaré mentalement malade — même s'il est en fait normal — les professionnels ne manquent pas d'interpréter son comportement quotidien en termes de pathologie.

Le diagnostic psychiatrique étant vague et souple, il s'adapte aux circonstances. Il est possible de l'appliquer et de le défendre avec une facilité relative lorsque le psychiatre a à justifier d'un internement ou à prouver devant la cour que son client n'est pas légalement responsable. Cette situation est en contraste flagrant avec les critères stricts appliqués par le psychiatre représentant le Ministère public ou par les psychiatres militaires chargés d'évaluer la santé mentale des conscrits. Le diagnostic psychiatrique redevient très souple lorsqu'il s'agit de justifier une faute professionnelle en cas de poursuites judiciaires. L'argumentation professionnelle variera donc considérablement selon la position défendue par le psychiatre.

La psychiatrie est toujours profondément influencée par la structure sociale, culturelle et politique de la communauté dans laquelle elle est pratiquée. La masturbation était considérée comme pathologique au XIXe siècle et de nombreux professionnels consacrèrent des ouvrages, des articles et des études à ses effets nocifs. Les psychiatres la considèrent aujourd'hui comme inoffensive et lui reconnaissent la qualité d'exutoire à une tension sexuelle excessive. Les psychiatres russes déclarèrent, au cours de l'ère stalinienne, que les névroses et que les déviations sexuelles résultaient des conflits de classes et des mœurs dissolues de la société capitaliste. Ils affirmaient que la disparition de ces problèmes était due au changement d'ordre social. Les patients présentant de tels symptômes étaient qualifiés de partisans de l'ancien système et d'« ennemis du peuple ». Plus récemment, il devint courant en Union Soviétique de considérer la dissidence politique comme un signe d'insanité justifiant un internement et un traitement psychiatrique. L'homosexualité fut considérée comme une maladie mentale aux Etats-Unis jusqu'en 1973, date à laquelle les membres de l'*American Psychiatric Association* décidèrent par vote qu'il n'en était rien. Les hippies des années soixante étaient qualifiés par les psychiatres traditionnels d'êtres instables qui risquaient de présenter des lésions cérébrales suite à l'ingestion de drogues. L'avis des psychiatres et des psychologues de l'« Ere Nouvelle » est très différent. Ils les considèrent comme étant l'avant-garde de l'humanité libérée sur le plan émotionnel. La majorité des phénomènes, qui selon la psychiatrie occidentale trahissent une maladie mentale, représentent des variations de l'inconscient collectif qui furent jugées parfaitement normales et acceptables par certaines cultures et/ou à certaines époques de l'histoire.

La volonté des psychiatres à présenter et à classifier des symptômes, quoique très problématique, se justifie dans le cadre des pratiques thérapeutiques actuelles. L'orientation verbale en psychothérapie n'offre guère l'occasion de produire des modifications spectaculaires de l'état clinique et les médicaments suppressifs interfèrent avec le développement ultérieur du portrait symptomatique, tendant à geler le processus dans un état stationnaire. L'absurdité d'une telle approche devient toutefois évidente lorsque la thérapie recourt aux substances psychédéliques ou à certaines techniques empiriques. Elle produit alors un flux de symptômes tel que le patient passe parfois d'une catégorie diagnostique à une autre en quelques heures. On comprend ainsi que ce que la psychiatrie décrit comme étant des catégories diagnostiques distinctes ne sont en fait que des phases d'un processus de transformation.

La situation n'est guère plus encourageante lorsqu'on s'intéresse au traitement psychiatrique et à l'évaluation des résultats. Des psychiatres possèdent un style thérapeutique personnel qu'ils appliquent à maints problèmes alors que rien ne prouve que leur méthode est plus efficace qu'une autre. Les adversaires de la psychothérapie n'ont pas éprouvé de difficulté à montrer qu'aucune preuve convaincante n'existait du fait que des patients traités par des professionnels connaissent une évolution plus positive de leur état que ceux qui ne sont pas traités du tout ou qui le sont par des non-professionnels. Il est difficile de démontrer qu'une amélioration est directement liée au processus de thérapie ou aux convictions théoriques du thérapeute.

Les éléments dont nous disposons quant à l'efficacité des agents psychopharmaceutiques et à leur capacité à contrôler des symptômes sont quelque peu plus encourageants. La difficulté consiste toutefois à déterminer si le soulagement des symptômes traduit une amélioration véritable ou si l'administration des agents pharmacologiques ne fait que masquer les conflits sous-jacents et empêcher leur résolution. Des indications prouvent que les tranquillisants interfèrent avec le processus de guérison et de transformation et qu'ils ne devraient être prescrits que si tel est le désir du patient ou si les circonstances interdisent la poursuite du processus de découvrement.

Nul ne peut espérer une grande précision dans l'évaluation

des résultats thérapeutiques au vu de ce qui précède. Juger, en pratique clinique quotidienne, de l'état du patient consiste à estimer la nature et l'intensité des symptômes présents. Cette approche est en conflit avec la psychiatrie dynamique, laquelle met l'accent sur la résolution des conflits et sur l'amélioration de l'ajustement interpersonnel.

L'activation des symptômes précède ou accompagne souvent des progrès thérapeutiques majeurs. L'obsession des symptômes inhérente à la philosophie thérapeutique est également en conflit ouvert avec la vision exposée dans ce livre, laquelle veut que l'intensité des symptômes indique l'activité du processus de guérison et que les symptômes eux-mêmes représentent une « chance » et non un problème.

Certains psychiatres se fondent exclusivement sur les modifications des symptômes lorsqu'ils évaluent les résultats thérapeutiques ; d'autres incluent, en revanche, dans leurs critères la qualité des relations interpersonnelles et celle de l'ajustement social. Il n'est pas rare, en outre, de prendre on considération des critères aussi évidemment liés à la culture que l'ajustement professionnel et « résidentiel ». Dans ce contexte une augmentation des revenus ou un déménagement vers un quartier plus prestigieux deviennent des unités de mesure de la santé mentale. L'absurdité de tels critères devient évidente lorsqu'on envisage l'équilibre affectif et la santé mentale de certains individus qui devraient tenir le haut du pavé : Howard Hughes, Elvis Presley ou Christine Onassis. Que de tels critères entrent dans des considérations cliniques traduit bien le degré de confusion conceptuelle. On démontrerait aisément qu'un accroissement d'ambition, de compétitivité et que le besoin d'impressionner son entourage reflètent une aggravation de la pathologie plutôt qu'une amélioration. La simplicité volontaire est une expression de santé mentale fondamentale dans la situation actuelle du monde.

Le système théorique présenté dans ce livre accordant une large part à la dimension spirituelle de la vie, étudier la position de la psychiatrie traditionnelle à l'égard de la spiritualité n'est pas dépourvu de sens. Les tendances et les intérêts spirituels ont des connotations pathologiques en psychiatrie traditionnelle. On considère implicitement que la santé mentale est associée à l'athéisme, au matérialisme et à la vision du monde de la science mécaniste. Ainsi, les expériences spirituelles, les convictions et l'engagement religieux favoriseraient l'établissement d'un diagnostic psychopathologique.

La situation de la psychiatrie occidentale à l'égard de la définition de la santé et de la maladie mentale, du diagnostic clinique, de la stratégie générale de traitement et de l'évaluation des résultats thérapeutiques laisse à désirer. La santé et le bon fonctionnement mentaux sont définis par l'absence de psychopathologie. Or, il n'existe pas la moindre description positive d'un être humain normal. Des concepts tels que la jouissance de l'existence, la capacité d'aimer, l'altruisme, le respect de la vie, la créativité et l'auto-actualisation sont ignorés — ou peu s'en faut — des considérations psychiatriques. Les techniques en vigueur ne sont pas capables d'atteindre l'objectif thérapeutique défini par Sigmund Freud : « transformer la souffrance excessive du névrotique en la misère normale de la vie quotidienne ». Des résultats plus ambitieux sont tout simplement inconcevables si on écarte la spiritualité et la perspective transpersonnelle de la psychiatrie, de la psychologie et de la psychothérapie.

5.4. *Psychiatrie et religion : rôle de la spiritualité dans la vie humaine.*

L'attitude de la psychiatrie et de la psychologie traditionnelles à l'égard de la religion et du mysticisme est déterminée par l'orientation mécaniste et matérialiste de la science moderne. Dans un univers où la matière est primordiale et où la vie et la conscience n'en sont que les produits accidentels, il ne peut y avoir une reconnaissance véritable de la dimension spirituelle de l'existence. L'illumination consiste à accepter son insignifiance personnelle en tant qu'habitant de l'un des innombrables corps célestes d'un univers comptant des millions de galaxies. Selon cette optique, nous ne sommes que des animaux hautement développés, des machines biologiques composées de cellules, de tissus et d'organes. Une compréhension scientifique de l'existence stipule que la conscience est une fonction physiologique du cerveau et que la psyché est gouvernée par des forces inconscientes de nature instinctuelle.

On reconnaît que trois révolutions majeures dans l'histoire de la science révélèrent aux êtres humains la place qui est la leur dans l'univers. La première fut la révolution copernicienne, qui renversa la croyance selon laquelle la terre était le centre de l'univers et l'humanité y occupait une place particulière. Il y eut ensuite la révolution darwinienne, qui mit fin à la conviction voulant que l'homme occupât une position unique et privilégiée parmi les animaux. La révolution freudienne réduisit enfin la psyché à un dérivé d'instincts fondamentaux.

La psychiatrie et la psychologie, régies par une vision mécaniste du monde, sont incapables de faire la différence entre les croyances religieuses superficielles qui caractérisent les religions institutionnelles et la profondeur des traditions mystiques pures ou des grandes philosophies spirituelles. La science occidentale néglige le fait que ces traditions sont le résultat de siècles de recherche sur l'esprit humain qui associèrent l'observation systématique, l'expérimentation, et la construction de théories selon un processus évoquant la méthode scientifique.

La psychologie et la psychiatrie occidentales rejettent donc toutes formes de spiritualité, les considérant comme non-scientifiques, aussi sophistiquées et bien fondées soient-elles. La spiritualité est assimilée à la superstition primitive, à un manque d'éducation ou à une psychopathologie clinique. Une croyance religieuse est plus ou moins tolérée par les psychiatres lorsque de nombreux individus la partagent et qu'elle se perpétue au sein d'une culture.

On attribue volontiers le respect de la spiritualité des peuples sous-développés à l'ignorance, à un sentiment de culpabilité infantile et à la superstition. Une telle interprétation serait hors de propos dans notre société, en particulier lorsque cette attitude est observée chez des individus jouissant d'une bonne éducation et ayant une intelligence supérieure. La psychiatrie se tourne alors vers les découvertes de la psychanalyse qui suggèrent que les origines de la religion sont à rechercher dans les conflits irrésolus de l'enfance et de la prime enfance. Le concept de divinité reflète, dans ce contexte, la représentation infantile des figures parentales ; les attitudes des « croyants » à leur égard sont des signes d'immaturité et de dépendance et les activités rituelles trahissent une lutte avec des pulsions psychosexuelles menaçantes, comparables à celles enregistrées dans les névroses obsessionnelles.

Les expériences spirituelles directes, telles que les sentiments d'unité cosmique, les séquences de mort/re-naissance, les visions de lumière d'une beauté surnaturelle, les souvenirs d'incarnations passées ou les rencontres avec des personnages archétypes, sont considérées comme des déformations psychotiques grossières de la réalité objective trahissant un processus pathologique grave ou une maladie mentale. Nul ne concevait dans le domaine de la psychologie que ces phénomènes puissent être abordés d'une manière différente jusqu'à la publication du travail de Maslow. Les théories de Carl Gustav Jung et de Roberto Assagioli, qui abondaient dans le même sens, se démarquaient trop du courant académique pour avoir un impact significatif.

La science mécaniste considère les expériences spirituelles quelles qu'elles soient comme des phénomènes pathologiques. Le courant principal de la psychanalyse interprète les états unitifs et océaniques des mystiques comme les expressions d'une régression vers un narcissisme primaire et un désarroi infantile. Il assimile la religion à une compulsion obsessionnelle. Franz Alexander, un éminent psychanalyste, écrivit un article dans lequel il qualifiait les états accessibles par la méditation bouddhistes de catatonie provoquée. Les grands chamans de diverses traditions aborigènes ont été décrits comme étant des schizophrènes ou des épileptiques et diverses étiquettes psychiatriques ont été attribuées aux saints, aux prophètes et aux maîtres religieux. De nombreuses études scientifiques décrivent les similitudes entre le mysticisme et les maladies mentales, rares sont toutefois celles qui se concentrent sur les différences existant entre la vision mystique du monde et les psychoses. Un rapport récent du *Group for the Advancement of Psychiatry* affirme que le mysticisme est un phénomène intermédiaire entre la normalité et la psychose. D'autres études discutent ces différences en termes d'opposition entre psychose ambulatoire et psychose flamboyante. Certaines insistent sur le contexte culturel qui a permis l'intégration d'une psychose particulière à l'édifice social et historique. Ces critères psychiatriques sont appliqués sans discrimination, y compris aux grands maîtres religieux tels que Bouddha, Jésus, Mahomet, Sri Ramana Maharashi, ou Ramakrishna.

Cette propension résulte en une situation particulière à notre culture occidentale. Il existe toujours dans certaines communautés de considérables pressions psychologiques, sociales voire politiques qui encouragent les individus à fréquenter régulièrement une église. On trouve la Bible dans de nombreuses chambres d'hôtel. Maints politiciens éminents évoquent Dieu ou la religion dans leurs discours. Or, si un membre d'une congrégation religieuse institutionnalisée vivait une expérience mystique profonde, il est probable que le ministre de son culte l'adresserait à un psychiatre.

6. COMPREHENSION NOUVELLE DU PROCESSUS PSYCHOTHERAPEUTIQUE

La compréhension de la nature, de l'origine et de la dynamique des désordres psychogéniques est un facteur d'une importance critique pour la théorie et la pratique de la psychothérapie. Elle comporte des implications directes pour le concept du processus de guérison, pour la définition des mécanismes de psychothérapie et de transformation de la personnalité, ainsi que pour le choix des stratégies thérapeutiques. Les écoles de psychothérapie existantes divergent malheureusement autant dans leur interprétation des symptômes psychogéniques et dans leurs stratégies thérapeutiques que dans leurs descriptions de la dynamique fondamentale de la personnalité humaine.

Je ne discuterai pas dans ce contexte du behaviorisme pour qui les symptômes psychogéniques sont des assemblages isolés de mauvaises habitudes sans signification plus profonde et non des manifestations d'un désordre complexe de la personnalité. Je ne m'attarderai pas non plus sur les méthodes qui renoncent à une étude en profondeur pour des raisons pratiques plutôt que théoriques.

L'analyse freudienne considère que les symptômes résultent d'un conflit entre les demandes instinctives et les forces défensives du Moi ou qu'ils sont un compromis entre les pulsions du Ça et les interdictions et les injonctions du Surmoi. Les formulations originales de Freud insistaient sur les désirs sexuels ; les forces contre-sexuelles opposées étaient des manifestations des « instincts du Moi » dont la raison d'être était l'auto-préservation.

Il considéra ensuite les divers phénomènes mentaux comme des produits du conflit entre Eros, l'instinct d'amour qui recherche l'union et la création d'unités supérieures, et Thanatos, l'instinct de mort dont l'objectif est la destruction et le retour à l'état inorganique original. Quoi qu'il en soit, l'interprétation freudienne est strictement biographique et opère dans les limites de l'organisme individuel. La thérapie vise à libérer les énergies instinctuelles emprisonnées dans des symptômes et à leur trouver des modes d'expression acceptés par la société.

La disposition névrotique trouve, selon l'interprétation d'Adler, son origine dans le conditionnement de l'enfance, caractérisé par un excès de protection, par un manque d'attention, voire par les deux. Cette confusion instaure une image de soi négative et une tendance à affirmer sa supériorité afin de compenser des sentiments exacerbés d'insécurité et d'angoisse. Le névrotique est donc incapable d'affronter les problèmes et de prendre plaisir à la vie sociale. Les symptômes névrotiques font partie intégrante du seul système adaptatif que l'individu a construit à partir des éléments trompeurs de l'environnement. Adler met l'accent sur le principe téléologique. Le plan névrotique est artificiel et certains de ses éléments doivent demeurer inconscients parce qu'ils sont en contradiction avec la réalité. La thérapie vise à empêcher le patient de vivre dans sa fiction et à reconnaître la stérilité et la nature auto-destructrice de ses attitudes. En dépit de différences théoriques fondamentales, la psychologie d'Adler a un point commun avec la psychanalyse : son souci strictement biographique.

Wilhelm Reich enrichit la psychologie des profondeurs d'une compréhension unique de la dynamique de l'énergie sexuelle et du rôle de l'économie énergétique dans les symptômes psychopathologiques. Il pensait que la répression du trauma original était préservée par la suppression des sentiments sexuels et par le blocage de l'orgasme sexuel. Cette attitude accompagnée d'une armure musculaire et de structures caractérologiques spécifiques représente la véritable névrose ; les symptômes psychopathologiques ne sont donc que son expression manifeste secondaire. Le facteur essentiel déterminant la santé ou la maladie mentale est l'économie d'énergie sexuelle de l'individu. La thérapie consiste à libérer les énergies sexuelles refoulées et à supprimer l'armure musculaire grâce à des exercices de respiration et de travail direct sur le corps. L'approche de Reich n'est jamais parvenue à s'affranchir de son orientation biographique.

Otto Rank remit en question la théorie sexuelle des névroses selon Freud en s'intéressant non plus aux éléments étiologiques mais au trauma de la naissance. Selon lui, les symptômes névrotiques représentent une tentative pour extérioriser et intégrer ce choc émotionnel et biologique fondamental de la vie humaine. En conséquence, il est vain d'espérer une guérison réelle de la névrose tant que le client n'a pas affronté cet événement dans le cadre de la situation thérapeutique.

La reconnaissance de l'importance primaire et indépendante des aspects spirituels de la psyché — que l'on nommerait aujourd'hui « dimension transpersonnelle » — fut extrêmement rare parmi les émules de Freud. Seul Carl Gustav Jung pénétra vraiment dans le domaine transpersonnel et formula un système de psychologie radicalement différent. Au concept de l'inconscient individuel de Freud, il ajouta celui d'un inconscient racial et collectif et il insista sur le rôle des éléments structuraux « formateurs de mythes » dans la psyché.

La compréhension de la psychopathologie et de la psychothérapie de Jung était relativement unique. Selon lui, les pulsions, les besoins archétypes, les tendances créatives, les talents ou les autres qualités de la psyché demeurent primitifs et indifférenciés lorsqu'ils sont refoulés ou lorsqu'ils ne sont pas autorisés à se développer. Ils exercent donc une influence destructrice sur la personnalité, ils interfèrent avec le processus d'adaptation à la réalité et ils se manifestent comme des symptômes psychopathologiques. Les composantes inconscientes et refoulées seront intégrées de manière constructive dans la vie de l'individu dès que le Moi conscient sera apte à les confronter. L'approche de Jung n'insiste pas sur la compréhension ni sur la sublimation rationnelle, mais sur la transformation active de notre être le plus profond par une expérimentation symbolique directe de la psyché perçue comme une « autre personnalité » autonome. Il est donc essentiel d'établir pour le client une connexion avec l'inconscient collectif et d'utiliser la sagesse de temps révolus qui dort en lui.

Cette discussion pourrait être poursuivie jusqu'à inclure les visions de Sandor Ferenczi, de Mélanie Klein, de Karen Horney, de Erich Fromm, de Harry Stack Sullivan, de Roberto Assagioli et de Carl Rogers, ou les innovations de Fritz Perls, d'Alexander Lowen, d'Arthur Janov, etc. Ce bref aperçu démontre qu'il existe des théories et des systèmes de thérapie populaires et vitaux qui sont en désaccord quant à la dynamique de la psychopathologie des techniques thérapeutiques. Certains se limitent au niveau biographique ; d'autres s'intéressent presque exclusivement aux éléments périnatals ou aux soucis existentiels et d'aucuns ont une orientation transpersonnelle.

Après cette introduction générale, je me concentrerai sur les nouvelles propositions de la psychothérapie empirique qui permirent de réconcilier et d'intégrer nombre des conflits de la psychiatrie contemporaine et de formuler une théorie plus complète de la psychopathologie et de la psychothérapie.

6.1. *Nature des symptômes psychogéniques.*

Les données de la psychothérapie empirique en profondeur — avec ou sans support psychédélique — suggèrent le besoin d'une « approche spectrale ». Le modèle de la psyché devrait être plus vaste que ceux existant à l'heure actuelle. Dans le nouveau contexte, diverses écoles psychothérapeutiques offrent des modèles utiles pour la conceptualisation des bandes spécifiques du spectre de la conscience (ou d'aspects d'une certaine bande) ; il ne s'agit donc pas de descriptions globales de la psyché.

Les problèmes émotionnels, psychosomatiques et interpersonnels peuvent être associés à n'importe lequel des niveaux de l'inconscient — biographique, périnatal et transpersonnel. Ils ont parfois des racines importantes dans chacun d'eux. Un travail thérapeutique efficace devrait suivre le processus dans toutes les régions où il pénètre et ne devrait pas être limité par des considérations conceptuelles. Il existe de nombreux symptômes qui persistent tant que l'individu n'a pas confronté, expérimenté et intégré les thèmes périnatals et transpersonnels auxquels ils sont associés. Le travail biographique, de quelque tendance et de quelque ampleur qu'il soit, s'avérera inefficace pour résoudre de tels problèmes.

Compte-tenu des observations des séances empiriques, toute approche psychothérapeutique se limitant à des échanges verbaux est d'une valeur restreinte et n'accède pas au cœur du problème. Les énergies émotionnelles et psychosomatiques qui sous-tendent la psychopathologie étant aussi élémentaires que directes, des approches empiriques non-verbales ont des chances de les traiter efficacement. Un échange verbal est toutefois essentiel à une préparation intellectuelle aux séances empiriques ainsi qu'à leur intégration. Il est paradoxal de noter que le travail cognitif est probablement plus important dans le cadre des thérapies empiriques qu'il ne l'a jamais été.

Les psychothérapies humanistes et transpersonnelles sont nées en réaction à l'orientation verbale, intellectualisée et improductive des psychothérapies traditionnelles. Elles accordent donc une grande importance à l'expérience directe, à l'interaction non-verbale et à l'engagement du corps dans le processus. La mobilisation rapide de l'énergie et la libération des blocages émotionnels et psychosomatiques que permettent ces méthodes révolutionnaires favorisent toutefois les expériences périnatales et transpersonnelles. Leur contenu est tellement extraordinaire qu'il ébranle les cadres conceptuels de l'individu, son système de croyance et la vision du monde propre aux civilisations occidentales.

La psychothérapie moderne se trouve ainsi confrontée à une situation paradoxale des plus intéressantes. Alors qu'elle s'efforçait à l'origine de se dégager de l'intellect et de l'éliminer du processus, une nouvelle compréhension intellectuelle de la réalité s'avère désormais être un catalyseur important des progrès thérapeutiques. Les résistances dans les normes superficielles de psychothérapie sont de nature émotionnelle et psychosomatique, or dans le cas des thérapies radicales, l'obstacle ultime est une barrière cognitive et philosophique. De nombreuses expériences transpersonnelles ayant une réelle valeur thérapeutique, impliquent une telle remise en question de la vision du monde de l'individu que celui-ci éprouve parfois de sérieuses difficultés à l'accepter s'il n'y a pas été préparé.

La défense intellectuelle de la définition newtonienne-cartésienne de la réalité et de la représentation logique du monde est une résistance qui ne sera surmontée qu'au prix d'un effort conjoint du client et du thérapeute. Ce dernier place son client dans une situation pénible de double contrainte s'il ne lui propose pas une expansion cognitive en même temps que des approches empiriques puissantes. Il lui demande d'abandonner toute résistance et de s'abandonner totalement au processus ; or un tel abandon engendrerait des expériences que le cadre conceptuel du client ne lui permet ni de comprendre ni d'accepter. Insister sur les interprétations biographiques, s'attacher à la vision mécaniste du monde et considérer le processus en termes de causalité linéaire entraverait considérablement les progrès thérapeutiques et servirait de mécanisme de défense et ce que cette attitude se manifeste chez le client ou chez le thérapeute. Qui plus est, la connaissance de la cartographie élargie de l'esprit humain, celle des nouveaux paradigmes émergeant de la science moderne et celle des grandes traditions mystiques du monde deviendra un catalyseur thérapeutique d'une force exceptionnelle.

Les symptômes psychopathologiques ayant une structure dynamique diffèrent en fonction du niveau de la psyché auquel ils sont reliés ; il est incorrect et vain de les décrire par rapport à une formule universelle à moins que celle-ci ne soit inhabituellement vaste et générale. Les symptômes semblent être reliés, au niveau analytique, à des souvenirs importants de l'enfance et de la vie ultérieure. Il est donc utile de les considérer comme des compromis déterminés historiquement par un conflit entre les tendances instinctives et les forces répressives du Surmoi. Ils représentent des éléments du passé qui n'ont pas été correctement intégrés et qui interfèrent avec l'expérience présente. Ils impliquent des situations qui perturbent les sentiments d'unité et d'harmonie fondamentales avec l'univers qu'éprouve l'individu et ils contribuent à un sentiment de séparation, d'isolement, d'antagonisme et d'aliénation. Une situation dans laquelle tous les besoins fondamentaux sont satisfaits et dans laquelle l'organisme se sent en sécurité est en relation étroite avec le sentiment d'unité cosmique. Une expérience douloureuse ou un état de besoin crée une dichotomie impliquant une différenciation et un conflit entre le Moi opprimé et l'agent nocif externe ou entre le sujet insatisfait et l'objet désiré.

Le cadre freudien et tous les systèmes se limitant à la biographie deviennent inutiles et les tentatives pour les appliquer servent les intérêts du système de défense lorsque l'individu établit le contact empiriquement avec le domaine périnatal. Les symptômes seront interprétés au mieux comme des compromis entre des émotions et des sensations émergeantes reliées au trauma de la naissance biologique et les forces qui protègent l'individu contre le risque de reviviscence. Un modèle explicatif pour ce conflit de tendances opposées l'envisagerait en termes d'identification empirique simultanée à l'enfant qui lutte pour naître et aux forces biologiques représentant l'influence introvertie et contraignante de la filière pelvi-génitale. Le cadre reichien, qui met l'accent sur la libération d'énergies refoulées et sur la suppression de l'armure caractérielle, s'avère utile en raison du caractère hydraulique de cette situation. La similitude entre l'orgasme sexuel et l'orgasme de la naissance explique pourquoi Reich a confondu les énergies périnatales et la libido désordonnée des orgasmes incomplets.

Une autre manière de conceptualiser ce choc dynamique est de le considérer comme un conflit entre l'identification de soi à la structure du Moi et à l'image du corps d'une part et le besoin d'abandon total, de mort et de transcendance du Moi d'autre part. Les alternatives existentielles correspondantes sont : un emprisonnement dans un mode de vie régi par des stratégies du Moi défaitistes et une existence élargie et illuminée ayant une orientation transpersonnelle. Un sujet sans éducation et sans formation particulière n'aura toutefois pas conscience de la seconde alternative tant qu'il n'aura pas vécu l'expérience de l'ouverture spirituelle. Les deux stratégies fondamentales liées aux deux pôles extrêmes de ce conflit consistent à aborder le monde ou la vie comme une lutte ou au contraire comme un échange et une danse rythmique enrichissante.

La meilleure façon de décrire la structure dynamique des symptômes psychogéniques ancrés dans le domaine transpersonnel de la psyché est de les appréhender en termes de conflits engendrés par l'attachement défensif à la représentation rationnelle, mécaniste et matérialiste du monde et par la prise de conscience du fait que l'existence humaine et l'univers participent d'un mystère profond qui transcende la raison. Cette lutte philosophique entre le bon sens et le conditionnement culturel d'une part et une vision du monde essentiellement métaphysique prend chez des individus cultivés, la forme d'un conflit conceptuel entre la psychologie freudienne et jungienne ou entre l'approche newtonienne-cartésienne de l'univers et les nouveaux paradigmes.

La vision du monde d'un individu, qui s'ouvre aux expériences sous-tendant ces symptômes, sera radicalement transformée. Certains événements appartenant au passé ou au futur selon notre conception linéaire du temps seront vécus avec la réalité sensorielle réservée au moment présent. Divers aspects de l'univers dont nous devrions être séparés par une barrière spatiale infranchissable deviennent soudain accessibles sur le plan empirique et paraissent faire partie de nous ou en être des extensions. Notre conscience newtonienne-cartésienne est parfois envahie par des séquences mythologiques qui ne devraient pas avoir d'existence indépendante. Les aspects générateurs de mythes de la psyché humaine peindront des divinités, des démons et des rituels propres à des cultures que le sujet n'a jamais étudiées. Ils se présenteront sur le même continuum et avec la même précision que les événements éloignés de la réalité matérielle sur les plans historiques et géographiques.

Formuler un modèle conceptuel global pour la psychopathologie et la psychothérapie exige que nous nous référions à la nouvelle définition de la nature humaine émergeant de l'étude moderne de la conscience.

J'ai avancé que les êtres humains montraient une ambiguïté particulière qui évoque la dichotomie particule/onde de la lumière et de la matière subatomique. Décrire avec succès les êtres humains comme des objets matériels et comme des machines biologiques séparés est parfois possible. Ils manifestent toutefois, dans d'autres situations, les propriétés de vastes champs de conscience qui transcendent les limites de l'espace, du temps et de la causalité linéaire. Une tension dynamique fondamentale existe entre ces deux aspects de la nature humaine qui reflètent l'ambiguïté entre la partie et le tout pour l'ensemble du cosmos à différents niveaux de la réalité.

Ce que la psychiatrie décrit et traite comme des symptômes de maladies mentales ne seraient que l'expression de perturbations entre ces deux extrêmes complémentaires. Il s'agit d'hybrides empiriques qui ne représentent ni l'un ni l'autre mode, ni une intégration souple des deux mais leur conflit et leur heurt. Citons pour exemple au niveau biographique le cas d'un névrotique dont l'expérience du moment présent est déformée par l'émergence partielle d'un événement appartenant à un autre cadre temporel et spatial. Il ne vit pas une expérience correspondant aux circonstances actuelles, et il n'est pas non plus en contact avec l'expérience de l'enfance responsable des émotions et des sensations physiques qu'il éprouve. Le manque de discrimination entre les deux expériences est caractéristique d'un étrange amalgame spatio-temporel que la psychiatrie nomme symptôme.

Les symptômes représentent, sur le plan périnatal, un hybride spatio-temporel reliant le moment présent au moment et au lieu de la naissance biologique. L'individu expérimente l'instant présent comme s'il impliquait une confrontation avec la filière pelvi-génitale. Les émotions et les sensations physiques qui seraient normales dans le cadre de la naissance deviennent dans un contexte différent des symptômes psychopathologiques. On peut donc dire que l'individu ne vit en fait ni l'instant présent, ni sa naissance biologique. Etant toujours engagé dans la filière pelvi-génitale, il n'est pas encore né.

Ce principe concerne également des symptômes impliquant des expériences de nature transpersonnelle. Imaginer pour la plupart d'entre elles un substrat matériel qui supporterait ces phénomènes est toutefois impossible. Celles qui impliquent une régression historique ne peuvent être interprétées par rapport aux mécanismes de la mémoire, au sens conventionnel du terme. Celles qui impliquent une transcendance des barrières spatiales posent un autre problème : le transfert d'information à travers des canaux matériels est inimaginable dans le cadre de la vision mécaniste du monde. Les phénomènes qui sous-tendent les symptômes de type transpersonnel dépassent, dans certains cas, le cadre occidental de la réalité objective ; ils impliquent des archétypes jungiens ou des divinités et des démons spécifiques, des entités désincarnées, des guides spirituels ou des êtres surhumains.

Ainsi, les pseudo-symptômes psychiatriques ne représenteraient dans un sens vaste que l'expression d'un conflit entre deux modes différents. Je qualifie le premier d'entre eux de « *conscience hylotropique* » * ; il comprend les expériences de soi en tant

---

* hylotropique : dérivé du grec *hulé* (bois, matière) et de *trepein* (tourner). Le sens est donc *tourné vers la matière*.

qu'entité physique solide ayant des limites définies et un éventail sensoriel déterminé, vivant dans l'espace tridimensionnel et le temps linéaire. Ces expériences supportent systématiquement une série d'hypothèses fondamentales telles que : la matière est solide, deux objets ne peuvent occuper le même espace ; des événements passés sont irrémédiablement révolus, des événements futurs sont empiriquement inaccessibles ; il est impossible de se trouver en plus d'un endroit à la fois ; on ne peut exister que dans un cadre temporel à la fois ; un tout est plus grand qu'une partie ; quelque chose ne peut être à la fois vrai et faux, etc.

Je qualifie le second mode empirique de « *conscience holotropique* » *, il comprend l'identification à un champ de conscience illimité et un accès empirique à différents aspects de la réalité sans l'intervention des sens. Il existe plusieurs alternatives viables à l'espace tri-dimensionnel et au temps linéaire dans ce contexte. Les expériences du mode holotropique supportent systématiquement un ensemble d'hypothèses telles que : la solidité et la discontinuité de la matière sont des illusions engendrées par un agencement particulier d'événements dans la conscience ; le temps et l'espace sont des notions arbitraires ; le même espace peut être occupé simultanément par divers objets ; le passé et le futur peuvent être ramenés empiriquement dans le moment présent ; il est possible de se trouver simultanément en des lieux divers ; il est possible d'expérimenter simultanément plusieurs cadres temporels ; être une partie n'est pas incompatible avec le fait d'être le tout ; quelque chose peut être vrai et faux à la fois ; la forme et le vide sont interchangeables, etc.

Une expérience de vie se concentrant exclusivement sur le mode hylotropoque et niant systématiquement le mode holotropique est insatisfaisante et manque de signification, mais elle n'entraîne aucune difficulté émotionnelle majeure. Une concentration sélective et exclusive sur le mode holotropique est incompatible avec un comportement adapté au monde matériel. Aucune difficulté n'en résulte cependant tant que la personne assume la situation extérieure. Les problèmes psychopathologiques se manifestent lorsqu'aucun des modes n'est vécu sous une forme pure ou lorsqu'ils ne sont pas intégrés en une expérience d'un ordre supérieur.

L'émergence des éléments du mode holotropique interfère avec le mode hylotropique. L'individu refuse simultanément cette situation parce qu'elle perturbe son équilibre mental ou parce

* holotropique : dérivé du grec *holos* (tout) et de *trepein* (tourner). Le sens est donc *tourné vers la totalité, vers la globalité.*

qu'elle défie la vision du monde existante. Son acceptation nécessiterait en effet un redéfinition radicale de la nature de la réalité. C'est le mélange des deux modes interprétés comme une distorsion de la représentation cartésienne-newtonienne de la réalité qui constitue un désordre psychopathologique.

Les écarts mineurs de nature biographique n'impliquant pas une remise en question grave de la nature de la réalité sont qualifiés de névroses ou de désordres psychosomatiques. Les écarts empiriques et cognitifs majeurs par rapport à la vision obligatoire de la « réalité objective » qui annoncent habituellement l'émergence des expériences périnatales ou transpersonnelles sont qualifiés de psychoses. Précisons à cet égard que la psychiatrie traditionnelle traite toutes les expériences pures du mode holotropique comme des phénomènes pathologiques. Une telle approche devrait être considérée comme obsolète compte tenu des contributions théoriques de C.G. Jung, de Roberto Assagioli et d'Abraham Maslow.

Les symptômes psychopathologiques apparaissent sous un jour nouveau si nous envisageons les êtres humains comme reflétant une dualité fondamentale et une tension dynamique entre l'expérience de l'existence en tant qu'objets matériels et celle de l'existence en tant que champ indifférencié de conscience. Les désordres psychogéniques exprimeraient un déséquilibre fondamental entre deux aspects complémentaires de la nature humaine. Ils seraient des points nodaux dynamiques indiquant les régions dans lesquelles il devient impossible de maintenir une image unilatérale et déformée de son existence. Ce sont également, pour un psychiatre moderne, des points de moindre résistance à partir desquels il est possible de favoriser le processus de transformation de la personnalité.

6.2. *Mécanismes thérapeutiques et transformation de la personnalité.*

Les effets extraordinaires de la thérapie psychédélique et des approches empiriques soulèvent naturellement la question de la définition des mécanismes thérapeutiques impliqués dans ces changements. La dynamique des modifications symptomatiques et des transformations de la personnalité observées à l'issue des séances empiriques est explicable de manière conventionnelle ; nombre de phénomènes ont cependant partie liée avec des processus non encore découverts et non encore reconnus par la psychiatrie et par la psychologie académiques. Ceci ne signifie pas qu'ils n'aient jamais été rencontrés et discutés auparavant.

On en trouve des descriptions dans la littérature anthropologique concernant les pratiques chamaniques, les rites de passage et les cérémonies de guérison de diverses cultures aborigènes. Les sources historiques et la littérature religieuse abondent en descriptions des effets des pratiques de guérison spirituelle et de ceux des rencontres avec diverses sectes extatiques sur les désordres émotionnels et psychosomatiques. De tels rapports n'ont toutefois jamais été étudiés sérieusement en raison de leur incompatibilité avec le paradigme scientifique en vigueur. Le matériau accumulé au cours de ces dernières décennies par l'étude moderne de la conscience suggère que ces données devraient être réévaluées. Nombre de mécanismes de guérison et de transformation de la personnalité plus efficaces que les manipulations biographiques de la psychothérapie traditionnelle existent.

Certains mécanismes thérapeutiques opérant durant les phases initiales et dans les formes superficielles de psychothérapie empirique sont identiques à ceux évoqués dans les manuels de psychothérapie traditionnelle. Leur intensité dépasse toutefois celle des phénomènes correspondants dans les approches verbales. Les techniques empiriques de psychothérapie affaiblissent le système de défense et réduisent les résistances psychologiques. Les réactions émotionnelles du sujet sont accrues de manière spectaculaire et on assiste à une abréaction et à une catharsis puissante. Le matériau inconscient refoulé de l'enfance et de la prime enfance est facilement accessible. Il en résulte soit une activation des souvenirs, soit une régression pure et simple, soit une reviviscence complexe d'événements traumatisants. L'émergence de ce matériau et son intégration sont associées à des perceptions émotionnelles et intellectuelles dans la psychodynamique des symptômes du client et à ses attitudes interpersonnelles impropres.

La psychothérapie à orientation psychanalytique considère que le mécanisme du transfert constitue un danger. La reproduction des constellations pathogènes originales et le développement d'une névrose de transfert sont partie intégrante d'une thérapie réussie. La thérapie empirique — avec ou sans utilisation de drogue — exige de décourager ce processus. Une approche puissante amène souvent le client à la source véritable de diverses émotions et de diverses sensations physiques. Le transfert sur le thérapeute ou sur l'assistant indique une résistance et une défense interdisant la confrontation avec le problème réel. Un assistant sera parfois amené au cours d'une séance empirique à assumer le rôle d'un parent, allant jusqu'à offrir au client un contact physique chaleureux ; il est toutefois essentiel qu'il réduise au minimum la prise en charge entre deux séances. La technique empirique vise à favoriser la responsabilité personnelle à l'égard de son propre processus plutôt qu'une dépendance quelle qu'elle soit.

Quoi qu'on en pense, la satisfaction directe des besoins anaclitiques durant les séances empiriques tend à favoriser l'indépendance. Ceci reflète les observations de la psychologie du développement qui suggèrent qu'une vie affective satisfaisante durant l'enfance permet à l'enfant d'acquérir son indépendance vis-à-vis de sa mère. L'enfant, qui a connu une privation affective chronique et n'a jamais coupé le lien, recherche pendant le reste de ses jours la satisfaction qui lui a fait défaut jadis. La frustration chronique caractéristique de la situation psychanalytique fomenterait donc le transfert, alors que la satisfaction des besoins anaclitiques lors d'un état de régression profonde faciliterait sa résolution.

Nombre de modifications soudaines et spectaculaires à des niveaux plus profonds peuvent être interprétées en termes de relations de constellations inconscientes remplissant une fonction de systèmes directeurs dynamiques. Les plus importants étant les *systèmes d'expériences condensées* (systèmes COEX), qui organisent le matériau de nature biographique, et les *matrices périnatales fondamentales* (les MPF) qui jouent un rôle similaire par rapport à la réserve empirique reliée au processus de naissance et de mort/re-naissance. Nous pourrions également parler des *matrices dynamiques transpersonnelles ;* il serait toutefois difficile, en raison de la richesse extraordinaire et de la complexité des domaines transpersonnels, de les décrire de manière complète. Le système de la philosophie traditionnelle, qui distingue les phénomènes des niveaux différents des domaines causals et subtils, constituerait un guide important pour une telle classification.

Nous distinguons, en fonction de la nature de la charge émotionnelle : les *systèmes directeurs négatifs* (système COEX négatifs, MPF II, MPF III, aspects négatifs de la MPF I et matrices transpersonnelles négatives) et les *systèmes directeurs positifs* (systèmes COEX positifs, MPF IV, aspects positifs de la MPF I et matrices transpersonnelles positives). La stratégie générale de la thérapie empirique consiste à réduire la charge émotionnelle des systèmes négatifs et à favoriser l'accès empirique aux systèmes positifs. Une règle tactique plus spécifique est de structurer la période finale de chaque séance individuelle de manière à favoriser l'achèvement et l'intégration du matériau inconscient révélé au cours de cette séance.

L'état clinique d'un individu ne reflète ni la nature ni la masse du matériau inconscient (pour autant que ce terme convienne à des événements se produisant dans le monde de la conscience). Il dépend plus d'une concentration et d'un ajustement sélectifs qui permettent à certains aspects de ce matériau de se révéler. Les individus qui subissent l'influence des systèmes directeurs biographiques périnatals ou transpersonnels négatifs se perçoivent et perçoivent le monde qui les entoure de manière pessimiste ; ils éprouvent une détresse émotionnelle et psychosomatique. En revanche, les personnes qui sont sous l'influence de systèmes directeurs positifs sont dans un état de bien-être affectif et de fonctionnement psychosomatique optimum. Les qualités spécifiques des états qui en résultent dépendent dans les deux cas de la nature du matériau activé.

L'influence directrice des matrices dynamiques se modifie parfois en réponse à divers processus biochimiques ou physiologiques ou est induite par un certain nombre d'influences extérieures de nature physique ou psychologique. Les séances empiriques représentent une intervention profonde dans la dynamique et la relation des systèmes directeurs de la psyché. Une analyse détaillée de leur phénoménologie indique qu'une amélioration soudaine et spectaculaire en cours de thérapie s'explique par le passage de la dominance psychologique d'un système directeur négatif à un état où l'individu se trouve sous l'influence d'une constellation positive. Cette modification ne signifie pas que tout le matériau inconscient sous-tendant la psychopathologie concernée a été assimilé. Elle indique simplement un passage intérieur d'un système directeur à un autre. Cette situation est qualifiée de *transmodulation* et est susceptible de se manifester à plusieurs niveaux différents.

Un passage impliquant des constellations biographiques sera qualifié de *transmodulation COEX*. Un passage d'une matrice périnatale à une autre sera qualifié de *transmodulation MPF*. Une *transmodulation transpersonnelle* implique, elle, des systèmes fonctionnels directeurs dans les régions transindividuelles de l'inconscient.

Une *transmodulation positive* typique se déroule en deux phases. On note une intensification de l'influence négative puis un passage soudain à un système positif. Un système positif puissant domine parfois la séance empirique dès le début et le système négatif se fond à l'arrière-plan. Un passage d'une constellation dynamique à une autre ne débouche pas toujours sur une amélioration clinique. Une séance mal résolue et mal intégrée résulte parfois en une *transmodulation négative* : un passage d'un système positif à un négatif. Cette situation se caractérise par la manifestation soudaine de symptômes psychopathologiques qui n'étaient pas présents avant la séance. Le thérapeute se trouvant confronté à un tel résultat devrait prévoir une nouvelle séance afin de compléter la gestalt.

Un passage d'un système négatif à un autre constitue une autre possibilité intéressante. La manifestation externe de cet événement intrapsychique est une modification qualitative de la psychopathologie d'un syndrome clinique à l'autre. Il arrive que cette transformation soit spectaculaire à tel point que le patient change en quelques heures de catégorie clinique. L'état qui en résulte surprend, or tous ses composants existaient sous une forme potentielle dans l'inconscient du patient avant que le passage dynamique n'intervienne. Il importe de comprendre que la thérapie empirique implique parfois des modifications spectaculaires du point focal.

Les modifications thérapeutiques associées au matériau biographique sont d'une importance mineure à l'exception de celles liées à la reviviscence de souvenirs de traumas physiques graves et de situations mettant la vie du sujet en danger. Le pouvoir thérapeutique du processus empirique augmente considérablement lorsque l'exploration de soi atteint le niveau périnatal. * Les séquences empiriques de mort et de naissance résultent en un soulagement spectaculaire voire en une disparition des difficultés émotionnelles et psychosomatiques.

Les matrices périnatales négatives représentent une réserve importante d'émotions et de sensations physiques d'une intensité extraordinaire : une matrice universelle pour toute forme de psychopathologie. Des symptômes aussi cruciaux que l'angoisse, l'agressivité, la dépression émotionnelle et physique trouvent leurs racines au niveau périnatal. Ce dernier fournit également une explication naturelle à divers symptômes et à divers désordres psychosomatiques.

Certaines séquences empiriques puissantes de mort/re-naissance sont responsables d'une amélioration clinique d'une vaste gamme de désordres émotionnels et psychosomatiques concernant la dépression, la claustrophobie et le sadomasochisme,

* Les expériences impliquant des éléments périnatals ont un pouvoir et un potentiel curatifs qui dépasse la compréhension des psychothérapeutes habitués à un travail analytique interminable et ardu, limité au domaine biographique. L'étude réalisée par David Rosen concernant dix individus ayant survécu à des tentatives de suicide en sautant du Golden Gate Bridge ou du Oakland Bay Bridge à San Francisco illustre l'impact thérapeutique de telles expériences. Tous les sujets montrèrent des signes d'une transformation profonde de leur personnalité, bien que leur chute n'eût duré que trois secondes et que les opérations de sauvetage n'aient pris que quelques minutes. Les mêmes modifications sont souvent observées chez des personnes réchappées de maladies graves, d'accidents et d'interventions chirurgicales.

l'alcoolisme et l'intoxication, l'asthme, le psoriasis et les migraines. L'implication des matrices périnatales dans les manifestations psychopathologiques permet d'élaborer de nouvelles stratégies liées aux psychoses.

Les observations de la thérapie empirique concernant le potentiel curatif du domaine transpersonel sont encore plus sidérantes. Les symptômes cliniques sont souvent enracinés dans les structures dynamiques transpersonnelles ; ils ne peuvent donc être résolus au niveau des expériences psychodynamiques ou périnatales. Le client vit parfois des séquences transpersonnelles spectaculaires pour résoudre tel ou tel problème émotionnel, psychosomatique ou interpersonnel. Nombre d'observations de la thérapie empirique indiquent un besoin urgent d'incorporer la dimension et la perspective transpersonnelles dans la pratique quotidienne.

Des symptômes émotionnels et psychosomatiques qui ne peuvent être résolus au niveau biographique ou périnatal disparaissent dans certains cas, ou sont tout au moins considérablement soulagés, lorsque le sujet confronte divers traumatismes de son existence embryonnaire. La reviviscence de tentatives d'avortement, de maladies ou de crises émotionnelles maternelles durant la grossesse et les expériences fœtales de l'enfant non désiré ont une valeur thérapeutique certaine. Les expériences d'incarnations passées favorisent des modifications thérapeutiques spectaculaires ; elles se manifestent en association avec des phénomènes périnatals ou avec des gestalts empiriques indépendantes. Ceci vaut également pour certaines expériences ancestrales. Les symptômes disparaissent dès que le client accepte de vivre des expériences faisant intervenir des souvenirs d'événements de la vie de ses ancêtres proches ou lointains. Les individus, qui identifient certains de leurs problèmes à des conflits intériorisés entre les familles de leurs ancêtres, ne sont pas rares.

Certains symptômes psychopathologiques et psychosomatiques sont assimilables à des reflets d'une conscience animale ou végétale émergente. Si tel est le cas, la résolution du problème exige une identification totale à l'animal ou au végétal. Certains individus découvrent au cours de leurs séances empiriques que leurs symptômes, leurs attitudes et leur comportement sont des manifestations d'un modèle archétype sous-jacent. Les formes d'énergie ont quelquefois une telle qualité étrangère que leur manifestation ressemble à ce qu'on nomme la « possession ». La procédure thérapeutique présente alors les caractéristiques d'un exorcisme. L'expérience d'unité cosmique, celle d'identification à l'Esprit Universel, ou celle au Vide Supracosmique et Métacosmique méritent une attention particulière dans ce contexte. Elles sont dotées d'un potentiel thérapeutique qu'aucune des théories existantes ne parvient à expliquer.

On constate avec ironie — et c'est là l'un des paradoxes de la science moderne — que les expériences transpersonnelles, qui jusqu'à très récemment étaient qualifiées de psychotiques, possèdent un potentiel curatif supérieur à ce que la psychiatrie allopathe contemporaine offre. Quelles que soient les convictions professionnelles et philosophiques du thérapeute à cet égard, il devrait apporter son soutien à ceux de ses clients qui pénètrent — volontairement ou non — les domaines transpersonnels.

Les symptômes émotionnels et psychosomatiques indiquent un blocage de flux énergétique et ils représentent des expériences virtuelles sous une forme condensée qui luttent pour émerger. Leur contenu est très divers : souvenirs d'enfance, ensemble d'émotions pénibles, séquences de la naissance, constellations karmiques, modèles archétypes, épisodes phylogéniques, identifications animales ou végétales, manifestations d'énergies démoniaques, etc. Les mécanismes thérapeutiques comprennent une libération de l'énergie bloquée et une facilitation de son expression empirique et comportementale libre de toute contrainte.

L'achèvement de la gestalt empirique engendre des résultats thérapeutiques, que le processus ait été compris intellectuellement ou non. La thérapie psychédélique et les séances d'intégration holonomique débouchent sur des résolutions durables et spectaculaires des problèmes. Les mécanismes impliqués se situent au-delà de toute compréhension rationnelle. L'exemple suivant fournit une excellente illustration de ce point : il y a quelques années, une jeune femme — appelons-la Gladys — a participé à un de nos ateliers de cinq jours. Elle souffrait depuis longtemps d'attaques sérieuses de dépression. Celles-ci se manifestaient tous les matins peu après quatre heures ; elles duraient plusieurs heures. Gladys éprouvait des difficultés extrêmes à mobiliser ses ressources pour affronter la journée qui l'attendait.

Elle participa à une séance d'intégration holonomique. Gladys répondit à la séance de respiration par une mobilisation énorme des énergies, mais elle n'atteignit pas une résolution. Cette situation est exceptionnelle dans notre travail. Elle subit le lendemain son attaque de dépression, mais celle-ci fut plus conséquente que précédemment. Gladys nous rejoignit dans un état de tension, de dépression et d'angoisse extrême. Nous fûmes contraints de modifier notre programme afin de réaliser sans tarder un travail empirique avec elle.

Nous lui avons demandé de s'étendre les yeux fermés, de pratiquer une respiration rapide, d'écouter la musique que nous diffusions et de s'abandonner à toute expérience qui émergerait.

Gladys fut secouée pendant près de cinquante minutes de tremblements violents. Elle montra d'autres signes d'excitation psychomotrice intense : elle criait à pleins poumons, elle se battait contre des ennemis invisibles. Elle nous confia, par la suite, que cette partie de l'expérience avait impliqué la reviviscence de sa naissance. Ses cris devinrent plus articulés, ils évoquaient une langue inconnue. Nous lui avons conseillé de donner libre cours aux mots tels qu'ils se présentaient, sans les juger. Ses mouvements prirent soudain une forme très emphatique et elle chanta ce qui nous sembla être une prière.

L'impact de cet événement sur le groupe fut extrêmement fort. L'émotion envahit les participants qui se mirent à pleurer. Gladys cessa de chanter ; elle se détendit et entra dans un état d'extase et de bien-être. Elle demeura absolument immobile pendant plus d'une heure. Elle fut incapable de nous expliquer ce qui s'était produit et elle avoua n'avoir aucune idée des mots qu'elle avait prononcés.

Un psychanalyste argentin qui participait à la séance nous assura qu'il avait reconnu un dialecte qu'il connaissait bien. Il traduisit le chant : « Je souffre et je souffrirai toujours. Je pleure et je pleurerai toujours. Je prie et je prierai toujours. » Précisons que Gladys ne parlait même pas l'espagnol moderne et qu'elle ignorait tout de ce dialecte.

Nous avons assisté à d'autres cas où un chant chamanique, un monologue dans une langue étrangère, ou des cris de divers animaux débouchaient sur les mêmes bienfaits. Aucun système thérapeutique ne peut prévoir de tels événements, la confiance implicite dans la sagesse intrinsèque du processus est donc la seule stratégie intelligente en de telles circonstances.

Des symptômes psychopathologiques sont souvent reliés à plusieurs niveaux de la psyché ou à plusieurs bandes du spectre de conscience. Je conclurai ce chapitre en décrivant l'expérience d'un homme qui participa à un atelier de cinq jours et qui devint notre ami.

Norbert, psychologue et ministre du culte, souffrait depuis plusieurs années de douleurs intenses dans l'épaule et dans les muscles pectoraux. Des examens médicaux répétés et approfondis n'avaient révélé aucune origine organique à ce problème et toutes les tentatives thérapeutiques avaient échoué. Il éprouva de grandes difficultés à tolérer la musique durant la séance d'intégration holonomique. Il fallut l'encourager à poursuivre le processus en dépit de l'inconfort grave qu'il ressentait. Il souffrit pendant une heure et demie de douleurs intenses dans l'épaule et dans la poitrine ; il lutta violemment comme si sa vie était en danger. Il suffoquait, il toussait, il émettait des cris divers. Il se calma puis il retrouva un état détendu et paisible. Il constata avec surprise que l'expérience avait libéré la tension dans son épaule et qu'il n'éprouvait plus la moindre douleur. Ce soulagement s'avéra permanent ; trois ans se sont écoulés depuis cette séance et les symptômes ne sont jamais plus réapparus.

Norbert nous confia plus tard que son expérience s'était déroulée sur trois niveaux différents, tous liés à la douleur dans son épaule. Il revécut au niveau le plus superficiel une situation effrayante de son enfance au cours de laquelle il avait failli perdre la vie. Il creusait un tunnel dans le sable avec un ami. Le tunnel s'effondra lorsque Norbert y pénétra et il fut à deux doigts de mourir étouffé avant que n'arrivent les secours.

L'expérience s'approfondit ; il vécut alors diverses séquences de la lutte dans la filière pelvi-génitale au cours desquelles il éprouva également des sensations de suffocation et une violente douleur dans l'épaule, bloqué qu'il était par l'os pubis de sa mère.

L'expérience se modifia de manière spectaculaire durant la dernière partie de la séance. Norbert aperçut des uniformes et des chevaux ; il comprit qu'il participait à une bataille. Il l'identifia : il s'agissait d'un combat dans l'Angleterre de Cromwell. Il ressentit à un certain moment une douleur aiguë et il comprit qu'une lance venait de percer sa poitrine. Il tomba de cheval et se sentit mourir, piétiné par les chevaux.

Que de telles expériences reflètent une « réalité objective » ou non, leur valeur thérapeutique est de toute façon indubitable. Un thérapeute, qui refuse de les accepter en raison de son scepticisme intellectuel, laisse en réalité un outil thérapeutique d'une puissance extraordinaire lui échapper.

6.3. *Spontanéité et autonomie de guérison.*

Le modèle médical dispense au thérapeute une formation longue et spécialisée. Sa compréhension des problèmes des patients est le fruit d'une expérience que ces derniers ne possèdent pas. Les patients sont donc censés jouer un rôle passif et dépendant et faire ce qu'on leur demande. Leur contribution à la thérapie se limite à fournir des données subjectives quant à leurs symptômes et un feedback quant aux effets de la thérapie. L'accent est mis dans la guérison sur les interventions médicales, telles que pilules, injections, radiations ou chirurgie ; la contribution énorme des processus physiologiques est toujours passée sous silence.

En psychiatrie, le patient contribue à la situation thérapeutique en apportant des données introspectives, mais l'activité du thérapeute est essentielle aux progrès thérapeutiques. De nombreux aspects de cette situation, explicites ou implicites, établissent et maintiennent le rôle passif et dépendant du patient. La sratégie générale de chaque forme de psychothérapie se fonde sur une conception du fonctionnement de la psyché : pourquoi et comment se développent les symptômes ? Que faire pour modifier cet état ? Le thérapeute est donc perçu comme un agent influençant le processus thérapeutique d'une manière critique et décisive.

Les symptômes émotionnels ou psychosomatiques d'une personne qui participe à une thérapie psychédélique ou à une thérapie empirique seront activés de manière caractéristique à l'approche des matériaux biographique, périnatal ou transpersonnel les sous-entendant. La manifestation et l'intégration consciente du thème qui se trouve à leur origine résultent alors en une élimination ou en une modification dynamique du problème.

La confrontation à l'expérience sous-jacente est plus pénible que le fait de vivre avec les symptômes dans la vie quotidienne. Cette stratégie offre toutefois la possibilité d'une solution radicale et permanente, et pas uniquement d'une répression et d'une occultation des vrais problèmes. Cette approche évoque la médecine homéopathique pour laquelle l'effort général consiste à accentuer les symptômes afin de mobiliser les forces curatives intrinsèques de l'organisme.

Une telle compréhension psychologique caractérise certaines approches empiriques humanistes, en particulier la pratique gestalt et la psychothérapie jungienne. Diverses cultures antiques et aborigènes, les cérémonies de guérison spirituelle, les mystères du temple et les rencontres de groupes religieux extatiques constituent les précédents de ces stratégies. La suppression des problèmes psychopathologiques n'est pas due au soulagement des symptômes émotionnels et psychosomatiques, mais à leur intensification temporaire, à leur expression et à leur intégration consciente.

L'obstacle majeur dans un processus de guérison est la résistance du Moi qui montre une tendance à défendre son concept de soi et sa vision du monde limités, à s'attacher au familier et à craindre l'inconnu et à résister à l'intensification de la douleur émotionnelle et physique. C'est cet effort volontaire du moi pour préserver le *statu quo* qui interfère avec le processus de guérison spontané et qui le gèle en une forme relativement stable que nous connaissons sous le nom de symptômes psychopathologiques.

Selon ce point de vue, toute tentative pour dissimuler ou soulager les symptômes devrait être considérée non seulement comme une fuite devant le problème, mais encore comme une interférence avec les tendances spontanées à la résolution de l'organisme.

Elle ne devrait donc être entreprise qui si le patient, qui a été informé de la nature du problème et des alternatives, refuse d'entrer dans un processus d'exploration de soi en profondeur, ou si le manque de temps, de ressources humaines et d'installations adéquates rend un tel processus impossible. Quoi qu'il en soit, un professionnel, qui recourt à une approche symptomatique, telle qu'une psychothérapie de soutien et des tranquillisants, devrait avoir conscience du fait qu'il s'agit d'une mesure palliative et d'un compromis regrettable, plutôt que d'une méthode de prédilection reflétant une compréhension scientifique de l'état du patient.

Les objections adressées à l'approche que je recommande sont le manque de ressources humaines et la nature coûteuse de la thérapie psychologique en profondeur. Tant que nous envisagerons les « choses » en fonction des normes freudiennes, où un analyste traite à lui seul environ quatre-vingts patients durant sa vie professionnelle, de telles inquiétudes demeureront appropriées. Les nouvelles techniques empiriques ont toutefois modifié cette perspective. La thérapie psychédélique offre une accélération considérable du processus thérapeutique et permet l'application d'une psychothérapie à des catégories d'individus qui en étaient auparavant exclus : les alcooliques, les drogués et les psychopathes criminels. L'avenir de la thérapie psychédélique étant compromis par des obstacles administratifs, politiques et légaux, mieux vaut se concentrer sur les nouvelles approches empiriques ne recourant pas à la drogue. Une approche réaliste consisterait à retirer des mains des professionnels la responsabilité exclusive du processus thérapeutique pour utiliser les ressources de la population générale.

La technique de l'intégration holonomique permet à un groupe de vingt personnes maximum de faire des progrès considérables dans l'exploration de soi et de se diriger vers la guérison en une séance unique qui ne dure que de deux à trois heures. Vingt autres personnes, qui tiennent le rôle d'assistants, développent une confiance en eux en aidant d'autres êtres humains à vivre un tel processus. Deux à trois individus ayant reçu une formation spéciale sont présents pour intervenir lorsque cela s'avère nécessaire.

Les découvertes de l'étude moderne de la conscience ont également des conséquences de grande portée pour la définition du rôle du thérapeute. L'idée selon laquelle la formation médicale et psychiatrique est une préparation appropriée pour traiter les problèmes psychiatriques a souvent fait l'objet de critiques y compris dans le contexte traditionnel. A moins d'être excessifs, les problèmes émotionnels d'un chirurgien ou d'un cardiologue n'interféreront pas avec leurs compétences thérapeutiques. Ils affecteront par contre considérablement le travail d'un psychiatre. C'est la raison pour laquelle ce dernier devrait suivre un processus d'exploration de soi en profondeur.

Plusieurs années de formation psychanalytique ne font toutefois qu'effleurer la surface de la psyché. La méthode des associations libres n'a guère de valeur pour une exploration sérieuse de soi. L'étroitesse de l'intérêt théorique maintient en outre le processus dans le domaine biographique. Des années de formation analytique (à l'exception de l'analyse jungienne) ne mettront pas l'analyste en contact avec les éléments périnatals et transpersonnels de la psyché. L'utilisation des nouvelles techniques empiriques requiert donc une formation comprenant une expérience personnelle des états qu'elles favorisent. Un tel processus n'a pas de fin. Le travail thérapeutique avec les autres — voire la vie quotidienne — mettront toujours le thérapeute face à de nouveaux problèmes.

Il ne sera jamais l'autorité qui interprète les expériences de ses clients. Il n'est pas toujours possible de prévoir avec certitude le thème se trouvant à l'origine d'un symptôme particulier et ce même si l'on dispose d'une expérience clinique riche.

Le thérapeute a toujours une position quelque peu « privilégiée » ; il offre des techniques pour l'activation de l'inconscient, il crée un cadre pour l'exploration de soi, il enseigne les stratégies fondamentales et il instaure la confiance dans le processus. Le client est toutefois l'autorité ultime en ce qui concerne l'expérience intérieure. Une expérience, qui a été vécue et intégrée, ne nécessite pas d'interprétation ultérieure. Le partage des événements advenant en cours de séance se substitue au travail d'interprétation. L'une des tâches essentielles du thérapeute consiste à s'assurer que les expériences ont été intériorisées et à décourager leur expression extérieure. La différence entre l'intériorisation disciplinée de ce processus et son expression projective est un facteur critique distinguant la quête mystique de la psychopathologie grave.

Certaines observations révèlent que des états psychotiques aigus pour lesquels l'application du modèle médical paraît justifiée sont en fait des tentatives spectaculaires de l'organisme pour résoudre ses problèmes, pour s'auto-guérir et pour accéder à un niveau nouveau d'intégration.

Les états psychotiques aigus et spectaculaires ont un meilleur pronostic que ceux qui se développent lentement et insidieusement. Ces observations confirment le matériau de l'étude moderne de la conscience qui suggère que la difficulté majeure des épisodes psychotiques n'est pas l'apparition du matériau inconscient, mais la résistance des éléments restants de l'ego qui interfère avec l'achèvement de la gestalt impliquée. Si tel est le cas, la stratégie à adopter consiste à faciliter et à activer le processus.

Les expériences des patients psychotiques devraient être validées non par rapport à leur signification dans le monde matériel, mais en tant qu'étapes importantes du processus de transformation de la personnalité. Cette stratégie requiert un effort systématique d'intériorisation et d'approfondissement du processus en le détournant du monde phénoménal vers les réalités intérieures. Rattacher les expériences intérieures à des personnes et à des événements extérieurs constitue souvent une résistance à l'égard du processus de transformation intérieure.

Les quelques approches alternatives des psychoses ayant été utilisées par le passé se fondaient sur le principe de soutien et de non-interférence. Mes observations concernant des patients psychotiques suggèrent qu'une approche réaliste des épisodes psychotiques implique une accélération et une intensification du processus par des moyens chimiques ou non. On devrait recourir aussi souvent que possible à cette méthode thérapeutique efficace pour éviter que le patient ne soit ni interné ni soumis à un traitement médicamenteux prolongé.

J'ai souvent observé, au cours de nos ateliers, que des individus, dont l'état émotionnel momentané évoquait la psychose, accédaient après une ou deux heures de travail individuel en profondeur à un état libre de tout symptôme voire à un état extatique. Les expériences qui favorisent des modifications aussi spectaculaires impliquent en général des thèmes périnatals ou transpersonnels. Une telle transmodulation n'est assimilable ni à une guérison ni à une restructuration profonde de la personnalité. L'utilisation consécutive de la méthode de dévoilement a en outre un potentiel de résolution véritable des problèmes et favorise l'auto-actualisation, la transformation de la personnalité et l'expansion de la conscience.

Cette approche représente une alternative viable aux approches traditionnelles des patients non-paranoïdes présentant des symptômes psychotiques aigus. Elle implique la reconnaissance et la validation du processus d'« urgence spirituelle » ou de « crise transpersonnelle » plutôt que de « maladie mentale ». Le thérapeute encourage le patient à pénétrer plus profondément l'expérience intérieure. Il l'aide à surmonter toutes les peurs, tous les blocages et toutes les résistances qui interfèrent avec la trajectoire intrinsèque du processus et qui supportent une série de phénomènes que la psychiatrie conventionnelle s'efforcerait de supprimer coûte que coûte.

Le degré et la nature de l'engagement du thérapeute dépendent de la phase du processus, de l'attitude du client et également de la nature de la relation thérapeutique. Il existe deux catégories de patients avec lesquels l'approche évoquée ci-dessus se heurte à de sérieuses difficultés et n'est pas applicable. Les patients ayant de fortes tendances paranoïdes sont en général de mauvais candidats. Nous avons vu précédemment qu'ils vivent le plus souvent les phases premières de la MPF II. Toute tentative pour favoriser une exploration de soi en profondeur équivaut donc à une invitation à un voyage en enfer et le thérapeute qui se trouve à l'origine d'une telle démarche devient automatiquement un ennemi. L'emploi excessif des projections, le refus de maîtriser le processus intérieur, la tendance à s'accrocher aux éléments de la réalité extérieure et l'incapacité à établir une relation de confiance représentent un obstacle sérieux à un travail psychologique efficace. Tant qu'on n'aura pas mis au point des techniques permettant de surmonter cet ensemble de circonstances, les patients paranoïdes demeureront les « victimes » des thérapies par tranquillisants.

Les patients maniaques sont difficiles à atteindre pour des raisons différentes. Ainsi que nous l'avons vu, leur état reflète une transition incomplète entre la MPF III et la MPF IV. Un thérapeute, qui mène une psychothérapie empirique avec des patients maniaques, se trouve confronté à la tâche difficile de les convaincre d'abandonner leur attachement défensif à leur nouvelle liberté précaire et à travailler plus sérieusement sur les éléments restants de la MPF III. Les patients paranoïdes et maniaques sont donc de mauvais candidats à une approche empirique et l'utilisation du potentiel curatif intrinsèque de la psyché est une tâche exténuante. Des patients appartenant à d'autres catégories diagnostiques ne désirent parfois pas — ou sont incapables de — faire face à leurs problèmes empiriquement. L'alternative idéale dans ce cas précis sera une approche psychopharmacologique suppressive. D'autres tireront un meilleur bénéfice d'un simple soutien et d'une non-interférence avec le processus. L'activation et l'approfondissement du processus constituent néanmoins la méthode de prédilection lorsque les circonstances sont favorables.

Le processus est si actif chez les patients psychotiques qu'il est inutile de recourir à des techniques spécifiques pour l'intensifier. La plupart éprouvent toutefois des difficultés à le contrôler sans l'aide substantielle d'une thérapie psychiatrique suppressive. Dans de telles circonstances, une nouvelle compréhension, un contexte adéquat, une position inclinée les yeux fermés, et un soutien affectif pourraient être suffisants. Chez les patients souffrant de psychonévroses et de désordres psychosomatiques, la résistance est si forte qu'il est souvent nécessaire d'utiliser des techniques d'activation. Dans ce cas, établir le contact avec les expériences qui sous-tendent les symptômes est toutefois plus facile qu'on ne s'y attend. Il importe de modifier le cadre cognitif, d'encourager l'abandon à l'expérience, de dissuader l'analyse. En psychanalyse ou dans les formes d'approches verbales, il faut des mois voire des années pour qu'un patient se remémore ou reconstruise des événements de la période orale de son développement. Nombre d'individus revivent en revanche des émotions de leur prime enfance ou des souvenirs complexes après quelques minutes seulement de respiration profonde sur un fond de musique, et des aspects importants du trauma de la naissance dans la première heure.

La stratégie est la même que celle décrite pour les patients psychotiques, dès que les symptômes sont mobilisés et commencent à se transformer en des émotions et en des sensations physiques intenses ou en des expériences vivaces et complexes. Il importe d'encourager un abandon empirique total et une canalisation périphérique des énergies refoulées sans opposer ni censure ni blocage au processus en raison de réserves cognitives. Les symptômes seront littéralement transmutés en des séquences empiriques diverses et consumées dans le processus. Certains symptômes et certains syndromes sont plus réfractaires au changement que d'autres. Dans le spectre des réponses différentielles, un extrême est occupé par les patients souffrant de compulsion obsessionnelle avec leur rigidité extrême et leurs fortes défenses ; l'autre est occupé par les patients hystériques avec leurs réactions dramatiques à des interventions minimes.

Quels que soient la nature et le pouvoir de la technique utilisée pour activer l'inconscient, la tactique thérapeutique fondamentale est constante : le thérapeute et le client doivent avoir une plus grande confiance en la sagesse de l'organisme du patient qu'en leur propre jugement intellectuel. L'expérience sera d'une nature curative s'ils supportent le déroulement naturel du processus et s'ils coopèrent intelligemment avec lui sans la moindre restriction d'ordre conceptuel, émotionnel, esthétique et éthique.

6.4. *Psychothérapie et développement spirituel.*

Les écoles occidentales de psychothérapie — à l'exception de la psychosynthèse et de la psychologie jungienne — n'ont ni reconnu ni accepté la spiritualité en tant que dimension de la psyché. La plupart des spéculations théoriques n'ont pas pris en considération la masse de connaisances quant à la conscience et à l'esprit humain accumulée depuis des temps immémoriaux par les grandes traditions spirituelles du monde. Les messages profonds de ces systèmes ont été ignorés, méprisés et « expliqués » comme étant des superstitions primitives, une élaboration de conflits infantiles ou des équivalents culturels des névroses et des psychoses.

La spiritualité et la religion ont souvent été traitées par la psychiatrie occidentale comme des produits de la psyché humaine en réaction contre des influences extérieures : l'impact écrasant du monde environnant, la menace de la mort, la peur de l'inconnu, la relation conflictuelle des parents, etc. Le seul cadre disponible pour une expérience directe des réalités alternatives de nature spirituelle a été, jusqu'à tout récemment, celui des maladies mentales.

Quelques chercheurs exceptionnels ont jugé cette situation inacceptable et ont défié la vision psychiatrique traditionnelle de la spiritualité et de la religion : Roberto Assagioli, Carl Gustav Jung et Abraham Maslow.

Mes observations confirment les visions de ces chercheurs et suggèrent une formulation encore plus radicale de la relation entre la personnalité humaine et la spiritualité. Selon les données nouvelles, la spiritualité fait partie intrinsèque de la psyché ; elle émerge de manière spontanée lorsque le processus d'exploration de soi atteint une profondeur suffisante. Une confrontation empirique directe avec les niveaux périnatal et transpersonnel de l'inconscient est toujours associée à un éveil spontané de la spiritualité, lequel est totalement indépendant des expériences de l'enfance de l'individu, de son conditionnement religieux, de son adhésion à un culte et même de son appartenance culturelle et raciale. L'individu, qui entre en contact avec ces niveaux de la psyché, développe une nouvelle vision du monde dans laquelle la spiritualité représente un élément naturel, essentiel et absolument vital de l'existence. Mon expérience m'a prouvé qu'une telle transformation se manifeste chez des individus aussi divers que des athlètes bornés, des sceptiques cyniques, des philosophes marxistes et des scientifiques positivistes.

Compte tenu de ce fait, une approche athée, mécaniste et matérialiste du monde et de l'existence reflète une aliénation profonde de l'individu par rapport au cœur même de son être, un manque de compréhension pure de soi et une répression psychologique des niveaux périnatals et transpersonnels de sa propre psyché. Elle signifie également que l'individu concerné s'identifie unilatéralement à un aspect unique et particulier de sa nature, caractérisé par le mode de conscience hylotropique et par une vision du moi limitée au corps physique. Un tel état conduit, à une échelle collective, à l'aliénation par rapport à la nature, à une tendance à la « croissance illimitée » et à une obsession pour les paramètres objectifs et quantitatifs de l'existence. Cette manière d'être est destructrice et auto-destructrice tant sur le plan individuel que sur le plan collectif.

Les séquences de mort/re-naissance et les phénomènes transpersonnels se produisent, dans un processus d'exploration de soi systématique, sur le même continuum empirique que le matériau biographique, auquel la psychiatrie traditionnelle attache grand prix. Il est donc intéressant de voir comment un travail psychothérapeutique analytique plus conventionnel est lié au processus de l'ouverture spirituelle. Les observations cliniques suggèrent que l'analyse à orientation biographique et que les expériences transpersonnelles sont deux aspects complémentaires du processus d'exploration de soi.

Une assimilation progressive des aspects traumatisants de son histoire primitive tend à ouvrir la voie aux expériences périnatales et transpersonnelles qui favorisent l'ouverture spirituelle. En revanche, des individus qui connaissent des expériences spirituelles profondes dès le début du processus sont capables d'aborder plus facilement et plus rapidement les problèmes biographiques.

Ceux qui ont vécu des états d'unité cosmique développent une nouvelle attitude à l'égard du processus psychothérapeutique. Ils ont découvert une source inattendue d'énergie ainsi que leur véritable identité. Ils envisagent le présent et le passé sous un jour nouveau Les événements de leur existence actuelle ne possèdent plus la même importance écrasante qu'auparavant. Ils connaissent l'objectif du travail thérapeutique. La poursuite de l'exploration de soi ressemble à un élargissement et à un dégagement de la route menant à une destination connue, plutôt qu'à une marche en aveugle dans l'obscurité.

Dépendre d'un cadre conceptuel étroit empêche les scientifiques de découvrir, de reconnaître, voire tout simplement d'imaginer les possibilités insoupçonnées du domaine des phénomènes naturels.

Toute conception strictement personnelle de l'inconscient

limitée à des éléments explicables biographiquemnt est non seulement sans efficacité mais encore anti-thérapeutique.

Compte tenu de la compréhension limitée de la nature de la psychopathologie et du manque de stratégie curative en psychiatrie, force est toutefois de reconnaître que le rôle suppressif des tranquillisants a eu une importance historique considérable. Il a humanisé l'atmosphère médiévale des services psychiatriques ; il a prévenu et soulagé nombre de souffrances et a probablement sauvé des milliers de vies humaines.

7. PERSPECTIVES NOUVELLES EN PSYCHOTHERAPIE ET EXPLORATION DE SOI

7.1. *Principes d'assistance thérapeutique.*

La nouvelle approche globale de l'exploration de soi et de la psychothérapie, se fondant sur les observations de l'étude moderne de la conscience, diffère des systèmes et des stratégies traditionnelles en de nombreux points. Il s'agit de l'*intégration holonomique.* Elle représente dans sa totalité une combinaison unique en dépit du fait que nombre de ses constituants sont utilisés dans diverses écoles de psychothérapie.

Elle utilise la cartographie de l'esprit élargie, issue de la recherche psychédélique. Cette carte de la psyché est plus vaste et plus riche que celles des autres écoles de psychothérapie occidentale. Elle intègre, dans l'esprit de la psychologie spectrale et de la philosophie bootstrap de la nature, les modèles freudien, adlérien, reichien, rankien et jungien ainsi que des aspects importants du travail de Sandor Ferenczi, de Nandor Fodor, de Lietaert Peerbolte, de Fritz Perls, des psychologues existentiels, etc.

Au lieu de les considérer comme des descriptions précises et complètes de la psyché, elle les adopte en tant que moyens utiles d'organiser les observations de phénomènes liés à des niveaux spécifiques de la psyché, ou à des bandes du spectre de la conscience. Ce système comble également le fossé qui existait entre les psychothérapies occidentales et la philosophie séculaire en incluant les domaines archétypes et transcendantaux.

La reconnaissance du fait que les êtres humains ont une

nature paradoxale constitue un trait important du modèle théorique. Ils manifestent parfois les propriétés d'objets newtoniens-cartésiens complexes, parfois celles de champ de consience illimités dans le temps, l'espace et la causalité linéaire. Les désordres émotionnels et psychosomatiques d'origine psychogénique sont considérés, dans ce contexte, comme des expressions d'un conflit entre ces deux aspects de la nature humaine. Ce conflit reflète la tension dynamique entre deux forces universelles opposées : la tendance des formes indifférenciées, unifiées et globalisantes de la conscience vers la division et la séparation créant des modes de pluralité, et celle d'unités de conscience visant à retrouver la globalité et l'unité originales.

Les expériences de la conscience holotropique ont un potentiel curatif intrinsèque alors que l'appréhension du monde en termes de séparation est associée à un conflit et à une aliénation croissante. Un individu manifestant des symptômes psychogéniques est donc engagé dans une lutte vouée à l'échec pour défendre son identité en tant qu'entité existant dans un contexte spatiotemporel limité contre une expérience émergente qui minerait une telle image de soi.

Le modèle médical n'est utile que dans les phases initiatiques de la thérapie, avant que la nature du problème ne soit révélée. Il importe de conduire des examens psychiatriques et médicaux minutieux pour exclure tout problème organique grave nécessitant un traitement. Les patients souffrant de maladies physiques sous-jacentes devraient être traités dans des institutions médicales équipées pour maîtriser les problèmes de comportement. Les clients, dont le diagnostic médical est négatif et qui préfèrent suivre la voie d'une exploration sérieuse de soi plutôt que de se soumettre à un contrôle symptomatique, devraient être adressés à des institutions spécialisées organisant des psychothérapies en dehors du contexte médical. La perpétuation du modèle médical est dans ces circonstances théoriquement incorrecte, cliniquement contre-productive et économiquement absurde. Cette stratégie est valable non seulement pour les patients névrotiques et pour les personnes souffrant de désordres psychosomatiques, mais encore pour nombre de clients, qui dans le contexte traditionnel, seraient qualifiés de psychotiques. Des dispositions particulières devraient être prises pour les patients dangereux.

Tout professionnel qui a conduit une thérapie psychédélique ou des séances empiriques sans recours à la drogue est conscient de l'énormité des énergies émotionnelles et psychosomatiques sous-tendant la psychopathologie. Au vu de ces observations, toute psychothérapie exclusivement verbale est d'une valeur limitée. Notre approche a une orientation expérimentale indéniable ;

la discussion est utilisée au départ pour préparer les clients aux séances empiriques et ensuite pour l'exposition à — et l'intégration de — l'expérience. En ce qui concerne la procédure thérapeutique proprement dite, le thérapeute offre au client une technique ou une association de techniques susceptibles d'activer l'inconscient, de mobiliser les énergies bloquées et de transformer l'état stagnant des symptômes émotionnels et psychosomatiques en un flux d'expériences dynamiques.

L'étape suivante consiste à favoriser les expériences émergentes et à aider le client à surmonter ses résistances. Il arrive que la libération totale du matériau inconscient soit complexe et éprouvante tant pour le sujet que pour le thérapeute. Les reviviscences spectaculaires de divers épisodes biographiques et de séquences de mort/re-naissance sont devenues de plus en plus courantes dans les thérapies empiriques modernes et elles ne devraient pas poser problème à un professionnel ayant reçu une formation appropriée. Il importe de préciser que le thérapeute doit encourager le processus quelles que soient sa forme et son intensité. Il n'intervient que si le client représente un danger pour lui ou pour les autres. Des améliorations thérapeutiques sont souvent observés après des épisodes de perte totale du contrôle de soi (suffocation excessive, agitation frénétique, vomissements abondants, incontinence urinaire, émission de sons inarticulés et étranges évoquant ceux décrits dans les cas d'exorcisme, grimaces, etc.). Nombre de ces manifestations peuvent être rattachées en toute logique au processus de la naissance biologique.

En dépit du fait que la reviviscence de souvenirs de la prime enfance et du trauma de la naissance soit acceptée de nos jours, y compris par des professionnels relativement conservateurs, une réorientation philosophique et un changement de paradigme fondamental sont nécessaires lorsque le processus pénètre dans les régions transpersonnelles. Certaines expériences sont si extraordinaires et si absurdes de prime abord qu'un thérapeute « moyen » éprouve un certain malaise lorsqu'il y est confronté ; il imagine difficilement la valeur thérapeutique qu'elles peuvent avoir, et il tend à les décourager de manière explicite ou implicite. Les professionnels interprètent volontiers les phénomènes transpersonnels comme des manifestations d'un matériau biographique revêtant une apparence symbolique, comme des expressions de la résistance contre des souvenirs traumatisants, comme des extravagances empiriques sans signification profonde, voire comme des indications d'une région psychotique de la psyché de laquelle le client devrait se détourner.

La stratégie fondamentale menant aux meilleurs résultats thérapeutiques exige que le thérapeute et le client se libèrent momentanément de tout cadre conceptuel et s'abstiennent d'anticiper quant à la direction que devrait prendre le processus. Ils doivent se montrer ouverts, suivre le flux d'énergie et s'y abandonner où qu'il aille, tout en sachant que le processus trouvera sa propre expression au bénéfice du client. Toute analyse intellectuelle durant l'expérience s'avère être un signe de résistance et entrave le progrès. Ceci est dû au fait que la transcendance des limites conceptuelles habituelles fait partie intégrante de l'aventure de l'exploration de soi en profondeur. Se voir soi et le monde d'une manière particulière fait partie intégrante des difficultés du sujet et en est la cause en un certain sens. L'attachement volontaire aux anciens cadres conceptuels est donc un facteur anti-thérapeutique de première importance.

Le thérapeute et le client seront récompensés par des résultats thérapeutiques et par des découvertes conceptuelles extraordinaires. Certaines expériences se produisant dans ce contexte seront comprises ultérieurement dans des cadres plus vastes et entièrement nouveaux. On assiste toutefois à une résolution émotionnelle et à une transformation de la personnalité en l'absence d'une compréhension rationnelle du processus. Cette situation est en contraste flagrant avec celle de l'analyse freudienne : une compréhension détaillée des problèmes par rapport à sa propre biographie, mais une stagnation thérapeutique ou des progrès très limités.

Rien n'interdit au thérapeute et au client de tenter de conceptualiser ce qui s'est produit si tel est leur désir une fois que l'expérience est terminée. Il convient néanmoins de préciser qu'il s'agit d'un exercice plus ou moins académique dépourvu de la moindre valeur thérapeutique. Chacun des cadres explicatifs qu'ils découvriront doit être traité comme une structure auxiliaire temporaire car les hypothèses fondamentales quant à l'univers et à soi-même se modifient radicalement lorsqu'on passe d'un niveau de conscience à l'autre. Plus l'expérience est complète, moins elle nécessite d'analyse et d'interprétation. L'idéal serait que la discussion qui suit la séance thérapeutique vise à transmettre l'excitation de la découverte. Une tendance à analyser et à interpréter l'expérience en termes cartésiens-newtoniens serait alors exceptionnelle. Une discussion philosophique qui revêt la forme d'une réflexion sur les implications de l'expérience pour la nature de la réalité, n'est pas rare.

Les riches spectres d'expériences caractérisant les différentes bandes de la conscience accessibles grâce à la thérapie psychédélique et grâce aux techniques empiriques font qu'il est utile de conduire une exploration systématique de soi dans l'esprit de la « philosophie bootstrap de la nature ». Nombre de systèmes théoriques servent à la conceptualisation de certaines expériences et à l'organisation des réflexions à leur sujet. Il est toutefois important de réaliser que ce ne sont que des modèles et non des descriptions précises de la réalité. Ils ne sont en outre applicables qu'à la phénoménologie de certains secteurs limités de l'expérience humaine et non à la psyché dans sa totalité. Il est par conséquent essentiel de procéder de manière éclectique pour chaque cas, plutôt que d'essayer d'intégrer tous les clients dans les limites conceptuelles de l'école psychothérapeutique à laquelle appartient le thérapeute.

La psychanalyse de Freud et la psychologie individuelle d'Adler semblent être les cadres les plus appropriés à la discussion des expériences se concentrant essentiellement sur des problèmes biographiques. Le thérapeute et le client auront intérêt à appliquer en les modifiant considérablement les cadres conceptuels de Rank et de Reich lorsque le processus aborde le niveau périnatal.

Seules la psychologie jungienne, la psychosynthèse d'Assagioli, et dans une certaine mesure la scientologie de Ron Hubbard fournissent des directives valables pour les expériences du niveau transpersonnel. La connaissance de la mythologie et celle des grandes religions s'avèrent d'une valeur inestimable dans le processus d'exploration de soi en profondeur puisque de nombreux clients expérimentent des séquences qui n'ont de signification que dans un contexte spirituel historique, géographique et culturel précis. Les expériences acquièrent parfois un sens par rapport à des systèmes tels que le gnosticisme, la kabbale, l'alchimie ou l'astrologie. Quoi qu'il en soit, nul système ne sera utilisé *a priori* comme un contexte exclusif pour guider le processus.

Toute psychothérapie qui se concentrerait exclusivement sur l'individu et qui le traiterait de manière isolée serait de peu de valeur, bien que la dynamique du processus intrapsychique soit d'une importance fondamentale. L'approche idéale envisage le client dans un contexte interpersonnel, culturel, socio-économique et politique large. Il importe d'analyser la situation du client d'un point de vue holistique et de considérer la relation existant entre sa dynamique intérieure et les éléments du monde extérieur. Je ne songe pas à nier que dans certains cas, les conditions environnementales, les pressions culturelles et politiques et un mode de vie malsain jouent un rôle important dans le développement des désordres émotionnels. De tels facteurs devraient être identifiés et traités si les circonstances le permettent. L'exploration de soi et la transformation de la personnalité devraient toutefois être le souci premier en tant qu'aspect critique et facilement accessible de tout programme thérapeutique.

7.2. *Techniques de psychothérapie et exploration de soi.*

L'objectif principal des techniques utilisées en psychothérapie est d'activer l'inconscient, de débloquer l'énergie emprisonnée dans des symptômes émotionnels et psychosomatiques et de convertir un équilibre énergétique stationnaire en un courant d'expérience. Cet équilibre est souvent si précaire qu'il n'est préservé qu'au prix d'un effort subjectif de la part du sujet. Un tel équilibre est dû, dans les états psychotiques, aux résistances résiduelles du client, à la peur des pressions et des mesures sociales, aux influences thérapeutiques et institutionnelles préventives et à l'action des tranquillisants. Il est plus difficile — y compris en ce qui concerne les dépressions, les désordres psychosomatiques et les états névrotiques — de supprimer les expériences émergentes que de les laisser venir à la surface. Il est donc inutile de recourir à des techniques puissantes pour amorcer le processus. Il suffit en général d'en fournir une compréhension nouvelle, d'établir une bonne relation et une atmosphère de confiance et de créer un environnemnt permissif dans lequel le client s'abandonnera totalement au processus. Pour favoriser une expérience thérapeutique profonde, il faut concentrer son attention sur les émotions et les sensations et avoir recours à quelques respirations profondes et à une musique évocatrice.

Utiliser des techniques spécifiques pour mobiliser l'énergie bloquée et transformer les symptômes en expériences est nécessaire lorsque les résistances sont fortes. Hormis les substances psychédéliques, le moyen le plus efficace pour y parvenir est de s'en remettre à des approches empiriques puissantes. Celles que je juge efficaces procèdent toutes selon la même stratégie de découvrement. Elles sont donc compatibles et utilisables selon des combinaisons et des modèles séquentiels divers.

J'ai élaboré la première de ces techniques de manière progressive durant ma recherche sur le LSD. Il s'agissait à l'origine d'une méthode visant à supprimer les problèmes résiduels qui persistaient après une séance psychédélique non résolue. Je l'utilise depuis dix ans en dehors du contexte psychédélique et je n'ai cessé d'être impressionné par son efficacité en tant qu'outil thérapeutique indépendant. Cette approche insiste sur la libération des énergies refoulées grâce à des manœuvres se concentrant sur les symptômes physiques considérés come des points de moindre résistance. Les psychothérapeutes traditionnels émettront des doutes sérieux quant à l'efficacité de cette technique en raison de l'importance qu'elle accorde à l'abréaction. La valeur de cette dernière a été remise en question dans la littérature psychiatrique hormis en ce qui concerne les névroses émotionnelles traumatisantes.

Le travail avec les substances psychédéliques et les nouvelles techniques empiriques a réhabilité dans une certaine mesure les principes de l'abréaction et de la catharsis en les rétablissant dans leur rôle d'aspects importants d'une psychothérapie. Mon expérience m'a enseigné que l'échec apparent de l'abréaction décrit dans la littérature psychiatrique était dû au fait que ce processus n'était pas poussé assez loin et qu'il n'était pas utilisé d'une manière systématique. On le limitait au niveau superficiel des traumas biographiques et on ne l'encourageait pas ou on ne lui permettait pas d'aller jusqu'aux extrêmes empiriques qui conduisent à une résolution complète. Au niveau périnatal, cela peut se traduire par une suffocation alarmante, une perte du contrôle de soi, des vomissements abondants et d'autres manifestations spectaculaires. Précisons en outre qu'une abréaction mécanique est sans utilité ; elle doit se présenter sous une forme spécifique liée à la nature du blocage énergétique et empirique.

La répétition mécanique de toutes les autres facettes n'apporte pas de résolution si le sujet évite systématiquement un aspect particulier du complexe empirique. Il est essentiel que la décharge émotionnelle et motrice soit vécue en relation avec le contenu inconscient correspondant. Ainsi, les approches abréactives qui ne donnent pas au client une liberté illimitée pour l'ensemble du spectre empirique ne doivent pas s'attendre à enregistrer des succès thérapeutiques spectaculaires. Il serait erroné de réduire la technique que je vais décrire à la seule abréaction, car elle implique bien d'autres éléments importants.

On invite tout d'abord la personne à s'étendre soit sur un divan confortable, soit sur une couverture posée sur le sol, puis à se concentrer sur sa respiration et sur les processus physiologiques et à abandonner autant que faire se peut toute analyse intellectuelle. Au fur et à mesure que la respiration devient plus profonde et plus rapide, il est conseillé de visualiser un nuage de lumière descendant dans l'organisme et envahissant tous les organes et toutes les cellules. Une courte période d'hyperventilation initiale et une concentration d'attention amplifieront les sensations et les émotions physiques préexistantes ou en induiront de nouvelles. Le travail empirique commence dès ce moment.

Le principe de base consiste à encourager le client à s'abandonner aux sensations et aux émotions émergentes et à trouver des moyens d'expression appropriés — des sons, des mouvements, des positions, des grimaces ou des tremblements — sans les juger ni les analyser. L'assistant offrira son aide au client au moment voulu. Une personne se charge du travail d'assistance bien que dans l'idéal il devrait être assumé par un homme et une femme. Le client décrira avec un minimum de mots l'action de l'énergie dans son corps : la situation des blocages, les charges excessives dans certaines régions, les pressions, les douleurs ou les crampes. Il communiquera également la qualité des émotions et des diverses sensations physiologiques, telles que : angoisse, sentiment de culpabilité, colère, suffocation, nausée ou pression dans la vessie.

Les assistants ont pour fonction de suivre le flux d'énergie, d'amplifier les processus et les sensations et d'encourager leur pleine expérience et expression. Ils intensifient la pression ressentie par le client dans des régions précises en y posant leurs mains. De même, diverses douleurs musculaires seront amplifiées par un massage en profondeur, allant parfois jusqu'au Rolfing. Les assistants offrent une résistance si le client éprouve le sentiment de pousser quelque « chose ». Ils encouragent par la pression ou le massage les sensations de suffocation et de toux jusqu'à provoquer un vomissement ou une décharge de mucosité. Les sensations de suffocation et de strangulation, qui sont courantes en thérapie empirique, seront surmontées en demandant au client de tordre une serviette tout en projetant ses sensations dans ses mains et dans le mouvement de torsion du tissu. Produire une pression sur certains endroits durs près de la gorge est également possible, tels que la mâchoire inférieure, les muscles scalènes ou sur la clavicule. Il est cependant hors de question d'appliquer une pression directe sur le larynx, et ce pour des raisons évidentes.

On recourt de manière éclectique à divers exercices et manœuvres bio-énergétiques, ou à des éléments du Rolfing et du massage polaire pour travailler sur certaines régions de blocage. Le principe fondamental consiste à soutenir le processus existant plutôt qu'à imposer un schème extérieur reflétant une théorie particulière ou les idées des assistants. Cette technique laisse dans une certaine mesure une place importante à l'improvisation. Elle sera très spécifique si les assistants connaissent la nature et le contenu de l'expérience qui se déroule. Leur intervention reflétera des détails très concrets du thème impliqué. Selon les cas, ils simuleront un processus particulier de naissance, ils offriront un contact physique rassurant durant la reviviscence d'une situation symbiotique primaire avec la mère, ou ils augmenteront par une pression des doigts la douleur ressentie dans le cadre d'une séquence d'incarnation passée impliquant une blessure due à un sabre, à une lance ou à une dague.

Pour être idéal, le comportement des assistants suivra de manière sensible la nature de l'expérience. Il reflétera la trajectoire intrinsèque du processus vécu par le client plutôt que leurs conceptions et leurs convictions thérapeutiques. Les individus ayant participé à une telle thérapie à un niveau quelconque la comparent souvent à une délivrance biologique. Le processus se déroule de manière élémentaire ; il a sa trajectoire propre et sa sagesse intrinsèque. Le rôle de l'assistant, comme celui de l'obstétricien, est d'éloigner les obstacles et non d'imposer sa vision alternative au processus naturel, sauf si cela s'avère absolument nécessaire.

On précise donc d'emblée au client qu'il s'agit de son processus personnel et que les assistants ne sont là que pour lui apporter leur soutien. Une assistance est toujours offerte au client mais elle ne lui est jamais imposée. Durant chaque phase du processus, le client a la possibilité d'interrompre toute intervention extérieure au moyen d'un signal spécifique convenu d'avance. Nous utilisons le mot « stop » qui est considéré comme un message impératif enjoignant aux assistants d'arrêter toute activité. Toutes les autres réactions du sujet sont ignorées et considérées comme faisant partie de l'expérience. Des déclarations telles que : « vous me tuez, vous me faites mal, ne faites pas cela », à moins d'être accompagnées du signal « stop », sont envisagées comme des réactions par rapport aux protagonistes symboliques, qu'il s'agisse de figures parentales, d'entités archétypes ou d'individus appartenant à une séquence d'une incarnation passée.

Ce travail requiert une considération des principes éthiques et les assistants doivent en toute circonstance respecter la tolérance physiologique et psychologique du sujet. Seul le discernement décide de ce qui représente une quantité raisonnable de pression ou de douleur. Ces sensations concernant le trauma original, le client les ressent comme étant plus intenses qu'elles ne le sont en réalité. Ceci étant posé, il n'en est pas moins vrai que le client demandera souvent aux assistants d'augmenter l'inconfort au-delà du seuil qu'eux jugent supportable. Cette démarche reflète le fait que la douleur originale dépassait celle imposée extérieurement et que le client éprouve le sentiment que pour compléter sa gestalt, il doit expérimenter dans toute leur étendue les émotions et les sensations du thème émergent.

Les assistants sont attentifs au mouvement de l'énergie et favorisent l'expérience et l'expression totale de tout ce qui advient au sujet jusqu'à ce que celui-ci atteigne un état libre de tension et agréable. A ce moment, un contact physique serait approprié, en particulier si les expériences impliquent des souvenirs de la prime enfance. Il convient d'accorder un laps de temps suffisant au sujet pour qu'il intègre l'expérience et qu'il retrouve sa conscience quotidienne. Cette phase dure entre une demi-heure et une heure et demie. La règle veut qu'on traite les sensations et les émotions qui sont d'un accès facile sans imposer la moindre manœuvre lorsque l'achèvement total de la gestalt a failli. Le travail reprendra dès que les tensions auront à nouveau atteint une intensité suffisante ; ce peut être une question d'heures ou de jours. On conseille au client de rester en contact avec les canaux empiriques afin qu'il soit possible de reprendre le contrôle des émotions et des sensations émergentes.

Cette technique est très efficace pour apporter un soulagement rapide dans les cas de détresse émotionnelle et psychosomatique. J'ai souvent observé des individus dont l'état émotionnel aurait justifié une hospitalisation du point de vue psychiatrique conventionnel, mais qui atteignaient en une heure ou deux non seulement un soulagement symptomatique mais encore un état de bien-être voire d'extase. Le potentiel de cette approche est si frappant que je n'envisagerai jamais une hospitalisation ou une thérapie par tranquillisants avant de l'avoir essayée. Les bienfaits sont en outre durables. Poursuivie sur une base systématique, elle devient un outil très puissant d'exploration de soi et de thérapie.

Les individus qui participent à cette thérapie prennent conscience du fait qu'ils peuvent s'aider eux-mêmes et qu'ils sont d'ailleurs seuls à le pouvoir. Une seule séance empirique suffit parfois pour qu'ils identifient les origines et les causes de leurs problèmes et pour qu'ils comprennent ce qu'il convient de faire pour les résoudre.

Ce processus sera intensifié et approfondi grâce à la musique stéréophonique haute-fidélité sélectionnée et combinée d'une manière particulière. Les principes de l'utilisation des impulsions acoustiques pour l'expansion de la conscience ont été mis au point par Helen Bonny, qui fut membre de l'équipe du *Maryland Psychiatric Research Center* de Catonsville, Maryland, où elle participa à la recherche psychédélique en tant que thérapeute musical. Elle créa une technique dénommée *Imagerie Guidée par la Musique* (IGM).

La musique utilisée à l'issue d'une préparation spéciale et d'une manière introspective évoque des expériences puissantes et facilite une libération émotionnelle et psychosomatique profonde. Elle fournit une structure dynamique à l'expérience et crée une onde porteuse qui aide le sujet à traverser les séquences et les impasses difficiles, à surmonter les défenses psychologiques et à s'abandonner au flux de l'expérience. De plus, la musique facilite l'émergence de contenus spécifiques, tels que l'agressivité, les sentiments sensuels ou sexuels, la douleur émotionnelle ou physique, le ravissement extatique, l'expansion cosmique, ou une atmosphère océanique de ventre maternel.

La thérapie musicale exige que le sujet abandonne la manière occidentale d'écouter la musique. Le client est invité à s'étendre sur le sol ou sur un divan et à s'ouvrir totalement au flux de la musique. Il doit la laisser résonner dans tout son être et s'autoriser à réagir de manière instinctive : pleurer, rire, émettre des sons, faire des mouvements du bassin, se tendre, se contorsionner, ou être la proie de tremblements ou de convulsions violentes.

Ainsi utilisée, la musique devient un moyen très puissant de produire des états inhabituels de conscience. Pour ce faire, il importe que la musique soit d'une grande qualité technique et que le volume soit suffisant pour avoir un effet moteur sur les auditeurs. La règle fondamentale consiste à respecter la dynamique intrinsèque de l'expérience et à sélectionner les morceaux en conséquence plutôt que d'essayer d'influencer la situation par un choix spécifique de musique.

Une autre technique puissante pour l'exploration de soi et la guérison utilise l'effet de la respiration sur l'inconscient. Elle se fonde sur des principes différents de ceux de la technique de l'abréaction décrite précédemment. Ces deux techniques sont compatibles et complémentaires en dépit de leurs différences. Cette approche fut développée dans le cadre du travail thérapeutique avec des patients relevant de la psychiatrie. Elle permet cependant à l'individu de pénétrer le domaine transpersonnel.

La méthode que je vais maintenant décrire est en revanche une procédure spirituelle de par sa nature même. Elle a le pouvoir d'ouvrir, en un temps très court, le domaine empirique transcendantal. De nombreux individus engagés dans ce processus d'ouverture spirituelle affrontent diverses régions traumatisantes de nature biographique et expérimentent une rencontre avec la naissance et la mort. La guérison et la transformation de la personnalité sont en quelque sorte les effets secondaires de ce processus. Diverses procédures utilisant des exercices de respiration ont joué un rôle essentiel dans certaines pratiques de l'Inde antique et dans d'autres traditions spirituelles. Cette approche fut redécouverte par Léonard Orr et une de ses variantes est actuellement utilisée dans le cadre de ses programmes de « re-naissance ».

Cette technique se fonde sur une respiration intense et sur une orientation introspective. Le client est invité à s'étendre, les yeux fermés, à se concentrer sur sa respiration et à maintenir un rythme respiratoire plus rapide et plus efficace qu'à l'habitude. L'abréaction et les manipulations extérieures sont explicitement découragées dans ce contexte. Après un intervalle qui varie d'un individu à l'autre, mais qui se situe entre quarante-cinq minutes et une heure, les tensions tendent à se rassembler en un mode stéréotype d'armure musculaire et sont en définitive libérées grâce à l'hyperventilation. Les bandes de contraction intense qui se développent correspondent approximativement aux niveaux où le système indien de yoga Kundalini situe les centres d'énergie psychique, ou chakras. Elles se présentent sous la forme d'une ceinture de pression ou de douleur intenses dans le front ou les yeux, de constrictions de la gorge s'accompagnant de tension et d'étranges sensations autour de la bouche et de blocage des mâchoires et d'oppression dans la poitrine, le nombril et le bas de l'abdomen. En outre, les bras et les mains, ainsi que les jambes et les pieds sont le siège de contractions caractéristiques, parfois douloureuses. Les sujets ne manifestent pas, en général, l'ensemble de ce portrait clinique.

Dans le cadre du modèle médical, cette réaction à l'hyperventilation — en particulier les contractions des mains et des pieds — a été considérée comme une réaction physiologique obligatoire à une respiration rapide et intense et a été qualifiée de « syndrome d'hyperventilation ». Il s'agit d'un « signal d'alarme » qui est traité au moyen de tranquillisants, d'injections de calcium, et d'un sac en papier posé sur le visage lorsque ce phénomène se manifeste accidentellement chez des patients névrotiques et surtout chez des personnes hystériques. Les bénéfices de l'hyperventilation pour l'exploration de soi et la thérapie prouvent que cette vision est erronée. En poursuivant la respiration, les bandes de constriction, ainsi que les contractions des mains et des pieds tendent à se relâcher plutôt qu'à s'accroître et l'individu atteint finalement un état de grande sérénité associé à des visions de lumières et à des sentiments d'amour.

L'issue finale est souvent un état mystique profond pouvant avoir une signification bénéfique et personnelle pour le sujet. On constate avec ironie que l'approche psychiatrique des épisodes d'hyperventilation spontanée interfère avec une réaction potentiellement thérapeutique des patients névrotiques. Mentionnons à cet égard les individus dont la Kundalini est activée spontanément ou par un shaktipat : transmission directe d'énergie par un maître spirituel. Dans le yoga Kundalini et dans le yoga Siddha, ces épisodes d'hyperventilation et les *kriyas* (manifestations motrices et émotionnelles) qui les accompagnent sont considérés comme un processus purgatif et curatif, contrairement à ce qu'imagine la psychiatrie contemporaine.

Imaginer une augmentation de pression à chaque inhalation et sa libération à chaque expiration est une attitude mentale utile durant l'hyperventilation. L'individu connaîtra toute une série d'expériences puissantes : reviviscence d'événements biographiques de l'enfance ou de la vie ultérieure du patient, confrontation à divers aspects du souvenir de la naissance biologique, et souvent divers phénomènes du spectre des expériences transpersonnelles. Dans le cadre de l'intégration holonomique, l'effet déjà puissant de l'hyperventilation est encore accru par l'emploi de la musique évocatrice.

L'efficacité de cette technique sera augmentée si on l'utilise dans un travail de groupe. Chaque participant étant tour à tour l'assistant et le sujet. Les expériences vécues sont alors très profondes et significatives. Elles tendent en outre à créer une atmosphère qui favorise les réactions en chaîne. Un individu sur trois atteindra, dans ces circonstances, des états transpersonnels de conscience dès la première heure de la première séance. Parmi les expériences souvent rapportées, citons : le expériences embryonnaires ou celles de la conception ; les expériences collectives ou raciales ; les expériences ancestrales ou les identifications animales ; les expériences d'incarnations passées ; les expériences archétypes ; les expériences de rencontre avec diverses déités et séquences mythologiques complexes. Le spectre des expériences disponibles pour un participant moyen comprend : les expériences hors du corps, les projections astrales, des éclairs télépathiques, etc.

De nombreux sujets se retrouvent grâce à cette approche, dans un état détendu de nature spirituelle, ou présentant tout au moins des caractéristiques mystiques. La respiration profonde déclenche dans certains cas des éléments d'abréaction, tels que des cris, un sentiment de suffocation ou une toux ; ceci vaut en particulier pour les personnes ayant participé à des thérapies abréactives, telles que le traitement primal ou quelque approche néo-reichienne. Il importe de laisser passer la réponse abréactive et de faire revenir l'individu à une respiration contrôlée dès que possible. L'hyperventilation active parfois une séquence empirique, sans la mener à une résolution. Appliquer l'approche abréactive pour compléter la gestalt constitue une démarche judicieuse dans ce cas. Selon mon expérience, la méthode d'intégration holonomique possède une plus grande efficacité que toutes les autres techniques existantes ne recourant pas à la drogue ; elle mérite donc une place de choix dans l'arsenal psychiatrique.

Une autre technique mérite d'être mentionnée dans ce contexte : le tracé d'un mandala. Sa valeur est plus limitée en tant qu'outil thérapeutique indépendant, mais elle est extrêmement utile si on l'associe à diverses approches empiriques. Elle fut développée par Joan Kellogg, psychologue et thérapeute artistique de Baltimore. Elle fut en outre utilisée avec succès dans le cadre de la thérapie psychédélique au *Maryland Psychiatric Research Center*. On remet au sujet des crayons de couleur ou des feutres et une grande feuille de papier sur laquelle on a tracé un cercle. On lui demande alors de remplir le cercle comme il l'entend. Ce peut être une simple juxtaposition de couleurs, un dessin composé de figures géométriques ou un tableau figuratif complexe.

Le « mandala » qui en résulte est ensuite soumis à une analyse formelle suivant les critères mis au point par Joan Kellogg sur la base de son travail avec des groupes importants de patients relevant de la psychiatrie. En tant qu'outil unique, il sert à faciliter l'interaction et le partage d'expériences au sein de petits groupes. Certains mandalas servent en outre à un travail empirique ultérieur utilisant la pratique gestalt, la danse expressive ou d'autres techniques. Les participants à nos ateliers et à nos séminaires de quatre semaines ont pris l'habitude de tenir un « carnet de mandala » illustrant de manière continue le processus d'exploration de soi.

Nous utilisons dans notre travail un processus de tracé de mandala en trois phases. Il se pratique avec des groupes de six à huit personnes qui dessinent dans un petit cercle les mandalas reflétant les expériences qu'elles ont vécues pendant la séance. Chacune choisit ensuite un mandala réalisé par un autre membre du groupe.

La deuxième étape est la discussion du mandala par la personne qui l'a choisi sur base de la forte réaction émotionnelle — positive ou négative — qu'il provoquait chez elle. Les autres membres du groupe ajoutent alors leurs commentaires personnels. La troisième phase est le récit par l'auteur de l'expérience qu'il a exprimée dans son mandala et son interprétation de ce dernier. Le thérapeute doit avoir conscience du fait que dans leurs commentaires les participants mêlent inextricablement leurs projections personnelles et ce qui pourrait être des visions précises et valables dans les processus mentaux de l'auteur.

L'objectif de cet exercice n'est pas d'arriver à une évaluation « objective » et diagnostique mais de favoriser le processus personnel de tous les participants. Le travail mandala représente un catalyseur unique d'exploration de soi et d'interaction interpersonnelle lorsqu'il est abordé de cette manière.

Le jeu thérapeutique avec le sable mis au point par la psychologue suisse Dora Kalff, ex-disciple de Carl Gustav Jung, est une autre méthode de découvrement puissante. Le client qui opte pour cette forme de thérapie a à sa disposition une boîte pleine de sable et plusieurs milliers de figurines et d'objets représentant des personnages, des animaux, des arbres et des maisons de régions différentes. Sa tâche consiste à créer une scène symbolique individuelle : donner au sable la forme de montagnes, de vallées ou de plaines, dégager le fond bleu clair de la boîte pour créer les fleuves, les lacs et les étangs et compléter la scène en y disposant les figurines et les objets selon son propre gré. Il est difficile d'imaginer le pouvoir unique que cette technique possède pour mobiliser la dynamique archétype de la psyché à moins de l'avoir essayée soi-même. La nature transpersonnelle du processus est illustrée par le fait qu'il tend à créer un champ empirique qui favorise la manifestation de synchronicités extraordinaires. Grâce à ce travail avec le sable, un matériau inconscient profond est extériorisé et concrétisé à un point tel qu'il peut être pleinement expérimenté, analysé et intégré. Une série de séances de jeu avec le sable permettent de développer les thèmes évoqués en détails, de résoudre les conflits sous-jacents et de simplifier sa dynamique inconsciente.

Il existe encore bien d'autres approches qui sont compatibles et complémentaires par rapport à celles décrites ci-dessus. A l'encontre des techniques traditionnelles de psychothérapie, l'intégration holonomique accorde beaucoup d'attention aux aspects psychosomatiques de l'exploration de soi. L'expérimentation de techniques telles que le massage d'Esalen ou le massage polaire, le tai chi, l'aïkido ou diverses formes de thérapie par la danse sont des contributions estimables. Un autre complément utile est l'exercice physique, en particulier : la marche, le jogging, la natation ou plus simplement le jardinage. L'intégration de toutes les approches orientées vers le corps en un programme global de transformation de la personnalité nécessite toutefois une attention introspective cohérente et un cadre conceptuel vaste acceptant l'ensemble du spectre d'expériences susceptibles de se manifester dans le cadre de procédures qui sont en apparence strictement physiques.

La pratique gestalt mérite une mention spéciale, ses principes de base étant très semblables à ceux que nous venons de décrire. Le travail gestalt est un complément adapté à la technique d'intégration holonomique. Les autres approches de découvrement qui sont compatibles et utiles dans ce contexte sont la psychosynthèse de Roberto Assagioli, et l'Imagerie Affective Guidée (IAG) de Hans Carl Leuner.

Signalons également que diverses techniques de méditation et d'autres formes de pratique spirituelle ne sont pas en conflit avec l'approche générale que je décris. Dès qu'un système psychothérapeutique reconnaît les niveaux périnatal et transpersonnel de la psyché, il a franchi le fossé qui sépare la psychologie du mysticisme. J'ai observé dans des cadres aussi différents que l'Umbanda brésilien, les rituels de la *Native American Church,* les cérémonies des Indiens mexicains Huichol et Mazatec, et les séminaires de week-end du défunt maître du yoga Siddha, Swami Muktananda, que les événements essentiellement spirituels et religieux pouvaient avoir un impact curatif puissant et être aisément intégrés dans l'exploration de soi en profondeur.

En outre, l'astrologie des transits, une discipline rejetée et tournée en dérision par la science newtonienne-cartésienne, s'avère d'une valeur inhabituelle en tant que source d'informations sur le développement et la transformation de la personnalité. Une longue discussion s'imposerait pour expliquer pourquoi et comment l'astrologie fonctionne comme un système de références remarquable. Cette possibilité est absurde du point de vue de la science mécaniste qui traite la conscience comme un épiphénomène de la matière. La fonction de l'astrologie apparaîtrait toutefois logique et compréhensible pour une approche qui considérerait la conscience comme un élément essentiel de l'univers, mêlé au tissu même de l'existence et qui reconnaîtrait que les structures archétypes précèdent et déterminent les phénomènes du monde matériel.

Défendre une telle diversité d'approches traduit *a priori* un anarchisme thérapeutique. Un nombre croissant d'individus dans le mouvement du Potentiel Humain passent d'une thérapie à l'autre et n'en suivent aucune assez longtemps pour en retirer le moindre bénéfice. Ces personnes sont à citer en exemple d'un éclectisme thérapeutique. L'aspect négatif de ces « instabilités » n'est pas dû au fait d'expérimenter diverses approches, mais à l'incapacité de les considérer comme des éléments partiels ou comme des étapes du processus d'exploration de soi. Ce qui est malsain, c'est l'espérance irréaliste et la déception qui en résulte. Ces errances peuvent s'avérer utiles et synergétiques si le client considère la vie comme une aventure permanente d'exploration de soi et de quête de la connaissance. Il importe toutefois que les résultats soient intégrés par une seule personne dans un vaste cadre conceptuel pour favoriser le processus de synthèse générale.

J'aimerais pour illustrer ce point mentionner les observations des programmes éducatifs empiriques de quatre semaines que ma femme Christina et moi-même avons coordonnés et conduits à l'Institut d'Esalen à Big Sur. J'ai conçu l'idée de ces séminaires il y a une dizaine d'années pour donner l'occasion aux professionnels et aux étudiants de diverses parties des Etats-Unis et d'autres pays d'entrer en contact avec toute une série de leaders, de concepts et de techniques humanistes et transpersonnels en un laps de temps très court. Ces ateliers combinent une démarche didactique, des exercices empiriques, un traitement de groupe, un travail sur le corps, une expérimentation de divers outils altérant l'esprit, des projections de diapositives et de films évocateurs. Chaque séminaire traite un sujet différent lié à l'étude moderne de la conscience, à la révolution psychothérapeutique et au changement de paradigme en science. Voici quelques titres qui préciseront l'orientation générale de ces ateliers : la schizophrénie et l'esprit visionnaire ; médecine holistique et pratiques de guérison ; cartes de l'inconscient humain ; énergie : physique, émotionnelle et spirituelle ; futurs alternatifs ; frontières de la science ; intelligence paranormale ; quête mystique ; évolution de la conscience ; perspectives sur la recherche de l'espace intérieur et extérieur.

Les participants ont été exposés de manière inattendue à des conférences visant à élargir et à étendre leurs horizons conceptuels ; à des projections de diapositives et de films évocateurs, à une intégration holonomique et à d'autres techniques empiriques puissantes, à un travail intense sur le corps, à un traitement de groupe, et à des rituels aborigènes conduits par des chamans invités. Précisons que le cadre et les circonstances étaient idéals. Les participants étaient des scientifiques tels que : Gregory Bateson, Joseph Campbell, Fritjof Capra, Michael Harner, Jean Houston, Stanley Krippner, Ralph Metzner, Ajit Mookerjee, Karl Pribram, Rupert Sheldrake, Huston Smith, Russel Targ, Charles Tart et Gordon Wasson ; et des leaders du Potentiel Humain tels que John Heider, Michael Murphy, Richard Price et Will Schutz ; des médiums célèbres, des maîtres spirituels occidentaux et orientaux ainsi que des chamans d'Amérique du Nord et du Mexique.

Cette forme de séminaire, qui était conçue à l'origine comme un outil éducatif innovateur, s'avéra être l'instrument le plus puissant de transformation de la personnalité qu'il m'ait jamais été donné d'expérimenter, en dehors des séances psychédéliques. Dans un travail systématique avec une technique particulière, les participants ne tardent pas à apprendre son langage et son code. Ils parviennent après quelque temps à jouer le jeu en respectant leurs propres règles et ils traversent le processus essentiellement inchangés. Dans nos ateliers, les individus sont soudain influencés de diverses manières et selon des angles inattendus dans un cadre qui encourage explicitement l'expérience profonde et l'exploration de soi.

De puissants processus transformateurs tendent en de telles

circonstances à se manifester à toute heure du jour et de la nuit. Cet engagement à plein temps dans l'exploration de soi pendant un laps de temps déterminé est supérieur aux consultations psychothérapeutiques externes. Ces dernières ont peu de chance de coïncider avec les moments où les défenses sont faibles et leur courte durée les prive d'une signification appréciable. Les diverses approches décrites dans ce chapitre ont été systématiquement utilisées au cours de ces séminaires. Les lettres des anciens participants indiquent qu'une expérience de quatre semaines provoque un processus profond de transformation et une influence durable sur la vie de l'individu concerné.

7.3. *Objectifs et résultats de la psychothérapie.*

La définition traditionnelle de la santé mentale impliquait comme postulat fondamental un accord perceptuel, émotionnel et cognitif avec la représentation newtonienne-cartésienne du monde qui était considérée non seulement comme un cadre de référence pragmatique important, mais encore comme la seule description correcte de la réalité.

Une validation consensuelle des données concernant la réalité par des personnes saines d'esprit est un autre critère. Ainsi, si les données acceptées par deux ou plusieurs individus présentent un écart majeur par rapport à la représentation conventionnelle de la réalité, cette perception partagée sera toujours décrite en termes pathologiques, tels que *folie à deux, folie à famille* *, superstition, hallucination collective, etc. Les distorsions individuelles mineures de la perception de soi ou des autres seront qualifiées de névroses si elle ne remettent pas sérieusemnt en question les postulats newtoniens-cartésiens essentiels. Les déviations substantielles et critiques seraient, elles, qualifiées de psychoses.

La santé mentale est définie comme étant l'absence de psychopathologie ou de « maladie » psychiatrique ; elle n'implique pas la jouissance et l'appréciation du processus de vie. Un individu menant une vie aliénée, malheureuse, désordonnée, dominée par un besoin de puissance excessif, de compétitivité exacerbée et par une ambition insatiable pourrait donc être considéré comme sain d'esprit pour autant qu'il ne souffre pas de symptômes cliniques manifestes. Nous avons vu en outre que certains auteurs incluent dans leurs critères de santé mentale des éléments

* En français dans le texte. (N.d.T.)

tels que la fluctuation des revenus, la modification du statut professionnel et social, etc.

Les observations de l'étude moderne de la conscience indiquent le besoin urgent d'une révision radicale des approches évoquées. Une nouvelle définition de la santé mentale comprendrait des éléments tels que la reconnaissance et la maturation des deux aspects complémentaires de la nature humaine : l'existence en tant qu'entité matérielle séparée et en tant que champ de conscience illimité. Selon le concept des deux modes de conscience (hylotropique et holotropique), une personne « mentalement saine » qui fonctionne exclusivement sur le mode hylotropique, même si elle ne manifeste aucun symptôme clinique, est coupée d'un aspect vital de sa nature et ne mène pas une vie équilibrée et harmonieuse. Cet individu a une conception linéaire de l'existence dominée par des programmes de survie et considère la vie en fonction de priorités exclusives : moi, mes enfants, ma famille, mon entreprise, ma religion, ma patrie, ma race. Il est incapable d'envisager les « choses » dans un contexte holistique.

La vie quotidienne ne lui procure aucune satisfaction. Seuls les projets compliqués qu'il échafaude sans cesse le soutiennent. Cette approche de la vie engendre une incapacité à jouir de ce qui est disponible et une conscience douloureuse de ce qui fait défaut. Une telle stratégie de vie se manifeste chez des personnes ayant un esprit concret. Ces individus sont donc d'éternels insatisfaits et aucune possession, aucun succès ne leur apporteront jamais l'épanouissement.

Les caractéristiques typiques de cette manière d'être sont le souci du passé et de l'avenir, une conscience limitée du moment présent et un intérêt exclusif pour la manipulation du monde extérieur associé à une aliénation par rapport au processus psychologique intérieur, une conscience douloureuse du peu de temps dont dispose l'homme pour mener à bien tous ses projets, un besoin excessif de contrôle, une incapacité à tolérer l'impermanence de la vie, le processus de vieillissement et une peur viscérale de la mort.

En projetant ce mode empirique à une échelle sociale, on obtient une concentration sur des indices extérieurs et des paramètres objectifs en tant qu'indicateurs du standard de vie et du bien-être. On mesure volontiers la qualité de la vie par rapport aux biens matériels, plutôt que par rapport à la nature de l'expérience de vie et que par rapport à un sentiment subjectif de satisfaction. Qui plus est, cette philosophie a force de vérité. Ne pas comprendre l'absurdité de cette approche est sidérant. Ses caractéristiques — souci à court terme d'une croissance illimitée, orientation égoïste et compétitive, mépris des modes cycliques et des interdépendances holistiques dans la nature — créent une trajectoire fatale où l'holocauste nucléaire et le désastre écologique sont les aboutissements logiques de l'avenir de la planète.

L'individu, qui fonctionne dans le mode de conscience holotropique, est incapable de considérer le monde matériel comme un cadre de référence obligatoire et tout-puissant. La réalité pragmatique de la vie quotidienne et le monde matériel tiennent de l'illusion. L'incapacité à s'identifier au moi corporel et à vivre en tant qu'entité séparée du réseau cosmique conduit à négliger les règles fondamentales de l'existence. La perte des limites individuelles, des coordonnées spatiales et temporelles et d'une appréciation valable de la réalité représentent une menace grave à la survie. L'unité sous-jacente de toute existence qui transcende le temps et l'espace est la seule réalité. Tout est parfait ainsi ; il n'y a rien à faire et nulle part où aller. Les besoins quels qu'ils soient sont inexistants ou totalement satisfaits. Un individu engagé dans le mode empirique holotropique doit être aidé par d'autres personnes qui prennent en charge ses besoins fondamentaux. Mentionnons à titre d'illustrations les nombreuses histoires de disciples s'occupant de leurs maîtres durant leur expérience samadhi ou satori.

Revenons, après cette introduction, au problème de la santé mentale. Nous disposons, contrairement à la psychiatrie traditionnelle avec sa dichotomie simpliste santé mentale / maladie mentale, de nombreuses alternatives à prendre en considération. La première étape consiste à exclure les maladies organiques susceptibles d'être les causes ou les détonateurs de désordres émotionnels. Si l'examen physique décèle une maladie dans le sens médical du terme, telle qu'une inflammation, une tumeur ou un trouble circulatoire du cerveau, une urémie, un déséquilibre hormonal grave, etc., le patient recevra un traitement médical spécifique.

Dans le contexte du cadre conceptuel présenté dans ce livre, un individu fonctionnant exclusivement sur le mode hylotropique pourrait au mieux être qualifié de « relativement sain d'esprit », même s'il ne présente aucun symptôme psychopathologique manifeste dans le sens conventionnel du terme. La forme extrême de ce mode de conscience, associée à une attitude matérialiste et athée à l'égard de l'existence, implique la répression des aspects vitaux et nourriciers de l'être et est en définitive insatisfaisante, destructrice et auto-destructrice.

L'expérience de la conscience holotropique devrait être considérée comme une manifestation d'un potentiel intrinsèque à la nature humaine et non comme une psychopathologie. Sa forme pure renferme un potentiel valable en tant que phase transitoire à laquelle succède une bonne intégration : elle est toutefois irréconciliable avec les exigences de la réalité quotidienne. Sa valeur dépend donc de la situation, de la manière dont le sujet l'aborde et de sa capacité à l'intégrer.

Ces deux modes interagissent selon des manières qui perturbent l'existence quotidienne ou au contraire se fondent harmonieusement pour enrichir l'expérience de la vie. Les phénomènes névrotiques et psychotiques résultent d'un conflit non résolu entre ces deux modes ; ils représentent des compromis. Leurs divers aspects — perceptuel, émotionnel, idéationnel et psychosomatique — sont parties intégrantes de la gestalt holotropique qui cherche à émerger.

Le sujet en a conscience dès que le thème sous-tendant les symptômes est expérimenté et intégré. L'élément intrus appartient parfois à une expérience d'un autre contexte temporel, tel que l'enfance, un trauma biologique, l'existence intra-utérine, l'histoire ancestrale ou évolutive ou une incarnation précédente. Il implique en d'autres circonstances la transcendance des barrières spatiales habituelles et prend la forme d'une identification consciente à d'autres personnes, à diverses formes animales ou végétales, à des matériaux ou encore à des processus inorganiques.

Le phénomène émergent est parfois étranger au monde phénoménal et aux coordonnées temporelles et géographiques habituelles ; il représente alors divers produits transitoires caractéristiques des niveaux de réalité se situant entre la conscience cosmique indifférente et l'existence séparée des formes matérielles individuelles. Les rencontres vivaces ou l'identification totale avec des entités archétypes au sens jungien, ou la participation à des séquences mythologiques spectaculaires appartenant à cette catégorie de phénomènes.

La résolution des symptômes exige un passage empirique total dans le thème holotropique correspondant ; elle nécessite un contexte spécial avec un support thérapeutique inconditionné aussi longtemps que dure l'expérience inhabituelle. Le sujet retrouve automatiquement une conscience quotidienne lorsque ce processus est terminé. L'expérience totale du monde holotropique soulagera ou éliminera les symptômes, mais son engagement philosophique vis-à-vis du mode hylotropique deviendra plus lâche. Si la gestalt sous-jacente concerne une expérience périnatale ou transpersonnelle, elle induira un processus d'ouverture spirituelle.

Cette nouvelle approche du problème des désordres émotionnels psychogéniques abandonne la pratique consistant à étiqueter les individus en fonction du contenu de leur expérience. Cette tendance est due à la faculté avec laquelle nombre d'expériences considérées comme psychotiques peuvent être produites chez des individus choisis au hasard.

Il est évident que la manifestation spontanée de ces phénomènes est plus fréquente que ne l'imaginait la psychiatrie traditionnelle, qui a dissuadé bien des individus de confier — fût-ce à leurs amis ou à leurs proches — qu'ils avaient des expériences périnatales ou transpersonnelles. La psychiatrie, avec son approche répressive et irréaliste, a donc créé une image très déformée de la nature de l'expérience humaine.

Une fusion harmonieuse des deux modes ne déforme pas la réalité extérieure ; elle lui confère une saveur mystique. La personne engagée dans un tel processus est capable de répondre au monde comme s'il s'agissait d'un ensemble d'objets concrets et solides, mais elle ne considère pas que cette notion pragmatique soit la vérité ultime de la réalité. Elle expérimente bien d'autres dimensions supplémentaires opérant « en coulisses » et est sur un plan philosophique tout-à-fait consciente des diverses alternatives à la réalité ordinaire. Cette situation intervient lorsque l'individu est en contact avec les aspects holonomiques de la réalité mais qu'aucune gestalt holotropique ne lui dispute le champ empirique.

Le concept de la « santé mentale supérieure » est réservé aux individus qui ont atteint un équilibre entre ces deux modes de conscience complémentaires. Ils se sentent à l'aise avec l'un comme avec l'autre, ils les reconnaissent pour ce qu'ils sont, et ils les utilisent en fonction des circonstances. Il est absolument nécessaire de transcender les dualismes, en particulier celui de la partie et du tout. Un tel individu appréhende la réalité quotidienne avec sérieux et assume ses responsabiiltés personnelles et sociales, mais il connaît la valeur relative de cette perspective. L'identification au moi et au corps est souple et délibérée et non pas inconditionnelle, absolue et obligatoire.

L'intégration équilibrée des deux aspects complémentaires de l'expérience humaine tend à être associée à une attitude affirmative à l'égard de l'existence — non pas le *statu quo* ou quelque aspect particulier de la vie, mais le processus cosmique dans sa totalité. La capacité de jouir des aspects simples et ordinaires de la vie quotidienne, tels que des éléments de la nature, des relations ou des activités humaines, mais aussi se nourrir, dormir, avoir des relations sexuelles, etc., fait partie d'un fonctionnement sain. Cette aptitude à apprécier la vie est élémentaire et organique ; elle est, en ces circonstances, indépendante des conditions de vie. Elle est parfois réduite à la joie d'exister ou à celle d'être conscient. Un individu, qui se trouve dans un tel état d'esprit, considérera comme un « luxe » toutes les facilités supplémentaires de la vie. En revanche, un individu qui ne possède pas cette harmonie empirique à l'égard de la vie ne pourra l'acquérir au moyen de succès extérieurs ou de possessions matérielles.

Une bonne intégration des modes hylotropique et holotropique permet d'être en contact avec les événements du monde matériel, mais également de les considérer comme des processus pour participer à la vie plutôt que comme des moyens d'atteindre des objectifs spécifiques. Le souci du moment présent efface la préoccupation pour le passé ou l'inquiétude à l'égard de l'avenir. La conscience de l'objectif est présente mais elle ne devient pas une obsession dominante tant que la tâche n'est pas accomplie. La célébration et la joie de la réussite constituent ensuite le contenu du moment présent.

L'attitude affirmative vis-à-vis de l'existence crée un « métacadre » qui permet d'intégrer de manière positive les aspects négatifs de la vie. L'attitude à l'égard de ce que la psychiatrie conventionnelle considère comme des symptômes de maladies mentales est plus importante que la présence ou l'absence de ces symptômes. Une attitude saine consiste à les appréhender comme des aspects intégraux du processus cosmique susceptibles de représenter une opportunité considérable de croissance personnelle et d'ouverture spirituelle. Ils fournissent une occasion de se libérer de l'hégémonie du mode de conscience hylotropique.

L'apparition de formes psychogéniques de psychopathologie indique que l'individu a atteint un point où la poursuite d'une existence unilatérale dans le monde hylotropique devient insupportable. Elle annonce l'émergence d'éléments holotropiques et reflète la résistance à leur encontre. La psychiatrie interfère donc avec un processus qui, encouragé et mené à son terme, conduit à une manière d'exister épanouissante.

La nouvelle définition de ce qui est normal et de ce qui est pathologique ne se fonde pas sur le contenu et sur la nature de l'expérience, mais sur la manière de l'appréhender dans le cadre d'un soutien véritable se fondant sur la compréhension du processus. Le critère le plus important serait alors la qualité de l'intégration de l'expérience dans la vie de l'individu. La grande contribution d'Abraham Maslow à la psychologie fut d'avoir démontré que certaines expériences mystiques ou « paroxystiques » ne doivent pas être considérées comme pathologiques et peuvent être abordées dans un contexte positif. Cette notion peut être élargie à tous les phénomènes périnatals et transpersonnels.

Il est toutefois absolument essentiel de créer à cette fin des circonstances et des milieux spéciaux pour confronter de telles expériences, où les conditions et l'ensemble des règles diffèrent de ceux de la réalité quotidienne. Une confrontation totale avec le matériau émergent dans un cadre et des circonstances appropriés libérera le sujet de l'angoisse née du conflit entre ces deux modes empiriques. L'application systématique de ce principe dans la vie et l'ouverture à un relation dialectique et harmonieuse entre les deux modes de conscience fondamentaux semble être un réquisit nécessaire à une bonne santé mentale.

EPILOGUE

Crise globale actuelle et évolution future de la conscience

L'importance des obseravtions de la psychothérapie LSD, des approches empiriques de l'exploration de soi et de diverses formes de pratique spirituelle dépasse les limites étroites de la psychiatrie, de la psychologie et de la psychothérapie. Nombre de réflexions nouvelles sont liées à des phénomènes qui s'avéreront essentiels pour l'avenir de la race humaine et de la vie sur cette planète. Ils impliquent une nouvelle compréhension des forces qui influencent l'histoire, qui contribuent à la dynamique des mouvements sociopolitiques et qui participent à des œuvres créatives de l'esprit humain en art, en philosophie et en science. Ce matériau éclaire également d'un jour nouveau certains chapitres obscurs de l'histoire des religions en favorisant une distinction nette entre mysticisme pur et spiritualité vraie d'une part et religions traditionnelles et églises institutionnalisées d'autre part.

Ces sujets sont d'une telle ampleur que pour les traiter il conviendrait de leur consacrer un volume entier. J'aimerais toutefois présenter dans le cadre de cet ouvrage un aperçu général des nouvelles réflexions sur un problème d'une importance critique pour chacun d'entre nous : la crise globale actuelle. Je m'intéresserai tout d'abord au matériau nouveau lié aux dimensions périnatales et transpersonnelles de l'histoire humaine. Je me concentrerai ensuite sur les problèmes concernant la situation actuelle dans le monde et sur l'avenir de l'évolution de la conscience.

L'agressivité et le meurtre — dirigés vers les races, les nations, les religions, les groupes sociaux, les clans, les familles, les individus, etc. — constituent les thèmes centraux de l'histoire humaine. Nous avons déjà évoqué les nouvelles réflexions sur les racines périnatales et transpersonnelles de l'agressivité maligne. L'importance du matériau du travail empirique en profondeur devient encore plus évident lorsque nous quittons le plan de la psychopathologie individuelle pour nous engager dans celui de la psychologie et de la pathologie sociales. De nombreux sujets, engagés dans une exploration de soi en profondeur, expérimentent souvent des scènes ayant trait à des guerres, à des révolutions sanglantes, à des systèmes totalitaires, à des camps de concentration et à des génocides.

Le *thème de la guerre* est un aspect classique et caractéristique des séances empiriques au niveau périnatal. La période historique, le lieu géographique, la nature des armes employées et les caractéristiques des combats varient énormément. L'intensité et l'ampleur de ces scènes dépassent ce que le sujet considérait auparavant comme étant humainement possible. Le contexte général de ces expériences est organisé par les matrices périnatales mais leur contenu spécifique inclut souvent des phénomènes transpersonnels.

Les individus ayant participé à une guerre en tant que soldats ou l'ayant subie en tant que civils, revivent simultanément aux souvenirs de cette époque des scènes de guerre de périodes historiques différentes dans lesquelles ils n'ont pas été impliqués. Le potentiel destructeur libéré durant ces épisodes dépasse parfois tout ce qu'on connaît dans le monde phénoménal (combat contre les dieux de l'Olympe, par exemple).

La majeure partie du symbolisme guerrier émerge des matrices périnatales II et III. Il importe pour la clarté de notre discussion, de définir la différence fondamentale existant entre ces deux matrices. Elles sont en relation avec le thème de l'horreur, de l'angoisse et de la mort et elles sont associées à des imageries de guerre et de camps de concentration. L'accent empirique et la nature des rôles joués par le sujet les différencient toutefois. Un individu qui est sous l'influence de la MPF II se trouve engagé dans des scènes de violence en y occupant la position de victime impuissante ; il identifie toujours les agresseurs aux autres. L'ambiance est à la désolation, au désespoir, à l'angoisse et à l'absurdité de l'existence humaine.

La nature des expériences guerrières associées à la MPF III

est très différente. L'imagerie proprement dite est sensiblement la même mais le sujet ne s'identifie pas exclusivement à la victime. Il a également accès aux émotions et aux sensations physiques de l'agresseur et du tyran ; il assume parfois simultanément le rôle d'observateur. Cette matrice fait grand cas de la relation existant entre les protagonistes et de leurs interactions mutuelles. L'amosphère émotionnelle est celle d'un éveil instinctuel sauvage impliquant l'agressivité, l'angoisse, l'excitation sexuelle, la fascination, la douleur et le plaisir, et une composante scatologique.

Les caractéristiques empiriques de ces deux matrices correspondent à la première et à la deuxième phase de la naissance biologique. La seconde matrice représente une situation de blocage et de stagnation énergétique ; il semble que le sujet qui la revit n'a accès qu'aux émotions et qu'aux sensations de l'enfant martyrisé et à leurs dérivés psychologiques.

La MPF III, qui implique la propulsion à travers la filière pelvi-génitale, est associée à un certain flux énergétique. Le sujet s'identifie non seulement à l'enfant, mais encore à la mère qui accouche et à la filière pelvi-génitale. Remarquer que toutes les facettes empiriques majeures de la MPF III trouvent une expression idéale dans le cadre des scènes de guerre durant les séances psychédéliques, est fascinant. Qui songerait à affirmer que cette relation est accidentelle et qu'elle est dépourvue de signification psychologique profonde ?

L'*aspect titanesque* est représenté par la technologie militaire prodigieuse qui utilise et libère des énergies phénoménales. Les bombes atomiques et les armes nucléaires semblent avoir à cet égard une importance symbolique toute particulière.

L'*aspect sadomasochiste* de la MPF III caractérise toutes les situations de guerre ; il est toutefois plus manifeste dans les combats au corps-à-corps au cours desquels il est possible de blesser et/ou d'être blessé. Un parallèle étroit existe entre deux guerriers engagés dans un combat au corps-à-corps et l'engagement symbiotique de la mère et de l'enfant durant l'expulsion. Les protagonistes sont engagés dans une situation dont l'issue est une question de vie ou de mort et à laquelle ils ne peuvent se soustraire ; l'un et l'autre s'infligent une souffrance. Le fait que le sang versé des deux côtés peut se mélanger est un élément essentiel.

Les sujets LSD mentionnèrent parfois d'autres engagements meurtriers qui semblent également liés à la dynamique de la MPF III. La relation et l'interaction entre les partenaires engagés dans des pratiques sadomasochistes ont déjà été discutées. Un autre exemple intéressant est la relation entre les grands prêtres pré-colombiens et leurs victimes. Elle revêt chez les Aztèques une nature filiale explicite et implique une relation affective.

Ces dernières années, des rapports concernant des émeutes meurtrières dans diverses prisons américaines mirent en évidence une autre dyade caractéristique de ce type, à savoir celle du prisonnier et du gardien de prison. La nature bestiale de ces émeutes échappe à la compréhension des psychiatres et des psychologues freudiens et behavioristes. Elle ne surprend toutefois pas un individu qui possède une connaissance, ne fût-ce que superficielle, de la dynamique périnatale. Ces émeutes résultent des conditions de vie carcérale qui activent la dynamique périnatale. Des études récentes du comportement des officiers de police et de leurs abus de pouvoir fréquents fournissent également des éléments de réflexion intéressants quant à la relation existant entre le policier et les criminels. Je mentionnerai, pour compléter cette liste, deux derniers exemples qui ont une importance sociale et historique certaine : le dictateur et le révolutionnaire, et le politicien d'extrême droite et celui d'extrême gauche. Ces deux dyades seront discutées ultérieurement dans le cadre des soulèvements sociaux et des révolutions. Les protagonistes de ces relations sont asservis dans une interaction destructrice, qu'ils tiennent le rôle de victime ou celui d'agresseur. L'unique solution, pour échapper à ces situations, consiste à se soustraire purement et simplement à cet asservissement psychologique.

L'*aspect sexuel* de la troisième matrice périnatale s'exprime en période de guerre de diverses manières. La population manifeste un intérêt accru pour les activités sexuelles et érotiques. On a enregistré une réaction semblable lors des catastrophes naturelles ou des épidémies. On a parlé de psychologie d'« avant le déluge » * ou de psychologie « carpe diem » et on l'a interprétée comme une réaction face à l'imminence de la mort. D'aucuns ont affirmé que l'intérêt accru pour la sexualité élevait le taux de natalité et représentait donc une compensation de la nature aux meurtres massifs. Quoi qu'il en soit, je suis convaincu que cette réaction reflète la puissante composante sexuelle de la dynamique périnatale et qu'elle est inhérente aux forces instinctuelles libérées.

Les dirigeants militaires promettent souvent à leurs hommes de les autoriser à abuser des femmes des villes ou des villages conquis. Nul n'ignore que les viols sont monnaie courante en temps de guerre. Cette observation vaut également pour les crimes sexuels pratiqués dans les camps de concentration.

---

* En français dans le texte. (N.d.T.)

L'*aspect scatologique* est une caractéristique des scènes de guerre. La guerre tend à détruire l'ordre et la beauté et à engendrer la ruine, le chaos et la déchéance.

L'*aspect pyrocathartique* de la MPF III est un élément classique et important de la plupart des scènes guerrières. Les situations concrètes impliquant cet élément empruntent des formes très différentes (déverser de l'huile bouillante du haut des remparts, brûler des villages, bombarder des villes, etc.). L'élément du feu est parfois considéré comme dangereux et destructeur, cependant le sujet l'expérimente souvent avec la fascination d'un pyromane et retire une satisfaction de son action purificatrice. Nombre d'individus ayant vécu une guerre affirment qu'il leur était impossible de résister à l'attraction de ce pouvoir archétype lorsqu'ils se trouvaient engagés dans une situation de vie ou de mort. Ce sentiment contraste avec l'attitude et les critères de valeurs de ces mêmes individus en temps de paix.

Les visions accompagnant la reviviscence de la naissance dans le cadre de la MPF IV comprennent souvent des scènes symbolisant la fin d'une guerre ou la victoire lors d'une révolution. Cette période d'insouciance qui précède la prise de nouvelles responsabilités consécutives aux bouleversements sociaux correspond à la brève période qui suit la naissance et qui précède le moment où le nouveau-né se heurte aux difficultés et aux vicissitudes de sa nouvelle existence.

Rien n'interdit de résumer ces observations par une conclusion surprenante, à savoir que la structure de la personnalité humaine contient dans le répertoire inconscient du niveau périnatal des matrices fonctionnelles dont l'activation résulte en une reproduction complexe et réaliste de toutes les expériences d'horreur, d'angoisse, d'éveil instinctuel polymorphe et de fascination, associées aux diverses formes de guerre.

Les sujets expérimentant des éléments périnatals au cours de leurs séances, rapportèrent souvent des réflexions intéressantes sur les problèmes sociopolitiques. Mentionnons les problèmes des *systèmes totalitaires*, de l'*autocratie*, de la *dictature*, des *polices d'Etat* et des *révolutions sanglantes*. Une confrontation empirique profonde avec les éléments de la MPF II est associée à des images de — et à une identification à — la population des pays opprimés. Une telle identification empathique concernera soit une minorité persécutée soit une catégorie d'individus se trouvant dans une situation désespérée.

Les réflexions des séances psychédéliques révèlent l'existence d'une relation et d'une similitude psychologique profonde entre l'expérience d'un pays opprimé, celle d'une minorité persécutée et celle du fœtus, prisonnier de la filière pelvi-génitale.

La dynamique de la MPF III est liée à la politique du pouvoir, à la tyrannie, à l'exploitation et à l'asservissement des autres, aux complots et aux intrigues, à la police secrète et à la trahison. Nombre de sujets LSD expérimentent une identification avec des despotes et des dictateurs dans les phases terminales de l'angoisse de la naissance. Ils cessèrent alors de voir dans la dictature une manifestation de la force et du pouvoir à l'état brut. Ils comprirent que la structure mentale d'un dictateur présente une similitude profonde avec celle d'un enfant luttant dans la filière pelvi-génitale. Il est submergé par des sentiments et par des énergies chaotiques et antinomiques : agressivité impulsive et intolérance à l'encontre de tout obstacle, manque de confiance en soi, mégalomanie, ambitions insatiables, angoisse infantile primitive, paranoïa généralisée et malaise physique, en particulier un sentiment de suffocation et de strangulation.

Les sujets LSD comprirent combien il était désastreux qu'un individu se trouvant dans un tel état psychologique arrive à occuper une position de dirigeant au lieu de se soumettre à une thérapie ainsi qu'il le devrait. Ils saisirent également que l'appui des masses, dont le dictateur a besoin pour asseoir sa position, indiquait que des éléments similaires étaient partie intégrante de la structure de la personnalité humaine. Tout un chacun dispose donc du potentiel de commettre les mêmes crimes si le niveau correspondant de son inconscient est libéré et si les circonstances extérieures le permettent.

Le vrai problème ne vient ni d'individus isolés ni de partis politiques. Il convient de créer des situations sécurisantes et socialement acceptées dans lesquelles certains éléments nocifs et dangereux de la structure de la personnalité humaine puissent être confrontés et résolus sans que cela n'entraîne le moindre dommage pour les autres et pour la société. Les luttes politiques sont d'une importance capitale si elles visent à abattre des régimes meurtriers, tels que ceux imposés par Hitler ou Staline, mais elles ne résolvent pas les problèmes de l'humanité, faute d'une transformation intérieure simultanée. Elles créent généralement un « effet de pendule », c'est-à-dire que les victimes d'hier deviennent les despotes de demain, et vice versa. La masse d'agressivité maligne demeure la même et l'humanité n'en retire aucun bénéfice. Les prisons, les camps de concentration ou de travail continuent à fonctionner ; seuls changent leurs « pensionnaires ».

La force pure n'a besoin ni de manifestations ostentatoires ni de rhétorique démagogique : sa présence est évidente. Les sentiments qu'éprouve un dictateur n'ont rien à voir avec la force. Il souffre d'un complexe d'infériorité angoissant, d'une faim insatiable de reconnaissance et d'une solitude désespérée. Le

« complexe du dictateur » est résolu, au cours d'une thérapie empirique, lorsque le processus de mort/re-naissance est complété. Une connexion empirique avec les éléments de la MPF IV ravit le sujet à la peur et à l'angoisse et ouvre des canaux pour des sentiments entièrement nouveaux : un sentiment d'épanouissement, d'appartenance et de sécurité, de respect pour la vie et la création, de compréhension, de tolérance, une volonté de « vivre et laisser vivre », et une conscience de son importance cosmique associée à un sentiment d'humilité.

Le tyran et le rebelle représentent une relation dyadique et leurs motivations psychologiques profondes émanent de la même source et sont du même type. L'état d'esprit du dictateur furieux et celui des révolutionnaires déchaînés ne diffèrent pas l'un de l'autre pour ce qui est de leur nature la plus profonde, au moment de leur rencontre meurtrière. Des différences existent en ce qui concerne les relations avancées comme justifications morales des actions engagées. La valeur éthique et sociale des systèmes qu'ils représentent diffère parfois. Ils partagent cependant l'ignorance des motifs réels de leur comportement. Cette situation n'apportera en conséquence aucune amélioration, quel que soit le vainqueur ou le jugement moral de l'histoire.

Une confusion fondamentale abuse les deux camps : ils s'acharnent à résoudre un problème intrapsychique en manipulant le monde extérieur. Ce point est démontré par le fait que des visions de révolutions sanglantes inspirées par des idéaux utopiques et une identification alternative avec les oppresseurs et les révolutionnaires sont caractéristiques de la dynamique de la MPF III. Ces visions s'évanouissent dès que l'individu a atteint la MPF IV.

Les sujets engagés dans une thérapie LSD ou dans d'autres formes d'exploration empirique de soi expriment tout à fait librement leurs réflexions sur les raisons de l'échec tragicomique chronique de toutes les révolutions violentes, en dépit de leurs idéaux élevés et de l'attrait général des philosophies radicales sur lesquelles elles se fondent. Précisons que tous les sujets LSD de Prague eurent des expériences de première main avec le communisme et avec le marxisme-léninisme en théorie et en pratique, et que nombre d'entre eux connurent également le nazisme. La situation extérieure d'oppression — réelle ou imaginaire — devient confuse et est identifiée à l'emprisonnement psychologique intérieur dû à la pression inconsciente du souvenir du traumatisme de la naissance. La possibilité de libération grâce au relâchement instinctif caractéristique de la MPF III est alors projetée et traduite sur un plan concret visant à renverser le tyran. Ainsi, le mobile réel et la force motivante des révolutions violentes et des utopies sociales est un besoin inconscient de se libérer de l'influence répressive et contraignante du trauma de la naissance et de renouer empiriquement le contact avec les sentiments enrichissants associés aux MPF IV et I.

Ce qui fait du communisme une force puissante et problématique dans le monde actuel, c'est qu'il représente un programme qui est psychologiquement vrai lorsqu'on l'applique au processus de transformation intérieure, mais qui est malheureusement erroné en tant que recette pour une réforme sociale. La notion fondamentale, voulant qu'un soulèvement violent et fougueux de nature révolutionnaire est nécessaire pour mettre fin à l'état d'oppression et pour instituer une situation d'harmonie et et de satisfaction, reflète effectivement la dynamique de la transformation intérieure associée au processus de mort/re-naissance. C'est la raison pour laquelle le communisme semble communiquer quelque vérité fondamentale et attirer en tant que programme politique prometteur.

L'erreur fondamentale réside dans le fait que les phases du déroulement archétype d'un processus spirituel sont projetées dans la réalité matérielle et camouflées en une recette athée pour une transformation sociale du monde. Il suffit de considérer la fragmentation actuelle du monde communiste, l'hostilité parmi les nations adeptes des idéaux marxistes et les murs, les champs de mines, les fils de fer barbelés, les chiens entraînés à tuer que ces pays utilisent pour maintenir leur population dans les limites de leur paradis social, pour juger des succès de cette expérience mal comprise.

L'histoire nous enseigne que les révolutions sont particulièrement puissantes et réussies dans leur phase destructive lorsqu'elles recourent aux forces périnatales débridées pour détruire l'ancien régime corrompu. Elles échouent en revanche dans la phase suivante lorsqu'elles s'efforcent de créer les conditions paradisiaques qu'elles ont promises et qui furent le « moteur » de la révolution. Les forces périnatales responsables de tels soulèvements sociopolitiques ne sont pas consommées ou résolues, elles sont simplement activées et extériorisées. Ainsi, les forces élémentaires, qui étaient si utiles durant la phase destructive de la révolution, deviennent la semence de la corruption du nouveau système et continuent à opérer après la victoire dans le camp des « architectes » de l'ordre nouveau. Telles sont, en bref, les réflexions du travail empirique qui expliquent les succès militaires souvent étonnants des révolutions et leur échec tout aussi surprenant à concrétiser l'utopie que les leaders utilisaient comme « carotte » pour faire avancer les foules.

Il est évident que les individus, qui n'ont pas résolu leurs propres problèmes intrapsychiques ne sont pas les meilleurs juges des problèmes mondiaux et des moyens qu'il convient d'employer pour y remédier. L'unique solution consiste à rétablir empiriquement le contact avec les sentiments de la MPF IV et de la MPF I et avec la dimension transpersonnelle de sa propre psyché avant de s'engager dans une croisade visant à transformer le monde. Ceci corrobore l'aphorisme de Krishnamurti selon lequel la seule révolution est la révolution intérieure. Les révolutions échouent dans leurs efforts utopiques parce que leurs réussites extérieures ne s'accompagnent pas d'une transformation psychologique intérieure qui neutraliserait les forces destructrices inhérentes à la nature humaine.

Ce point est illustré par les réflexions des sujets LSD qui virent des parallèles entre la situation des révolutionnaires ravis par leur victoire sur les barricades et celle du nouveau-né subjugué par la libération explosive lors de l'expulsion. L'angoisse du nouveau-né due à la découverte de sensations inattendues telles que le froid, l'humidité, la faim et la privation affective, succède à ces sentiments de triomphe. Le révolutionnaire se trouve confronté aux vicissitudes de sa nouvelle situation, y compris à une version modifiée de l'ancien système répressif qui se développe insidieusement sur les ruines de l'utopie.

Au fur et à mesure que le nouveau-né progresse dans la vie, il est de plus en plus assailli par l'ombre des énergies périnatales qui n'ont pas été confrontées et intégrées. Il en va de même des énergies périnatales responsables de la révolution ; elles continueront à émerger dans la structure politique du nouveau régime. Incapables de comprendre l'erreur fondamentale de leur approche de la réalité, les révolutionnaires devront trouver des explications à l'échec de l'utopie, ainsi que des coupables : leurs camarades qui ont contaminé la doctrine en déviant trop à droite ou trop à gauche, en préservant certains éléments de l'idéologie de l'ancien régime, etc.

Ceci ne signifie pas que nous devions renoncer à entreprendre des réformes politiques et sociales justes ou cesser de nous opposer aux tyrans et aux régimes totalitaires. L'idéal impliquerait cependant que les dirigeants de tels mouvements aient réalisé un travail intérieur suffisant et qu'ils aient atteint une maturité émotionnelle. Les politiciens qui traduisent leurs troubles intrapsychiques en un programme pour un massacre révolutionnaire sanglant sont dangereux et il convient de ne leur accorder ni confiance ni soutien. La difficulté essentielle consiste à éveiller la conscience du grand public afin qu'il reconnaisse et qu'il refuse de suivre les personnages publics appartenant à cette catégorie.

Un autre secteur dans lequel les observations de la psychothérapie empirique offrent des réflexions intéressantes est celui des *camps de concentration,* des *génocides* et des *ethnocides.* J'ai déjà signalé que les expériences de la MPF II impliquent une identification à des individus internés dans des prisons ou dans des camps de concentration. Cette expérience est en général associée à une crise existentielle profonde. Le sentiment d'absurdité de l'existence y alterne avec un désir tout aussi pénible qu'impérieux de trouver un sens à la vie dans un contexte apocalyptique. Les sujets, qui expérimentent de telles images dans le cadre de la troisième matrice périnatale, s'identifient tant aux victimes impuissantes qu'aux officiers nazis cruels et bestiaux, voire aux commissaires rouges du goulag.

Un examen plus approfondi de l'ambiance et des conditions de vie spécifiques des camps de concentration révèle qu'il s'agit d'une application littérale du symbolisme cauchemardesque des matrices périnatales négatives dans le monde matériel. Les images de ces camps de la mort montrent des scènes de démence et d'horreur pure. Des corps nus, émaciés, sont empilés en des amas gigantesques, d'autres jonchent les routes, d'autres encore pendent à demi calcinés dans les fils de fer barbelés — squelettes anonymes privés de toute dignité. Entre les miradors équipés de mitrailleuses et les clôtures électriques, d'incessants coups de feu se font entendre et les kapos, accompagnés de leurs chiens, errent à la recherche de victimes.

La violence et le sadisme, caractéristiques des expériences périnatales, se sont manifestés en ces lieux d'une manière qui défie l'imagination. La furie débridée et la rage pathologique des officiers SS, leur cruauté capricieuse et leur désir de ridiculiser, d'humilier et de torturer, dépassèrent ce qui était indispensable pour concrétiser les objectifs de ce système, à savoir de vaincre les ennemis du Troisième Reich, liquider les adversaires individuels du régime nazi et les représentants des « races inférieures ».

La dimension scatologique, qui représentait un aspect frappant de la vie dans les camps de concentration nazis, illustre cette démesure. Les prisonniers étaient souvent contraints d'uriner sur le visage ou dans la bouche les uns des autres. Ils n'étaient autorisés à se rendre aux latrines que deux fois par jour et ceux qui s'y rendaient la nuit servaient de cible aux gardes ; cette situation sordide contraignait certains prisonniers à se soulager dans leur gamelle. A Birkenau, les bols étaient périodiquement pris et jetés dans les latrines, d'où les détenus devaient les extraire.

Les détenus des camps de concentration nazis étaient littéralement noyés dans leurs déchets ; la mort par et dans les excréments n'était pas un fait extraordinaire. L'un des jeux favoris des SS consistait à précipiter les hommes qui se soulageaient dans la fosse ; en un mois, dix internés du camp de Buchenwald succombèrent ainsi. Ces pratiques perverses, représentant un risque hygiénique indéniable, violaient les principes du contrôle des épidémies strictement appliqués dans tous les modèles de vie communautaire. C'est la raison pour laquelle ils doivent être interprétés en termes de psychopathologie grave. Les considérer dans le contexte de la dynamique périnatale fournit une explication plausible.

L'aspect sexuel des expériences périnatales était également omniprésent dans les camps de concentration. Les abus sexuels de prisonniers, tant hétéro- qu'homosexuels, y compris des viols et des pratiques sadiques, étaient monnaie courante. Les officiers SS forçaient les prisonniers à se livrer à des activités sexuelles pour assurer leurs distractions. Des femmes et des adolescentes étaient assignées à des maisons de prostitution pour satisfaire les soldats durant leurs permissions. On trouve une description hallucinante des pratiques sexuelles en vigueur dans les camps de concentration allemands dans le livre *House of Dolls* de *Ka-Tzetnik 135633*, écrivain israélien qui utilisait comme pseudonyme le numéro qu'il avait porté en déportation.

L'expérience périnatale de la mort de l'ego implique des sentiments d'humiliation, de dégradation, d'avilissement et de profanation. Ce que la psyché des sujets LSD puise dans les matrices inconscientes sous la forme d'expérience intérieure et d'imagerie symbolique a été mis en pratique dans les camps avec un réalisme effrayant. Les prisonniers furent dépouillés de tous leurs biens, de leurs vêtements, de leurs cheveux et de leur nom ; c'est-à-dire de tout ce qu'ils pouvaient associer à leur identité. L'absence d'intimité, la saleté inimaginable et le diktat inexorable des fonctions biologiques furent amplifiés dans des proportions grotesques. Ceci servit de fondement à un programme plus spécifique de déshumanitation et d'avilissement total pratiqué par les SS d'une manière qui était aussi méthodique et systématique dans sa stratégie générale, qu'elle était capricieuse, désordonnée et imprévisible dans ses manifestations quotidiennes.

Les parallèles inquiétants existant entre les éléments empiriques liés aux matrices périnatales et les pratiques des camps de concentration incluent également l'élément de suffocation. Le programme nazi d'extermination fut exécuté dans les chambres à gaz où les victimes suffoquaient dans des espaces restreints suite à l'inhalation de gaz toxiques. L'élément du feu joue un rôle important dans le symbolisme des scènes infernales archétypes dans lesquelles les âmes condamnées subissent des tortures inhumaines. Il apparaît, dans la MPF III, lors de la phase pyrocathartique finale du processus de mort/re-naissance caractérisant la fin de l'angoisse et annonçant la transcendance. La présence des fours crématoires dans les camps et dans les lieux où l'on éliminait les restes biologiques des victimes torturées n'est pas surprenante. Cet aspect du symbolisme périnatal a été exposé avec une puissance effrayante dans un autre ouvrage de Ka-Tzenik 135633, *Sunrise Over Hell.*

On remarque avec intérêt que la perversité des Nazis se concentrait en particulier sur les femmes enceintes et sur les petits enfants, ce qui renforce l'hypothèse périnatale. Le passage le plus fort du livre de Terrence des Prés *The Survivor* est sans aucun doute la description d'un camion rempli de bébés que l'on déverse dans le feu ; il est suivi par une scène au cours de laquelle des femmes enceintes sont matraquées et fouettées, agressées par des chiens, traînées par les cheveux, frappées dans l'estomac puis jetées vives dans le crématoire.

Le professeur Bastians, de Leyde (Pays-Bas), a eu une riche expérience du traitement du syndrome dit des camps de concentration — un complexe de désordres émotionnels et psychosomatiques qui se développe chez les anciens internés plusieurs décennies après leur incarcération. Il a mis au point un programme unique destiné à ces individus qui sont encouragés à revivre, sous l'influence du LSD, à abréger et à intégrer diverses expériences traumatisantes vécues dans les camps et dont le souvenir les tient toujours sous son emprise. Dans un article décrivant ce programme, Bastians exposa des conclusions semblables à celles discutées dans les pages qui précèdent, bien que moins spécifiques. Il insista sur le fait que l'idée des camps de concentration est le produit de l'esprit humain. Aussi inacceptable que cela puisse paraître, elle doit donc représenter une manifestation d'un certain aspect de la personnalité humaine et de la dynamique de l'inconscient. Ce concept fut exprimé de manière succincte dans le titre même de cet article : « L'homme dans les camps de concentration et les camps de concentration dans l'homme. »

Ces observations révèlent un fait surprenant : l'inconscient possède des matrices fonctionnelles qui engendrent — lorsque les conditions requises sont présentes — toute une série d'expériences passives et actives liées aux camps de concentration et reflétant leur atmosphère générale ainsi que leurs détails spécifiques. Précisons en outre que des images et des expériences puissantes impliquant un génocide et un ethnocide concernant différentes cultures et différentes périodes historiques sont extrêmement courantes dans les séances périnatales.

La relation entre la dynamique périnatale et les phénomènes sociopolitiques fut confirmée récemment par une source inattendue. Lloyd de Mause — journaliste, psychanalyste et ardent défenseur de la psychohistoire *, a analysé les discours de leaders politiques et militaires et d'autres matériaux de périodes historiques précédant de peu et étant associées à des guerres et à des révolutions. Ses données fascinantes confirment la thèse selon laquelle le matériau infantile régressif, en particulier celui relié au processus de la naissance biologique, joue un rôle important dans les crises politiques graves. La méthode analytique de de Mause est unique, imaginative et créative. Outre les sources historiques traditionnelles, il puise des données ayant une signification psychologique dans des plaisanteries, des anecdotes, des caricatures, des rêves, des imageries personnelles, des lapsus, des commentaires de journalistes et même dans des annotations en marge de certains documents.

Les résultats de l'étude de de Mause suggèrent que les leaders politiques et militaires, plutôt que d'être des personnages œdipiens puissants, fonctionnent en fait tels des « collecteurs de déchets » pour divers sentiments réprimés d'individus, de groupes et de nations. Ils fournissent un exutoire socialement accepté pour une projection et une extériorisation d'émotions qui ne peuvent être contrôlées par les systèmes habituels de défenses intrapsychiques. Selon de Mause, la psyché régresse dans la psychologie de groupes importants vers des modes archaïques de relations qui sont caractéristiques des phases pré-verbales de l'enfance. Les émotions et les sensations infantiles proviennent de tous les niveaux de l'organisation psychique, et pas seulement des niveaux œdipien et phallique, mais encore des niveaux anal, urétral et oral.

Lloyd de Mause fut étonné, en analysant le matériau historique de périodes précédant immédiatement le déclenchement de guerres ou de révolutions, par la pléthore de figures de style et de remarques associées à la naissance biologique. Ainsi, à travers les âges, les politiciens déclaraient la guerre ou décrivaient une situation critique en se référant à la strangulation, à la suffocation, à un combat de vie ou de mort pour l'oxygène ou pour des espaces aérés et au sentiment d'être broyé par l'ennemi. Tout aussi fréquentes étaient les allusions à des cavernes et à des labyrinthes, à des tunnels, à des descentes dans les abîmes, ou encore à la nécessité de se frayer un chemin vers la lumière. L'impression d'être petit et impuissant, celle de se noyer, celle d'être pendu, celle de brûler, celle de tomber ou d'être précipité du haut

---

* *La psychohistoire* est une nouvelle science sociale qui étudie les motivations historiques. Elle applique la méthode de l'analyse psychologique en profondeur aux événements historiques en insistant plus particulièrement sur les pratiques d'éducation des enfants à diverses époques et sur la dynamique infantile de personnages historiques de premier plan.

d'une tour sont des images supplémentaires. Les trois derniers éléments ne participent pas à la naissance ; ce sont néanmoins des symboles périnatals courants dans le cadre de la MPF III. Les observations de la thérapie psychédélique et le travail analytique de Nandor Fodor sur les rêves en attestent. Que des femmes enceintes et des enfants soient au centre des fantasmes guerriers est une constatation qui mérite une attention particulière.

Les illustrations psychohistoriques de de Mause sont tirées de nombreuses périodes historiques et de contextes géographiques différents. Ainsi a-t-il analysé les racines psychohistoriques de la révolution américaine et a-t-il discuté de leurs relations par rapport aux pratiques d'accouchement et aux modes d'éducation des enfants. Il découvrit des éléments du symbolisme de la naissance dans les déclarations de l'amiral Shimada et de l'ambassadeur Kurasa avant l'attaque contre Pearl Harbor. Le recours au symbolisme périnatal lors de l'explosion de la seconde bombe atomique est inquiétant. L'avion, qui transporta la bombe baptisée « The Little Boy » (le Petit Garçon), reçut le nom de la mère du pilote et le message codé qui fut adressé à Washington pour signaler que la bombe avait explosé fut : « Le bébé est né ».

Dans la correspondance entre John Kennedy et Khrouchtchev au moment de la crise de Cuba, on note une référence à une situation que ces deux hommes d'Etat désiraient éviter ; elle est symbolisée par l'image de deux taupes qui se rencontrent dans un conduit souterrain sombre et se trouvent engagées dans un combat pour leur survie. Lorsqu'on demanda à Henry Kissinger si les Etats-Unis envisageaient une intervention militaire au Moyen-Orient, celui toucha sa gorge et déclara : « Uniquement si on nous prend à la gorge. »

Les exemples ne manquent pas pour supporter la thèse de de Mause. Une remarque s'impose en ce qui concerne les études mentionnées ci-dessus. Les références à la strangulation et à l'oppression n'apparaissaient que dans les discours précédant la guerre, alors qu'elles étaient exclues des situations de guerre qui impliquaient réellement un encerclement. En outre, formuler des accusations en employant les termes étrangler, étouffer et broyer étaient souvent le fait de nations qui n'avaient pas de frontières communes avec les « victimes ». Que de tels discours enflamment les masses et que celles-ci n'en perçoivent ni l'irrationalité ni l'absurdité révèle l'existence d'une vulnérabilité universelle au niveau de la dynamique périnatale.

Lloyd de Mause a fourni maints éléments pour soutenir l'hypothèse selon laquelle durant les guerres et les révolutions, les peuples extériorisent un fantasme de la naissance. Ses découvertes et ses idées sont étroitement liées aux observations de la recherche psychédélique. Sa recherche psychohistorique représente une continuation de la tradition de l'analyse psychologique en profondeur des soulèvements sociaux créés par Gustave Le Bon et Sigmund Freud. Les nouvelles données, bien que compatibles avec les conclusions de ces deux auteurs, engendrent des réflexions spécifiques importantes tant sur le plan théorique que sur le plan pratique.

Selon la nouvelle interprétation, les énergies et les émotions élémentaires dérivées du — ou reliées au — trauma de la naissance sont une composante courante de la personnalité humaine. Lorsqu'elles sont activées chez des individus par des facteurs psychologiques ou par des influences biochimiques, il en résulte soit une psychopathologie individuelle soit un processus de transformation spirituelle. Il semble que pour des raisons encore mal comprises, les défenses psychologiques qui empêchent les énergies périnatales d'émerger dans la conscience défaillent parfois — et en même temps — chez un nombre d'individus appartenant à un groupe social, politique ou national *. Cette perspective crée une atmosphère générale de tension, d'angoisse et d'anticipation. La personne qui devient leader des masses en de telles circonstances, est un individu dont la conscience des forces périnatales est plus grande que la moyenne et qui a la capacité de les désavouer et de les rattacher projectivement à des événements du monde extérieur. Il formule alors sa propre perception pour le groupe ou la nation et fournit une explication acceptable au climat émotionnel existant en termes de problèmes politiques.

Les pressions, les tensions et les sentiments de suffocation sont attribués à des ennemis, le sens du danger est extériorisé, et une intervention militaire est offerte en remède. L'issue finale de la confrontation sanglante est alors décrite de manière métaphorique à l'aide d'images liées à la naissance biologique et à la re-naissance spirituelle. L'emploi de ce langage symbolique permet d'exploiter le pouvoir psychologique associé au processus de transformation à des fins politiques. Ces faits prouvent qu'il est urgent que les découvertes de la psychohistoire soient publiées et que le symbolisme du processus périnatal soit largement divulgué. Les déclarations démagogiques parlant d'étouffement, de broyage, de manque d'espace vital indiquent qu'une psychothérapie en

* Le système explicatif le plus fascinant et le plus prometteur pour la dynamique des événements historiques de grande ampleur est selon moi l'astrologie des transits qui se fonde sur un symbolisme archétype. Le lecteur intéressé trouvera une discussion très intéressante et richement documentée de cette approche dans le livre de Richard Tarnas, *Prometheus, The Awakener.*

profondeur ferait le plus grand bien à leur auteur et à l'humanité. Elles sont malheureusement perçues comme des encouragements sérieux à déclencher une guerre. Le public pourrait apprendre à déchiffrer et à comprendre le langage symbolique de la naissance et de la mort, tout comme il a réussi à maîtriser le symbolisme sexuel freudien.

Les spéculations de Lloyd de Mause sont jusqu'à présent en accord avec les conclusions que j'ai tirées de mes observations psychédéliques. La seule différence conceptuelle majeure, que j'ai relevée entre ces deux interprétations des crises historiques, concerne les explications de la dynamique psychologique intervenant lorsque la guerre ou la révolution deviennent réalités. On a souvent rapporté le fait que lorsque la guerre est déclarée après une période de tension et d'anticipation générales, cette décision entraînait des sentiments de soulagement et de clarté. De Mause attribue cette réaction au fait que les leaders et que les nations établissent à ce moment le contact avec le souvenir du moment de la naissance. Ma propre interprétation de l'atmosphère précédant une guerre insiste sur l'élément de forte dissonance émotionnelle-cognitive entre la tension émotionnelle existante et l'absence d'une situation externe concrète à laquelle la rattacher. Les sentiments préexistants des leaders et des nations se retrouvent brusquement en accord général avec les circonstances extérieures lorsque la guerre éclate. Les émotions sont justifiées et il convient de s'arranger de la sombre réalité. Malgré son absurdité, sa monstruosité et sa démence, la nouvelle situation a une logique particulière parce qu'il n'existe plus de disparité majeure entre les événements et les réactions émotionnelles des individus concernés.

Ce mécanisme a des parallèles dans la psychopathologie individuelle. Les personnes, qui sont encore sous l'influence d'une matrice dynamique négative de l'inconscient, montrent une intolérance face à la dissonance émotionnelle-cognitive. Elles recherchent des situations qui sont en accord avec leurs sentiments intérieurs ; certains les favorisent inconsciemment. On a également observé que toute une série de désordres émotionnels ont tendance à disparaître dans certaines circonstances extrêmes et radicales. Citons quelques exemples célèbres : les camps de concentration, la Légion Etrangère et les baleiniers d'autrefois. La dissonance émotionnelle-cognitive disparaît lorsque les circonstances extérieures égalent ou dépassent les sentiments névrotiques pré-existants.

La discussion des racines périnatales des guerres, des révolutions et des systèmes totalitaires ne reflète qu'un aspect important d'un secteur très complexe. La forte empathie sur la dynamique périnatale qu'elle entraîne reflète le fait que l'objectif de cette discussion était de communiquer un nouveau matériau fascinant qui n'a pas été pris en considération par le passé. Il n'était nullement dans mon intention de réduire les problèmes évoqués à une dynamique intrapsychique et de nier ou d'ignorer ses déterminants historiques, raciaux, nationaux, politiques et économiques importants. Les nouvelles données devraient donc être considérées comme une contribution à une compréhension globale de ces phénomènes plutôt que comme une théorie.

Même d'un point de vue psychologique, cette discussion ne concerne qu'un aspect du problème. Le fait que les phénomènes sociopolitiques soient reliés à la dynamique périnatale n'est pas incompatible avec le fait que l'histoire présente des dimensions transpersonnelles importantes. Carl Gustav Jung et ses disciples ont démontré que des constellations archétypes puissantes n'influencent pas seulement les individus, mais sont également responsables d'événements dans le monde phénoménal. L'interprétation de Jung du mouvement nazi présenté comme la manifestation de l'archétype Tagnarok du « *Götterdämmerung* » illustre ce point. La compréhension de l'histoire selon Jung est compatible avec l'approche de l'astrologie des archétypes, qui étudie les corrélations entre les événements historiques.

La discussion des dimensions transpersonnelles de l'histoire humaine serait incomplète si l'on ne mentionnait pas la ré-interprétation transpersonnelle, systématique et globale de Ken Wilber de l'histoire et de l'anthropologie. Il réussit à introduire une clarté inhabituelle dans la jungle apparemment impénétrable des faits et des théories historiques, en les réduisant à quelques dénominateurs communs. Wilber présente l'évolution humaine comme une histoire d'amour entre l'humanité et le divin. Il analyse chacune des périodes consécutives par rapport à trois questions clés :

1. Quelles sont les formes majeures de transcendance disponibles à cette époque ?
2. Quels substituts crée-t-on à la transcendance lorsque les formes précédentes échouent ; en d'autres termes quelles sont les formes du projet Atman, tant subjectives pour le moi qu'objectives pour la culture ?
3. Quels sont les coûts de ces substituts ?

Ainsi que je l'ai déjà signalé, mes observations diffèrent quelque peu des visions de Wilber. Les similitudes entre les deux approches sont toutefois de grande portée et une synthèse sera possible dans un futur proche. Je suis convaincu que les réflexions de la psychologie jungienne, de l'astrologie des archétypes, de la recherche psychédélique et de la psychologie spectrale de

Ken Wilber se fondront en une interprétation globale de l'histoire humaine et de l'évolution de la conscience.

Cette discussion générale de l'histoire humaine nous permet de nous concentrer sur la situation actuelle dans le monde et d'explorer la signification pratique des nouvelles réflexions. De nombreux auteurs ont tenté ces dernières années d'expliquer la situation catastrophique dans laquelle se trouve l'humanité. Le schisme dangereux qui la sous-tend a été décrit de différentes manières : déséquilibre entre le développement intellectuel et la maturité émotionnelle de la race humaine ; évolution disproportionnée du néo-cortex par rapport aux parties archaïques du cerveau ; interférence des forces instinctuelles et irrationnelles de l'inconscient avec des processus conscients, etc.

Quelle que soit la métaphore que nous utilisions, la situation est claire. Au fil des siècles, l'homme a progressé à pas de géant dans le domaine scientifique. En revanche, il est incapable de s'accommoder de certaines émotions et de certaines pulsions instinctuelles et primitives, qui sont son héritage depuis l'âge de la Pierre. C'est la raison pour laquelle l'humanité, entourée par une technologie qui touche à la science-fiction, vit actuellement dans une angoisse chronique à la veille d'une catastrophe nucléaire et écologique.

La science moderne a développé des technologies susceptibles de résoudre la plupart des problèmes urgents : maladies, famines, pauvreté et crise énergétique. Les difficultés qui subsistent ne sont pas d'ordre technologique ou économique ; ce sont des forces intrinsèques à la nature et à la structure de la personnalité humaine. Elles sont responsables du gaspillage des ressources, de la course aux armements, de la lutte pour le pouvoir et de la poursuite de la « croissance illimitée ». Elles interdisent une répartition équitable des richesses parmi les individus et les nations, ainsi qu'une réorientation des priorités par rapport aux considérations écologiques qui sont vitales pour la perpétuation de la vie. Considérer le matériau de l'exploration de soi en profondeur présente un intérêt certain dans ce contexte.

Un regard, fût-il superficiel, à la situation du monde révèle que nous avons extériorisé dans notre vie actuelle tous les aspects essentiels de la MPF III que doit confronter intérieurement un individu engagé dans un processus de transformation et d'évolution. La troisième matrice périnatale comporte un certain nombre de facettes importantes : titanesque, agressive, sadomasochiste, sexuelle, démoniaque, messianique, scatologique et pyrocathartique. Les progrès techniques ont permis de développer des armes de guerre modernes dont le potentiel destructeur dépasse l'imagination. Des guerres meurtrières, des révolutions sanglantes, des régimes totalitaires, des émeutes raciales, des camps de concentration, les brutalités des forces de police — secrète et officielle —, l'agitation estudiantine et une criminalité croissante ont libéré dans le monde entier la pulsion agressive.

Il en va de même en ce qui concerne la sexualité. Les tabous sont levés et les pulsions érotiques se manifestent de diverses façons. La liberté sexuelle des jeunes, les relations passagères, le mariage ouvert, la sexualité au théâtre et au cinéma, la libération homosexuelle, la littérature pornographique, la prostitution et la popularité des « sex shops » ne sont que quelques exemples de cette tendance.

L'élément démoniaque trouve son expression dans l'intérêt croissant pour les livres et les films traitant de thèmes occultes, dans les organisations terroristes exprimant des pulsions mystiques déformées et dans la renaissance de la sorcellerie et des cultes sataniques. La pulsion messianique domine dans nombre de mouvements religieux de l'ère nouvelle. La tragédie de Jonestown illustre le fait que les extrêmes de la pathologie spirituelle impliquant un mélange périnatal de sadomasochisme, de sexualité déviante, de scatologie et de tendances auto-destructrices, attirent désormais des milliers d'adeptes.

La dimension scatologique est représentée par la pollution industrielle croissante, par l'accumulation de déchets à une échelle globale, par les conditions hygiéniques déplorables dans les grandes villes, et dans un sens plus abstrait et métaphorique, par l'augmentation alarmante de la corruption politique, sociale et économique. J'ai déjà signalé que les visions de réactions thermonucléaires, d'explosions atomiques et de lancement de missiles sont des images typiques caractérisant la transition entre la MPF III et la MPF IV. La perspective d'une brusque libération de cette technologie apocalyptique est devenue au cours des dernières décennies un risque calculé de la vie quotidienne.

Un individu participant à un processus de mort/re-naissance aborderait ces thèmes comme autant de phases obligatoires du processus de transformation intérieure. Il devrait les expérimenter et les intégrer pour atteindre une « santé mentale supérieure » et un nouveau niveau de conscience. Les observations du travail empirique suggèrent que le succès de ce processus dépend de l'intériorisation cohérente des expériences concernées et de leur achèvement sur un plan intérieur. L'individu se trouvera confronté à des dangers graves si cette condition n'est pas satisfaite et s'il extériorise ces expériences en confondant le processus intérieur et la réalité extérieure. Faute d'être confrontées et intégrées, les pulsions instinctuelles conduisent à des actions destructrices et auto-destructrices. La « mort de l'ego » et la destruction conceptuelle de l'ancienne vision du monde de l'individu constituent les points cruciaux de l'approche intériorisée. L'extériorisation du processus de mort/re-naissance et celle de ses thèmes archétypes seront selon les circonstances : le suicide, le meurtre et la destruction.

L'individu engagé dans une exploration de soi en profondeur développe souvent des réflexions convaincantes selon lesquelles l'humanité dans son ensemble se trouve confrontée actuellement à un dilemme grave. Les alternatives ne sont pas légion. La première tendance concerne la poursuite de l'extériorisation et de la manipulation du monde ; la seconde implique le retour en soi et le désir de vivre un processus de transformation radicale vers un niveau de conscience nouveau. Le résultat de la première tendance mène à la mort au cours d'une guerre atomique ou parmi des déchets technologiques ; celui de la seconde offre des perspectives évolutionnaires décrites dans les textes de Sri Aurobindo, de Teilhard de Chardin, de Ken Wilber et de tant d'autres.

Il semble approprié d'étudier dans ce contexte les changements caractéristiques qui se produisent chez des individus ayant réussi à compléter un tel processus de transformation et à intégrer le matériau du niveau périnatal de l'inconscient.

De multiples observations suggèrent qu'un individu qui est sous l'influence puissante des matrices périnatales négatives, aborde la vie d'une manière qui n'est nullement épanouissante, mais au contraire destructrice et auto-destructrice dans ses conséquences à long terme.

La dynamique des matrices périnatales négatives impose à la vie une trajectoire linéaire et engendre le besoin de poursuivre des objectifs. Cette personne ne retirera jamais aucune satisfaction du moment présent puisque sa psyché est dominée par le souvenir du confinement douloureux dans la filière pelvi-génitale. Les objectifs qu'elle s'impose sont compréhensibles par rapport à la naissance biologique et aux soins post-natals mais ils ne sont que de simples subrogés psychologiques, sources de frustration.

Ce cadre de pensée engendre à l'échelle collective une philosophie de vie qui met en évidence la force, la compétition et l'affirmation de soi et qui glorifie le progrès linéaire et la croissance illimitée. Elle considère le profit matériel et l'augmentation du produit national brut comme des critères essentiels au bien-être. Cette idéologie engage les humains dans un conflit grave avec leur nature en tant que systèmes biologiques et avec les lois universelles fondamentales. Cette stratégie introduit l'impératif artificiel et dangereux de poursuites maximales. Cette approche de l'existence ignore de plus le besoin urgent et vital de synergie, de complémentarité, de coopération et de soucis écologiques.

L'individu, qui a terminé le processus périnatal et qui a établi le contact empirique avec les souvenirs de l'état intra-utérin positif (et les matrices transpersonnelles positives), présente une image très différente. La symbiose avec l'organisme maternel au niveau fœtal équivaut à l'expérience de l'adulte en relation avec l'ensemble du monde et de toute l'humanité. Le premier représente en quelque sorte un modèle prototype et un étalon pour le second. La nature et la qualité de la matrice périnatale influençant la psyché de l'individu auront donc une influence profonde sur son attitude et sa manière d'aborder les autres, la nature et l'existence en général.

La transmodulation positive augmente l'intensité de la joie de vivre et celle de la satisfaction. La mesure ultime du standard de vie est, pour un individu se trouvant dans cet état d'esprit, la qualité de l'expérience de vie et non la quantité de possessions matérielles.

L'individu développe en outre un sens profond de la synergie, de la coopération, de l'harmonie, ainsi que des soucis écologiques naturels. L'attitude à l'égard de la nature (la Mère Nature) a été modelée en fonction de l'expérience précaire et conflictuelle du fœtus avec l'organisme maternel lors de l'accouchement biologique. Les nouvelles valeurs et les nouvelles attitudes reflètent l'expérience prénatale du fœtus. Le concept de l'existence humaine comme un combat pour la survie cède la place à une nouvelle image de la vie perçue comme une manifestation de la danse cosmique ou du jeu divin.

Toute tentative — qu'elle soit philosophique, idéologique, sociopolitique ou spirituelle — pour diviser l'unité de l'existence en des unités indépendantes et conflictuelles (individus, familles, groupes religieux ou sociaux, partis politiques, alliances commerciales et nations) apparaissent superficielles et auto-destructrices si elles sont prises au sérieux. On imagine mal comment quelqu'un pourrait être assez aveugle face aux perspectives suicidaires de la dépendance croissante des combustibles fossiles pour ne pas voir qu'il est absolument indispensable de choisir des sources d'énergie cycliques et renouvelables.

Ces changements modifient le comportement du consommateur. La conservation et ce que Duane Elgin nomme la « simplicité volontaire » succèdent au gaspillage et à la consommation effrénée. Le seul espoir d'une solution politique et sociale vient d'une perspective transpersonnelle qui transcende la psychologie désespérée du « nous et eux ». L'unique solution acceptable consiste à reconnaître la nature collective du problème. Le sentiment d'unité ouvre la voie vers une appréciation véritable de la diversité et vers la tolérance à l'égard des différences. Les préjugés sexuels, raciaux, culturels et autres paraissent absurdes dans le cadre de la nouvelle vision du monde.

Ayant étudié le potentiel des états inhabituels de conscience pendant plus d'un quart de siècle, je suis persuadé que cette transformation est réalisable à l'échelle individuelle. J'ai observé au fil des ans des exemples spectaculaires de telles évolutions en assistant d'autres individus dans leur thérapie psychédélique et dans leur exploration de soi empirique. Reste à déterminer dans quelle mesure la même approche est applicable à une échelle plus vaste. La popularité croissante de diverses formes de méditation et d'autres pratiques spirituelles, ainsi que des diverses formes empiriques de psychothérapie représente une tendance encourageante.

Quelles que soient les questions qu'on puisse se poser quant à l'applicabilité de cette stratégie en tant que force pour changer le monde, il n'est pas impossible qu'elle constitue notre seule chance réelle de salut. Les moyens dont nous disposons pour résoudre la crise globale ne laissent guère d'espoir à un observateur critique. La nouvelle approche permet à la sagesse de l'inconscient collectif de guider et d'approfondir la connaissance pragmatique de chacun d'entre nous.

La responsabilité et la détermination individuelles sont des valeurs indispensables à la transformation intérieure. Tous les plans visant à modifier la situation du monde posent problème, à l'exception de ceux qui prévoient un effort systématique pour transformer la condition humaine. Dans la mesure où la modification évolutionnaire de la conscience est un réquisit vital pour l'avenir du monde, le résultat de ce processus dépend de l'initiative de chacun d'entre nous.

BIBLIOGRAPHIE

ADLER, A. : *Pratique et théorie de la psychologie individuelle comparée,* Paris, Payot, 1961.

ARDLEY, R. : *Les enfants de Caïn,* Paris, Stock, 1963.
Le territoire, Paris, Stock, 1967.

ASSAGIOLI, R. : *Psychosynthèse — principes et techniques,* Paris, Epi, 1976.
Construire sa vie par la psychosynthèse, Paris, Ed. du Courrier du Livre, 1965.

BATESON, G. : *Vers une écologie de l'esprit,* Tomes I et II, Paris, Seuil, 1977.

BOHR, N. : *Physique atomique et connaissance humaine,* Paris, Gauthier-Villars, 1961.
Théorie atomique et description des phénomènes, Paris, Gauthier-Villars, 1932.

CAPRA, F. : *Le tao de la physique,* Paris, Tchou, 1979.
Le temps du changement, Monaco, Ed. du Rocher, 1983.

DABROWSKI, K. : *La désintégration positive,* Varsovie, 1963.

DARWIN, C. : *L'origine des espèces,* Paris, Maspéro, 1980.

ELIADE, M. : *Le chamanisme et les techniques archaïques de l'extase,* Paris, Payot, 1983.

FENICHEL, O. : *Théorie psychanalytique des névroses,* Paris, PUF, 1953.

FERENCZI, S. : *Thalassa — Psychanalyse des origines de la vie sexuelle,* Paris, Payot, 1977.

FEYERBEND, P. : *Contre la méthode — Esquisse d'une théorie anarchiste de la connaissance,* Paris, Seuil, 1979.

FRANZ, M.-L. von : *Nombre et temps — Psychologie des profondeurs et physique moderne,* Paris, La Fontaine de Pierre, 1978.

C.G. Jung, son mythe et notre temps, Paris, Buchet-Chastel, 1975.

FREUD, A. : *Le moi et les mécanismes de défense,* Paris, PUF, 1982.

FREUD, S. : *Trois essais sur la théorie de la sexualité,* Paris, Gallimard (Idées).

Le rêve et son interprétation, Paris, Gallimard (Idées), 1972.

Introduction à la psychanalyse, Paris, Payot.

Essais de psychanalyse, Paris, Payot.

FREUD, S. et BREUER, J. : *Etudes sur l'hystérie,* Paris, PUF, 1981.

FREUD, S. : *Malaises dans la civilisation,* Paris, PUF, 1979.

Actes obsédants et actes religieux, Paris, PUF, 1980.

Psychologie collective et analyse du moi, Paris, Payot, 1950.

FROMM, E. : *La passion de détruire — Anatomie de la destructivité humaine,* Paris, Laffont, 1975.

GROF, S. : *La rencontre de l'homme avec la mort,* Monaco, Ed. du Rocher, 1982.

Royaumes de l'inconscient humain, Monaco, Ed. du Rocher, 1983.

JANOV, A. : *Le cri primal — Thérapie primale, traitement pour la guérison de la névrose,* Paris, Flammarion, 1975.

JEANS, J. : *Le mystérieux univers,* Paris, Hermannn, 1931.

JONES, E. : *La vie et l'œuvre de S. Freud,* Paris, PUF.

JUNG, C.G. : *Métamorphoses de l'âme et ses symboles,* Genève, Georg et Cie, 1953.

Ma vie — Souvenirs, rêves et pensées, Paris, Gallimard, 1978.

LAING, R.D. : *La politique de l'expérience,* Paris, Stock, 1979.

Les faits de la vie — Essai sur les émotions et les fantasmes, Paris, Stock, 1976.

LEBOYER, F. : *Pour une naissance sans violence,* Paris, Seuil, 1974.

LEIBNIZ, G.W. : *La monadologie,* Paris, Delagrave, 1975.

LOCKE, J. : *Essai philosophique concernant l'entendement humain,* Paris, Hatier, 1925.

LORENZ, K. : *L'agression,* Paris, Flammarion, 1977.

LOWEN, A. : *La bio-énergie,* Paris, Tchou/Laffont, 1976.

PERRY, J. : *Le voyage symbolique — Un regard nouveau sur les hallucinations et les délires des schizophrènes,* Paris, Aubier Montaigne, 1976.

PLANCK, M. : *Autobiographie scientifique et derniers écrits,* Paris, Albin Michel, 1960.

PLATON : *Phèdre,* Paris, Les Belles Lettres, 1964.

Les lois, Paris, Les Belles Lettres, 1951.
POPPER, K.R. : *La logique de la découverte scientifique*, Paris, Payot, 1973.
PRIGOGINE, I. : *La nouvelle alliance — Métamorphose de la science*, Paris, Gallimard, 1979.
RANK, O. : *Le traumatisme de la naissance*, Paris, Payot, 1968.
REICH, W. : *L'analyse caractérielle*, Paris, Payot, 1976.
Le meurtre du Christ, Paris, Champs Libre, 1975.
La fonction de l'orgasme, Paris, L'Arche, 1971.
La psychologie de masse du fascisme, Paris, Payot, 1972.
L'éther, Dieu et le diable et la superposition cosmique, Paris, Payot, 1973.
ROGERS, C. : *Le développement de la personne*, Paris, Dunod, 1977.
SAGAN, C. : *Les dragons de l'Eden*, Paris, Seuil, 1980.
SARGANT, W. : *Physiologie de la conversion religieuse et politique*, Paris, PUF, 1977.
SZASZ, T. : *Le mythe de la maladie mentale*, Paris, Payot, 1975.
TAUSK, V. : *Œuvres psychanalytiques*, Paris, Payot, 1975.
THOM, R. : *Stabilité structurelle et morphogenèse — Essai d'une théorie générale des modèles*, Paris, Interéditions, 1977.
WATSON, L. : *La marée de la vie*, Paris, Albin Michel, 1981.
ZUKAV, G. : *La danse des éléments — un survol de la nouvelle physique*, Paris, Laffont, 1982.

TABLE DES MATIERES

Dans la même collection

BOHM (D.). *La Plénitude de l'univers.*
BOHM (D.)/PEAT (F. D.). *La Conscience et l'univers.*
BOUNIAS (M.). *La Création de la vie, de la matière à l'esprit.*
CAPRA (F.). *Le Temps du changement (science, société et nouvelle culture).*
CHARON (J.). *L'Être et le verbe.*
CHARON (J.). *Le Monde éternel des Éons.*
CHARON (J.). *25 Siècles de cosmologie.*
CHAUVIN (R.). *La Biologie de l'esprit.*
CHRISTEN (Y.). *L'Égalité des sexes (l'un n'est pas l'autre).*
CHRISTEN (Y.). *L'Homme bioculturel.*
COSTA DE BEAUREGARD (O.). *Le Temps déployé.*
DUPLESSIS (Y.). *Les Couleurs visibles et non visibles.*
DUPUIS (J.). *Au nom du père (une histoire de la paternité).*
FORWARD (R.). *La Magie du futur, science et avenir de l'homme.*
GRIBBIN (J.). *Le Chat de Schrodinger (la physique quantique et le réel).*
GUILLÉ (É.)/HARDY (Ch.). *L'Alchimie de la vie. Biologie et tradition.*
HARDY (Ch.). *La Science devant l'inconnu.*
HARDY (Ch.). *La Science et les États frontières (États modifiés de conscience et phénomènes paranormaux).*
LOVELOCK (J. E.). *La Terre est un être vivant (l'hypothèse Gaia).*
LUPASCO (S.). *L'Énergie et la matière psychique.*
LUPASCO (S.). *L'Énergie et la matière vivante.*
LUPASCO (S.). *L'Homme et ses trois éthiques.*
LUPASCO (S.). *Le Principe d'antagonisme et la logique de l'énergie.*
LUPASCO (S.). *L'Expérience microphysique et la pensée humaine.*
ROUJON (L.). *L'Énergie micro-vibratoire et la vie.*
SHELDRAKE (R.). *Une nouvelle science de la vie.*
SHELDRAKE (R.). *La Mémoire de l'univers.*
UPINSKY (A. A.). *La Perversion mathématique. L'œil du pouvoir.*
WEBER (R.). *Dialogues avec des scientifiques et des sages.*
WILBER (K.). *Les Trois yeux de la connaissance.*
WILSON (E. O.). *Sociobiologie.*

Cet ouvrage reproduit par procédé photomécanique
a été achevé d'imprimer sur presse CAMERON
par Bussière Camedan Imprimeries
à Saint-Amand-Montrond (Cher), en juin 1996

Éditions du Rocher
28, rue Comte-Félix-Gastaldi
Monaco

Dépôt légal : octobre 1988
N° d'Édition : CNE section commerce et industrie Monaco 19023
N° d'impression : 1/1337

Imprimé en France